强制执行

前沿与热点问题

COMPULSORY ENFORCEMENT

乔宇 著

中国法制出版社
CHINA LEGAL PUBLISHING HOUSE

前 言

我在法院执行部门工作近九个年头，本书是我在工作之余对执行程序法律问题所思所想的阶段性总结。法院执行工作虽然以适用民事诉讼法为主，但也经常涉及民事实体法问题。民事法律规范和理论虽然占据了执行法律知识构成的主体，但执行工作也离不开对其他部门法的了解与运用。实践中，执行案件的具体情况不同：有的执行案件法律关系相对简单，有的执行案件法律关系极其复杂。执行工作的综合性、复杂性与灵活性需要特殊的知识结构相匹配。正因为如此，执行实务中很多现实问题难以直接在现有理论中找到答案，需要执行实践反复探索。我不揣浅陋，将自己对执行法律问题的思考记录下来，经过多年积累，竟也有几十万字。在中国法制出版社陈兴编辑的提议下，我将这些作品重新加工整理、汇集成册、交付出版，供执行理论研究和实务操作参考。

本书内容主要来源于我在法律类刊物发表的有关执行程序的论文、案例分析以及司法解释条文理解适用等。尽量选取对当前执行实践仍有参考意义的作品，已经落后、淘汰或者被立法、司法解释、执行实践摒弃的内容不再收录。书中表达的观点为作者的一家之言，仅供读者参考，欢迎方家批评指正。

对过去的文字进行重新整理编排也非易事，很多章节需要重新写作。这个过程占用了我大量的业余时间，甚至在差旅途中得空也在电脑上敲写文字，家中事务更是无暇顾及。“哪有什么岁月静好，只是有人替你负重前行。”感谢我的父亲母亲帮我承担了大量照顾家庭的烦琐事务，让我能够安心工作、专心写作；感谢我的岳父岳母对女婿的包容理解；感谢我的爱人王婧女士，在忙碌工作之余还要默默承担大部分家庭责任，支持我完成本书的写作；感谢中国法制出版社陈兴编辑为本书的策划出版付出的大量辛苦劳动，不厌其烦地“容忍”我对书稿反复修改。由于作者水平所限，书中错误疏漏之处在所难免，只能待再版时另行修正。

乔　宇

2019 年 12 月

凡　例

为行文方便，本书中法律法规和部分规范性文件使用简称，具体如下：

1. 本书中的法律法规使用简称，例如《中华人民共和国刑事诉讼法》简称为《刑事诉讼法》，《中华人民共和国民事诉讼法》简称为《民事诉讼法》，《中华人民共和国刑法》简称为《刑法》，等等。

2. 本书中多次出现的法律文件及相关司法解释简称如下：

文件名简称	发文号	文件名全称
《民事诉讼法》	中华人民共和国主席令第 71 号	《中华人民共和国民事诉讼法》
《刑事诉讼法》	中华人民共和国主席令第 55 号	《中华人民共和国刑事诉讼法》
《公司法》	中华人民共和国主席令第 8 号	《中华人民共和国公司法》
《合同法》	中华人民共和国主席令第 15 号	《中华人民共和国合同法》
《拍卖法》	中华人民共和国主席令第 24 号	《中华人民共和国拍卖法》
《执行规定》	法释〔1998〕15 号	《最高人民法院关于人民法院执行工作若干问题的规定（试行）》
《执行程序解释》	法释〔2008〕13 号	《最高人民法院关于适用〈中华人民共和国民事诉讼法〉执行程序若干问题的解释》
《诉讼时效规定》	法释〔2008〕11 号	《最高人民法院关于审理民事案件适用诉讼时效制度若干问题的规定》

文件名简称	发文号	文件名全称
《刑事诉讼法解释》	法释〔2012〕21号	《最高人民法院关于适用〈中华人民共和国刑事诉讼法〉的解释》
《终本规定》	法〔2016〕373号	《最高人民法院关于严格规范终结本次执行程序的规定（试行）》
《刑事财产执行规定》	法释〔2014〕13号	《最高人民法院关于刑事裁判涉财产部分执行的若干规定》
《民事诉讼法解释》	法释〔2015〕5号	《最高人民法院关于适用〈中华人民共和国民事诉讼法〉的解释》
《仲裁司法审查规定》	法释〔2017〕22号	《最高人民法院关于审理仲裁司法审查案件若干问题的规定》
《仲裁裁决执行规定》	法释〔2018〕5号	《最高人民法院关于人民法院办理仲裁裁决执行案件若干问题的规定》
《仲裁法解释》	法释〔2006〕7号	《最高人民法院关于适用〈中华人民共和国仲裁法〉若干问题的解释》
《迟延履行利息解释》	法释〔2014〕8号	《最高人民法院关于执行程序中计算迟延履行期间的债务利息适用法律若干问题的解释》
《拍卖、变卖规定》	法释〔2004〕16号	《最高人民法院关于人民法院民事执行中拍卖、变卖财产的规定》
《纪要》	法发〔2009〕19号	《最高人民法院关于审理涉及金融不良债权转让案件工作座谈会纪要》
《十八届三中全会改革决定》		《中共中央关于全面深化改革若干重大问题的决定》
《查封、扣押、冻结规定》	法释〔2004〕15号	《最高人民法院关于人民法院民事执行中查封、扣押、冻结财产的规定》
《异议复议规定》	法释〔2015〕10号	《最高人民法院关于人民法院办理执行异议和复议案件若干问题的规定》

文件名简称	发文号	文件名全称
《担保法解释》	注释〔2000〕44号	《最高人民法院关于适用〈中华人民共和国担保法〉若干问题的解释》
《网拍规定》	法释〔2016〕18号	《最高人民法院关于人民法院网络司法拍卖若干问题的规定》
《变更、追加规定》	法释〔2016〕21号	《最高人民法院关于民事执行中变更、追加当事人若干问题的规定》
《物权法解释一》	法释〔2016〕5号	《最高人民法院关于适用〈中华人民共和国物权法〉若干问题的解释（一）》
《民法通则适用意见》	法（办）发〔1988〕6号	《最高人民法院关于贯彻执行〈中华人民共和国民法通则〉若干问题的意见（试行）》
《暂缓执行规定》	法发〔2002〕16号	《最高人民法院关于正确适用暂缓执行措施若干问题的规定》

目　录

Contents

第一编　执行程序的启动

第二编 执行依据

第三编 迟延履行期间的加倍部分债务利息

第四编　执行标的

第五编　强制拍卖

第六编　行为执行

第七编　变更、追加被执行人

第八编　中止执行、终结执行与执行回转

第九编　刑事裁判涉财产部分执行

第十编 他山之石

第一编

执行程序的启动

第一章　民事执行程序的启动

发生法律效力的民事判决、裁定、调解书、仲裁裁决等法律文书，义务人必须履行。义务人不履行生效法律文书确定义务的，会引起民事执行程序的启动，通过执行程序强制其履行义务。民事执行程序的启动有两条法律途径：一是因当事人申请而启动；二是人民法院依职权主动移送执行。多数生效法律文书的执行程序因当事人申请而启动，但也有部分生效法律文书的执行由人民法院采用移送执行的方式启动。《中华人民共和国民事诉讼法》（以下简称《民事诉讼法》）第236条是关于当事人申请执行和人民法院主动移送执行的规定。根据该条规定的精神，民事执行程序的开启以当事人申请执行为主，以法院主动移送执行为辅。

一、法院民事裁判执行程序的启动方式

（一）依据当事人申请启动

根据《民事诉讼法》第224条的规定，当事人申请执行的情形主要有两种：一是发生法律效力的民事判决、裁定，一方拒绝履行的，对方当事人可以向人民法院申请执行；二是发生法律效力的调解书和其他应当由人民法院执行的法律文书，一方当事人拒绝履行的，对方可以向人民法院申请执行。当事人向人民法院申请执行的，需要符合法律规定的申请执行条

件。只有在符合法律规定的条件下，当事人的执行申请才能产生启动执行程序的法律后果。根据相关法律、司法解释的规定，申请人民法院强制执行，需要具备以下条件：

1. 当事人提起执行申请的手续应当完备。

（1）当事人申请执行的，应当按照《最高人民法院关于人民法院执行工作若干问题的规定（试行）》（以下简称《执行规定》）第20条的规定，提交申请执行书、生效法律文书的副本、申请执行人的身份证明、继承或承受权利的证明文件以及其他应当提交的文件或证件。申请执行书中应当写明申请执行的理由、事项、执行标的，以及申请执行人所了解的被执行人的财产状况。申请执行人书写申请执行书确有困难的，可以口头提出申请。人民法院接待人员对口头申请应当制作笔录，由申请执行人签字或盖章。外国一方当事人申请执行的，应当提交中文申请执行书。当事人所在国与我国缔结或共同参加的司法协助条约有特别规定的，按照条约规定办理。公民个人申请的，应当出示居民身份证并提交身份证复印件；法人申请的，应当提交法人营业执照副本、组织机构代码和法定代表人身份证明；其他组织申请的，应当提交营业执照副本和主要负责人身份证明，有组织机构代码的应当提交组织机构代码。

（2）申请执行仲裁机构的仲裁裁决，应当按照《执行规定》第21条的规定，向人民法院提交有仲裁条款的合同书或仲裁协议书。申请执行国外仲裁机构的仲裁裁决的，应当提交经我国驻外使领馆认证或我国公证机关公证的仲裁裁决书中文本。申请执行经公证赋予强制执行效力的债权文书，应当按照《最高人民法院关于公证债权文书执行若干问题的规定》第3条的规定，除向人民法院提交作为执行依据的公证债权文书等申请执行所需的材料外，还应当提交证明履行情况等内容的执行证书。如果公证机构决定不予出具执行证书的，当事人可以依照《最高人民法院关于公证债权文书执行若干问题的规定》第8条，就公证债权文书涉及的民事权利义务争议直接向人民法院提起诉讼。根据该司法解释第4条、第5条规定，债权人申请执行的公证债权文书应当包括公证证词、被证明的债权文书等内容；权利义务主体、给付内容应当在公证证词中列明；如果申请执行的公证债权文书属于不得经公证赋予强制执行效力的文书，公证债权文书未载明债务人接受强制执行的承诺，或者公证证词载明的权利义务主体或者给付内容不明确的，人民法院裁定不予受理，已经受理的，裁定驳回执行申请。

（3）委托代理人代为申请的，应当按照《执行规定》第 22 条的规定，向人民法院提交经委托人签字或盖章的授权委托书，写明委托事项和代理人权限。委托代理人代为放弃、变更民事权利，代为进行执行和解，或代为收取执行款项的，应当有委托人的特别授权。

（4）申请人民法院强制执行，应按照《诉讼费用交纳办法》的规定缴纳申请执行的费用。根据《诉讼费用交纳办法》第 14 条的规定，依法向人民法院申请执行人民法院发生法律效力的判决、裁定、调解书，仲裁机构依法作出的裁决和调解书，公证机关依法赋予强制执行效力的债权文书，申请承认和执行外国法院判决、裁定以及国外仲裁机构裁决的，申请费按照下列标准交纳：①没有执行金额或者价额的，每件交纳 50 元至 500 元。②执行金额或者价额不超过 1 万元的，每件交纳 50 元；超过 1 万元至 50 万元的部分，按照 1.5% 交纳；超过 50 万元至 500 万元的部分，按照 1% 交纳；超过 500 万元至 1000 万元的部分，按照 0.5% 交纳；超过 1000 万元的部分，按照 0.1% 交纳。

（5）申请执行人向被执行的财产所在地人民法院申请执行的，应按照《最高人民法院关于适用〈中华人民共和国民事诉讼法〉执行程序若干问题的解释》（以下简称《执行程序解释》）第 1 条的规定，提供该人民法院辖区有可供执行财产的证明材料。

2. 申请执行的法律文书已经发生法律效力。已经发生法律效力的文书包括：最高人民法院的判决、裁定；依法不准上诉或者超过上诉期限，当事人没有上诉的判决、裁定；由人民法院制作并已经向双方当事人送达的调解书，如民事调解书、刑事附带民事调解书；督促程序和公示催告程序中作出的支付令和判决；特别程序中作出的实现担保物权的裁定、确认调解协议的裁定；当事人在法定期限内没有向人民法院起诉的行政处理决定、行政处罚决定；依法设立的仲裁机构的裁决和公证机关依法赋予强制执行力的债权文书；等等。

3. 申请执行人是生效法律文书确定的权利人或其继承人、权利承受人。一般情况下，申请执行人应当是生效法律文书直接确定的权利人。权利人是自然人的，如果该权利人死亡，其继承人可以继承其经过法律文书确认的权利，有权向人民法院申请执行。权利人是法人或其他组织的，如果该法人或其他组织发生分立、合并或被撤销，其权利承受人有权向人民法院申请执行。需要说明的是，生效法律文书确定的权利人在进入执行程序前合法转让债权的，债权受让人即权利承受人可以作为申请执行人直接申请执行，无须执行法院作出变更申请执行人的裁定。这一规则已被最高人民法院2014年12月18日发布的第八批第34号指导案例“李晓玲、李鹏裕申请执行厦门海洋实业（集团）股份有限公司、厦门海洋实业总公司执行复议案”所确立。申请执行人是没有民事行为能力或者限制民事行为能力人的，应由其法定代理人代为申请。企业法人被吊销营业执照但尚未清算注销的，其主体资格并未消灭，仍可向法院申请执行生效法律文书。根据《中华人民共和国公司法》（以下简称《公司法》）规定，公司的法人人格并不因被工商行政管理机关吊销营业执照而当然终止，其法人资格须经清算注销后才可终止。依法组成的公司清算组可以清算组的名义申请执行。

4. 申请执行的法律文书有给付内容，执行标的和被执行人应当明确。生效法律文书只有具有给付内容，才存在强制执行的问题。一般而言，判决的执行力只适用于给付判决，确认判决及形成判决均无执行力。给付的内容既可以是交付财产，也可以是行为。财产既可以是金钱，也可以是非金钱；作为给付内容的行为，既可以是作为，也可以是不作为。执行标的的明确，是指执行的类型和具体内容应当清楚明晰。被执行人在生效法律文书中一般都是明确的，但人民法院也应注意被申请执行的主体是否系生效法律文书确定的义务人。

5. 义务人在生效法律文书确定的期限内不履行义务。只有义务人超过履行期间没有履行义务的，才产生法院强制执行的问题。如果义务人在生效法律文书确定的期限内已经履行了义务，虽然不影响权利人强制执行申请权的行使，但执行程序启动后，被执行人可以其在生效法律文书确定的期限内履行义务为由，提出执行异议。

6. 案件属于受申请执行的法院管辖。《民事诉讼法》第224条规定，发生法律效力的民事判决、裁定，以及刑事判决、裁定中的财产部分，由第一审人民法院或者与第一审人民法院同级的被执行的财产所在地人民法院执行。法律规定由人民法院执行的其他法律文书，由被执行人住所地或者被执行的财产所在地人民法院执行。

人民法院对符合上述条件的申请，应当在七日内予以立案；不符合上述条件之一的，应当在七日内裁定不予受理，裁定书应送达申请人。另外，对于行政案件的申请执行，应按照《中华人民共和国行政诉讼法》及相关司法解释的规定办理。

（二）法院依职权主动移送执行

移送执行是指人民法院依职权主动启动执行程序的方式。生效法律文书的执行，一般应当由当事人依法提出申请，即以申请执行为原则，以移送执行为例外。法院依职权主动移送执行的情形，应由法律、司法解释作出明确规定。对于法律没有明确规定可以移送执行的，原则上应适用申请执行的规定。民事执行中，在部分例外情况下，司法解释规定法院可以依职权主动移送执行，以保障权利人权益尽快实现。根据《执行规定》第19条第2款，发生法律效力的具有给付赡养费、扶养费、抚育费内容的法律文书、民事制裁决定书，以及刑事附带民事判决、裁定、调解书，由审判庭移送执行机构执行。但这一规定在司法实践中贯彻得并不理想。人民法院移送执行的，通常应当填写移送执行书。在移送执行书中应写明移送案件的基本信息、需要执行的内容和具体要求、被执行人的财产状况等。具体来说，以下生效法律文书，应由审判庭移送执行机构执行。

1. 人民法院制作的已经发生法律效力的具有给付赡养费、扶养费、抚育费内容的民事判决书、民事调解书。这类法律文书涉及老人、妇女、儿童等社会弱势群体的基本生活问题，为保障社会成员的生活不陷入困境，司法解释规定此类案件属于人民法院主动移送执行的范围。

2. 人民法院制作的民事制裁决定书，包括人民法院制作的罚款、拘留决定书。这类法律文书是人民法院为了保障民事诉讼程序顺利进行，而对妨害民事诉讼行为的制裁，属于对相关主体进行的公法上的处罚，应由人民法院移送执行。

3. 人民法院制作的具有给付内容的刑事附带民事判决书、裁定书、调解书。这类法律文书虽然是在刑事附带民事诉讼中作出的，但其本质上仍然属于民事法律文书。与普通民事法律文书不同的是，刑事附带民事法律文书是为了弥补因刑事犯罪造成的被害人及相关主体的损失。为了保障刑事被害人及相关权利人的合法权利，司法解释明确规定，这类生效法律文书由人民法院主动移送执行。

4. 人民法院制作的保全和先予执行裁定书。根据《最高人民法院关于执行权合理配置和科学运行的若干意见》第 15 条、第 16 条规定，诉前、申请执行前的财产保全申请由立案机构进行审查并作出裁定；裁定保全的，移交执行局执行；诉中财产保全、先予执行的申请由相关审判机构审查并作出裁定；裁定财产保全或者先予执行的，移交执行局执行。这类法律文书具有实施的紧迫性，一经作出即应移送执行。

5. 人民法院制作的检察机关提起公益诉讼案件的判决书、裁定书。根据 2018 年 3 月发布的《最高人民法院 最高人民检察院关于检察公益诉讼案件适用法律若干问题的解释》第 12 条规定，人民检察院提起公益诉讼案件判决、裁定发生法律效力，被告不履行的，人民法院应当移送执行。

二、强制执行请求权与执行名义所载请求权

强制执行请求权，是指债权人基于执行名义，得请求执行机关行使强

制执行权，以实现其执行名义所载请求权之权利。强制执行请求权，因执行名义成立而发生，其性质为债权人对执行机关的公法上请求权，执行机关基于此请求，始得对义务人发动强制执行权。因此，强制执行请求权并非对于债务人的私法上请求权，系附从于执行名义而存在，执行名义所载实体上请求权让与时，强制执行请求权即随同移转于其受让人，并由受让人行使。① 强制执行请求权虽因执行名义的成立而取得，但执行名义所载债权人之请求权，乃债权人对债务人私法上请求权（实体上请求权）。私法上的请求权，权利人得自由处分，并因抛弃而消灭，与强制执行请求权性质不同。强制执行请求权的成立，是否以实体上请求权的存在为前提，有下列两种说法：

一是具体的执行请求权说。此说对债权人强制执行请求权与实体法上请求权的关系为具体考察，认为强制执行程序以实现私法上的请求权为目的。故强制执行请求权的成立，除须有执行名义外，还须以执行名义所载实体法上请求权存在为要件。

二是抽象的执行请求权说。此说对债权人的强制执行请求权与实体法上请求权的关系为抽象考察，认为执行机关无审查执行名义所载实体上请求权是否存在的权限，仅可依执行名义而为执行。故强制执行请求权的成立，不以债权人实体上请求权存在为要件。

现代法制采审判机关与执行机关分离制度，私权之确定与私权之执行为两种不同程序，债权人依法取得执行名义的，通常均可证明其实体法上的请求权在执行名义成立时存在，为免妨碍执行程序的迅速进行，执行机关对债权人实体法上的请求权之存否，自无再行审查之权限，而应依执行名义执行。具体的执行请求权说自难采取。抽象的执行请求权说基于形式上执行请求权存在即为执行，虽有忽视执行名义所示请求权真实性的不足，但依执行名义而为执行，并非与实体上请求权的存在无关，而是认为实体上的请求权，已于执行名义成立时确定。如当时不存在或事后消灭，

---

① 杨与龄编著：《强制执行法论》，中国政法大学出版社2002年版，第4~5页。

债务人得另行诉请赔偿或提起异议之诉，以资救济。故强制执行请求权，不以实体上请求权于执行名义成立时和执行时实际上存在为要件。抽象的执行请求权说为德、日以及我国台湾地区学者通说。[①]

三、执行管辖问题

由于被执行的财产可能分布在多个法院辖区，导致对同一案件有执行管辖权的法院可能有多个，这就使执行管辖问题变得相对复杂。人民法院在处理管辖权的问题时，要注意以下几点。

（一）充分尊重当事人在法律规定范围内对执行管辖的选择权

《民事诉讼法》第224条赋予了申请执行人在法律规定的范围内选择执行法院的权利，一个案件究竟由哪个法院负责执行，依申请执行人在法律规定范围内的选择而定。申请执行人可以从对自己有利的角度，在多个有管辖权的法院中选择一个执行法院。申请执行人一旦选定了一个法院执行，其选择权便因此而消灭，管辖法院也因此而确定。实践中，人民法院应当充分尊重申请执行人在法定管辖法院范围内作出选择的权利，禁止在管辖问题上给当事人设置障碍。如果当事人在法律规定的范围之外选择执行法院，则属于违反《民事诉讼法》规定的行为，人民法院不予支持。

（二）不得重复立案和相互推诿

如果申请执行人向两个以上有管辖权的人民法院申请执行，根据《执行程序解释》第2条，对两个以上人民法院都有管辖权的执行案件，人民法院在立案前发现其他有管辖权的人民法院已经立案的，不得重复立案。立案后发现其他有管辖权的人民法院已经立案的，应当撤销案件；已经采取执行措施的，应当将控制的财产交先立案的执行法院处理。

---

① 杨与龄编著：《强制执行法论》，中国政法大学出版社2002年版，第5~6页。

（三）海事案件执行管辖的特别规定

根据《中华人民共和国海事诉讼特别程序法》第11条，当事人申请执行海事仲裁裁决，申请承认和执行外国法院判决、裁定以及国外海事仲裁裁决的，向被执行的财产所在地或者被执行人住所地海事法院提出。这里的“财产所在地或者被执行人住所地”是海事法院行使管辖权的地域。被执行的财产所在地或者被执行人住所地没有海事法院的，向被执行的财产所在地或者被执行人住所地的中级人民法院提出。另外，根据《最高人民法院关于适用〈中华人民共和国海事诉讼特别程序法〉若干问题的解释》第13条的规定，被执行的财产为船舶的，无论该船舶是否在海事法院管辖区域范围内，均由海事法院管辖。船舶所在地没有海事法院的，由就近的海事法院管辖。

四、申请执行时效的适用问题

（一）申请执行期间的性质认定

2007年《民事诉讼法》修改借鉴大陆法系国家将消灭时效一体适用于执行程序的立法例，明确将申请执行期间定性为申请执行时效。[①] 目前申请执行期间的性质为消灭时效制度的观点已经成为通论。[②] 不过也有学者认为，申请强制执行乃当事人对代表国家之法院所享有的公法上的请求权，是当事人行使诉权的具体体现，不应有期间的限制。申请执行期间制度之设立客观上亦损害了民事实体法所确立的诉讼时效制度的完整适用，造成了民事程序法与民事实体法之间不必要的冲突。从根本上讲，我国《民事诉讼法》关于申请执行期间制度的设立实乃基于积淀二十余年的错

---

① 俞灵雨、赵晋山：《对执行程序中若干法律问题的理解》，载《人民司法·应用》2010年第5期。

② 江必新主编：《新民事诉讼法执行程序讲座》，法律出版社2012年版，第115页。

误认识之不正确立法，应予以废除。[①]

所谓时效，是指一定的事实状态，持续一定期间，而发生一定法律效果的民事法律制度。消灭时效又称为诉讼时效，其事实状态为在法定期限内不行使权利，其法律效果是导致权利的丧失或权利效力的减损。[②] 诉讼时效直接表现为一定的期间，诉讼时效不过是期限的一种类型。期间也可以成为民法上一个重要的法律事实，它可以引起民事法律关系的产生、变更或消灭。例如诉讼时效的届满，导致抗辩权的发生。[③] 2007 年《民事诉讼法》修改，将该法第 215 条[④]规定的申请执行期间界定为申请执行时效，因此对申请执行期间在性质上与消灭时效作同一认定已不存在法律障碍。申请执行期间为执行依据所确定的私法上给付请求权的消灭时效期间，而不是对当事人基于执行依据产生的公法上请求法院启动强制执行程序的申请执行权（也称强制执行请求权）设定的期限限制。基于执行依据而生之强制执行请求权为公法上之权利，并无消灭时效问题。但执行依据所载债权人之债权仍有消灭时效规定之适用。[⑤]《民事诉讼法》第 239 条关于申请执行期间（申请执行时效）规定的适用对象为执行依据所载请求权，并非对公法层面上当事人启动执行程序的强制执行请求权设定期限，也未损害民事实体法所确立的诉讼时效制度的完整适用。前述学者的观点对《民事诉讼法》修改后关于申请执行期间规定的理解，以及主张废除申请执行期间规定的主张有待商榷。

还有观点认为，将申请执行期限界定为诉讼时效仍然存在着一些无法解释的问题。例如，并非所有请求权均适用诉讼时效，依最高人民法院司法解释的规定，诉讼时效仅适用于债权请求权。生效法律文书所确定的权

---

① 占善刚：《对我国民事申请执行期间制度的初步检讨——以〈民事诉讼法〉第 219 条的修改为对象的分析》，载《南京师大学报（社会科学版）》2011 年第 1 期。

② 刘贵祥：《诉讼时效若干理论与实务问题研究》，载《法律适用》2004 年第 2 期。

③ 王利明、杨立新等：《民法学》（第三版），法律出版社 2011 年版，第 146、160 页。

④ 2012 年《民事诉讼法》进行第二次修改，2007 年《民事诉讼法》第 215 条关于申请执行期间的规定条文序号改为第 239 条。

⑤ 杨与龄编著：《强制执行法论》，中国政法大学出版社 2002 年版，第 102 页。

利并不仅限于债权请求权，还包括物权请求权。如果将《民事诉讼法》第215条规定适用于生效法律文书所确定的所有民事权利，在解释上，物权请求权亦适用申请执行期限。但学界通说和司法解释的规定都认为物权请求权不适用诉讼时效，《民事诉讼法》将申请执行期限界定为诉讼时效，这一矛盾无法化解。可采的路径是限缩解释《民事诉讼法》第215条规定的适用范围，将其理解为仅适用于债权请求权。而且，《最高人民法院关于审理民事案件适用诉讼时效制度若干问题的规定》（以下简称《诉讼时效规定》）中规定不适用诉讼时效的债权请求权，也不应适用申请执行期限。再如，除民事权利之外，生效法律文书所确定的权利还包括一些非民事权利，这些非民事权利本无诉讼时效的适用，是否还应适用申请执行期限？对此仍有研究余地。[①]

笔者认为，关于申请执行时效的适用范围问题，2007年《民事诉讼法》修改在执行程序中引入消灭时效制度后，如果对申请执行时效的适用范围作异于诉讼时效适用范围的解释，将导致时效制度在审判和执行程序中的分裂，有违消灭时效一体适用的初衷。而且，如果将两者区别对待，还会出现《民事诉讼法》第239条“申请执行时效的中止、中断，适用法律有关诉讼时效中止、中断的规定”在具体适用过程中落空的问题。若执行依据所载请求权不属于诉讼时效适用的权利范围，自无该权利诉讼时效中止、中断一说，那么该请求权申请执行时效所谓的“中止、中断”又何来适用诉讼时效中止、中断的规定？另外，如果执行依据所载请求权不在诉讼时效适用的权利范围之内，即表明法院对该请求权的诉讼时效抗辩持否定态度，审判权不以诉讼时效期间是否届满来评判应否对该权利进行公法上的保护。若因涉及强制执行的问题，法院又在申请执行时效中将其纳入抗辩的范围，将导致审判和执行对同一权利能否主张时效的抗辩进而受到公法层面的保护持相反态度，这一矛盾很难从理论上作出合理解释。因此，申请执行时效适用的权利范围宜与诉讼时效适用的权利范围作同一解

① 刘璐：《民事执行重大疑难问题研究》，人民法院出版社2010年版，第23～24页。

释。关于“公法债权”等非民事权利的申请执行期限问题，不能完全适用《民事诉讼法》第239条规定。根据《最高人民法院关于适用〈中华人民共和国刑事诉讼法〉的解释》（法释〔2012〕21号，以下简称《刑事诉讼法解释》）第438条，财产刑由第一审人民法院负责裁判执行的机构执行。财产刑由刑事审判庭移送执行机构执行，不涉及本书讨论的申请执行期限问题。根据《中华人民共和国行政强制法》第53条的规定，当事人在法定期限内不申请行政复议或者提起行政诉讼，又不履行行政决定的，没有行政强制执行权的行政机关可以自期限届满之日起三个月内申请人民法院强制执行。此类行政非诉执行案件申请执行期限不能适用《民事诉讼法》关于申请执行期限的规定。因此，上述问题尚不足以构成将申请执行期间界定为消灭时效的理论障碍。

执行名义所载请求权之时效，系实体法上的问题。[①] 根据《民事诉讼法》第239条，申请执行时效的中止、中断，适用诉讼时效中止、中断的规定。从《中华人民共和国民法总则》（以下简称《民法总则》）《诉讼时效规定》对诉讼时效适用的权利范围，时效期间的计算，中止、中断的情形等规定可以看出，时效规范的适用不仅是实体法问题，而且是一类相对复杂的实体法律适用问题。处理未决实体法争议的基本思路应当通过诉讼途径，因此从理论上讲，申请执行时效规则的适用程序也应当是诉讼程序的制度设计。

（二）申请执行时效适用的正当程序——债务人异议之诉

申请执行时效规则的适用与审判程序中诉讼时效的适用，在具体程序设计上并非完全相同。申请执行时效的适用程序，因强制执行程序的启动而呈现出与普通民事诉讼不同的特征。强制执行请求权为权利人对执行机关公法上的请求权，执行程序因当事人申请而启动。而申请执行时效适用于执行依据确定的权利人私法上的请求权。我国实务界与理论界大都认为，

① 杨与龄编著：《强制执行法论》，中国政法大学出版社2002年版，第103页。

消灭时效的适用应当遵循抗辩权发生主义，即消灭时效援引与否应首先取决于被告是否以此作为抗辩理由。如果被告不以消灭时效提出抗辩，法院就不能主动审查时效问题，更不能主动援引时效驳回原告的诉讼请求。《民法总则》第 193 条规定："人民法院不得主动适用诉讼时效的规定。"《诉讼时效规定》第 3 条明确规定："当事人未提出诉讼时效抗辩，人民法院不应对诉讼时效问题进行释明及主动适用诉讼时效的规定进行裁判。"表明我国在消灭时效适用方面，遵循抗辩权发生主义。诉讼时效与执行时效性质上同为消灭时效，其规定可以作为申请执行时效适用时的参考。[①]

基于以上分析，当事人行使强制执行请求权启动执行程序后，如申请执行时效期间届满，应由被执行人主张消灭时效抗辩权才能停止执行程序。被执行人行使时效抗辩权的目的，在于停止法院对其实施的强制执行程序。如上文所述，申请执行时效的适用实质上为民事实体法问题，处理实体法争议的正当法律程序应为民事诉讼。故申请执行时效较为理想的适用程序应具备下述两种功能：一是通过诉讼程序审理实体法律关系争议；二是在公法层面上具备排除执行依据执行力的法律效力。这种两者兼顾的救济程序，指向一种特殊类型的执行程序衍生诉讼——债务人异议之诉。

我国目前尚未全面建立债务人异议之诉制度，只在个别领域引入该类诉讼，如《最高人民法院关于公证债权文书执行若干问题的规定》第 22 条第 1 款规定了不予执行公证债权文书的债务人异议之诉。债务人异议之诉理论主要借鉴于大陆法系国家的执行异议之诉制度。债务人异议之诉，指债务人主张执行名义所示之请求权，与债权人在实体法上之权利现状不符，请求以判决排除执行名义之执行力为目的之诉讼。执行法院应依执行名义实施强制执行，以实现债权人之权利，但对于当事人间实体法之权利是否存在，不能审查认定。若执行名义所表彰之权利，自始未成立或已发生消灭、妨碍之事由，即与债权人实际存在之权利状态不符，执行法院仍依债权人之申请实施强制执行者，在程序上虽属合法，但在实体法上则使债务人蒙受损害，自

---

① 江必新主编：《新民事诉讼法执行程序讲座》，法律出版社 2012 年版，第 117 页。

属不当之执行。为维持公平正义，法律特许债务人提起诉讼，请求法院以判决排除该执行名义之执行力，不许据以申请实施强制执行，并撤销已为之执行处分，以保护债务人之利益。故债务人对于执行名义有提起异议之诉之事由存在，而债权人申请为强制执行者，执行法院不得径行驳回，而应由债务人提起异议之诉，以求救济。[①] 上述内容是对设立债务人异议之诉制度理由的简要概括。关于债务人异议之诉的性质，有给付之诉说、确认之诉说、形成之诉说、命令之诉说、救济之诉说、新形成之诉说、特殊救济诉讼说等各种理论学说。[②] 债务人异议之诉一方面应对执行名义所载请求权发生消灭、妨碍等异议事由是否成立进行实体法上的审理，另一方面还应对是否排除执行名义的执行力作出裁判，判定执行程序是否继续进行。

设立债务人异议之诉无法回避的理论问题是：债务人异议之诉是否违背民事诉讼“一事不再理”的原则，债务人异议之诉在既判力理论上应如何解释？执行名义所确定之请求权，因有消灭或妨碍债权人请求之事由发生，已全部或一部分不存在或不得行使者，如债权人仍据以请求强制执行，即与其真实之权利状态不符，为维持公平正义及诚实信用，并排除债权人之不当执行，法律特许债务人以上述实体上之事由，提起异议之诉。此种诉讼，其标的为除去执行名义执行力之权利。法院确认原告之诉为有理由之判决，形成执行名义执行力全部或一部分之消灭或变更之效果，对于执行名义所载请求权之存否，则无既判力。债务人主张执行名义所确定之请求权，有消灭或妨碍之事由发生，致使其不存在或不得行使，基于此种实体上之法律关系，请求除去执行名义之执行力，与原确定终局判决并非同一原因事实，自不违禁止重诉之原则。[③] 就申请执行时效问题而言，属于执行依据发生法律效力后当事人之间新产生的法律关系，申请执行时效是否届满，与原执行依据确定的实体权利分属不同的实体法律关系，诉讼标的并不相同。法院对申请执行时效问题的处理，不涉及对执行依据已

---

① 杨与龄编著：《强制执行法论》，中国政法大学出版社2002年版，第186页。
② 杨与龄编著：《强制执行法论》，中国政法大学出版社2002年版，第186~189页。
③ 杨与龄编著：《强制执行法论》，中国政法大学出版社2002年版，第188~189页。

经确定的实体法律关系重复评价，自不存在违反“一事不再理”和“禁止重复起诉”原则的问题。

债务人提起异议之诉，须有异议之事由，即债权人之债权有不得请求执行或不得对于债务人执行之事由。消灭时效完成即属于消灭债权人请求之事由。[①] 被执行人行使申请执行时效抗辩权，提起债务人异议之诉以解决时效是否届满的实体争议，并排除执行依据的执行力，从纠纷解决的彻底性和程序保障的完备性等方面看，应为申请执行时效规范适用的最佳程序选择。我国目前只有少量司法解释在个别情形下规定了债务人异议之诉，多数情况下，被执行人缺乏这一诉讼形态的救济。那么，对于执行依据确定的请求权已发生消灭、妨碍等事由，被执行人如何救济，就成为执行程序不得不面对和解决的问题。债务人异议之诉制度缺失，导致大量消灭、妨碍申请执行人请求的实体法律争议在执行程序中被审查处理，由此带给执行程序的影响也是不能忽视的问题。

（三）我国目前在执行程序中适用申请执行时效制度应注意的法律问题

2007 年《民事诉讼法》修改将申请执行期间界定为时效期间后，《执行规定》第 18 条第（3）项规定与《民事诉讼法》第 239 条规定相脱节，落后于《民事诉讼法》在申请执行期间制度上的变革。对此，《最高人民法院关于适用〈中华人民共和国民事诉讼法〉的解释》（以下简称《民事诉讼法解释》）对申请执行时效期间制度明确规定了以下几个问题：

1. 执行立案阶段，人民法院不审查申请执行时效期间是否届满。申请执行时效期间是对私法上请求权消灭时效期间的规定，并不约束申请执行人启动执行程序这一公法上的强制执行申请权。鉴于此，《民事诉讼法解释》第 483 条第 1 款规定，申请执行人超过申请执行时效期间向人民法院申请强制执行的，人民法院应予受理，修改了《执行规定》第 18 条第

① 杨与龄编著：《强制执行法论》，中国政法大学出版社 2002 年版，第 191 页。

（3）项关于人民法院在受理执行案件过程中应当审查申请执行人是否在法定期限内提出申请的规定。

2. 被执行人的时效抗辩权。对于申请执行时效期间届满的法律后果，我国司法解释采抗辩权发生主义。《民法总则》第 193 条规定，人民法院不得主动适用诉讼时效的规定。《诉讼时效规定》第 3 条规定，当事人未提出诉讼时效抗辩的，人民法院不应对诉讼时效问题进行释明及主动适用诉讼时效的规定进行裁判。上述规定同样可以适用于申请执行时效期间。只有在被执行人提出申请执行时效期间届满的抗辩时，执行法院才能对时效问题进行审查。被执行人提出申请执行时效期间届满的抗辩后，申请执行人可以向执行法院举证证明存在时效中止、中断的事由。

3. 人民法院对申请执行时效期间异议的审查处理。根据《民事诉讼法解释》第 483 条的规定，被执行人对申请执行时效期间提出异议，人民法院经审查异议成立的，裁定不予执行；异议不成立的，裁定驳回异议；被执行人履行全部或者部分义务后，又以不知道申请执行时效期间届满为由请求执行回转的，人民法院不予支持。需要说明的是，对被执行人提出的申请执行时效期间异议，人民法院应当按照何种程序审查？《最高人民法院关于人民法院办理执行异议和复议案件若干问题的规定》（以下简称《异议复议规定》）第 7 条第 2 款规定，被执行人以债权消灭、丧失强制执行效力等执行依据生效之后的实体事由提出排除执行异议的，人民法院应当参照《民事诉讼法》第 225 条规定进行审查。这一规定是在我国现阶段尚未建立债务人异议之诉制度的情况下，通过执行行为异议、复议程序处理相关实体纠纷的权宜之计。被执行人对申请执行时效期间提出异议，目的在于排除执行依据的执行力，人民法院可以参照《民事诉讼法》第 225 条规定审查处理。

五、“合同有效，继续履行”类执行依据的明确性问题

《执行规定》第 18 条对执行案件的受理条件作了规定，其中一项就是“执行标的和被执行人明确”。但司法实践中仍然存在执行依据不明确，特

别是给付内容不明确的问题，这类问题在继续履行合同类裁判文书中尤为突出，给相关案件的执行造成了较大困扰。为解决此类问题，《民事诉讼法解释》第463条再次重申了执行依据明确性的要求，并规定继续履行合同类裁判应当明确继续履行的具体内容。合同继续履行类法律文书主文一般都表述为“合同有效，继续履行”。之所以如此，主要缘于《中华人民共和国合同法》（以下简称《合同法》）第107条的规定。依据该条规定，当事人一方不履行合同义务或者履行合同义务不符合约定的，应当承担继续履行、采取补救措施或者赔偿损失等违约责任。这类法律文书虽然符合有关实体法的规定，但由于其给付内容不明确，能否作为执行依据申请执行存在较大争议。比如，实践中常见的继续履行合作开发合同的判决，如果判决主文仅笼统表述为“合同有效，继续履行”，一旦进入执行程序，由于此类合同履行周期长，新生问题多，执行人员将不得不判断当事人之间具体的义务与责任，以补充合同条款，处理实体争议，显然不符合审执分离原则。如不允许对该类判决申请执行，又会造成生效法律文书确定的权利无法通过公权力实现的问题，《合同法》关于“合同继续履行”这一违约责任制度也难以得到落实。《民事诉讼法解释》第463条对合同继续履行类法律文书提出了“明确具体履行内容”的要求。据此，无论是人民法院作出此类判决、裁定、调解书，还是仲裁机构作出此类仲裁裁决，都不能再仅仅将主文表述为“合同有效，继续履行”，而要明确具体的履行行为、方式、期限等内容。比如“交付某种货物”，应写明货物的种类、数量、交付时间及其他合同要求等具体问题；“完成某种行为”，应写明完成行为的期限、需达到的具体标准等。对此，有关法律文书的制作部门应引起足够重视。

执行依据的明确性包括权利义务主体明确和给付内容明确，两者缺一不可。依据《执行规定》第18条的规定，如果执行依据不符合明确性要求的，在立案审查阶段即应裁定不予受理。但是对于已经进入执行程序的案件，如果发现执行依据内容不明确的如何处理，现行法律和司法解释没有明确规定。从实践看，一些法院在执行依据不明确的情况下，并不是简单地驳回执行申请，而是先通过召集双方当事人协商或者征求执行依据作出机构的意见等方式确定执行内容，如果确实无法执行的，才裁定驳回执行申请或裁定终结执行程序。这种做法有利于减轻当事人诉累，也有利于更为彻底地解决纠纷。执行依据内容确实无法明确，在执行程序中难以处理的，在案件退出执行程序后，相关当事人亦可通过诉讼程序救济。

六、终结本次执行程序与终结执行后的再次申请执行

（一）终结本次执行程序后申请执行人再次申请执行

经调查，被执行人确无财产可供执行的案件或者被执行人财产确实难以处置的案件，可以采用裁定终结本次执行程序的方式暂作结案处理，待发现被执行人可供执行的财产后，申请执行人可以向人民法院申请恢复执行。在总结实践经验基础上，《民事诉讼法解释》第519条对终结本次执行程序的适用进行了规范，规定裁定终结本次执行程序后，申请执行人发现被执行人有可供执行财产的，可以再次申请执行。再次申请执行不受申请执行时效期间的限制。《最高人民法院关于严格规范终结本次执行程序的规定（试行）》（以下简称《终本规定》）第9条第1款规定，终结本次执行程序后，申请执行人发现被执行人有可供执行财产的，可以向执行法院申请恢复执行；申请恢复执行不受申请执行时效期间的限制；执行法院核查属实的，应当恢复执行。

1. 申请执行人申请恢复执行的条件。终结本次执行程序后，申请执行人申请恢复执行的前提条件，是其发现被执行人有可供执行的财产。终结本次执行程序后，申请执行人发现被执行人有可供执行的财产，既可以是被执行人在终结本次执行程序后新获得的财产，也可以是终结本次执行程序前未能发现的财产，还可以是原不能处置后又具备了处置条件的财产等。申请执行人认为其发现被执行人有可供执行财产的，可以向执行法院申请恢复执行，并提供其发现的相应财产线索，是否准许恢复执行，由执行法院核查后确定。

2. 申请恢复执行不受申请执行时效期间限制。由于终结本次执行程序是在满足执行法院已依法采取相应强制执行措施，被执行人无财产可供执行或者财产不能处置等前提条件下，执行程序暂时终结的制度设计，并非系债权得以全部实现等理想状态下案件的正常执结，这类案件并未真正完全退出执行程序，在发现被执行人有财产可供执行的情况下，执行程序还会重新启动。终结本次执行程序是因被执行人无财产可供执行，或者财产无法处置等客观因素，导致执行程序在现有条件下无法继续进行，执行法院不得不暂时使其退出执行程序。正是因为终结本次执行程序的这种特殊性，加之申请执行人已经进入执行程序的债权并未得到完全受偿，仍需执行程序加以保障，申请执行人在终结本次执行程序后再向人民法院申请恢复执行的，不受申请执行时效期间的限制。人民法院依据申请执行人申请依法恢复执行后，被执行人以申请恢复执行超过申请执行时效为由提出抗辩的，人民法院不予支持。

3. 执行法院对恢复执行申请的核查。申请执行人向执行法院申请恢复执行的，执行法院应当核查申请执行人提供的财产线索是否属实、相关财产是否具备执行条件、被执行人是否有财产可供执行等。经核查，被执行人确有可供执行的财产的，执行法院应当恢复执行；经核查，申请执行人提供的财产线索不属实，或者相关财产并不具备执行条件，被执行人仍无可供执行的财产的，执行法院不予恢复执行。

（二）终结本次执行程序后人民法院依职权恢复执行

终结本次执行程序后，除申请执行人申请恢复执行以外，执行法院在符合规定的条件下，也可以主动依职权查询被执行人财产，并根据查询情况决定是否恢复执行。关于执行法院可否依职权主动查询被执行人财产并决定恢复执行的问题，实践中有观点认为，终结本次执行程序的案件，应当依申请执行人申请来决定是否恢复执行，并且申请执行人应当承担向执行法院提供可供执行财产线索的责任，执行法院不应依职权主动调查被执行人财产并恢复执行程序。但考虑到申请执行人查找被执行人可供执行财产的能力受到很多客观条件的限制，而执行法院凭借国家公权力的行使，较当事人自行调查而言，在财产信息资源掌控、财产调查渠道等方面，均享有当事人难以比拟的优势，如果过分强调一律由申请执行人申请恢复执行，并提供相应的财产线索，反而会超出申请执行人财产调查能力的范围，加重申请执行人负担，不利于保护申请执行人合法权益，也不利于切实有效地实现生效法律文书确定的权利。因此，《终本规定》第 9 条第 2 款明确规定，执行法院在终结本次执行程序后的一定时期内，可以依职权定期通过网络执行查控系统查询被执行人财产，并根据查询结果，依法决定是否恢复执行。

1. 终结本次执行程序后执行法院的财产查询职责。终结本次执行程序后，虽然案件已经做结案处理，但毕竟不是真正的执行完毕，也不是执行程序的彻底结束，执行程序可能因发现被执行人有可供执行的财产而恢复。因此，对于终结本次执行程序的案件，不能一终了事，执行法院在终结本次执行程序后一定时期内，应负起定期进行财产调查的责任，通过网络执行查控系统查询被执行人财产。如果发现被执行人有可供执行的财产，且符合恢复执行条件的，执行法院应当依职权恢复执行。结合人民法院执行工作的实际情况，《终本规定》第 9 条第 2 款对人民法院依职权主动查找被执行人财产并恢复执行的情形，进行了限制和规范。

（1）执行法院依职权主动查询被执行人财产的期限，限定为终结本次执行程序后 5 年内。终结本次执行程序后，执行法院不可能无限期地依职权主动查询被执行人财产，如果不加以期限限制，执行法院主动查询被执行人财产的责任，无疑将随着终结本次执行程序案件数量的增加而变得越来越大。所以，必须对法院依职权主动查询被执行人财产设定期限限制。结合当前人民法院执行工作实际情况，将人民法院依职权主动查询被执行人财产的期限限定在 5 年以内，基本与人民法院执行工作承受能力相匹配。故执行法院在终结本次执行程序后的 5 年内，应当定期查询被执行人财产，超过 5 年的，可以不再依职权主动查询。

（2）执行法院在终结本次执行程序后的五年内，应当每六个月查询一次被执行人的财产。《终本规定》第 9 条第 2 款规定执行法院每六个月查询一次被执行人的财产，既不至于因为查询频度过于密集而影响法院正常办理执行案件，也可以在相对合理的期间内，较为及时地掌握被执行人的财产动向。

（3）执行法院定期查询被执行人财产，应当通过网络执行查控系统进行。《终本规定》第 9 条第 2 款所称的网络执行查控系统，既包括最高人民法院建立的“总对总”网络执行查控系统，也包括各地法院建立的“点对点”网络执行查控系统。建立终结本次执行程序案件单独管理的平台后，实际上这些网络查询工作都可以由系统自动完成。系统可以自动识别当天已经符合网络查询条件的案件，直接通过网络执行查控系统查找被执行人财产。一旦查到有关财产，系统会自动反馈提示办案人员，由办案人员判断是否需要恢复执行。《终本规定》第 9 条第 2 款之所以要求通过网络执行查控系统查询被执行人财产，主要是因为网络执行查控系统在操作方面较现场实地查控更为便捷，效率更高，有利于节省司法资源，不至于因终结本次执行程序后的财产查控工作，给执行人员增加更多的工作负担，影响其他执行案件的正常办理。

（4）执行法院应将财产查询结果告知申请执行人。执行法院通过网络执行查控系统定期查询被执行人财产后，应将查询结果告知申请执行人，保障申请执行人对被执行人财产状况的知情权。

2. 符合恢复执行条件的应当及时恢复执行。执行法院通过网络执行查控系统查询被执行人财产后，如果发现可供执行的财产，执行法院需对发现的被执行人财产进行审查核实，对于符合恢复执行条件的，应当主动及时恢复执行。执行法院查询后，如果仍未发现可供执行的财产，或者虽然发现相关财产，但经核查，该财产尚不具备执行条件的，则不予恢复执行。

（三）终结执行后的再次申请执行

《民事诉讼法》第 257 条规定了法院裁定终结执行的法定条件。执行法院依法裁定终结执行，与终结本次执行程序不同，裁定终结执行后原则上不允许恢复执行或申请执行人再次申请执行，但《民事诉讼法解释》第520条规定了终结执行后当事人再次申请执行的例外，即因撤销申请而终结执行后，当事人在《民事诉讼法》第239条规定的申请执行时效期间内再次申请执行的，人民法院应当受理。据此，终结本次执行程序后申请恢复执行与申请执行人撤销执行申请后再次申请执行，在适用申请执行时效问题上存在区别。终结本次执行程序后，申请执行人申请恢复执行的，不受申请执行时效期间的限制。而申请执行人撤销执行申请后再次申请执行的，则应受申请执行时效期间的限制，其在《民事诉讼法》第239条规定的申请执行时效期间内再次申请执行的，人民法院应予支持。

第二章　刑事裁判涉财产部分执行程序的启动

根据《最高人民法院关于刑事裁判涉财产部分执行的若干规定》（以下简称《刑事财产执行规定》）第1条，刑事裁判涉财产部分的执行，是指发生法律效力的刑事裁判主文确定的下列事项的执行：罚金、没收财产；责令退赔；处置随案移送的赃款赃物；没收随案移送的供犯罪所用本人财物；其他应当由人民法院执行的相关事项。刑事附带民事裁判的执行，适用民事执行的有关规定。根据该司法解释第7条的规定，由人民法院执行机构负责执行的刑事裁判涉财产部分，刑事审判部门应当及时移送立案部门审查立案；移送立案应当提交生效裁判文书及其附件和其他相关材料，并填写《移送执行表》；人民法院立案部门经审查，认为属于移送范围且移送材料齐全的，应当在7日内立案，并移送执行机构。据此，刑事裁判涉财产部分执行案件，由法院依职权主动启动执行程序。程序的启动主体为人民法院刑事审判部门。

一、移送立案

人民法院刑事判决、裁定生效后，如果生效裁判确定的涉财产部分依法应由人民法院执行机构强制执行，刑事审判部门应当及时将相关材料移送执行法院的立案部门审查立案。根据《刑事财产执行规定》第7条第1款，刑事审判部门就刑事裁判涉财产部分移送立案执行应注意以下问题。

（一）据以执行的刑事裁判文书已经发生法律效力

根据《中华人民共和国刑事诉讼法》（以下简称《刑事诉讼法》）第

259 条规定，判决和裁定在发生法律效力后执行。下列判决和裁定是发生法律效力的判决和裁定：1. 已过法定期限没有上诉、抗诉的判决和裁定；2. 终审的判决和裁定；3. 最高人民法院核准的死刑判决和高级人民法院核准的死刑缓期 2 年执行判决。终审的判决和裁定，包括二审刑事判决、裁定和最高人民法院的判决、裁定。根据《最高人民法院关于刑事案件终审判决和裁定何时发生法律效力问题的批复》，刑事案件终审的判决和裁定自宣告之日起发生法律效力。另外，最高人民法院核准的在法定刑以下判处刑罚的判决，也是生效的刑事判决，可以作为执行依据。

（二）依法应由人民法院执行机构负责执行

移送执行的人民法院生效刑事裁判中的涉财产部分，应当属于依法由人民法院执行机构负责执行的内容。换言之，生效刑事裁判中的涉财产部分应当属于执行机构的职权范围，且有强制执行的必要。如果生效刑事裁判确定的义务人主动履行了相关义务，如被告人在生效刑事判决确定的期限届满前主动足额缴纳罚金的，人民法院无须强制执行。或者根据相关规定，生效刑事裁判涉财产部分内容由公安机关、人民检察院执行的，也不属于人民法院执行机构负责处理的范围。例如，根据《最高人民法院、最高人民检察院、公安部、国家安全部、司法部、全国人大常委会法制工作委员会关于实施刑事诉讼法若干问题的规定》第 36 条规定，查封、扣押的涉案财产，依法不移送的，待人民法院作出生效判决、裁定后，由人民法院通知查封、扣押机关上缴国库，查封、扣押机关应当向人民法院送交执行回单；根据《刑事诉讼法解释》第 365 条、第 367 条，涉案财物未随案移送的，应当在判决书中写明，并写明由查封、扣押、冻结机关负责处理，人民法院应当在判决生效后 10 日内，将判决书、裁定书送达查封、扣押机关，并告知其在一个月内将执行回单送回。由人民法院执行机构负责执行的刑事裁判涉财产部分的范围，应根据《刑事财产执行规定》第 1 条确定。

（三）刑事审判部门依职权主动移送立案

刑事裁判涉财产部分的执行，在程序启动方式上不同于普通民事执行案件（不包括刑事附带民事执行案件）和行政执行案件，立案审查程序的启动主体为人民法院的刑事审判部门，启动方式为依职权主动移送立案部门审查立案。有观点认为，刑事裁判涉财产部分的执行应根据执行内容的具体情况，分别采用不同的启动方式：对于需要退赔被害人的案件，应依当事人申请启动退赔程序；对于罚金、没收财产、追缴赃款赃物上缴国库等涉及国家利益、公共利益的案件，人民法院应依职权移送执行。相反观点认为，列入人民法院刑事裁判涉财产部分执行范围的内容，应当一律由人民法院依职权主动启动执行程序。鉴于我国原有司法解释的规定和司法实践情况，《刑事财产执行规定》仍然沿袭人民法院依职权主动立案执行的模式，未采用依当事人申请的程序启动方式。刑事裁判涉财产部分的强制执行，不以当事人向人民法院提出申请为必要条件，不论当事人是否申请，人民法院都应当依职权移送立案部门审查立案。

（四）刑事审判部门应当及时移送

符合《刑事财产执行规定》第 1 条规定的执行事项，且需由人民法院执行机构强制执行的案件，刑事审判部门应在刑事裁判文书生效后，及时移送审查立案。《刑事财产执行规定》第 7 条并未规定刑事审判部门将案件移送立案部门的期限，而是采用“及时移送”的表述。在《刑事财产执行规定》征求意见过程中，很多法院建议规定三十日或更长的时间作为案件移送期限。考虑到刑事裁判涉财产部分的执行既涉及财产刑，又涉及退赔被害人和赃款赃物的追缴等事项，《刑事财产执行规定》第 7 条最终没有对移送立案部门的具体期限作出规定，仅作了“及时移送”的原则性要求。

关于罚金刑的移送执行，根据《中华人民共和国刑法》第 53 条、《刑事诉讼法》第 271 条、《刑事诉讼法解释》第 439 条等规定，罚金在判决指定的期限内一次或者分期缴纳；期满无故不缴纳或者未足额缴纳的，人民法院应当强制缴纳；经强制缴纳仍不能全部缴纳罚金的，人民法院在任何时候发现被执行人有可以执行的财产，应当随时追缴；如果由于遭遇不能抗拒的灾祸等原因缴纳确实有困难的，经人民法院裁定，可以延期缴纳、酌情减少或者免除。据此，罚金的强制执行需要满足判决指定期限届满，罪犯仍未足额缴纳这一前提条件。根据《最高人民法院关于适用财产刑若干问题的规定》第5条、第11条，“判决指定的期限”应当在判决书中予以确定；“判决指定的期限”应为从判决发生法律效力第2日起最长不超过3个月；自判决指定的期限届满第2日起，人民法院对于没有法定减免事由不缴纳罚金的，应当强制其缴纳。刑事裁判生效后，判决指定的罚金履行期限通常并未届满，此时强制执行罚金的条件尚未成就，人民法院强制罪犯缴纳罚金无法律依据。只有在判决指定的履行期限届满后，对没有法定减免事由不缴纳罚金的案件，人民法院才能强制执行。这一点在罚金刑移送执行过程中应予注意。

关于没收财产的执行，根据《刑事诉讼法解释》第439条第3款规定，判处没收财产的，判决生效后，应当立即执行。

二、移送立案应当提交的材料

根据《刑事财产执行规定》第7条第2款，刑事审判部门移送立案审查，应当提交以下材料：生效裁判文书及其附件、其他相关材料、《移送执行表》。具体分述如下。

（一）生效裁判文书及其附件

刑事审判部门应当提交的生效裁判文书包括：已过法定期限没有上诉、抗诉的判决、裁定，终审的判决、裁定（终审维持或改判的判决、裁定也应提交），高级人民法院复核死刑缓期二年执行的判决、裁定，最高人民法院复核死刑案件、核准在法定刑以下判处刑罚和特殊假释案件的判决、裁定，等等。生效裁判文书的附件包括《刑事财产执行规定》第 6 条提到的因涉案财物或者被害人人数较多，不宜在判决主文中详细列明，而在生效裁判文书后另附的清单，以及其他各项附件等。

（二）其他相关材料

其他相关材料包括：当事人的身份信息，刑事审判过程中人民法院作出的查封、扣押、冻结涉案财产的裁定，侦查机关查封、扣押、冻结涉案财产的相关法律文书，随案移送的涉案财产相关资料，已查明的相关财产状况或财产线索证明材料，其他与案件执行相关的各种材料等。

（三）《移送执行表》

移送立案过程中，很多法院都要求刑事审判部门填写《移送执行表》，在《移送执行表》中载明案件具体财产信息，便于执行机构有效开展执行工作。最高人民法院在总结这一实践经验的基础上，在《刑事财产执行规定》第 7 条中明确肯定了这一做法。《移送执行表》属于人民法院内部使用的法律文书，也是移送立案部门审查立案的一项形式要件。《移送执行表》应当载明以下内容。

1. 被执行人、被害人的基本信息。主要包括被执行人、被害人的姓名或名称，以及有效证件和号码等基本情况。当事人是自然人的，应当写明姓名、性别、民族、出生年月日、住所地、身份证号码等信息；当事人是法人的，应当写明法人名称、住所地、组织机构代码、法定代表人的姓名、职务；当事人是其他组织的，应当写明该组织的名称、住所地、负责人的姓名、职务等，有组织机构代码证的，应写明组织机构代码。如有委托代理人的，应写明委托代理人的姓名、工作单位、职务等。

2. 已查明的财产状况或者财产线索。已查明的财产状况或财产线索主要包括：被执行人的收入、银行存款、现金、有价证券；土地使用权、房屋等不动产；交通运输工具、机器设备、产品、原材料等动产；债权、股权、投资权益、基金、知识产权等财产性权利；其他可供执行的财产等。

3. 随案移送的财产和已经处置财产的情况。随案移送的财产，应写明财产名称、金额、数量、存放地点等情况。已经处置的财产，除应写明财产名称、金额、数量等基本情况外，还应写明处理方式、处理时间、变现价值等相关处置情况。

4. 查封、扣押、冻结财产的情况。涉案财产的保全情况也应在《移送执行表》中写明，包括人民法院在刑事审判中查封、扣押、冻结财产的名称、种类、数量、金额等情况，以及需待人民法院强制执行的侦查机关保全的涉案财产情况等。

5. 移送执行的时间。移送执行的时间应在《移送执行表》中注明。

6. 其他需要说明的情况。如有其他与案件执行相关的情况，刑事审判部门应在《移送执行表》中一并说明，便于执行机构及时掌握案件信息，有针对性地开展执行工作。《移送执行表》还应当由移送执行的承办法官，以及刑事审判部门相关领导署名。

《移送执行表》是人民法院启动刑事裁判涉财产部分强制执行程序必备的内部法律文书，其内容设置主要应为下一步强制执行程序顺利进行服务。执行机构普遍要求《移送执行表》的内容应尽可能详细、具体、准确。但有的刑事审判部门认为，《移送执行表》的内容如果过于详细，刑事审判部门也难以做到，因为有的内容需要执行机构进行专门调查后才能明确。《刑事财产执行规定》第 7 条采取折中方式，只要求列明与案件执行相关的主要内容，刑事审判部门应尽可能提供更多的案件执行信息，便于执行机构提高执行效率、保障执行效果，在刑事裁判涉财产部分执行领域做好审执配合。

三、审查立案及移送执行机构

立案部门经审查，认为刑事审判部门移送的事项符合《刑事财产执行规定》第 1 条规定的应由人民法院执行机构执行的范围，且移送材料齐全的，应在 7 日内登记立案，正式立案后应将案件及时移送执行机构办理。

（一）立案审查的实质要件

根据《刑事财产执行规定》第 7 条规定，立案审查的实质要件主要是移送执行的事项是否属于人民法院执行机构应予执行的范围。根据《刑事财产执行规定》第 1 条的规定，罚金、没收财产，责令退赔，处置随案移送的赃款赃物，没收随案移送的供犯罪所用的本人财物，以及其他应当由人民法院执行的相关事项，都属于移送执行的范围。其他应当由人民法院执行的相关事项，应当根据法律、司法解释的相关规定确定。刑事附带民事裁判的执行，适用民事执行的有关规定。

关于刑事裁判涉财产部分的明确性、具体性，是否也应纳入立案审查的范围问题，实践中有不同认识。刑事裁判涉财产部分的裁判内容应当明确、具体，不仅是《刑事财产执行规定》第 6 条的明确要求，更是执行程序得以顺利进行的实质要件。如果裁判内容不能做到明确、具体，案件即使能够进入执行程序，执行机构对如何具体操作也很难把握。没有明确、具体执行内容的刑事裁判涉财产部分，并不具备强制执行的实质要件。实践中，很多法院的执行机构对刑事裁判涉财产部分内容不明确、不具体的案件是不予接收的。而涉财产部分裁判内容不明确、不具体，是目前很多刑事裁判的通病，这一问题的解决主要有赖于刑事审判程序。

（二）立案审查的形式要件

立案审查的形式要件，主要是移送执行的材料是否齐全。根据《刑事财产执行规定》第 7 条，移送立案应当提交的材料包括《移送执行表》、生效裁判文书及其附件、其他相关材料。立案审查阶段的形式审查主要应审查《移送执行表》的填写是否规范、所载信息是否齐全，生效的诉讼法律文书是否提交，涉案财物或者被害人人数众多、不宜在判决主文中详细列明的案件是否附有清单，其他与强制执行相关的重要案件材料是否齐全等方面。如果移送的案件材料不齐全的，立案部门应通知移送的刑事审判部门补充，经补充后，如果材料齐全符合立案条件的，立案部门应予登记立案。

（三）立案审查期限

《刑事财产执行规定》第 7 条规定立案部门审查立案的期限为七日，该期限与《执行规定》第 18 条第 2 款规定的民事执行立案审查期限一致。但与民事执行立案审查不同的是，《刑事财产执行规定》第 7 条只规定了对符合立案条件的案件，立案部门应当在七日内立案，并未规定刑事审判部门移送执行的案件不符合立案条件时，应当如何处理。如果刑事审判部门移送执行的案件不符合立案执行的实质要件，立案部门应将案件退回移送的刑事审判部门。如果刑事审判部门移送执行的案件不符合立案执行的形式要件，如《移送执行表》的填写不符合要求、遗漏与案件执行有关的重要材料等，立案部门应通知刑事审判部门补充材料，并根据补充材料的情况决定是否立案。刑事审判部门补充材料的期间，应从 7 日的审查期限中扣除。

根据《刑事诉讼法》第 105 条，期间开始的时和日不算在期间以内；期间的最后一日为节假日的，以节假日后的第一日为期满日期，但犯罪嫌疑人、被告人或者罪犯在押期间，应当至期满之日为止，不得因节假日而延长。据此，7 日的审查期限应从立案部门收到刑事审判部门移送材料之日的次日起计算，期间开始的那一天不计算在 7 日以内。审查期间最后一日为节假日的，以节假日后的第一日为期满日期。

（四）登记立案后及时移送执行机构

人民法院立案部门经审查，认为刑事审判部门移送的事项属于移送范围且移送材料齐全的，应当登记立案、确定案号，并在立案后将案件移送执行机构强制执行。

四、刑事裁判涉财产部分执行程序启动中的突出问题

（一）刑事审判部门对刑事裁判涉财产部分不移送执行的问题

目前实践中比较突出的问题是，刑事审判部门在刑事裁判生效后，并未将涉财产部分依法移送执行机构执行。例如，根据《刑事诉讼法解释》第438条，财产刑由第一审人民法院负责裁判执行的机构执行。《最高人民法院关于执行权合理配置和科学运行的若干意见》第18条、第27条规定，具有执行内容的财产刑和非刑罚制裁措施的执行由执行局负责；对符合法定移送执行条件的法律文书，审判机构应当在法律文书生效后及时移送执行局执行。但上述规定在司法实践中的贯彻落实情况并不理想，大量符合移送执行条件的判处财产刑案件并未向执行机构移送。在《刑事财产执行规定》出台之前，刑事裁判生效后责令退赔、赃款赃物的追缴、犯罪工具的没收由人民法院哪个机构实施，没有法律、司法解释明确规定。实践中，有的法院由刑事审判部门实施，有的法院移送执行机构执行。《刑事财产执行规定》明确，罚金、没收财产、责令退赔、处置随案移送的赃款赃物、没收随案移送的供犯罪所用本人财物等刑事裁判涉财产部分内容，由人民法院执行机构负责执行，刑事裁判文书生效后，其中的涉财产部分应由刑事审判部门统一移送立案部门审查立案后，再移送执行机构强制执行，明确了刑事裁判涉财产部分移送执行的范围和要求，在刑事司法领域实现审执分离。由执行机构负责刑事裁判涉财产部分的执行，有利于发挥人民法院执行机构财产处置专业化的优势，也可以减轻刑事审判部门既审理案件又负责涉案财产处理的压力。《刑事财产执行规定》生效后，刑事审判部门应按照该司法解释第7条的要求，将符合法定条件的刑事裁判涉财产部分及时移送执行。但《刑事财产执行规定》仅规定了刑事审判部门移送执行的原则，并未对应当移送执行而不移送的情形规定法律后果。刑事审判部门未将生效刑事裁判涉财产

部分移送执行机构执行有很多原因，这一问题有待司法实践和今后的司法解释继续研究解决。

（二）是否应将被告人有无财产作为移送执行的条件问题

有观点认为，刑事被告人有财产可供执行应当成为刑事审判部门移送执行的前提条件，因为如果被执行人无财产可供执行，即使移送到执行机构，也难以实际执行。实践中，很多法院都是将有财产可供执行的案件移送执行，无财产可供执行的，基本不移送执行，或者执行机构基本不予接收。《刑事财产执行规定》并未采纳上述意见和做法，被告人有没有财产可供执行，需要经过专门的财产调查程序才能确认，因为即使在案件侦查阶段，侦查机关已经对涉案财产进行了调查和保全，也不能完全排除在执行阶段发现可供执行的财产，或者出现其他人自愿代为履行的情形。只有被告人有财产可供执行的案件，刑事审判部门才移送执行，在一定程度上有利于执行工作顺利开展，但如果将被执行人有财产可供执行作为移送执行的前提条件，则变相否认了强制执行中财产调查程序的独立价值。毕竟被告人无财产可供执行，只是刑事审判部门在审判阶段作出的判断，实践中也确实有大量案件即使进入执行程序，被执行人也确无财产可供执行，但如果不将案件移送执行，强制执行中的财产调查程序便无从开启。换言之，这种做法在没有经过强制执行财产调查程序的前提下，就已认定被告人无财产可供执行。在强制执行前就以被告人无财产可供执行为由不再移送，有将程序前后颠倒之嫌。因此，《刑事财产执行规定》第 7 条要求，依法应由执行机构负责执行的刑事裁判涉财产部分，刑事审判部门应当一律移送执行，不以移送时被告人有财产可供执行为前提。但对实践中广泛存在的以是否有财产可供执行为标准，选择是否移送执行的做法，尚未规定具体的法律后果。很多法院出于节省司法成本、应对系统内部考评等考虑，仍将是否存在可供执行的财产作为移送执行或接收案件的衡量因素，以减少执行过程中可能徒劳无功的财产调查工作，获得较为“理想”的考评成绩。

（三）刑事裁判涉财产部分执行案件的申请执行主体问题

关于刑事裁判涉财产部分执行案件的申请执行主体问题，实践中认识不一。有的法院将检察机关列为申请执行主体，有的法院将刑事审判部门列为申请执行主体。不同于民事执行案件，刑事裁判涉财产部分除依法退赔被害人以外，其余部分最后将上缴国库；在执行程序启动方式上，也有别于普通民事执行案件（刑事附带民事执行案件除外）和行政执行案件。刑事裁判涉财产部分的执行由人民法院通过移送执行依职权启动，而非因当事人申请。随着强制执行程序的启动，人民法院不再是刑事审判程序中的中立裁判者，而成为代表国家惩罚、制裁犯罪分子的责任追究者，职能部门也由刑事审判庭转换为执行机构。这一程序角色的转变由人民法院自行完成，与其他主体是否提出执行申请无关。我国现阶段刑事裁判涉财产部分执行程序构造不同于普通民事执行案件和行政执行案件，移送执行的程序启动方式"省略"了申请执行环节，不存在民事执行、行政执行程序意义上的申请执行主体。

（四）刑事裁判主文涉财产部分不明确、不具体的问题

刑事裁判涉财产部分主文内容是确定执行机构具体执行范围的主要依据，这部分内容表述准确、具体是有效执行的前提。《刑事财产执行规定》第6条及《刑事诉讼法解释》第365条等规定均要求，刑事裁判涉财产部分的裁判内容应当明确、具体。其他国家对刑事裁判涉财产部分的表述也有相同要求。例如，德国的刑事裁判要求在判决书中必须将涉及之物尽可能描述清楚，以防止执行时产生不必要的困难。① 但在司法实践中，刑事判决主文对涉案财物处理的表述过于笼统、模糊甚至缺失的问题，仍然是困扰刑事裁判涉财产部分执行的一项重要因素。执行机构仅负责将刑事裁

---

① ［德］汉斯·海因里希·耶赛克、托马斯·魏根特：《德国刑法教科书（总论）》，徐久生译，中国法制出版社2001年版，第965页。

判涉财产部分的内容付诸实施，无权对涉案财物是否属于赃款赃物等实体法事项作出认定。刑事涉案财物的审查认定，与定罪量刑内容一样，也是刑事案件的裁判对象。刑事裁判涉财产部分表述不明确、不具体的案件，属于刑事裁判对象不明，实质上并不符合强制执行的条件。这类案件即使进入执行程序，执行机构也很难操作，仍然需要刑事审判庭解释说明或者做相应处理。因此，这一问题的解决首先应从刑事审判部门对涉案财物处理的宣告入手。刑事判决主文应尽可能对涉案财物的处理作出清晰明确的裁判。能够明确财产处置的案件，判决主文中应表述清楚；涉及财产种类复杂、数量较多或者被害人人数较多的案件，判决主文可以概括叙述，但同时应在所附涉案财物处理清单中，对全案查封、扣押、冻结的款物进行详细分类说明，避免财物处理可能引发的争议。例如，对房地产、机动车等大宗财物，房地产应列明坐落的具体位置（包括路、号、层、室等），对机动车一般应列明车辆牌照号和发动机号。另外，刑事审判部门应重视《移送执行表》的作用，大量具体详细的当事人信息、财产信息如果不宜在判决主文中列举的，可以在《移送执行表》的相关事项中列明。执行机构实施执行行为，应以生效刑事裁判涉财产部分明确列明的范围为准，如果生效刑事裁判涉财产部分内容不明确、不具体，确实无法强制执行的，属于违反《刑事财产执行规定》第6条规定的情形，不符合移送执行机构立案执行的条件，必要时，执行机构有权退回刑事审判庭。

（五）关于处理涉案财物的刑事补充裁定书问题

实践中，刑事审判部门作出刑事判决后，在某些情况下，又对同一案件涉案财物的处理作出刑事补充裁定书，对赃款赃物的认定、追缴等问题作了更为详细、具体的裁决。这类认定涉案财物法律属性的刑事补充裁定书属于何种性质的法律文书？刑事审判部门对涉案财物的处理作出刑事补充裁定的做法又该如何评价？对此，实务界存有争议。有观点认为，刑事裁定书应当处理程序性问题，而这些刑事补充裁定书处理的是涉案财物认定这一刑事实体法问题。因此，刑事审判部门用补充裁定书的形式处理涉案财物问题违反了《刑事诉讼法》规定，应当通过审判监督程序，撤销原生效判决和刑事补充裁定书，发回重审。相反观点认为，我国刑事审判案件审限一般较短，刑事审判庭在如此短暂的审限之内要完成对被告人的定罪量刑，还要将涉案财物的性质完全界定清楚，在某些案件中难以做到，而且侦查机关在涉案财物的移送过程中可能出现疏漏等问题，要求刑事审判部门在刑事判决中一次性对全案财物作出周全的判决，并不完全符合刑事审判的现实。因此，有必要对刑事涉案财物的裁判寻求某种补充措施，在案件确有必要的情况下，刑事审判部门可以通过作出补充裁定的方式，对涉案财物作出处理。

上述两种观点在司法实践中都有人支持。笔者认为，上述第一种观点不能成立。在刑事诉讼中，裁定不仅可以处理程序问题，在特定情况下也可以处理实体问题。例如，根据《刑法》第 79 条、第 82 条的规定，减刑、假释也适用裁定。减刑、假释属于刑事实体法问题，《刑法》《刑事诉讼法》明确规定采用裁定的形式予以处理。根据《刑事诉讼法》第五编“特别程序”第 300 条关于犯罪嫌疑人、被告人逃匿、死亡案件违法所得的没收程序来看，刑事审判庭没收违法所得使用的法律文书就是刑事裁定书。也就是说，在涉案财物的认定和处理方面，《刑事诉讼法》认可采用刑事裁定书的形式处理这一实体问题。从执行工作的角度看，如果刑事审判部门能够以正式法律文书的形式，对涉案财物作出更为明确、具体的裁判，那么对于完成涉案财物的处理来说将是十分有利的。毕竟涉案财物性质的认定属于刑事审判部门的职责，执行机构不对刑事审判部门的生效裁判进行审查，而是据此对相关财产采取执行措施。刑事补充裁定书为执行机构的财产处置提供了更为具体的指引和约束，有利于刑事裁判涉财产部分的执行。

处理涉案财物的刑事补充裁定书应属何种性质的法律文书？笔者认为，刑事补充裁定书是刑事审判部门针对涉案财物法律属性这一实体问题作出的裁判文书，一经生效，即应作为执行依据对待，属于执行依据的范畴，不能等同于普通的执行法律文书。

（六）罚金刑的随时追缴

根据《刑法》第53条的规定，对于不能全部缴纳罚金的，人民法院在任何时候发现被执行人有可以执行的财产的，应当随时追缴。根据《刑事诉讼法解释》第439条规定，罚金经强制缴纳仍不能全部缴纳的，在任何时候，包括主刑执行完毕后，发现被执行人有可供执行的财产的，应当追缴。据此，我国罚金刑的执行不存在行刑时效，而是实行随时追缴制度，被执行人未全部缴纳罚金的，在任何时候，人民法院都可以追缴。一般认为，罚金的随时追缴制度能够最大限度地发挥罚金刑的威慑和制裁功能，有利于解决被执行人转移、隐匿财产，规避罚金刑执行的问题。但罚金刑随时追缴制度在实践中遇到的问题是：再次追缴程序如何启动？刑事审判部门将判处的罚金刑移送执行，执行机构经过专门的财产调查程序后，如果被执行人无财产可供执行，本次执行程序即告终结，今后如何再次启动财产调查程序？如果罚金刑一直无法执行，随时追缴制度是否意味着这类财产刑案件不能退出执行程序？实践中，对于被执行人无财产可供执行的罚金刑案件，人民法院基本不会主动恢复执行程序。

因此，有观点认为，随时追缴制度的执行成本较高，坚持执行会让我国负责罚金刑执行的司法机关不堪重负。罚金刑随时追缴制度有赖于一系列的配套制度，需要有人随时、长期地密切关注犯罪人财产的变化状况，而这显然需要很高的执行成本。现实国情决定了司法资源有限，对每个案件只能分配一定的执行资源，不可能按照法律的要求进行监控。而且，很难想象法院会对一个未缴纳罚金的犯罪人在若干年后又一次启动强制执行程序调查其财产状况。可以说，随时追缴制度对法院提出了不切实际的要求，即要求法院随时关注犯罪人的财产状况。这使得随时追缴制度的可操作性很差，因此法律并未规定由谁负责追缴，如何追缴。① 随时追缴制度缺乏罚金刑恢复执行的程序设计，在恢复执行的程序启动上，具有制度性

① 王启江：《论我国罚金刑的执行》，山东大学2010年博士学位论文。

缺陷，实践中也没有产生随时追缴制度预想的效果。关于随时追缴制度的存废在理论上也有争议。主张废除随时追缴制度的观点认为，废除随时追缴制度是理性的，一是因为随时追缴制度未必能保障罚金刑的执行，且对执行过程中有悖于人情、人道的情况无能为力；二是因为随时追缴制度可能导致较大负面效应的产生，不利于受刑人的再社会化；三是因为随时追缴制度的执行成本高，不具备经济性。[①] 由于罚金刑的执行在实际操作中很难实现“随时追缴”，如何重新启动罚金刑执行程序也没有具体规范保障，随时追缴制度在我国现阶段难以落实。探讨罚金刑随时追缴的替代机制，构建罚金刑易科制度[②]，以及是否有必要引入行刑权时效制度[③]，逐渐成为刑事执行法关注的问题。

---

① 陈兴良：《本体刑法学》，商务印书馆2001年版，第76页。

② 罚金刑易科，是指在罚金刑不能得到完全执行时，法院根据案件情况裁定将原宣告的罚金刑或者未执行完毕的剩余罚金刑易科为自由刑或者其他处罚措施的一种变通执行制度。

③ 行刑权时效，是指刑罚经生效刑事裁判确定后，因一定的期间经过而未执行的，国家行刑权即归于消灭。

第二编

执行依据

第三章　先予执行

先予执行，是指人民法院在终审判决作出前，为了解决权利人的生活或者生产经营急需，根据当事人的申请，依法裁定一方当事人预先给付另一方当事人一定数额的金钱或其他财物，或者立即实施或停止实施某种行为的诉讼制度。[①] 先予执行，是相对于依据生效裁判的终局执行而言的。先予执行的重要特征是在法院立案受理民事案件后，作出生效裁判前，即责令一方当事人向对方当事人先行履行义务。先予执行制度设立的目的在于，解决某些特殊民事案件当事人生活或生产经营的迫切需要。

一、先予执行适用的案件范围

裁定先予执行只能在诉讼类型为给付之诉的诉讼中作出。按照当事人诉讼请求的目的和内容，可以把诉分为确认之诉、给付之诉和形成之诉。确认之诉，是指原告请求法院确认与被告之间是否存在某种民事法律关系的诉讼。确认之诉的客体为法律关系，不包括事实和事实关系。确认之诉的特点在于原告仅要求法院通过审判确认特定的法律关系存在或不存在，并不要求判令被告基于存在的法律关系履行给付义务。确认之诉可以进一步分为积极的确认之诉和消极的确认之诉。前者是指原告起诉请求法院确认其主张的法律关系存在的诉讼，后者是指原告起诉请求法院确认其主张的法律关系不存在的诉讼。给付之诉，是指原告请求法院判令被告向其履

① 江伟主编：《中国民事诉讼法教程》，中国政法大学出版社2008年版，第172页。

行特定给付义务的诉讼。在给付之诉中，原告请求被告履行的给付义务既包括给付一定数额的货币或财产，也包括为或不为某种特定的行为。给付之诉的特点在于法院的判决具有执行力，被告不履行给付义务时，原告可以向人民法院申请强制执行生效判决。形成之诉，是指原告请求法院以判决改变或消灭既存的某种民事法律关系的诉讼，如离婚诉讼、解除收养关系的诉讼。形成之诉的判决一经生效，即产生变更或消灭相应民事法律关系的效果。

先予执行只是对给付之诉中申请人的请求而言的，确认之诉和形成之诉的判决没有给付内容，不具有执行力。申请人如果在确认之诉或者形成之诉的诉讼过程中提出先予执行的申请，人民法院应审查判断其申请是否超越了诉讼请求的范围，如果超过诉讼请求的范围，人民法院不予支持。根据《民事诉讼法》第106条规定，先予执行适用于以下三类案件。

（一）追索赡养费、扶养费、抚育费、抚恤金、医疗费用

1. 追索赡养费、扶养费、抚育费的案件。追索赡养费、扶养费、抚育费的案件与当事人之间的身份关系有密切联系，属于婚姻家庭法调整的范畴。此类案件的审理，涉及亲属间的纠纷，权利人往往处于弱势地位，难以维持正常生活，如果等到人民法院作出生效裁判再予以执行，对弱者的权利将难以实现有效保护。人民法院可视案件情况，依据《婚姻法》《收养法》等法律、司法解释及《民事诉讼法》第106条规定，决定是否裁定对义务人先予执行。

追索赡养费的案件，一般是父母、养父母要求子女、养子女履行赡养义务，或者是祖父母、外祖父母要求孙子女、外孙子女赡养等案件。根据《中华人民共和国婚姻法》（以下简称《婚姻法》）第21条的规定，子女对父母有赡养扶助的义务，子女不履行赡养义务时，无劳动能力的或生活困难的父母，有要求子女付给赡养费的权利。根据婚姻法的规定，有负担能力的孙子女外孙子女对于子女已经死亡或子女无力赡养的祖父母外祖父母有赡养的义务。《婚姻法》第30条规定，子女对父母的赡养义务，不因

父母的婚姻关系变化而终止。对于收养关系，《中华人民共和国收养法》（以下简称《收养法》）第23条规定，自收养关系成立之日起，养父母与养子女间的权利义务关系，适用法律关于父母子女关系的规定。《婚姻法》第26条也规定，国家保护合法的收养关系。养父母和养子女之间的权利和义务，适用该法对父母子女关系的有关规定。养子女对养父母的赡养义务与子女对父母的赡养义务相同。

追索扶养费的案件，包括夫妻之间要求对方扶养的案件，也包括兄弟姐妹之间要求给付扶养费等案件。这里的“扶养”和“抚养”是不同的两个概念。扶养通常指夫妻之间、符合法定条件的兄弟姐妹之间的婚姻、家庭关系。抚养是指父母对子女，养父母对养子女，符合法定条件的祖父母、外祖父母对孙子女、外孙子女等长辈对晚辈的家庭关系。《婚姻法》第20条规定，夫妻有相互扶养的义务。一方不履行扶养义务时，需要扶养的一方，有要求对方付给扶养费的权利。《婚姻法》第29条规定，有负担能力的兄、姐，对于父母已经死亡或父母无力抚养的未成年的弟、妹，有扶养的义务。由兄、姐扶养长大的有负担能力的弟、妹，对于缺乏劳动能力又缺乏生活来源的兄、姐，有扶养的义务。

追索抚育费的案件，通常是子女、养子女要求父母、养父母付给抚育费的案件，或者是符合法定条件的孙子女、外孙子女要求祖父母、外祖父母抚育等案件。抚育费也可以理解为抚养费。抚育费包括生活费、教育费、医疗费等费用。《婚姻法》第21条规定，父母对子女有抚养教育的义务。父母不履行抚养义务的，未成年的或不能独立生活的子女，有要求父母付给抚养费的权利。其中，不能独立生活的子女是指尚在校接受高中及其以下学历教育，或者基于丧失、部分丧失劳动能力等非主观原因无法维持正常生活的成年子女。《婚姻法》第25条规定，非婚生子女享有与婚生子女同等的权利，任何人不得加以危害和歧视。不直接抚养非婚生子女的生父或生母，应当负担子女的生活费和教育费，直至子女能独立生活为止。因收养形成的父母子女关系，同样适用《婚姻法》关于父母子女关系的有关规定。《婚姻法》第28条规定，有负担能力的祖父母、外祖父母，对于父母已经死亡或父母无力抚养的未成年的孙子女、外孙子女，有抚养的义务。

2. 追索抚恤金的案件。支付抚恤金的案件有多种情况，既可能是军人、国家工作人员等因公牺牲或伤残，由国家有关部门或单位依法向其本人或家属发放抚恤金，也可能是企业、事业单位职工因出现规定事由，由工作单位付给抚恤金等多种情形。抚恤金对权利人本人或者死者家属具有抚慰、体恤、保障其基本生活等作用，相关单位或部门应依法及时、足额地向权利人发放抚恤金，以弥补其受到的伤害和损失。人民法院对涉及追索抚恤金的案件可以裁定先予执行。

3. 追索医疗费用的案件。医疗费用系权利人身体受到损害，在治疗过程中产生的住院费、手术费、护理费、医药费等相关费用。医疗费用关系权利人人身健康，并可能影响治疗效果。对生活困难的权利人，如果不及时为其支付医疗费将影响治疗的，人民法院可以裁定先予执行。追索医疗费用的纠纷通常发生在侵权案件中，但并不限于侵权纠纷，诉讼过程中涉及支付医疗费用的案件，人民法院均可根据案件具体情况，决定是否先予执行。

（二）追索劳动报酬

劳动报酬是劳动者应得的劳动收入，具体表现形式可以是工资、劳务费、加班费、奖金、业务提成等。劳动报酬直接关系到劳动者及其供养家属的生活，出于对劳动者维持生活所需的考虑，追索劳动报酬的案件，人民法院可以裁定先予执行。

（三）因情况紧急需要先予执行

该项规定需要人民法院结合案件具体情况适用，是否属于情况紧急由审理案件的法院裁量认定。通常来讲，情况紧急是指如果不立即通过先予执行将申请人请求的权利予以实现，将严重影响其生活或者生产经营的情形。《民事诉讼法解释》第170条对本条情况紧急的解释包括：

1. 需要立即停止侵害、排除妨碍的。停止侵害、排除妨碍是《中华人民共和国侵权责任法》第15条规定的承担侵权责任的方式。对于一方当事人可能遭受对方当事人即将或正在实施的侵害、即将或已经造成的妨碍，如果不立即责令对方停止或排除，将会使当事人的权利遭受现实的损害、扩大或加重已经造成的损害的，人民法院可以视为情况紧急，裁定先予执行。因需要立即停止侵害、排除妨碍而采取先予执行的，应以当事人权利义务关系明确、侵害或妨碍行为对权利人的生活或生产产生了实际严重影响或者情况紧急为条件，不得随意作扩大解释，任意适用。

2. 需要立即制止某项行为的。对于当事人正在实施某项行为，人民法院经另一方当事人申请，认为有必要立即制止的，可以裁定先予制止。

3. 追索恢复生产、经营急需的保险理赔费的。保险理赔费作为已经遭受损失的补偿费用，及时获得保险理赔费，对当事人弥补损失、恢复生产经营具有重要意义。对恢复生产经营急需的保险理赔费先予执行，有利于充分发挥保险对经济损失的补偿作用，最大限度地降低事故造成的损失。

4. 需要立即返还社会保险金、社会救助资金的。社会保险金，是指由被保险人交纳的保险费而形成的一种基金，当被保险人遇到不幸或遭到损失时，即可用此保险基金进行补偿。它主要用于参与社保的劳动者的社会保障和社会福利，是为参保人员的未来生活提供最基本保障的“养老金”和未来生命意外抢救或医治的“救命钱”。社会救助资金，是指国家和其他社会主体对于遭受自然灾害、失去劳动能力或者其他低收入公民给予的物质帮助，以维持其基本生活需求，保障其最低生活水平，帮助社会脆弱群体摆脱生存危机，进而维护社会秩序的稳定。社会保险金和社会救助资金对生活陷入危机的权利人有直接甚至决定性影响。因此，需要对方立即返还社会保险金和社会救助资金的，也应按情况紧急处理。

5. 不立即返还款项，将严重影响权利人生活和生产经营的。对于被告人不立即返还款项将严重影响权利人生活和生产经营的其他情况，也存在尽快实现权利的迫切需要，司法解释也将其规定为情况紧急。这样规定赋予了人民法院一定范围的自由裁量权。严重影响权利人生活和生产经营的情况，需要人民法院根据案件具体情况认定。

二、裁定先予执行的条件

（一）当事人之间的权利义务关系明确

先予执行实质是在法院生效裁判确定前，实现原告的全部或部分实体权利。其逻辑前提是申请人胜诉的可能性很大，申请人的请求在未来的生效裁判中会得到支持，先予执行的内容与未来生效裁判的内容基本一致。因此，先予执行应当以当事人之间的权利义务关系明确为条件。权利义务关系明确，是指案件在法院立案受理到生效裁判作出前，就可以基本判断哪一方该享有权利，哪一方应当履行义务。例如，双方对于母子关系没有争议，被告未尽赡养义务导致申请人生活困难的事实也是明确的，即属于当事人之间权利义务关系明确。如果双方对案件事实、证据存在争议，被申请人是否存在给付义务不明确，或者双方存在对待给付的问题时，被申请人主张抗辩权等，这些情况下，双方的权利义务关系并不明确，人民法院不宜轻易裁定先予执行。

（二）不先予执行将严重影响申请人的生活或者生产经营

该项条件是对先予执行紧迫性、必要性的要求，即先予执行应满足申请人生活和生产经营的迫切需要。对申请人生活或者生产经营造成严重影响，是指申请人的生活无法维持，或者其生产经营活动无法继续。例如，申请人年老或伤残，丧失劳动能力没有生活来源，如果不先予执行，其生活必然面临严重困难；劳动者的劳动报酬是其生活的主要来源，用人单位无故拖欠，造成劳动者无法维持本人及家人日常生活；企业遭受火灾损失后，急需保险理赔费用于购买原料、恢复生产，如不先予执行，企业可能陷入停产、无法继续经营的境地；等等。

（三）被申请人有履行能力

裁定先予执行，客观上要以被申请人有履行义务的能力为前提。如果被申请人没有履行义务的能力，即使人民法院裁定先予执行，也没有实际意义，还可能给被申请人的生活或者生产经营活动带来不利影响。在被申请人有履行能力的基础上裁定先予执行，也是充分考虑了被申请人的实际情况，防止先予执行给被申请人造成损害。所谓被申请人有履行能力，是指被申请人实际上具有给付、返还或者赔偿申请人实体权利请求的能力。

（四）当事人提出申请

先予执行属于人民法院依当事人申请才能做出的行为，应由当事人向受诉人民法院以书面形式提出申请，人民法院不能在没有权利人申请的情况下主动依职权裁定对债务人先予执行。

三、裁定先予执行的标的范围

司法实践中，人民法院裁定先予执行应注意执行标的的范围问题。根据《民事诉讼法解释》第169条规定，先予执行应当限于当事人诉讼请求的范围，并以当事人的生活、生产经营的急需为限。换言之，人民法院裁定先予执行的范围同时受到两个限制：一是受诉讼请求范围的限制，二是应以权利人生活、生产经营的急需为限。

先予执行的范围不能超过当事人的诉讼请求，当事人可以在诉讼中要求提高诉讼请求的数额或者追加诉讼请求，在当事人的诉讼请求没有变化的前提下，人民法院不得超过诉讼请求范围采取先予执行。先予执行制度设立的目的在于，在诉讼过程中先行解决权利人生活或生产经营中的迫切需要。因此，先予执行的范围应以一方当事人生活、生产经营的迫切需要为限，人民法院超过这个限度，在其需要的数量或程度之外对另一方当事人先予执行的，有违制度设置的初衷，并且使另一方当事人在生效裁判确定前过多地承担义务。如果不是当事人生活、生产经营急需，人民法院应当通过正常的诉讼程序确立双方权利义务关系后，再由当事人通过执行程序实现权利。

四、申请人提供担保

对符合先予执行案件范围和先予执行条件的申请，人民法院还需要考虑是否需要责令申请人提供担保。因为先予执行发生在最终裁判作出之前，如果当事人的申请出现错误，导致先予执行裁定的内容和法院最终生效裁判的内容相矛盾的，则需要相应的救济机制对此类错误进行补救，对被申请人因此遭受的损失进行补偿。因此，《民事诉讼法》第 107 条规定了对符合先予执行条件的案件，人民法院可以责令申请人提供担保。这里“可以责令”是指提供担保并不是必经程序，是否责令申请人提供担保，由法院根据案件具体情况决定。先予执行的目的，是在申请人的生活或者生产经营受到严重影响的情况下，将其实体权利提前实现，以解决当前生活或者生产经营困难。如果申请人没有提供担保的能力，法院责令其提供担保，申请人往往难以办到，更加重其生活或者生产经营的困难。因此，人民法院不能把提供担保作为裁定先予执行的必要条件。如果申请人提出由第三人提供担保，人民法院可以根据情况决定是否准许。对于责令提供担保的申请人不提供担保的，人民法院可以裁定驳回先予执行申请。

五、申请人败诉的赔偿责任

在先予执行裁定的内容和生效裁判结果相一致的情况下，申请人先予执行获得的利益有生效裁判支持，是有法律依据的。但案件经人民法院审理终结后，若申请人败诉，或者虽然胜诉但生效裁判确定给付的数额小于先予执行的数额，那么申请人在先予执行程序中获得的全部利益或部分利益就失去了法律依据，而被申请人因此遭受了损失，申请人应当返还因先予执行所取得的利益。根据《民事诉讼法解释》第173条规定，人民法院先予执行后，根据发生法律效力的判决，申请人应当返还因先予执行所取得的利益的，适用《民事诉讼法》有关执行回转的规定。如果执行回转后仍不足以弥补被申请人的财产损失的，申请人还应予以赔偿。如果申请人已经提供了担保，对被申请人的财产损失可以用担保财产进行赔付。

六、先予执行裁定的作出和执行应分别由审判庭和执行局负责

随着司法体制改革的逐步深入，先予执行裁定的制作和执行经历了由审判庭负责到审判庭进行审查作出裁定并移交执行局执行的改革过程。《执行规定》第3条规定，人民法院在审理民事、行政案件中作出的先予执行裁定，由审理案件的审判庭负责执行。2011年10月，最高人民法院又出台了《关于执行权合理配置和科学运行的若干意见》。该意见第16条规定，先予执行的申请由相关审判机构审查并作出裁定，裁定先予执行的，移交执行局执行。人民法院在内部管理方面，应加强审判部门和执行部门在先予执行裁定与实施过程中的配合，审判部门一旦裁定先予执行，应将先予执行裁定和案件相关材料尽快移送执行局采取执行措施。对于先予执行的案件，执行机构应与其他终局执行的案件同样对待，依法采取执行措施。先予执行的实施程序适用执行程序的有关规定。

七、当事人不服先予执行裁定的救济程序

先予执行裁定虽然涉及当事人民事权利和义务，但不是对民事主体权利义务关系的最后决定，其主要功能仍在于解决诉讼程序上发生的事项，保证案件执行程序顺利进行，故其仍属于诉讼程序的范畴，《民事诉讼法》规定用裁定方式作出处理。《民事诉讼法》对于当事人不服法院裁定规定了不同的救济途径。当事人对不予受理、管辖权异议、驳回起诉的裁定可

以上诉。其他裁定一经作出，立即生效。先予执行裁定属于作出即产生法律效力的裁定，当事人不能提起上诉。但《民事诉讼法》为了切实保护当事人的合法权益，对先予执行裁定，赋予当事人向原作出裁定的法院申请复议的权利。

对民事裁定的复议和对民事裁定的上诉不同。当事人提起复议的裁定已经发生法律效力，当事人提起上诉的裁定则尚未发生法律效力，需待上一级法院审理后，根据上一级法院的审理结果确定原裁定是否生效。当事人申请复议的法院应当是作出原生效民事裁定的法院，审理当事人不服一审法院民事裁定上诉案件的法院，则是作出原民事裁定的上一级法院。对于法律、司法解释没有规定上诉或复议程序的民事裁定，当事人不得上诉或申请复议。

（一）当事人应向作出先予执行裁定的法院申请复议

先予执行裁定的复议申请由原作出裁定的法院审查处理。这里的复议应与终局执行程序中，当事人、利害关系人就执行行为的合法性向执行法院提出执行异议后，不服执行法院的处理结果向上一级法院申请复议的程序区分开来。前者是在诉讼开始前或诉讼过程中，对当事人不服人民法院先予执行裁定规定的救济程序；后者属于人民法院对先予执行裁定的具体实施过程中以及终局执行程序中，法律针对强制执行行为违反法律规定的情形，为当事人、利害关系人设置的救济程序。对人民法院的先予执行裁定，当事人只能向原作出裁定的法院申请复议，不能向该法院的上一级法院直接申请复议。

（二）当事人应向作出裁定的法院及时申请复议

根据《民事诉讼法解释》第 171 条，当事人对先予执行裁定不服的，可以自收到裁定书之日起 5 日内向作出裁定的人民法院申请复议。为便于当事人及时主张权利，人民法院应当在先予执行裁定中载明当事人申请复议的权利及申请复议的期限，这也属于向当事人告知诉讼权利义务的方式。

（三）复议以一次为限

对当事人的复议申请，人民法院仅审查一次。对同一先予执行裁定，当事人再次申请复议的，人民法院不再受理。如果先予执行裁定的内容是可分的，当事人仅对裁定中的部分内容申请复议后，又对其他内容申请复议的，或者人民法院先后作出多份先予执行裁定，当事人仅对部分裁定申请复议后，又对其他裁定申请复议的，人民法院只对重复申请的部分或者已经复议审查的部分裁定不再审查，但对裁定的其他内容或其他未经复议审查的裁定，仍应在复议程序中作出处理。

（四）复议的审判组织

通常情况下，人民法院为慎重处理当事人不服先予执行裁定的复议申请，在复议程序中会组成合议庭对复议申请进行审查并作出裁定。但对于复议案件的审判组织是否应有别于作出先予执行裁定的审判组织，则有不同认识。一种意见认为，对当事人复议申请的审查应另行组成合议庭，原作出裁定的审判组织不能参与复议的审查，以尽可能保证复议结果的公正性；另一种意见认为，对于当事人的复议申请，也可以由原审判组织审查处理，法律只是规定当事人申请复议的权利，没有对处理复议申请的审判组织作进一步规定。

受诉法院是否应另行组成合议庭审查当事人的复议申请，《民事诉讼法》没有明确规定，由原审判组织审查更偏重于审查效率的考虑，另行组成合议庭则更有利于保障审查结果的公正性。

（五）复议期间不停止裁定的执行

先予执行裁定属于一经作出即发生法律效力的裁定，复议的过程不能对裁定的效力造成影响，当事人申请复议，不能阻却生效裁定的执行。对此，《民事诉讼法》第108条作了明确规定。

（六）复议的处理方式

根据《民事诉讼法解释》第 171 条，当事人对先予执行裁定不服的，可以自收到裁定书之日起 5 日内向作出裁定的人民法院申请复议。人民法院应当在收到复议申请后 10 日内审查。裁定正确的，驳回当事人的申请；裁定不当的，变更或者撤销原裁定。复议裁定应当送达当事人。复议期间，当事人申请撤回复议的，人民法院可以准许。但对于当事人撤回复议申请后可否就同一事项再次申请复议，实践中存有争议。

八、利害关系人不服先予执行裁定的救济

《民事诉讼法》第 108 条规定了当事人对先予执行裁定不服的，可以申请复议一次。关于案件当事人以外与先予执行有利害关系的其他主体权利救济问题，《民事诉讼法解释》第 172 条规定，利害关系人对先予执行的裁定不服申请复议的，由作出裁定的人民法院依照《民事诉讼法》第 108 条规定处理。这一规定对《民事诉讼法》第 108 条申请复议的权利主体作了扩大解释，以司法解释的形式赋予利害关系人权利救济途径，为人民法院审查处理利害关系人复议申请提供了法律依据，也符合司法实践中普遍存在的做法。

九、当事人对先予执行裁定不服的复议和对先予执行实施行为异议的区分

根据《最高人民法院关于执行权合理配置和科学运行的若干意见》第 16 条的规定，先予执行的申请由相关审判机构审查并作出裁定，裁定先予执行的，移交执行局执行。也就是说，先予执行裁定的制作与实施分别由审判机构和执行机构负责。审判机构对先予执行裁定的制作，适用《民事诉讼法》第 9 章的规定；而执行机构对先予执行裁定的执行，应适用《民

事诉讼法》执行程序的相关规定。因此，对于当事人的权利救济途径也分别适用不同的法律程序。人民法院在司法实践中应对当事人的请求进行区分，明确当事人是对先予执行裁定不服申请复议，还是对先予执行的实施行为不服提出执行异议。

根据《最高人民法院关于执行权合理配置和科学运行的若干意见》第17条的规定，当事人、案外人对先予执行的裁定不服申请复议的，由作出裁定的立案机构或者审判机构按照《民事诉讼法》规定的复议程序进行审查；当事人、案外人、利害关系人对先予执行的实施行为提出异议的，由执行局根据异议事项的性质按照执行行为异议或者案外人异议进行审查。执行行为异议是因执行行为本身违反程序性规定，侵害了执行案件当事人或者第三人的合法权益，由利益受损的当事人或者第三人（利害关系人）以法院违反执行程序为由提出的异议，即程序异议。案外人异议是案外人认为法院的执行行为侵害了其实体权利，是基于对执行标的主张实体权利提出的异议，即实体异议。当事人、案外人的异议既指向先予执行的裁定，又指向实施行为的，一并由作出裁定的立案机构或者审判机构分别按照《民事诉讼法》关于先予执行裁定的复议程序以及执行行为异议或案外人异议的相关规定审查。

第四章　仲裁裁决的执行及不予执行

——以《民事诉讼法》第237条及相关司法解释为依据的分析

仲裁裁决的撤销和不予执行，是《中华人民共和国仲裁法》（以下简称《仲裁法》）及《民事诉讼法》规定的人民法院对当事人不服仲裁裁决纠纷的救济程序。当事人申请撤销仲裁裁决的，由人民法院民事审判庭处理；申请不予执行仲裁裁决的案件，一般由人民法院执行机构直接办理。2012年《民事诉讼法》修改前，仲裁裁决的撤销和不予执行的审查条件并不相同，差别主要体现在：对于撤销仲裁裁决的法定条件，《仲裁法》第58条第1款第（4）项规定："裁决所根据的证据是伪造的"，第（5）项规定："对方当事人隐瞒了足以影响公正裁决的证据的"；对于不予执行仲裁裁决的法定条件，原《民事诉讼法》第213条第2款第（4）项规定："认定事实的主要证据不足的"，第（5）项规定："适用法律确有错误的"。对此，理论界和实务界普遍认为，人民法院对不予执行仲裁裁决申请的审查比撤销仲裁裁决申请的审查范围更为宽泛，此项规定不尽合理，应当根据我国仲裁的实际情况，统一撤销仲裁裁决和不予执行仲裁裁决的审查标准。2012年《民事诉讼法》的修改，根据《仲裁法》的有关规定，对人民法院不予执行仲裁裁决的审查条件作了相应调整，将不予执行仲裁裁决的审查范围基本限定为撤销仲裁裁决的审查范围，实现了撤销仲裁裁决和不予执行仲裁裁决审查标准的一致。人民法院对不予执行仲裁裁决申请的审查范围也将限于程序性事项的审查，不再涉及仲裁裁决适用法律是否正确，以及认定事实的主要证据是否充足等事项。

根据《仲裁法》规定，仲裁裁决自作出之日起发生法律效力，当事人应当履行仲裁裁决。当事人协商一致将纠纷提交仲裁，说明其具备认可并履行仲裁裁决的基础。但实践中，当事人不主动履行仲裁裁决的情况并不少见，《民事诉讼法》第 237 条第 1 款规定，在这种情况下，另一方当事人可以向有管辖权的人民法院申请强制执行。由于仲裁庭在仲裁过程中，可能存在违反法定程序、损害当事人利益的情形，为保障相关当事人权利及时得到救济，防止执行不当仲裁裁决给当事人利益造成损失，《民事诉讼法》第 237 条又规定了仲裁裁决的不予执行制度。2017 年 12 月，最高人民法院发布《最高人民法院关于审理仲裁司法审查案件若干问题的规定》（以下简称《仲裁司法审查规定》），其中部分内容涉及仲裁裁决的执行问题。2018 年 2 月，最高人民法院发布《最高人民法院关于人民法院办理仲裁裁决执行案件若干问题的规定》（以下简称《仲裁裁决执行规定》），对仲裁裁决和仲裁调解书的执行及不予执行问题作了规定。本章仅对《民事诉讼法》第 237 条规定的仲裁裁决执行与不予执行制度及相关司法解释规定展开论述。

一、执行仲裁裁决的条件

根据《民事诉讼法》第 237 条及《仲裁法》第 62 条规定，对依法设立的仲裁机构的裁决，一方当事人不履行的，对方当事人可以依照《民事诉讼法》的有关规定，向有管辖权的人民法院申请执行。受申请的人民法院应当执行。执行仲裁裁决，是人民法院对仲裁制度予以支持的最终和最为重要的体现，仲裁裁决的执行是仲裁制度的重要组成部分。仲裁裁决的执行，应当符合下列条件。

（一）义务人不履行仲裁裁决

义务人在规定的期限内不履行仲裁裁决时，权利人在符合规定条件的情况下，可以请求人民法院强制执行。义务人按仲裁裁决履行了相关义务的，则无须人民法院强制执行。

（二）应由当事人提出申请

一方当事人不履行仲裁裁决时，另一方当事人（权利人）须向人民法院提出执行申请，人民法院才可能启动执行程序。是否向人民法院申请执行仲裁裁决是当事人的权利，人民法院不能主动对仲裁裁决强制执行。

（三）当事人申请执行应当符合法律、司法解释规定的条件

权利人申请执行仲裁裁决，应当符合《民事诉讼法》及相关司法解释关于申请强制执行的规定。例如，根据《仲裁司法审查规定》第6条，申请人向人民法院申请执行仲裁裁决，应当提交申请书及裁决书正本或者经证明无误的副本；申请人或者被申请人为自然人的，申请书应当载明自然人当事人的姓名、性别、出生日期、国籍及住所；为法人或者其他组织的，应当载明其名称、住所以及法定代表人或者代表人的姓名和职务；除此以外，申请书还应当载明裁决书的主要内容及生效日期、具体的请求和理由等。根据《仲裁司法审查规定》第7条、第8条、第9条规定，对于申请人的申请，人民法院应当在七日内审查决定是否受理；申请人提交的文件不符合上述第6条规定，经人民法院释明后提交的文件仍然不符合规定的，裁定不予受理；人民法院立案后发现不符合受理条件的，裁定驳回申请；对于因不符合受理条件裁定驳回申请的案件，申请人再次申请并符合受理条件的，人民法院应予受理。再如，根据《最高人民法院关于仲裁机构“先予仲裁”裁决或者调解书立案、执行等法律适用问题的批复》和《仲裁法》第2条规定，仲裁机构可以仲裁的是当事人间已经发生的合同纠纷和其他财产权益纠纷，因此，网络借贷合同当事人申请执行仲裁机构在纠纷发生前作出的仲裁裁决或者调解书的，人民法院应当裁定不予受理；已经受理的，裁定驳回执行申请；人民法院办理其他合同纠纷、财产权益纠纷仲裁裁决或者调解书执行案件，适用该批复。

（四）申请人应向有管辖权的法院申请执行

根据《执行规定》第 10 条，国内仲裁裁决由被执行人住所地或被执行的财产所在地人民法院执行；执行国内仲裁的级别管辖，参照各地法院受理诉讼案件的级别管辖的规定确定。但《最高人民法院关于适用〈中华人民共和国仲裁法〉若干问题的解释》（以下简称《仲裁法解释》）第 29 条规定，当事人申请执行仲裁裁决案件，由被执行人住所地或者被执行的财产所在地的中级人民法院管辖。该司法解释生效后，改变了《执行规定》关于仲裁裁决执行级别管辖的规定，国内仲裁的执行应由被执行人住所地或被执行的财产所在地的中级人民法院管辖。《仲裁裁决执行规定》第 2 条第 1 款承继了《仲裁法解释》第 29 条确立的基本规则，规定当事人对仲裁机构作出的仲裁裁决或者仲裁调解书申请执行的，由被执行人住所地或者被执行的财产所在地的中级人民法院管辖；同时在第 2 条第 2 款中对中级人民法院依法受理执行申请后又规定了变通情形，即符合下列条件的，经上级人民法院批准，中级人民法院可以参照《民事诉讼法》第 38 条的规定指定基层人民法院管辖：（1）执行标的额符合基层人民法院一审民商事案件级别管辖受理范围；（2）被执行人住所地或者被执行的财产所在地在被指定的基层人民法院辖区内。根据《仲裁司法审查规定》第 7 条第 2 款规定，申请人向对案件不具有管辖权的人民法院提出申请，人民法院应当告知其向有管辖权的人民法院提出申请，申请人仍不变更申请的，裁定不予受理。

（五）执行内容明确具体

执行内容明确具体是仲裁裁决或者仲裁调解书得以顺利执行的必要条件。如果执行内容不明确、不具体，执行程序在实施过程中则会遇到一些事实和法律障碍。对此，《仲裁裁决执行规定》第 3 条明确规定，仲裁裁决或者仲裁调解书执行内容具有下列情形之一导致无法执行的，人民法院可以裁定驳回执行申请；导致部分无法执行的，可以裁定驳回该部分的执行申请；导致部分无法执行且该部分与其他部分不可分的，可以裁定驳回执行申请：（1）权利义务主体不明确；（2）金钱给付具体数额不明确或者计算方法不明确导致无法计算出具体数额；（3）交付的特定物不明确或者无法确定；（4）行为履行的标准、对象、范围不明确；仲裁裁决或者仲裁调解书仅确定继续履行合同，但对继续履行的权利义务，以及履行的方式、期限等具体内容不明确，导致无法执行的，依照上述规定处理。另外，根据《仲裁裁决执行规定》第4条，对仲裁裁决主文或者仲裁调解书中的文字、计算错误以及仲裁庭已经认定但在裁决主文中遗漏的事项，可以补正或说明的，人民法院应当书面告知仲裁庭补正或说明，或者向仲裁机构调阅仲裁案卷查明；仲裁庭不补正也不说明，且人民法院调阅仲裁案卷后执行内容仍然不明确具体无法执行的，可以裁定驳回执行申请。

二、仲裁裁决的不予执行

人民法院依法受理当事人申请仲裁裁决的案件后，应当及时按照仲裁裁决确定的给付内容执行。如果被申请人提出证据证明仲裁裁决有法定不予执行的情形，人民法院组成合议庭审查后，可依法裁定不予执行。需要说明的是，《仲裁裁决执行规定》以司法解释的形式规定了案外人对仲裁裁决或仲裁调解书申请不予执行的制度，其适用的条件和范围实质上已经超越了《民事诉讼法》第237条的规定内容。对于国内仲裁裁决而言，根据《民事诉讼法》第237条及相关司法解释规定，不予执行的情形包括：

（一）人民法院依被执行人申请裁定不予执行

1. 当事人在合同中没有订立仲裁条款或者事后没有达成书面仲裁协议。根据《仲裁法》第16条规定，仲裁协议包括合同中订立的仲裁条款和以其他书面方式在纠纷发生前或者纠纷发生后达成的请求仲裁的协议。仲裁协议应当具有下列内容：请求仲裁的意思表示；仲裁事项；选定的仲裁委员会。仲裁条款或仲裁协议是仲裁的前提，也是仲裁管辖的依据，因此必须具备法定的形式。仲裁协议应以书面形式订立，口头方式达成的仲裁意思表示在落实为书面仲裁协议前尚不能作为正式的仲裁协议对待。仲裁协议必须以书面形式达成，已成为世界上普遍认可的原则。如果当事人事前没有订立仲裁条款，事后也未达成仲裁协议，那么仲裁机构对争议就没有管辖权，由此作出的仲裁裁决没有法律效力，当然不能执行。

根据《仲裁法解释》第 18 条，“没有仲裁协议”是指当事人没有达成仲裁协议。当事人之间的仲裁协议被认定无效或者被撤销的，视为没有仲裁协议。根据《仲裁法》第 17 条、第 18 条，有下列情形之一的，仲裁协议无效：（1）约定的仲裁事项超出法律规定的仲裁范围；（2）无民事行为能力人或者限制民事行为能力人订立的仲裁协议；（3）一方采取胁迫手段，迫使对方订立仲裁协议的。仲裁协议对仲裁事项或者仲裁委员会没有约定或者约定不明确的，当事人可以补充协议；达不成补充协议的，仲裁协议无效。

2. 裁决的事项不属于仲裁协议的范围或者仲裁机构无权仲裁。仲裁机构只能就仲裁协议范围内的争议事项作出裁决。如果仲裁机构裁决的事项超出了仲裁协议的范围，则违反了当事人自愿原则，属于仲裁机构越权行为，经人民法院审查核实后，可以对不属于仲裁协议范围的仲裁事项裁定不予执行。仲裁机构无权仲裁，是指裁决事项被法律明确排除在仲裁权限之外，换言之，这些仲裁事项具有不可仲裁性。根据《仲裁法》第 3 条，下列纠纷不能仲裁：（1）婚姻、收养、监护、扶养、继承纠纷；（2）依法应当由行政机关处理的行政争议。根据《仲裁裁决执行规定》第 13 条，裁决的事项超出仲裁协议约定的范围、裁决的事项属于依照法律规定或者当事人选择的仲裁规则规定的不可仲裁事项、裁决内容超出当事人仲裁请求的范围、作出裁决的仲裁机构非仲裁协议所约定四类情形，均属于“裁决的事项不属于仲裁协议的范围或者仲裁机构无权仲裁”。

3. 仲裁庭的组成或者仲裁的程序违反法定程序。仲裁庭作为仲裁机构内部对当事人之间的争议进行裁决的组织，其组成如违反法律规定，对仲裁结果公正性产生的消极影响是不言而喻的。实践中，有些案件的当事人就是通过影响仲裁庭的组成来达到左右仲裁结果的目的。根据《仲裁法》规定，仲裁庭是由三名仲裁员组成，还是由一名仲裁员组成，由双方当事人约定；仲裁员应当由当事人选定或由当事人委托仲裁委员会主任指定。只有当事人没有在规定期限内约定仲裁庭组成方式或者选定仲裁员时，才能由仲裁委员会指定。如果仲裁庭的组成违反《仲裁法》的规定，人民法院可以据此裁定不予执行仲裁裁决。

仲裁必须按照法定程序进行。仲裁程序的缺陷构成法院撤销仲裁裁决和裁定不予执行的法定理由。但需要说明的是，这种程序缺陷应当达到一定的严重程度，对于一些无害的错误或瑕疵，法院也不能据此就以仲裁程序违法为由，作出不予执行的裁定。除了法律有明确规定以外，程序的瑕疵只有达到足以影响仲裁结果的公正时，人民法院才可以仲裁裁决程序违法为由，裁定不予执行。根据《仲裁裁决执行规定》第 14 条，违反仲裁法规定的仲裁程序、当事人选择的仲裁规则或者当事人对仲裁程序的特别约定，可能影响案件公正裁决，经人民法院审查属实的，应当认定为“仲裁庭的组成或者仲裁的程序违反法定程序的”情形；当事人主张未按照仲裁法或仲裁规则规定的方式送达法律文书导致其未能参与仲裁，或者仲裁员根据仲裁法或仲裁规则的规定应当回避而未回避，可能影响公正裁决，经审查属实的，人民法院应当支持；仲裁庭按照仲裁法或仲裁规则以及当事人约定的方式送达仲裁法律文书，当事人主张不符合民事诉讼法有关送达规定的，人民法院不予支持；适用的仲裁程序或仲裁规则经特别提示，当事人知道或者应当知道法定仲裁程序或选择的仲裁规则未被遵守，但仍然参加或者继续参加仲裁程序且未提出异议，在仲裁裁决作出之后以违反法定程序为由申请不予执行仲裁裁决的，人民法院不予支持。另外，根据《最高人民法院关于仲裁机构“先予仲裁”裁决或者调解书立案、执行等法律适用问题的批复》，仲裁机构未依照仲裁法规定的程序审理纠纷或者主持调解，径行根据网络借贷合同当事人在纠纷发生前签订的和解或者调解协议作出仲裁裁决、仲裁调解书的，以及仲裁机构在仲裁过程中未保障当事人申请仲裁员回避、提供证据、答辩等仲裁法规定的基本程序权利的，应当认定为“仲裁庭的组成或者仲裁的程序违反法定程序”的情形；上述规定情形中，网络借贷合同当事人以约定弃权条款为由，主张仲裁程序未违反法定程序的，人民法院不予支持；人民法院办理其他合同纠纷、财产权益纠纷仲裁裁决或者调解书执行案件，适用该批复。

4. 裁决所根据的证据是伪造的。该项内容是《民事诉讼法》2012 年修改所调整的内容，与《仲裁法》第 58 条第 1 款第（4）项规定相同。2012 年《民事诉讼法》对不予执行审查条件的修改，均涉及仲裁裁决所根据的证据问题。证据是仲裁庭查明案件事实，确定双方当事人权利义务关系的依据。当事人应当向仲裁庭提供真实的证据。如果仲裁裁决所根据的证据是伪造的，必定会影响仲裁庭对案件事实的准确裁决，影响仲裁裁决的客观性和公正性。对此，人民法院可以裁定不予执行。根据《仲裁裁决执行规定》第 15 条，相关证据已被仲裁裁决采信，且属于认定案件基本事实的主要证据，并经查明确属通过捏造、变造、提供虚假证明等非法方式形成或者获取，违反证据的客观性、关联性、合法性要求的，应认定为“裁决所根据的证据是伪造的”。需要说明的是，仲裁裁决的内容可能有多项，所依据的证据也可能各不相同。如果只有部分证据是伪造的，人民法院应对该伪造的证据所涉及的部分内容裁定不予执行，与该证据无关的其他内容应依法执行。

5. 对方当事人向仲裁机构隐瞒了足以影响公正裁决的证据的。该项内容是《民事诉讼法》2012 年修改涉及的内容，与《仲裁法》第 58 条第 1 款第（5）项相同。一方当事人为了获取对自己有利的仲裁裁决，可能采取隐瞒对对方有利、对自己不利且不为他人掌握的证据，从而影响仲裁庭作出公正裁决。当事人隐瞒证据的行为，应当达到足以影响公正裁决的程度，如果只是隐瞒无关紧要的证据，不足以对案件事实的认定造成实际影响的，可以不认定为向仲裁机构隐瞒了足以影响公正裁决的证据的情形。所谓足以影响公正裁决的证据，是指直接关系到仲裁裁决最后认定结论的重要或者关键证据，这些证据通常与案件主要事实或争议的焦点有密切联系，直接影响仲裁庭对案件事实的审查认定。根据《仲裁裁决执行规定》第 16 条，相关证据属于认定案件基本事实的主要证据，该证据仅为对方当事人掌握，但未向仲裁庭提交，仲裁过程中知悉存在该证据，且要求对方当事人出示或者请求仲裁庭责令其提交，但对方当事人无正当理由未予出示或者提交的情形，应认定为“对方当事人向仲裁机构隐瞒了足以影响公正裁决的证据”。需要说明的是，对于当事人隐瞒证据的行为，可以做广义理解，当事人毁灭证据的行为也可以包括在《民事诉讼法》第 237 条第 2 款第（5）项规定范围内。另外，根据《仲裁裁决执行规定》第 16 条第 2 款，当事人一方在仲裁过程中隐瞒己方掌握的证据，仲裁裁决作出后以己方所隐瞒的证据足以影响公正裁决为由申请不予执行仲裁裁决的，人民法院不予支持。

6. 仲裁员在仲裁该案件时有贪污受贿，徇私舞弊，枉法裁决行为。根据《仲裁司法审查规定》第 18 条、《仲裁法》第 58 条第 1 款第（6）项和《民事诉讼法》第 237 条第 2 款第（6）项规定的“仲裁员在仲裁该案件时有贪污受贿，徇私舞弊，枉法裁决行为”，是指已经由生效刑事法律文书或者纪律处分决定所确认的行为。

（二）人民法院依案外人申请裁定不予执行

《仲裁裁决执行规定》针对司法实践中的突出问题，设立了案外人申请不予执行仲裁裁决或者仲裁调解书制度，为案外人在执行程序中开辟了权利救济途径。根据《仲裁裁决执行规定》第 9 条，案外人向人民法院申请不予执行仲裁裁决或者仲裁调解书的，应当提交申请书以及证明其请求成立的证据材料，并符合下列条件：（1）有证据证明仲裁案件当事人恶意申请仲裁或者虚假仲裁，损害其合法权益；（2）案外人主张的合法权益所涉及的执行标的尚未执行终结；（3）自知道或者应当知道人民法院对该标的采取执行措施之日起 30 日内提出。《仲裁裁决执行规定》第 18 条规定，案外人根据第 9 条上述规定申请不予执行仲裁裁决或者仲裁调解书，符合下列条件的，人民法院应当支持：（1）案外人系权利或者利益的主体；（2）案外人主张的权利或者利益合法、真实；（3）仲裁案件当事人之间存在虚构法律关系，捏造案件事实的情形；（4）仲裁裁决主文或者仲裁调解书处理当事人民事权利义务的结果部分或者全部错误，损害案外人合法权益。

（三）人民法院依职权主动裁定不予执行

人民法院认定执行仲裁裁决违背社会公共利益的，可依职权裁定不予执行。认定仲裁裁决违背公共利益的规定，赋予了法院很大的自由裁量权。社会公共利益的范围本身就是一项难以界定的问题。到底哪些事项可能违背社会公共利益，还需要在实务中逐步总结。

人民法院不予执行仲裁裁决的裁定书应当送达双方当事人和仲裁机构。裁定自送达后即发生法律效力。

三、对不予执行仲裁裁决申请的审查程序

（一）不予执行申请的提出

1. 不予执行申请的提出期限。《仲裁裁决执行规定》第 8 条明确，被执行人向人民法院申请不予执行仲裁裁决的，应当在执行通知书送达之日起 15 日内提出书面申请；有《民事诉讼法》第 237 条第 2 款第（4）项、第（6）项规定情形且执行程序尚未终结的，应当自知道或者应当知道有关事实或案件之日起 15 日内提出书面申请；前述期限届满前，被执行人已向有管辖权的人民法院申请撤销仲裁裁决且已被受理的，自人民法院驳回撤销仲裁裁决申请的裁判文书生效之日起重新计算期限。对于案外人不予执行申请的提出期限，《仲裁裁决执行规定》第 9 条也有规定，此处不再重述。根据《仲裁裁决执行规定》第 19 条第 1 款，被执行人、案外人对仲裁裁决执行案件逾期申请不予执行的，人民法院应当裁定不予受理；已经受理的，应当裁定驳回不予执行申请。

2. 不予执行事由的一并提出原则及其例外。《仲裁裁决执行规定》第

10 条明确，被执行人申请不予执行仲裁裁决，对同一仲裁裁决的多个不予执行事由应当一并提出；不予执行仲裁裁决申请被裁定驳回后，再次提出申请的，人民法院不予审查，但有新证据证明存在《民事诉讼法》第 237 条第 2 款第（4）项、第（6）项规定情形的除外。

（二）不予执行申请的管辖

根据《仲裁裁决执行规定》第 2 条第 3 款，被执行人、案外人对仲裁裁决执行案件申请不予执行的，负责执行的中级人民法院应当另行立案审查处理；执行案件已指定基层人民法院管辖的，应当于收到不予执行申请后三日内移送原执行法院另行立案审查处理。

（三）不予执行申请的审查

根据《仲裁裁决执行规定》第 11 条，人民法院对不予执行仲裁裁决案件应当组成合议庭围绕被执行人申请的事由、案外人的申请进行审查；对被执行人没有申请的事由不予审查，但仲裁裁决可能违背社会公共利益的除外。被执行人、案外人对仲裁裁决执行案件申请不予执行的，人民法院应当进行询问；被执行人在询问终结前提出其他不予执行事由的，应当一并审查。人民法院审查时，认为必要的，可以要求仲裁庭作出说明，或者向仲裁机构调阅仲裁案卷。第 12 条规定，人民法院对不予执行仲裁裁决案件的审查，应当在立案之日起两个月内审查完毕并作出裁定；有特殊情况需要延长的，经本院院长批准，可以延长一个月。第 19 条第 2 款规定，被执行人、案外人对仲裁裁决执行案件申请不予执行，经审查理由成立的，人民法院应当裁定不予执行；理由不成立的，应当裁定驳回不予执行申请。

（四）不予执行申请审查期间的中止执行及财产保全

1. 中止执行。根据《仲裁裁决执行规定》第 7 条第 1 款，被执行人、案外人对仲裁裁决执行案件提出不予执行申请并提供适当担保的，执行法院应当裁定中止执行。中止执行期间，人民法院应当停止处分性措施，但申请执行人提供充分、有效的担保请求继续执行的除外；执行标的查封、扣押、冻结期限届满前，人民法院可以根据当事人申请或者依职权办理续行查封、扣押、冻结手续。

2. 财产保全。根据《仲裁裁决执行规定》第 7 条第 2 款，申请不予执行仲裁裁决案件司法审查期间，当事人、案外人申请对已查封、扣押、冻结之外的财产采取保全措施的，负责审查的人民法院参照《民事诉讼法》第 100 条的规定处理。司法审查后仍需继续执行的，保全措施自动转为执行中的查封、扣押、冻结措施；采取保全措施的人民法院与执行法院不一致的，应当将保全手续移送执行法院，保全裁定视为执行法院作出的裁定。

四、裁定不予执行仲裁裁决及驳回不予执行申请的救济程序

根据《民事诉讼法》第 237 条规定，仲裁裁决被人民法院裁定不予执行的，当事人的救济途径有两条：一是根据双方达成的书面仲裁协议重新申请仲裁；二是向人民法院起诉。仲裁裁决被人民法院依法裁定不予执行的，当事人不能申请人民法院再审。

对于执行法院不予执行仲裁裁决的裁定或者驳回不予执行仲裁裁决申请的裁定，当事人能否在执行程序中提出执行异议、复议，或者向上级法院申请执行监督，在执行实践中存有争议。一种意见认为，根据《民事诉讼法》第 237 条规定，仲裁裁决被人民法院裁定不予执行的，当事人可以根据双方达成的书面仲裁协议重新申请仲裁，也可以向人民法院起诉；法律对不予执行仲裁裁决的案件已经规定了相应的救济途径，人民法院没有必要再通过执行异议、复议、监督程序对当事人进行救济；驳回不予执行仲裁裁决申请的情形也应作相同处理。另一种意见认为，根据《执行规定》第 129 条、第 130 条，上级人民法院依法监督下级人民法院的执行工作；裁定不予执行仲裁裁决或者裁定驳回不予执行仲裁裁决申请，也属于下级人民法院执行工作的一部分，上级人民法院有权对其进行监督。

根据《民事诉讼法解释》第478条规定，依照《民事诉讼法》第237条第2款、第3款规定，人民法院裁定不予执行仲裁裁决后，当事人对该裁定提出执行异议或者复议的，人民法院不予受理；当事人可以就该民事纠纷重新达成书面仲裁协议申请仲裁，也可以向人民法院起诉。该条司法解释将不予执行仲裁裁决的裁定明确排除在执行异议、复议的范围之外，当事人不能通过执行异议、复议的途径救济。同样，对于驳回不予执行仲裁裁决申请的裁定，也不能再提出异议或者复议。最高人民法院于2015年9月28日曾经就这一问题对下级法院专门作出答复函予以明确。《仲裁裁决执行规定》第22条也明确规定，人民法院裁定不予执行仲裁裁决、驳回或者不予受理不予执行仲裁裁决申请后，当事人对该裁定提出执行异议或者申请复议的，人民法院不予受理；人民法院裁定不予执行仲裁裁决的，当事人可以根据双方达成的书面仲裁协议重新申请仲裁，也可以向人民法院起诉。但是，由于《仲裁裁决执行规定》设置了案外人申请不予执行仲裁裁决或仲裁调解书制度，对于因案外人申请而裁定不予执行，当事人不服的，《仲裁裁决执行规定》例外地赋予了当事人申请复议的权利；对于裁定驳回或者不予受理案外人不予执行申请，案外人不服的，《仲裁裁决执行规定》也赋予了案外人申请复议的权利。根据《仲裁裁决执行规定》第22条第3款，人民法院基于案外人申请裁定不予执行仲裁裁决或者仲裁调解书，当事人不服的，可以自裁定送达之日起十日内向上一级人民法院申请复议；人民法院裁定驳回或者不予受理案外人提出的不予执行仲裁裁决、仲裁调解书申请，案外人不服的，可以自裁定送达之日起十日内向上一级人民法院申请复议。

关于当事人不服不予执行仲裁裁决的裁定或者驳回不予执行仲裁裁决申请的裁定，能否申请执行监督的问题，实务中存有争议。有观点认为，当事人可以通过执行监督程序寻求救济。相反观点认为，司法解释和最高人民法院复函明确规定，不论是当事人不服不予执行仲裁裁决的裁定，还是不服驳回不予执行仲裁裁决申请的裁定，均不能提出执行异议或者复议，那么也不应赋予当事人通过执行监督程序对该问题再行争议的途径。

五、不予执行仲裁裁决的几项特殊问题

（一）关于当事人以仲裁协议无效为由申请不予执行的特别规定

根据《仲裁法解释》第 27 条，当事人在仲裁程序中未对仲裁协议的效力提出异议，在仲裁裁决作出后以仲裁协议无效为由提出不予执行抗辩的，人民法院不予支持；当事人在仲裁程序中对仲裁协议的效力提出异议，在仲裁裁决作出后又以此为由提出不予执行抗辩，经审查符合《民事诉讼法》关于不予执行仲裁裁决的有关规定的，人民法院应裁定不予执行仲裁裁决。因此，当事人是否在仲裁程序中对仲裁协议的效力提出过异议，也是人民法院审查是否执行仲裁裁决应当考虑的内容。

（二）仲裁调解书和依据和解协议、调解协议作出的仲裁裁决书的不予执行

根据《仲裁法解释》第 28 条，当事人请求不予执行仲裁调解书或者根据当事人之间的和解协议作出的仲裁裁决书的，人民法院不予支持。《仲裁裁决执行规定》第 17 条规定，被执行人申请不予执行仲裁调解书或者根据当事人之间的和解协议、调解协议作出的仲裁裁决，人民法院不予支持，但该仲裁调解书或者仲裁裁决违背社会公共利益的除外。上述仲裁调解书或仲裁裁决书是仲裁机构根据双方当事人之间的合意作出的，当事人对其所涉纠纷已经在仲裁程序中达成了一致意见，据此制作的仲裁文书与经过审理作出的仲裁裁决有所不同。当事人对此类文书在执行程序中又提出不予执行申请的，违背诚实信用原则，人民法院原则上应予驳回，但该仲裁调解书或者裁决书违背社会公共利益的，作为例外情形，人民法院仍可依法裁定不予执行。

（三）对仲裁裁决裁定部分不予执行

根据《民事诉讼法解释》第 477 条，仲裁机构裁决的事项，部分有《民事诉讼法》第 237 条第 2 款、第 3 款规定情形的，人民法院应当裁定对该部分不予执行；应当不予执行部分与其他部分不可分的，人民法院应当裁定不予执行仲裁裁决。

（四）申请撤销仲裁裁决和申请不予执行仲裁裁决重复救济的禁止规则及审查程序的衔接

《仲裁法解释》第 26 条规定，当事人向人民法院申请撤销仲裁裁决被驳回后，又在执行程序中以相同理由提出不予执行抗辩的，人民法院不予支持。也就是说，当事人此前向法院申请撤销仲裁裁决被驳回后，又申请不予执行仲裁裁决的，其申请不予执行的理由应与申请撤销仲裁裁决的理由不同。如理由相同的，人民法院应驳回其不予执行的申请。《仲裁裁决执行规定》第 20 条第 1 款承继了上述规定并加以完善：当事人向人民法院申请撤销仲裁裁决被驳回后，又在执行程序中以相同事由提出不予执行申请的，人民法院不予支持；当事人向人民法院申请不予执行被驳回后，又以相同事由申请撤销仲裁裁决的，人民法院不予支持。第 20 条第 2 款对不予执行仲裁裁决案件审查程序与撤销仲裁裁决审查程序的衔接问题作了规定：在不予执行仲裁裁决案件审查期间，当事人向有管辖权的人民法院提出撤销仲裁裁决申请并被受理的，人民法院应当裁定中止对不予执行申请的审查；仲裁裁决被撤销或者决定重新仲裁的，人民法院应当裁定终结执行，并终结对不予执行申请的审查；撤销仲裁裁决申请被驳回或者申请执行人撤回撤销仲裁裁决申请的，人民法院应当恢复对不予执行申请的审查；被执行人撤回撤销仲裁裁决申请的，人民法院应当裁定终结对不予执行申请的审查，但案外人申请不予执行仲裁裁决的除外。

（五）《仲裁司法审查规定》与《仲裁裁决执行规定》及其他执行司法解释在救济程序上的隐形冲突

最高人民法院2017年12月发布的《仲裁司法审查规定》与2018年2月发布的《仲裁裁决执行规定》两部司法解释，在人民法院裁定驳回仲裁裁决执行申请的救济途径问题上，存在隐形的不一致之处。根据《仲裁司法审查规定》第1条，申请执行仲裁裁决案件亦属该规定所称仲裁司法审查案件。根据该规定第8条第3款，当事人对驳回申请的裁定不服的，可以提起上诉。换言之，当事人申请执行仲裁裁决的案件，如果人民法院立案后发现不符合受理条件裁定驳回申请的，当事人可以通过提起上诉的法律程序寻求救济。而《仲裁裁决执行规定》第5条则规定，申请执行人对驳回仲裁裁决执行申请裁定不服的，可以自裁定送达之日起十日内向上一级人民法院申请复议。两部司法解释对不服驳回仲裁裁决执行申请裁定不服的救济程序是截然不同的。上诉并不等同于执行中的复议程序，两者适用的程序阶段存在区别。上诉程序一般适用于执行依据尚未生效的诉讼阶段，在执行依据已经作出并生效的情况下，再适用“上诉”程序救济，有违诉讼程序的基本法理。而复议程序是执行中常见的救济方式，更符合执行程序的本质特征。故涉及执行救济问题时，适用复议程序较适用上诉程序而言更为妥当。有观点认为，《仲裁司法审查规定》第8条规定的不符合受理条件，主要是指不符合该规定第6条确定的程序性条件，而《仲裁裁决执行规定》第5条规定主要是指仲裁裁决或者仲裁调解书内容不明确、不具体的问题，两者适用条件并不相同，并非适用于同一问题。笔者认为，仲裁裁决或者仲裁调解书内容不明确、不具体究竟属于实体问题还是程序问题暂且不表，仅就裁定驳回执行申请而言，《仲裁司法审查规定》与《仲裁裁决执行规定》调整的对象都是申请执行人对驳回执行申请裁定不服的救济程序，两者并无实质区别，在救济程序上也宜统一规范，不应将上诉与复议相混同。

另外，《仲裁司法审查规定》第10条关于仲裁司法审查案件（其中包括申请执行仲裁裁决案件），当事人不服执行管辖权异议裁定的救济程序也与其他执行程序司法解释规定冲突。申请执行仲裁裁决案件属于该规定所称仲裁司法审查案件，根据《仲裁司法审查规定》第10条，人民法院受理仲裁司法审查案件后，被申请人对管辖权有异议的，应当自收到人民法院通知之日起15日内提出；人民法院对被申请人提出的异议，应当审查并作出裁定；当事人对裁定不服的，可以提起上诉。该条规定与《执行程序解释》第3条规定的当事人不服执行管辖权异议裁定的救济程序也有冲突。后者规定的是，当事人对执行管辖权异议审查裁定不服的，可以向上一级人民法院申请复议。关于在执行救济问题上适用上诉程序还是复议程序上文已经提及，此处不赘。上述司法解释之所以存在冲突，原因在于《仲裁司法审查规定》对执行救济程序的特殊性考虑尚欠充分。该规定对申请确认仲裁协议效力、申请撤销仲裁裁决等具有裁决性质的案件权利救济途径的规定符合裁判程序的基本属性，但对执行案件系实现执行依据所载权利的特性考虑不足，以裁判程序的设计思路统摄执行实施问题，致使将“上诉”的救济方式引入了执行程序，抑或是忽略了上诉与复议程序的差异。

第三编

迟延履行期间的加倍部分债务利息

第五章　迟延履行期间加倍部分债务利息的起算时间

《最高人民法院关于执行程序中计算迟延履行期间的债务利息适用法律若干问题的解释》（以下简称《迟延履行利息解释》）第1条将根据《民事诉讼法》第253条规定加倍计算之后的迟延履行期间的债务利息，区分为迟延履行期间的一般债务利息和加倍部分债务利息两部分。迟延履行期间的一般债务利息，系执行依据确定的实体法上的利息，其计算区间、计算标准等根据生效法律文书确定的方法计算；生效法律文书未确定给付一般债务利息的，一般债务利息不予计算。迟延履行期间的加倍部分债务利息，系根据《民事诉讼法》第253条规定的加倍计算的债务利息，其计算方法为：加倍部分债务利息＝债务人尚未清偿的生效法律文书确定的除一般债务利息之外的金钱债务×日万分之一点七五×迟延履行期间，即加倍部分债务利息采固定利率计算。

《民事诉讼法》第253条规定的迟延履行期间债务利息，虽然由债务人向债权人支付，对债权人来说具有一定的补偿作用，但同时也属于《民事诉讼法》对被执行人不按生效法律文书要求履行金钱给付义务而科以公法上的制裁，带有一定的公法性和惩罚性。生效法律文书确定的履行期间届满，或者未确定履行期间的法律文书已经生效，债务人未按生效法律文书要求履行金钱给付义务，即符合该公法上责任的构成要件，应当根据《民事诉讼法》第253条承担迟延履行责任。也就是说，该条规定以债务人不履行债务作为责任承担的判断标准。但如果债务人按照生效法律文书要求主动履行债务，在限定期间内提出合法给付，因为债权人受领迟延或无正当理由拒绝受领，导致履行受阻或者履行难以完成的，则不应要求债务人承担迟延履行责任。债务人可以依据《合同法》等法律、司法解释规定办理提存。

迟延履行包括全部迟延和部分迟延，截至生效法律文书确定的履行期间届满之日或法律文书生效之日，债务人仅履行了部分债务的，剩余部分仍然构成迟延履行，应当按照《迟延履行利息解释》的规定，计算尚未履行部分债务的加倍部分债务利息，但计算基数应作相应扣减。加倍部分债务利息应向债权人支付，因此如果债权人向执行法院明确表示放弃部分债权或同意债务人延期履行等减轻债务人给付义务的，根据民事诉讼的处分原则，执行法院可以根据法律规定作相应处理。

关于加倍部分债务利息的起算时间，《迟延履行利息解释》第 2 条规定："加倍部分债务利息自生效法律文书确定的履行期间届满之日起计算；生效法律文书确定分期履行的，自每次履行期间届满之日起计算；生效法律文书未确定履行期间的，自法律文书生效之日起计算。"《迟延履行利息解释》第 2 条规定的起算时间，是对计算迟延履行期间加倍部分债务利息的规定，不涉及迟延履行期间的一般债务利息。根据该司法解释第 1 条规定，一般债务利息根据生效法律文书确定的方法计算，不适用第 2 条规定确定起算时间。关于《迟延履行利息解释》第 2 条规定的内容，有以下问题需要说明。

一、关于起算时间的理解

《迟延履行利息解释》第 2 条规定的履行期间届满之日，是指履行期间的最后一日；法律文书生效之日，是指法律文书生效的当日。根据《民事诉讼法》和《民事诉讼法解释》的相关规定，《迟延履行利息解释》第 2 条规定的自"届满之日起计算"和自"生效之日起计算"，均不包括本日在内。例如，履行期间届满之日或法律文书生效之日为本月 5 日的，加倍部分债务利息起算时间均不包括本月 5 日，而是从次日，即本月 6 日开始计算。如果债务人于本月 5 日全部履行债务的，则不计算加倍部分债务利息；如果债务人于本月 6 日全部履行债务的，则加倍部分债务利息计算期间为一天。《民事诉讼法》第 82 条第 2 款规定：期间开始的时和日，不计算在期间内。《民事诉讼法解释》第 125 条对该款规定的解释为：民事诉讼中以日计算的期间从次日起算。根据《迟延履行利息解释》第 1 条第 3 款规定的计算方法，加倍部分债务利息的计算期间以日为基本单位，所以“履行期间届满之日”和“法律文书生效之日”作为期间开始日，均不计算在期间内，而是从次日起计算加倍部分债务利息。《迟延履行利息解释》第 2 条规定的加倍部分债务利息起算时间，均以“届满之日”和“生效之日”的次日作为迟延履行的第一天计算加倍部分债务利息。

二、关于生效法律文书的理解

（一）生效法律文书的范围

《迟延履行利息解释》第 2 条所称生效法律文书，是指人民法院作出的判决书、裁定书、调解书，仲裁机构作出的裁决书、调解书，公证机关依法赋予强制执行效力的债权文书等具有给付内容、作为执行依据的生效法律文书。其他生效法律文书原则上不属于《迟延履行利息解释》第 2 条所称执行依据意义上的法律文书。执行通知书、确认判决、形成判决等不属于执行依据或不具有给付内容的法律文书，不能作为计算迟延履行期间债务利息的“生效法律文书”。

确认判决，是指人民法院依法作出的确认当事人主张的民事法律关系、民事权益存在或不存在的判决。形成判决，是指人民法院依法作出的变动、消灭既存民事法律关系或民事权益的判决。两者均无给付内容。给付判决，是指确定当事人之间实体权利义务关系，责令负有义务的当事人履行一定义务的判决。给付判决的特点是，使当事人一方产生实体义务，如果负有义务的当事人不履行义务，享有权利的一方当事人可以申请人民法院强制执行。《民事诉讼法》第253条规定，被执行人未按判决、裁定和其他法律文书指定的期间履行给付金钱义务的，应当加倍支付迟延履行期间的债务利息。据此，加倍部分债务利息系因被执行人迟延履行给付金钱义务而生，只能基于给付判决等具有金钱给付内容的生效法律文书计算。确认判决和形成判决不具有给付内容，自判决生效即确定或变更、消灭既存的民事法律关系或民事权益，并没有执行力，不能作为计算迟延履行期间债务利息的依据。认为确认判决和形成判决也有执行力的观点，或者因为判决本身不属于纯粹的确认判决和形成判决，或者由于通过解释判决，人为地向判决中“添加”了给付内容，改变了判决原本的裁判范围，才误认为确认判决和形成判决也有“执行力”。

实践中还有观点将执行通知书要求的履行期间届满之日或者以申请执行之日作为迟延履行期间债务利息的起算时间。这种观点违反了《民事诉讼法》第253条和执行程序相关司法解释规定，应予摒弃。

首先，申请执行之日与《民事诉讼法》第253条规定的判决、裁定和其他法律文书指定的履行期间没有必然关系。申请执行之日是履行期间届满或法律文书生效后的某一天，债权人不申请执行并不代表债务人不负履行义务，债务人迟延履行义务才导致债权人申请执行。换言之，是债务人迟延履行在先，债权人申请执行在后。因此，将申请执行之日作为加倍部分债务利息的起算时间，是一种本末倒置的观点，也违反了《民事诉讼法》第253条的规定。

其次，执行通知书虽然属于法律文书，但只是执行程序中告知当事人履行债务的通知，人民法院向被执行人发出执行通知书，并不意味着此时被执行人才应当开始履行给付义务，执行通知书不可能取代执行依据已经确定的履行期间重新为被执行人确定履行期间，只是在被执行人未按生效法律文书要求履行给付义务情况下，督促其履行的方式。换言之，执行通知书不具有变更执行依据确定的履行期间的效力，生效判决、裁定等执行依据已经确定债务人履行期间的，执行通知书只能按照执行依据确定的履行期间要求被执行人承担加倍部分债务利息。如果以执行通知书确定的履行期间作为计算加倍部分债务利息的开始时间，则无疑是以执行通知书改变了执行依据的内容，严重缺乏法律依据。另外，执行通知书在当事人申请执行后才能发出。如果以执行通知书确定的履行期间作为计算加倍部分债务利息的开始时间，则无异于认为债权人申请执行后、执行通知书发出前，债务人不存在迟延履行的问题。既然债务人不存在迟延履行，债权人为什么要申请执行？法院又如何能对不存在迟延履行的债务启动强制执行程序？这种自相矛盾的结果已经证实：将执行通知书要求的履行期间届满之日作为迟延履行期间债务利息的起算时间是不能成立的。

（二）关于法律文书生效的理解

确定法律文书何时生效，不仅关系到法律文书未确定履行期间的案件加倍部分债务利息何时起算，还关系到部分法律文书确定了履行期间的案件加倍部分债务利息的起算。例如，判决书主文判令债务人自判决生效后十日内向债权人履行金钱给付义务，仍然需要确定法律文书的生效时间。司法实践中，人民法院在受理申请执行案件时，一般要求申请人提交作出执行依据的机构出具的法律文书生效证明，并根据《执行规定》第 20 条，要求申请人提交生效法律文书副本。有生效证明的案件，通常以生效证明载明的法律文书生效时间为依据。

1. 不同法律文书的生效时间。根据法律规定，不同机构作出的法律文书，以及相同机构作出的不同法律文书，生效时间会有所差别。具体而言：

（1）人民法院作出的法律文书生效时间根据《民事诉讼法》规定确定。例如，民事调解书的生效时间。根据《民事诉讼法》第 97 条，民事调解书由审判人员、书记员署名，加盖人民法院印章，送达双方当事人；调解书经双方当事人签收后，即具有法律效力。《最高人民法院关于人民法院民事调解工作若干问题的规定》第 13 条规定，根据《民事诉讼法》第 98 条第 1 款第（4）项规定，当事人各方同意在调解协议上签名或者盖章后生效，经人民法院审查确认后，应当记入笔录或者将协议附卷，并由当事人、审判人员、书记员签名或者盖章后即具有法律效力。当事人请求制作调解书的，人民法院应当制作调解书送交当事人。当事人拒收调解书的，不影响调解协议的效力。一方不履行调解协议的，另一方可以持调解书向人民法院申请执行。

再如，法院判决、裁定的生效时间。地方法院一审判决送达后，当事人不服的，根据《民事诉讼法》第164条的规定，有权在判决书送达之日起十五日内向上一级人民法院提起上诉。当事人上诉后，一审判决不生效。当事人在法定期间均不上诉的，一审判决自上诉期间届满之日的次日生效。期间届满的最后一日是节假日的，以节假日后的第一日为期间届满的日期。《民事诉讼法》第175条规定：第二审人民法院的判决、裁定，是终审的判决、裁定。二审判决、裁定送达当事人后生效。二审驳回上诉，维持原判的，应从二审判决生效之日起计算一审判决确定的履行期间（例如，一审判决责令债务人于本判决生效后十日内向债权人履行债务）。在指定的履行期间内，债务人不履行债务的，加倍部分债务利息自该履行期间届满之日起计算；一审判决没有确定履行期间的，自一审判决生效之日（即二审判决生效之日）起计算。二审改判的，加倍部分债务利息应自二审判决确定的履行期间届满之日起计算；二审判决未确定履行期间的，自二审判决生效之日起计算。根据《民事诉讼法》第207条的规定，人民法院按照审判监督程序再审的案件，发生法律效力的判决、裁定是由第一审法院作出的，按照第一审程序审理，所作的判决、裁定，当事人可以上诉；发生法律效力的判决、裁定是由第二审法院作出的，按照第二审程序审理，所作的判决、裁定，是发生法律效力的判决、裁定；上级人民法院按照审判监督程序提审的，按照第二审程序审理，所作的判决、裁定是发生法律效力的判决、裁定。据此，再审判决、裁定的生效时间，应当根据再审案件所适用的审理程序，分别按照一审、二审裁判的生效规则确定。

（2）根据《仲裁法》第57条的规定，仲裁裁决书自作出之日起发生法律效力。

（3）根据《仲裁法》第52条的规定，仲裁调解书由仲裁员签名，加盖仲裁委员会印章，送达双方当事人；调解书经双方当事人签收后，即发生法律效力。

（4）根据司法部《公证程序规则》第 44 条规定，公证书自出具之日起生效；需要审批的公证事项，审批人的批准日期为公证书的出具日期；不需要审批的公证事项，承办公证员的签发日期为公证书的出具日期。根据《公证程序规则》第 55 条第 1 款，债务人不履行或者不适当履行经公证的具有强制执行效力的债权文书的，公证机构可以根据债权人的申请，依照有关规定出具执行证书。

2. 法律文书送达时间的确定。送达不仅是很多法律文书生效的条件，也是确定某些期间起算的重要标准。在法律规定的多种送达方式中，直接送达为原则，其他方式为补充。受送达人在送达回证上的签收日期为送达日期。根据《民事诉讼法》和相关司法解释规定，送达日期的确定依送达方式不同遵循不同的规则。

（1）直接送达。直接送达，是指法院送达人员将法律文书直接交给受送达人签收。根据《民事诉讼法》第 84 条、第 85 条的规定，受送达人、受送达人的同住成年家属、法人或者其他组织负责收件的人、诉讼代理人或者代收人在送达回证上的签收日期，为送达日期。

（2）留置送达。留置送达，是指受送达人拒绝签收向其送达的法律文书，法院送达人员将该法律文书留置于受送达人住所或从业场所。《民事诉讼法》第 86 条规定：受送达人或者他的同住成年家属拒绝接收诉讼文书的，送达人可以邀请有关基层组织或者所在单位的代表到场，说明情况，在送达回证上记明拒收事由和日期，由送达人、见证人签名或者盖章，把诉讼文书留在受送达人的住所；也可以把诉讼文书留在受送达人的住所，并采用拍照、录像等方式记录送达过程，即视为送达。该留置日期即为送达日期。

（3）委托送达。委托送达，是指受送达人不在受案法院辖区内，该法院委托受送达人所在地的法院代为送达。根据《民事诉讼法解释》第 134 条的规定，委托其他人民法院代为送达的，委托法院应当出具委托函，并附需要送达的诉讼文书和送达回证，以受送达人在送达回证上签收的日期为送达日期。

（4）邮寄送达。邮寄送达，是指法院直接送达诉讼文书有困难的，可以交由国家邮政机构以法院专递方式邮寄送达。根据《民事诉讼法》第88条、《最高人民法院关于以法院专递方式邮寄送达民事诉讼文书的若干规定》，邮寄送达的，以回执上注明的收件日期为送达日期；以法院专递方式邮寄送达民事诉讼文书的，其送达与人民法院送达具有同等法律效力；因受送达人自己提供或者确认的送达地址不准确、拒不提供送达地址、送达地址变更未及时告知人民法院、受送达人本人或者受送达人指定的代收人拒绝签收，导致诉讼文书未能被受送达人实际接收的，文书退回之日视为送达之日，但受送达人能够证明自己在诉讼文书送达的过程中没有过错的除外。

（5）转交送达。转交送达，是指在特定情况下，不宜或不便直接送达时，法院将诉讼文书通过受送达人所在单位转交受送达人。转交送达，以受送达人在送达回证上的签收日期为送达日期。

（6）公告送达。公告送达，是指在受送达人下落不明，或者以其他方式无法送达的情况下，法院将诉讼文书的内容予以公告。自发出公告之日起，六十日法定公告期限届满，即视为送达。

需要说明的是，2012年《民事诉讼法》修改增加一条规定（《民事诉讼法》第87条）：经受送达人同意，人民法院可以采用传真、电子邮件等能够确认其收悉的方式送达诉讼文书，但判决书、裁定书、调解书除外。该条关于其他送达方式的规定，明确将作为执行依据的法院民事判决书、裁定书、调解书排除在外，但是最高人民法院2020年1月15日印发的《民事诉讼程序繁简分流改革试点实施办法》第25条规定，经受送达人明确表示同意，人民法院可以电子送达判决书、裁定书、调解书等裁判文书；当事人提出需要纸质裁判文书的，人民法院应当提供。该规定突破了《民事诉讼法》第87条规定，扩大了电子送达法律文书的范围。

三、根据生效法律文书具体内容确定起算时间

生效法律文书确定的债务履行期间，实践中情况各异，有的文书指定了固定的履行期日，有的文书确定了一定的履行期限，有的文书没有确定履行期间。有必要针对各类具体情况，确定加倍部分债务利息的起算时间。《迟延履行利息解释》第2条规定分三种情况，对加倍部分债务利息的起算作了规定。

（一）生效法律文书确定了履行期间

生效法律文书确定了债务履行期间，是指据以执行的法律文书主文对债务人履行债务的期限作了明确限定。加倍部分债务利息自确定的履行期间届满之日起计算。例如，生效法律文书责令债务人于×年×月×日前履行金钱给付义务，截至该日，债务人仍未履行的，则加倍部分债务利息自该届满之日起计算。届满之日当日不计算在内，而是从次日起计算。举例说明：法院生效调解书确定债务人于×年7月31日前向债权人支付欠款100万元。债务人于同年10月31日将100万元支付给债权人，则加倍部分债务利息的计算期间为92天（7月31日不包括在内，从8月1日至10月31日，迟延履行期间为92天，8月1日和10月31日均计算在内）。

再如，生效法律文书责令债务人于该文书生效之日起（或生效后）十日内履行债务，截至该文书生效之日起第十天，债务人仍未履行的，则应承担迟延履行责任。法律文书生效之日起第十天为履行期间届满之日，自该日起计算加倍部分债务利息。第十天当日不计算在内，而是从第十天的次日起计算。举例说明：法院判令债务人自判决生效之日起十日内支付债权人100万元；该判决于×年7月2日生效，7月12日为履行期间届满之日。债务人于该年7月30日将100万元支付给债权人，则加倍部分债务利息的计算期间为18天（7月12日不包括在内，从7月13日至7月30日，迟延履行期间为18天，7月13日和7月30日均计算在内）。

（二）生效法律文书确定债务分期履行

生效法律文书确定债务分期履行的，应根据每笔债务的履行期间，确定各笔债务加倍部分债务利息的起算时间。债务分期履行的，加倍部分债务利息自每期债务各自的履行期间届满之日起计算。分期履行的债务，履行期间存在时间间隔的，应以生效法律文书确定的每笔债务的履行期间为准计算加倍部分债务利息。举例说明：法院生效调解书确认债务人于×年7月31日前向债权人支付欠款10万元；同年10月31日前支付20万元；同年11月20日前支付30万元。上述10万元、20万元、30万元款项迟延履行期间应分别从×年8月1日、11月1日、11月21日计算，作为履行期间届满之日的7月31日、10月31日、11月20日当日均不计入迟延履行期间。

需要说明的是，生效法律文书确定分期履行债务，在整个履行期间内，如果债务人履行部分债务的，执行法院要注意区分债务人实际履行的是哪一笔债务或哪一部分债务。这个问题在部分案件中，将对加倍部分债务利息的计算产生相应影响。

（三）生效法律文书未确定履行期间

生效法律文书未确定履行期间，是指执行依据只责令债务人履行给付义务，但未指明履行期间。这类情形由于无执行依据确定的履行期间可循，法律文书生效后即具有执行力，因此以法律文书生效之日作为加倍部分债务利息起算时间是最为合理的做法。法律文书生效之日作为期间的开始日，不计算在期间内，从法律文书生效之日的次日起计算加倍部分债务利息。不同法律文书的生效时间，应根据相关法律规定确定。举例说明：法院民事调解书于×年7月31日生效，该调解书确定债务人向债权人支付100万元。债务人于同年12月31日向债权人支付100万元，则迟延履行期间为153天（7月31日作为法律文书生效之日不计入期间，自8月1日至12月31日，迟延履行期间为153天，8月1日和12月31日均计算在内）。

（四）其他需要说明的问题

生效法律文书确定双方当事人互负对待给付义务，如果履行顺序没有先后，应根据生效法律文书确定的履行期间或法律文书的生效时间，确定被执行人迟延履行期间的起算时间；如果履行顺序有先后，且需要申请执行人先行完成相应义务，被执行人的履行条件才能成就的，被执行人迟延履行期间的起算，应以申请执行人完成相应义务的时间，结合生效法律文书主文对被执行人履行期限的要求确定。

四、再审案件中债务人加倍部分债务利息的起算问题

当事人不服已经发生法律效力的民事判决、裁定、调解书，可以根据《民事诉讼法》审判监督程序及相关司法解释规定申请再审。法院对当事人再审申请的处理结果，将对加倍部分债务利息的计算产生相应影响，需要根据再审裁判结果的不同情况，确定加倍部分债务利息的起算时间。具体分述如下。

（一）驳回再审申请、再审维持原生效法律文书或原生效法律文书部分判项

人民法院裁定驳回再审申请的，原生效法律文书效力不受影响，加倍部分债务利息仍自原生效法律文书确定的履行期间届满之日或法律文书生效之日起计算。例如，甲基层人民法院一审判决责令债务人于判决生效之日起十日内向债权人支付 30 万元，债务人不服，向乙中级人民法院上诉。乙中级人民法院二审判决驳回上诉，维持原判。二审判决于 × 年 8 月 6 日生效，债务人不服，向丙高级人民法院申请再审。丙高级人民法院审查后作出裁定，驳回债务人再审申请。在此期间债务人一直未履行一审判决确定的债务。本案加倍部分债务利息应从二审判决生效之日（也是一审判决生效之日）起经过十天，从第十一天，即同年 8 月 17 日开始计

算，履行期间届满之日（8 月 16 日）不计入迟延履行期间内。

人民法院经再审审理，认为原生效法律文书裁判结果正确，予以维持的，加倍部分债务利息自原生效法律文书确定的履行期间届满之日或法律文书生效之日起计算，再审中止执行期间的加倍部分债务利息，根据《迟延履行利息解释》第 3 条的规定处理。例如，甲基层人民法院一审判决责令债务人于判决生效之日起十日内向债权人支付 30 万元，债务人不服，向乙中级人民法院上诉。乙中级人民法院二审判决驳回上诉，维持原判。二审判决于 × 年 7 月 2 日生效，债务人不服，向丙高级人民法院申请再审。丙高级人民法院审查后作出裁定：（1）指令乙中级人民法院再审。（2）再审期间，中止原判决的执行。乙中级人民法院审理后作出再审判决，维持二审判决。在此期间债务人一直未履行一审判决确定的债务。本案加倍部分债务利息应从二审判决生效之日（也是一审判决生效之日）起经过十天，从第十一天，即同年 7 月 13 日开始计算，履行期间届满之日（7 月 12 日）不计入迟延履行期间内。再审中止执行的期间系由债务人申请引起的，根据《迟延履行利息解释》第 3 条第 3 款的规定，应当计算加倍部分债务利息。

人民法院经再审审理，维持了部分判项的，该维持部分判项确定义务的加倍部分债务利息，按原判决确定的履行期间届满之日或原判决生效之日起计算，再审中止执行的期间，根据《迟延履行利息解释》第 3 条的规定处理。

人民法院裁定驳回再审申请、经再审审理维持原生效法律文书或维持部分判项的，系对原生效法律文书效力或相关判项效力的肯定。原法律文书属于已经生效的文书，再审维持的判项属于已经生效的判项，在没有其他裁判文书否定其效力的情况下，债务人应当按照原生效法律文书要求或者再审予以维持的相关判项要求履行债务，并计付加倍部分债务利息，对于符合《迟延履行利息解释》第 3 条规定的扣除计算期间情形的，在规定期间内不计算加倍部分债务利息。

需要说明的是，本部分所述再审维持的是原生效法律文书或原生效判决的部分判项，而非维持法律效力已经被否定的法律文书或其判项。关于再审撤销已经生效的二审判决，维持被二审否定的一审判决，或维持被二审否定的一审判决部分判项的情形，将在下文详述。

（二）再审撤销原生效法律文书或原生效法律文书部分判项

再审撤销原生效法律文书，驳回债权人诉讼请求或驳回债权人起诉的，则表明被执行人的债务自始不存在，原执行案件加倍部分债务利息不应计算，符合执行回转条件的，按《迟延履行利息解释》第6条的规定处理。人民法院再审撤销原生效法律文书，使该文书的法律效力归于消灭，并且对债权人的诉讼请求或起诉不予支持的，此时要求债务人支付加倍部分债务利息的基础不复存在，故不应对债务人计算加倍部分债务利息。如果原被执行人已经向原申请执行人部分履行或全部履行债务的，可以依法申请执行回转，并根据《迟延履行利息解释》第6条的规定，要求原申请执行人承担加倍部分债务利息。

再审撤销原生效法律文书部分判项的，被撤销部分判项确定义务的加倍部分债务利息不予计算。

（三）再审重新作出判决或判项、变更判项

再审撤销原生效法律文书重新作出判决，或撤销部分判项重新作出判项的，应当按照再审判决重新确定的给付内容和履行期间，结合债务人实际履行的情况，确定债务人是否还需要履行给付义务，以及是否存在迟延履行。再审判决变更原生效法律文书判项的，债务人应当按照变更后的判项履行给付义务，同时应考虑债务人已经履行债务的情况，确定债务人是否还需要继续履行，以及是否构成迟延履行。

再审重新作出判决或判项、变更判项的，在再审判决生效前，这些判决或判项内容并不属于生效法律文书确定的给付内容，债务人没有履行这些判项的义务，随着再审判决的生效，这些判项确定的给付义务才被赋予强制履行的效力。原生效法律文书或原生效法律文书的相关判

项，因被再审判决撤销、变更而不再具有法律效力，债务人只能根据再审判决重新作出的判项或变更后的判项履行义务。因此，在这种情况下，债务人应按照再审判决重新确定的给付内容和履行期间履行义务，被执行人加倍部分债务利息应从再审判决或相关判项确定的履行期间届满之日起计算。再审判决或相关判项未确定履行期间的，自再审判决生效之日起计算。

例如，甲基层人民法院一审判决责令债务人于判决生效之日起十日内向债权人支付50万元，债务人不服，向乙中级人民法院上诉。乙中级人民法院二审判决驳回上诉，维持原判。债务人不服，向丙高级人民法院申请再审。丙高级人民法院审查后作出裁定：一、本案由丙高级人民法院提审；二、再审期间，中止原判决的执行。丙高级人民法院审理后作出再审判决，撤销二审判决和一审判决，判令债务人于判决生效后十日内向债权人支付30万元。再审判决于×年11月15日生效。再审判决生效后，债务人一直未按判决要求履行义务。本案迟延履行期间的加倍部分债务利息应从再审判决生效之日起经过十天，从第十一天，即同年11月26日开始计算，履行期间届满之日（11月25日）不计入迟延履行期间内。

再审重新作出判决或变更原判项后，债务人的给付义务既可能超过原生效法律文书确定的义务，也可能较原生效法律文书有所减少。对此，应当区分不同情况分别讨论。

1. 再审判决确定的给付内容超过原生效法律文书：债务人应根据再审判决确定的履行期间履行给付义务，超过该履行期间未履行的，则构成迟延履行，应根据《迟延履行利息解释》第3条的规定，自再审判决确定的履行期间届满之日起计算加倍部分债务利息，已经履行的部分，从计算基数中作相应扣减；再审判决未确定履行期间的，加倍部分债务利息自再审判决生效之日起计算，已经履行的部分，从计算基数中作相应扣减。

2. 再审判决确定的给付内容少于原生效法律文书：债务人尚未按原生效法律文书履行的，或已经履行的数额尚不足再审判决确定的数额，则债务人应根据再审判决确定的给付义务和履行期间履行，逾期不履行的，构成迟延履行，自再审判决确定的履行期间届满之日起计算加倍部分债务利息，已经履行的部分，应从计算基数中作相应扣减；再审判决未确定履行期间的，加倍部分债务利息自再审判决生效之日起计算，已经履行的部分，从计算基数中作相应扣减；若债务人已经按原生效法律文书履行完毕，或已经履行的数额超过再审判决确定的数额，则将涉及执行回转的问题。

（四）再审撤销二审判决，维持被二审否定的一审判决或维持被二审否定的一审部分判项

二审如果撤销一审判决重新作出裁判的，再审判决生效前，对债务人来说，其履行义务的内容和履行期间是由二审判决确定的，并非依据一审判决。再审判决如果撤销二审判决，维持一审判决的，二审判决的效力被否定，一审判决由于再审判决的生效才成为有效判决，其法律效力源于再审的生效。换言之，一审判决的生效时间由再审判决的生效时间确定，再审判决生效时间即为一审判决的生效时间。因此应根据再审判决生效时间，结合一审判决确定的给付义务内容和履行期间，计算债务人迟延履行期间的加倍部分债务利息。一审判决未确定履行期间的，自再审判决生效之日起计算。

同理，再审维持被二审否定的一审部分判项的，也应根据再审判决生效时间，结合一审判决被维持的判项内容及履行期间，计算债务人迟延履行期间的加倍部分债务利息。相关判项未确定履行期间的，自再审判决生效之日起计算。

例如，甲基层人民法院一审判决责令债务人于判决生效之日起十日内向债权人支付50万元，债务人不服，向乙中级人民法院上诉。乙中级人民法院二审判决撤销一审判决，驳回债权人的诉讼请求。债权人不服，向丙高级人民法院申请再审。丙高级人民法院审查后作出裁定：（1）本案由丙高级人民法院提审。（2）再审期间，中止原判决的执行。丙高级人民法院审理后作出再审判决，撤销二审判决，维持一审判决。再审判决于×年

10 月 21 日生效。再审判决生效后，债务人一直未按判决要求履行债务，本案迟延履行期间的加倍部分债务利息应从再审判决生效之日起经过十天，从第十一天，即同年 11 月 1 日开始计算，履行期间届满之日（10 月 31 日）不计入迟延履行期间内。

第六章　迟延履行期间加倍部分债务利息计算的截止时间

《迟延履行利息解释》第 3 条第 1 款、第 2 款规定了迟延履行期间加倍部分债务利息计算的截止时间。迟延履行期间加倍部分债务利息计算的截止时间，根据被执行人主动履行债务和法院强制执行的不同而有所区别，具体内容分述如下。

一、被执行人主动履行债务

案件进入执行程序后，如果被执行人主动履行债务，将直接引起生效法律文书确定的债务消灭，与已经履行的债务相对应的加倍部分债务利息，也应随着基础债务的消灭而计算至该部分债务履行完毕之日。被执行人履行债务包括全部履行和部分履行。被执行人一次履行全部债务的，债务全部消灭，加倍部分债务利息计算至债务全部履行完毕之日；被执行人履行部分债务的，仅产生债务部分消灭的结果，已经履行的部分所对应的加倍部分债务利息，计算至这部分债务履行完毕之日，剩余未履行部分的债务，仍需按照《迟延履行利息解释》的规定，继续计算加倍部分债务利息，直到被执行人将全部债务履行完毕。《迟延履行利息解释》第 3 条第 1 款对被执行人主动履行债务的情形，确立了加倍部分债务利息以债务履行完毕之日为截止日的计算原则，并且区分了债务全部履行完毕和被执行人分多次履行债务两种情况，规定了加倍部分债务利息计算的截止时间。

判断债务是否履行完毕，应根据民事实体法的标准确定。《迟延履行利息解释》第3条规定的“履行完毕之日”，通常情况下应理解为，债务人履行债务的行为在民事实体法上产生了债务消灭效果的期日。债务人为履行债务进行准备、创造条件的行为，不能认为债务履行完毕。根据民事实体法规定，债务人的行为能够产生债务消灭效果的，对于加倍部分债务利息的计算，也应产生与债务履行同样的结果。例如，当事人依法主张抵销或债务人依法提存款项等行为。如果债务人主动履行债务，而债权人受领迟延或者拒绝受领，则应根据案件具体情况，判断债务人是否应当承担履行日之后的加倍部分债务利息。若债务人提出合法给付，债权人无正当理由受领迟延或拒绝受领，则不应再要求债务人承担此后的迟延履行期间债务利息，债务人可以通过合法方式自行消灭其债务，如以提存方式消灭债务。如果债务人通过法院指定账户履行金钱给付义务的，应以款项到账日作为相应部分债务的履行完毕之日。

被执行人将债务一次履行完毕的，加倍部分债务利息计算的截止时间容易确定；分次履行的，每次债务履行完毕之日为相应部分债务迟延履行期间的截止时间，人民法院应根据被执行人每次履行债务的数额和时间，并结合不同债务的清偿顺序及本次清偿的应计息债务数额，确定该次履行部分债务应当计付多少加倍部分债务利息。例如，法院判决书责令债务人于判决生效后十日内向债权人支付100万元。该判决书于×年5月20日生效，债务人的履行期间于5月30日届满，从5月31日起计算加倍部分债务利息。因债务人不履行判决书确定的给付义务，债权人遂向有管辖权的人民法院申请强制执行。案件进入执行程序后，被执行人于同年7月31日向申请执行人支付30万元（为表述方便，不考虑诉讼费用等其他案件相关费用问题），该30万元债务的加倍部分债务利息计算期间为62天（从5月31日至7月31日，5月31日和7月31日当日均计算在内），利息数额 = 300000元 × 1.75‱ × 62 = 3255元。此后，被执行人又于同年9月30日向申请执行人支付50万元。由于50万元尚不足以清偿本案剩余债务，根据《迟延履行利息解释》第4条的规定，执行款不足以清偿全部债务的，应当先清偿生效法律文书确定的金钱债务，再清偿加倍部分债务利息，但当事人对清偿顺序另有约定的除外。该案双方当事人未对债务清偿顺序达成一致，被执行人履行的50万元应当先清偿判决书确定的金钱给付义务，故第二次履行的50万元，加倍部分债务利息计算期间为123天（从5月31日至9月30日，5月31日和9月30日当日均计算在内），利息数额=500000元×1.75‰×123=10762.5元。同年10月25日，被执行人向申请执行人支付20万元，将判决书确定的100万元金钱给付义务全部履行完毕。第三次支付的20万元，加倍部分债务利息计算期间为148天（从5月31日至10月25日，5月31日和10月25日当日均计算在内），利息数额=200000元×1.75‰×148=5180元。至此，被执行人虽然已经将判决书确定的义务履行完毕，但仍应当承担上述迟延履行期间的加倍部分债务利息，利息数额=3255元+10762.5元+5180元=19197.5元。被执行人不履行的，人民法院可以强制执行。

二、人民法院强制执行

被执行人不履行生效法律文书确定的金钱给付义务，人民法院通过强制执行被执行人财产实现申请执行人金钱债权的，迟延履行期间加倍部分债务利息计算的截止时间根据被执行人财产性质的差异，适用不同的日期。《迟延履行利息解释》第3条第2款根据执行财产的不同属性，将加倍部分债务利息计算的截止时间分为三种情况规定：（1）执行财产为各种形式的金钱；（2）被执行人财产为动产、不动产、其他财产权利，人民法院需通过拍卖、变卖、以物抵债措施进行变价；（3）被执行人财产需通过拍卖、变卖、以物抵债以外的其他方式变价。关于被执行人迟延履行期间的截止日期如何确定的问题，在《迟延履行利息解释》制定过程中，各派展开了激烈的争论。

（一）关于迟延履行期间截止日期的争论

迟延履行期间截止日期如何确定，概括起来主要有以下几种观点。

第一种观点主张，以法院查封、扣押、冻结被执行人财产之日为截止日。主要理由为：被执行人此时已失去了对被查封、扣押、冻结财产的控制，即使不想履行义务也因法院的强制执行而失去了可能，因此被执行人的义务只是配合法院的执行，如果再以拒不履行行为为由给予其承担迟延履行期间债务利息的制裁显然是不合理的。[①] 法院查封、扣押、冻结了被执行人的财产，申请执行人的权利已经获得了保障，财产保全后至变价完成的期间，是法院处理财产所必需的合理时间，不应再归责于被执行人，所以应当以法院对被执行人财产进行控制的时间为截止日。

第二种观点主张，以申请执行人领取执行款的日期为截止日。主要理由为：金钱给付义务应以被执行人向申请执行人实际交付金钱的当日，为迟延履行期间债务利息计算的截止日。以申请执行人收到款项之日截止，最为合理。

第三种观点主张，以执行款到达法院指定账户的日期为截止日。主要理由为：执行法院在已足额扣划被执行人存款或收取拍卖变价款后，被执行人在主观与客观上均不能控制案款的支付进程，其迟延履行状态已不再继续。若将截止日期向前确定则不利于申请人，而若将截止日期向后确定则不利于被执行人，因此应以法院实际足额控制案款或拍卖价款之日作为计算迟延履行期间的截止日期。[②] 无论是以扣划存款方式、当事人自动履行或和解方式结案，还是以拍卖变卖等方式结案，均以执行款到达法院执行账户日为截止日，既可排除非被执行人的原因而产生的利息损失，也能

---

① 李明君：《扣押财产案件中迟延履行期间债务利息的计算》，载《人民法院报》2009 年 7 月 10 日。

② 张太亮、蒋佳委：《执行迟延履行责任的司法困境及实践完善》，载《人民司法·案例》2013 年第 4 期。

充分保障申请执行人的利息收益。[①]

第四种观点主张，迟延履行期间的截止日应为被执行人的财产足以偿还申请执行人全部金钱义务之日。这个期日需要根据执行的具体情况而由执行人员自由裁量，法律不能设定。为避免争议，执行人员在执行的过程中，可以主持双方当事人就这一日期分别陈述意见，经合议庭合议后再以执行裁定的形式确定。[②]

第五种观点主张，应分不同情形，分别自被执行人履行付款义务或人民法院扣划被执行人的银行存款之到账日，或者人民法院拍卖、变卖过户裁定或以物抵债裁定生效之日开始停止计算。[③]

（二）关于迟延履行期间截止日期各种观点的评述

1. 对第一种观点的评价。上述第一种观点存在以下缺陷。

第一，以法院查封、扣押、冻结被执行人财产之日作为加倍部分债务利息计算的截止日，与《民事诉讼法》第253条规定相矛盾。根据该条规定，被执行人未按生效法律文书要求履行给付金钱义务的，应当加倍支付迟延履行期间的债务利息。该条规定的落脚点是债务是否实际履行，关注的是被执行人未履行生效法律文书确定义务的事实，债务未履行的，被执行人就应当加倍支付迟延履行期间的债务利息。法院仅查封、扣押、冻结了被执行人财产的，被执行人的债务仍然处于未实际履行的状态，根据上述规定，被执行人应当承担迟延履行责任。因此，以法院查封、扣押、冻结被执行人财产之日作为截止日，不符合《民事诉讼法》第253条规定。

第二，法院查封、扣押、冻结被执行人财产后，并不能免除被执行人履行债务的法律义务，对于债务不履行的状态，被执行人仍然应当承担责

① 卢君、袁列彬、肖瑶：《基数、标准、期间：迟延履行期间利息计算的三个维度》，载《人民司法·案例》2013年第2期。

② 许前川：《论迟延履行期间的债务利息（下）》，载《经理日报》2011年7月7日。

③ 刘卓江：《执行程序中迟延履行期间利息计算的要点》，载《人民司法·案例》2013年第2期。

任。虽然被执行人的相关财产被法院控制，但控制财产并不代表被执行人就此失去主动履行债务的能力，更不表示被执行人对债务不履行应当承担的责任得以免除。很多执行案件中，除被法院控制的财产外，被执行人还有其他财产可用于清偿债务，但其仍然拒绝履行。更有甚者，被执行人通过转移财产、在其可以处分的财产上设定权利负担等，规避、对抗法院执行。因此，认为控制被执行人财产后被执行人无法继续履行债务的观点，有一定的片面性。实践中，部分案件在法院查封、扣押、冻结被执行人财产后，被执行人迫于强制执行的压力，主动用其他财产履行债务。而且，法院后续进行的评估、拍卖程序，皆因被执行人不履行债务而启动，如果被执行人履行了债务，则后续强制变现措施将不会实施，申请执行人的权利也将尽快实现，因此被执行人对债务不履行仍然负有责任，评估、拍卖程序中产生的费用由被执行人承担。

第三，在存在诉讼财产保全和诉前财产保全的案件中，根据第一种观点确定的迟延履行期间截止日期，与执行依据确定的履行期间相矛盾。诉讼财产保全和诉前财产保全，法院在执行依据生效前即对债务人财产实施查封、扣押、冻结措施，根据第一种观点的结论，此时就应停止计算迟延履行期间的债务利息。而事实是保全财产时执行依据尚未作出，债务人是否需要履行债务未经生效法律文书确定，何谈履行债务？债务尚且未确定，又何谈履行期间和迟延履行的问题？也就是说，在债务尚未确定的情况下，迟延履行期间就已经截止。在诉前财产保全中，法院保全相关财产时，诉讼尚未开始，要求债务人履行债务更无从谈起，在诉讼还未启动的情况下，迟延履行期间却已经截止。这种自相矛盾的结果，已经说明第一种观点的缺陷。因为法院控制被执行人财产的时间并不都是在执行依据生效之后，或执行依据确定的履行期间届满后，很多情况下是在执行依据生效前。根据第一种观点的结论，在已经实施诉讼财产保全和诉前财产保全的案件中，理论上不存在迟延履行的问题。但实际上，大量有诉讼财产保全和诉前财产保全的案件，债权人在执行依据生效后都不能即时实现债权，如果以财产保全之日作为迟延履行期间的截止日，那么执行依据确定的履行期间又有何意义？这是第一种观点无法克服的问题，也是《迟延履行利息解释》第3条规定没有采纳第一种观点的理由之一。

第四，以法院控制被执行人财产之日为截止日，与被执行人主动履行情况下计算加倍部分债务利息的截止日相冲突，且容易助长债务人拖延履行的行为。法院控制被执行人财产后，财产并未完成变现，被执行人还存在主动履行债务的可能，如果被执行人主动履行债务的，相应部分债务的加倍部分债务利息应计算至该部分债务履行完毕之日，这就产生了与法院控制被执行人财产之日为截止日相冲突的问题。此时，被执行人主动履行债务需要支付的加倍部分债务利息，反而多于不主动履行时应当承担的加倍部分债务利息，明显不合理。另外，以法院控制财产之日为截止日，将意味着被执行人在法院控制其财产后，即使不履行债务，也无须再承担加倍部分债务利息，不利于从制度上起到督促被执行人积极履行债务的作用，反而为被执行人拖延履行债务提供了制度上的便利，在一定程度上增加了法院对被执行人财产采取拍卖、变卖措施的压力。

第五，以法院控制被执行人财产之日为截止日，减损了《民事诉讼法》迟延履行期间债务利息制度对被执行人的惩罚性和促使其履行债务的威慑力。如上文所述，按照第一种观点的主张，法院控制财产后，被执行人即使不履行债务也不再承担加倍部分债务利息，该项制度对被执行人的制裁效果将大打折扣，难以充分发挥督促被执行人主动履行债务的作用，《民事诉讼法》规定这一制度的目的也难以完全实现。

综上，以法院查封、扣押、冻结被执行人财产之日停止计算加倍部分债务利息的观点存在诸多问题。问题的根源在于，这一观点脱离了《民事诉讼法》第253条确立的以债务的实际履行作为标准计算迟延履行期间债务利息的基本规则，司法解释也未予采纳。

2. 对第二种观点的评价。关于上述第二种观点，司法实践中也有很多人主张。从理想状态来讲，被执行人履行金钱给付义务，申请执行人直接领受款项，自申请执行人得到款项之日停止计算加倍部分债务利息，是比较顺利的债务履行过程，被执行人既履行了债务，申请执行人也实现了债权。但实践中，债务的履行和债权的实现出现分离的情形也在所难免。例如，申请执行人迟延受领或拒绝受领。其中的原因多种多样，但对被执行人的影响是不容忽视的。特别是申请执行人无正当理由拒绝受领的，如果再让被执行人承担迟延履行责任，对被执行人有失公平。再如，多个债权人申请参与分配的案件，人民法院收到执行款后，应先行制定分配方案，这也需要一个过程。正如有的法官认为：债务的履行和债权的实现是两个不同的概念，履行债务并不完全等同于实现债权。人民法院在处理完毕执行物后仍然存在分配执行款的问题，特别是针对多个债权人请求参与分配的情形。强制执行从本质上讲，是以国家的强制力剥夺被执行人对其财产的所有权，并以其名义清偿申请执行人债权的行为，即无论被执行人是主动履行还是被执行，只要生效法律文书的内容得以有效履行，就应停止计息。相应迟延履行期间的利息应计算至履行之日止而不是计算到申请执行人完全实现其债权之日止。另外，从防止申请执行人怠于行使权利而人为扩大迟延履行利息的角度出发，也不宜将该利息计算至申请执行人收到执行款或执行物之日止。[①] 考虑到以上理由，司法解释也未采纳以申请执行人收到款项之日作为迟延履行期间截止日的观点。

3. 对第三种观点的评价。关于上述第三种观点，以执行款到达法院指定账户的日期为截止日，具有一定的合理性。特别是，法院直接划拨被执行人的存款等金钱财产的，以执行款到达法院账户之日作为计算加倍部分债务利息的截止日是最恰当的。但在被执行人财产为动产、不动产、其他财产权利等需对相关财产进行拍卖、变卖等变价处理的案件中，是否也应以拍卖款、变卖款等执行款到账之日作为截止日，则存在很大争议。因为这部分执行案件对被执行人财产的变价程序还需要法院作出拍卖、变卖成交裁定，符合法律、司法解释规定的以物抵债条件的，执行法院可以裁定以被执行人财产作价交申请执行人抵偿债务。这些情形与法院直接划拨被

① 刘卓江：《执行程序中迟延履行期间利息计算的要点》，载《人民司法·案例》2013 年第 2 期。

执行人金钱财产的情形有所不同，是否也应以款项到账日为截止日，还需综合考虑其他因素。这一问题，将在下文详述，此处不赘。

4. 对第四种观点的评价。关于上述第四种观点，该观点认为，迟延履行期间的截止日需要根据执行的具体情况由执行人员自由裁量，法律不能设定。这一论点与《迟延履行利息解释》的出台背道而驰。《迟延履行利息解释》制定的目的就是对迟延履行期间的债务利息问题明确相关规则，确立实施规范，统一法律适用，约束执行法官的自由裁量权。而且，该观点所述的“被执行人的财产足以偿还申请执行人全部金钱义务之日”，本身不具有可操作性和确定性：对于被执行人的财产足以偿还全部债务，可以作出多种不同理解。该观点在理论和实务中的追随者不多。

《迟延履行利息解释》第 3 条规定最终采纳了上述第五种观点的基本立场，并根据各类执行案件具体情况，对加倍部分债务利息的计算确定了不同的截止时间：执行财产为金钱形式的，计算至划拨、提取之日；对被执行人财产拍卖、变卖或以物抵债的，计算至成交裁定或抵债裁定生效之日；同时为防止遗漏实践中的其他情形，规定了对被执行人财产通过其他方式变价的，计算至财产变价完成之日。

（三）人民法院强制执行情况下加倍部分债务利息计算的截止时间

1. 法院直接对被执行人的金钱财产进行划拨、提取的，相应部分的加倍部分债务利息计算至划拨、提取之日。金钱财产主要包括被执行人的存款、收入、股息、红利等能够表现为金钱形式，法院可以直接划拨、提取的财产。相应部分的加倍部分债务利息，是指法院已经执行到的金钱财产能够清偿的那部分计息债务所应当计算的加倍部分债务利息。这部分应计息债务的加倍部分债务利息计算至划拨、提取之日，而尚未执行的剩余债务，还应继续计算加倍部分债务利息，直到全部执行完毕为止。划拨、提取之日，是指法院将金钱财产划拨或提取到指定账户之日。执行款到账后，法院就可以对款项直接进行实际分配，执行款到账即视为生效法律文书的内容得以有效履行，相应部分应计息债务的加倍部分债务利息停止计算。至此，法院对已划拨、提取的被执行人财产能够采取的执行措施已经进行完毕，就该部分财产而言，无须再采取强制执行措施，不宜再令被执行人对该部分债务继续承担迟延履行责任。同时，即使申请执行人拒绝受领或迟延受领执行款，也不会影响被执行人加倍部分债务利息的计算。执行标的为金钱财产的案件，以款项到账日为加倍部分债务利息计算的截止日，在申请执行人和被执行人之间实现了责任的公正分配，兼顾了双方当事人利益。

需要说明的是，划拨、提取之日并不完全等同于划拨、提取裁定生效之日。实践中，法院划拨、提取裁定送达后，执行款无法到账的情况时有发生，不能以划拨、提取裁定生效之日作为计算加倍部分债务利息的截止日期。《迟延履行利息解释》第 3 条第 2 款也未采用划拨、提取裁定生效之日的表述，而是直接表述为划拨、提取之日，应以执行款划拨、提取至法院指定账户之日作为截止日。例如，法院划拨被执行人存款的裁定生效后，协助执行义务人不履行协助扣划义务并提出各种理由的，划拨裁定生效之日与实际扣划款项之日出现分离。此时，划拨裁定虽然生效，但法院并未实际扣划到执行款，不能认为法院划拨行为已经完成，而不负责后续事项的处理，法院仍然应采取执行措施，促使协助执行人履行协助扣划义务。特别是在法院冻结被执行人存款后裁定划拨，协助执行义务人擅自将存款支付他人的，人民法院还应根据《执行规定》第 33 条的规定责令协助执行义务人限期追回，在限期内未能追回的，应当裁定协助执行义务人在转移的款项范围内以自己的财产向申请执行人承担责任。在这种情况下，划拨裁定生效之日与执行款到账之日可能相去甚远。如果以划拨裁定生效之日为止停止计算加倍部分债务利息，在此期间的加倍部分债务利息损失实际上由申请执行人承担，而此时法院并不具备向申请执行人支付执行款的客观条件。停止计算加倍部分债务利息，将损害申请执行人利益。再如，两地人民法院在执行同一笔款项中发生执行争议，均作出划拨裁定，要求协助执行义务人向其扣划该款项，协助执行义务人因两地法院出现执行争议，未向任何一家法院扣划该款项，而是坚持要求两地法院报共同上级法院协调处理。经共同上级法院协调，如果支持了其中一家法院的划拨行为，那么另一家法院的划拨行为落空，其不能再对该款项实施划拨。如果自划拨裁定生效之日起停止计算加倍部分债务利息，不能实际划拨款项法院的申请执行人既无法就该款项实现债权，又损失了加倍部分债务利息，对该申请执行人显失公正。综上所述，法院划拨、提取被执行人金钱财产的，以执行款实际到账日作为相应部分债务的迟延履行期间截止日，是最为妥当的选择。

严格地讲，被执行人的收入、股息、红利属于被执行人对相关单位或企业的债权，应按照对到期债权的执行程序处理。在法院具体执行过程中，相关单位或企业也会提出收入不存在、企业尚不具备分红条件等理由。但《执行规定》对这些财产权益的执行作了明确规定，没有按照执行到期债权的程序赋予第三人异议权，而是直接由执行法院予以裁定扣留、冻结和提取，进行了类似于执行金钱财产的处理。从本质上讲，这些权益与存款等金钱财产并不完全相同，但在以这些财产权益为执行标的的案件中，如果财产形式表现为金钱的，被执行人相应部分债务的加倍部分债务利息应计算至法院提取之日；财产形式表现为实物的，应进行变价处理，适用拍卖、变卖、以物抵债等情形下迟延履行期间的截止时间。具体分述如下：

（1）划拨存款，即人民法院将被执行人的存款强制转移给有关权利人，或划到人民法院执行款专户的执行措施。划拨存款可以在冻结的基础上进行，也可以不经过冻结直接划拨。人民法院划拨被执行人的存款，应当作出裁定，并向有关银行、信用合作社和其他有储蓄业务的单位发出协助执行通知书。人民法院无法将存款直接划拨给权利人的，可以划入人民法院执行款专户，日后转交有关权利人。

（2）提取收入，即人民法院依法从有关单位支取被执行人应当履行义务部分的收入，以便交付给申请执行人的执行措施。收入主要是指金钱收入，也不排除实物收入。收入主要表现为工资、奖金、劳务报酬、稿费、咨询费、利息、投资收益等。收入是一个外延相对宽泛的概念。从广义上讲，股息、红利也属于收入，但《执行规定》将执行收入和执行股息、红利分别设置了相应的条款，因此，在具体操作中，应适用各自不同的规定。根据《民事诉讼法》第243条规定，被执行人未按执行通知履行法律文书确定的义务，人民法院有权扣留、提取被执行人应当履行义务部分的收入。但应当保留被执行人及其所扶养家属的生活必需费用。人民法院扣留、提取收入时，应当作出裁定，并发出协助执行通知书，被执行人所在单位、银行、信用合作社和其他有储蓄业务的单位必须办理。根据《执行规定》第36条，被执行人在有关单位的收入尚未支取的，人民法院应当作出裁定，向该单位发出协助执行通知书，由其协助扣留或提取。扣留是指人民法院通知有关单位，禁止被执行人领取其收入的执行措施。扣留属于控制性措施，其目的在于：一方面可以促使被执行人主动履行义务；另一方面为提取收入做好准备。提取属于处分性执行措施，既可以在扣留的基础上进行，也可以直接实施，由执行法院根据具体案情确定。如果执行法院扣留了被执行人的收入后，被执行人履行义务的，应当及时解除扣留；拒不履行的，可以裁定提取。

扣留、提取收入的执行措施，从理论上说，也属于对到期债权执行的范畴。但鉴于《民事诉讼法》单独规定了这一方法，而且按照这一思路执行比按照到期债权的思路执行更有利于执行的进行，因此实践中没有必要再按照到期债权的方法执行。[①] 收入既可以表现为金钱，也可以表现为实物，如电脑生产企业以发放其生产的电脑作为对表现优异员工的奖励。在收入表现为金钱的情况下，应以提取之日作为计算加倍部分债务利息的截止日。《迟延履行利息解释》第3条第2款主要立足于收入通常情况下表现为金钱的形式，对加倍部分债务利息计算的截止日作出规定。在收入表现为实物的情况下，还需要执行法院对其进行变价处理，此时应适用拍卖、变卖或以物抵债情形下有关迟延履行期间截止日的规定。

---

① 黄金龙：《关于人民法院执行工作若干问题的规定实用解析》，中国法制出版社2000年版，第101页。

（3）提取股息、红利，即人民法院对被执行人从有关企业中应得的已到期股息或红利等收益，直接裁定从有关企业提取，或要求有关企业直接向申请执行人支付的执行措施。实践中执行收益存在很大的困难。严格来说，被执行人在其他公司企业中应得的收益也属于一种债权，应按照对到期债权的执行程序来执行。但考虑到投资收益权与一般债权有所不同，《执行规定》基本沿用类似于执行收入的做法，没有设定第三人提出异议的程序。但如果经查实，被执行人在有关企业中确实没有收益的，就不能执行。[①] 根据《执行规定》第 51 条的规定，对被执行人从有关企业中应得的已到期的股息或红利等收益，人民法院有权裁定禁止被执行人提取和有关企业向被执行人支付，并要求有关企业直接向申请执行人支付。对被执行人预期从有关企业中应得的股息或红利等收益，人民法院可以采取冻结措施，禁止到期后被执行人提取和有关企业向被执行人支付。到期后人民法院可从有关企业中提取，并出具提取收据。如果有关单位在收到法院冻结、提取被执行人股息或红利的裁定书和协助执行通知书后，擅自向被执行人支付的，人民法院可以根据《执行规定》第 56 条的规定，责令该单位限期追回款项，逾期未追回的，应裁定其在支付的数额内向申请执行人承担责任。

股息、红利亦合称为股利。根据其表现形式，可以分为现金股利、股份股利和其他财产股利。现金股利亦称“派现”，是以货币形式分配给股东的股利。股份股利亦称“送股”，是以增发本公司股份的方式代替现金向股东分配股利，通常是按股份的比例分配给股东，公司章程或全体股东另有约定的除外。股东得到的股份股利，实际上是向公司增加投资。财产股利是以实物或有价证券等其他财产形式向股东分配的股利。公司向股东支付股利的方式一般有以下两种，即现金支付和股份分派（也称为分配红股），由股东会或者股东大会决定具体采取哪种方式。现金支付和分配红

① 黄金龙：《关于人民法院执行工作若干问题的规定实用解析》，中国法制出版社 2000 年版，第 157 页。

股可以同时使用。分配股利必须以公司利润的存在为前提。股利分配的资金来源不能求诸公司资本，而只能求诸公司的利润。此即无利润即无红利原则。在公司出现亏损的情况下，不存在利润的分配问题。

《公司法》第166条规定，公司分配当年税后利润时，应当提取利润的百分之十列入公司法定公积金。公司法定公积金累计额为公司注册资本的百分之五十以上的，可以不再提取。公司的法定公积金不足以弥补以前年度亏损的，在依照前款规定提取法定公积金之前，应当先用当年利润弥补亏损。公司从税后利润中提取法定公积金后，经股东会或者股东大会决议，还可以从税后利润中提取任意公积金。公司弥补亏损和提取公积金后所余税后利润，有限责任公司依照《公司法》第34条的规定分配；股份有限公司按照股东持有的股份比例分配，但股份有限公司章程规定不按持股比例分配的除外。股东会、股东大会或者董事会违反前款规定，在公司弥补亏损和提取法定公积金之前向股东分配利润的，股东必须将违反规定分配的利润退还公司。公司持有的本公司股份不得分配利润。据此，股利分配的资金来源为公司当年税后利润弥补亏损、提取法定公积金与任意公积金后的余额。只有在符合法定的股利分配要件时，方能分配股利；否则，没有利润却仍然分配股利的，构成违法行为，应将分得的利润退还。

现金股利是以货币形式支付的股息和红利，是最普通、最基本的形式。《迟延履行利息解释》第3条第2款规定的加倍部分债务利息计算至划拨、提取之日，主要是指对现金支付的股息、红利进行提取，如果被执行人的股息、红利以股权、实物等非现金形式分配的，人民法院应对被执行人分得的股权、实物等实行拍卖、变卖等变价措施，加倍部分债务利息应计算至成交裁定或抵债裁定生效之日，而非提取之日。

（4）除存款、收入、股息、红利以外，被执行人的金钱财产还有其他表现形式，在执行其他金钱财产的案件中，相应应计息部分债务的加倍部分债务利息应计算至人民法院划拨、提取被执行人金钱财产之日。例如，人民法院根据《最高人民法院、最高人民检察院、公安部、中国证券监督管理委员会关于查询、冻结、扣划证券和证券交易结算资金有关问题的通知》要求，在执行案件中扣划被执行人证券交易结算资金的，相应部分的加倍部分债务利息计算至扣划之日。

2. 法院对被执行人财产进行拍卖、变卖或以物抵债的，相应部分的加倍部分债务利息计算至成交裁定或抵债裁定生效之日。相应部分的加倍部分债务利息，是指法院经拍卖、变卖已经执行到的拍卖款、变卖款能够清偿的那部分应计息债务，或者通过以物抵债抵销的计息债务所应当计算的加倍部分债务利息。尚未执行完毕的剩余债务，还应继续计算加倍部分债务利息，直到全部执行完毕为止。成交裁定或抵债裁定生效之日，是指法院拍卖、变卖成交裁定或以物抵债裁定送达买受人或承受人之日。

被执行人财产为动产、不动产或其他财产权利的，人民法院需要对这些财产进行变价处理。在进行变价的过程中，产生一个问题：迟延履行期间如何确定？是变价款汇至法院指定账户之日，还是拍卖、变卖成交裁定或以物抵债成交裁定生效之日？在《迟延履行利息解释》制定过程中，两种观点产生了激烈争论。《迟延履行利息解释》第 3 条第 2 款最终从有利于债权人的角度出发，将迟延履行期间的截止日期界定为人民法院处理涉案财产的变现之日，即拍卖、变卖成交裁定或以物抵债裁定生效之日。

以物抵债由于直接以财产价值抵偿了债务，申请执行人债权的实现省略了交付金钱的环节，以抵债裁定生效之日作为计算加倍部分债务利息的截止日争议不大。争议的焦点在于拍卖、变卖程序中，需要买受人支付价款，这就产生了变价款到账之日与成交裁定生效之日如何选择的问题。根据《拍卖、变卖规定》第 23 条、第 24 条、第 25 条规定，拍卖成交后，买受人应当在拍卖公告确定的期限或者人民法院指定的期限内将价款交付到人民法院或者汇入人民法院指定的账户；拍卖成交或者以流拍的财产抵债后，买受人逾期未支付价款或者承受人未补交差价而使拍卖、抵债的目的难以实现的，人民法院可以裁定重新拍卖；拍卖成交或者以流拍的财产抵债的，人民法院应当作出裁定，并于价款或者需要补交的差价全额交付后十日内，送达买受人或者承受人。据此，拍卖成交裁定和以物抵债裁定是在拍卖款和补交的差价款到账后十日内送达相关权利人的，裁定生效日在变价款到账日之后。同样，执行法院依法变卖被执行人财产的，也应在变卖款到账后，才能送达变卖成交裁定。《迟延履行利息解释》第3条第2款规定以拍卖、变卖成交裁定生效之日为截止日，除了从有利于债权人立场出发以外，还考虑到拍卖、变卖成交裁定生效才表示财产变价过程结束，为了防止在拍卖、变卖成交裁定生效前，变价过程出现问题，导致变价行为被撤销，变价款需要返还买受人等情况出现，采用拍卖、变卖成交裁定生效之日为截止日，不失为一种更为稳妥的做法。

另外，还有两个问题需要说明：

（1）法院未作变卖成交裁定的，如何确定迟延履行期间的截止日？变卖程序中，法院不一定都会作出变卖成交裁定。《拍卖、变卖规定》及相关司法解释中没有明确提到“变卖成交裁定”。根据《民事诉讼法》第247条的规定，不适于拍卖或者当事人双方同意不进行拍卖的，人民法院可以委托有关单位变卖或者自行变卖；国家禁止自由买卖的物品，交有关单位按照国家规定的价格收购。根据《民事诉讼法解释》第490条的规定，人民法院在执行中需要变卖被执行人财产的，可以交有关单位变卖，也可以由人民法院直接变卖。根据《执行规定》第46条第2款、第48条的规定，财产无法委托拍卖、不适于拍卖或者当事人双方同意不需要拍卖的，人民法院可以交由有关单位变卖或自行组织变卖；被执行人申请对人民法院查封的财产自行变卖的，人民法院可以准许，但应当监督其按照合理价格在指定的期限内进行，并控制变卖的价款。据此，执行程序中变卖被执行人财产主要有三种方式：一是执行法院交有关单位变卖；二是执行法院自行变卖；三是准许被执行人自行变卖。执行法院可以根据案件具体情况选择变卖方式。就执行法院委托变卖、执行法院自行变卖以及流拍后公告变卖而言，执行法院不仅能够有效地监督变卖程序，而且相关的规定和程序也较为完善，一般不会出现损害执行当事人、第三人合法权益的情形。变卖成交的，除即时交易、财产价值较小不需要制作裁定书予以确认以外，执行法院应当制作变卖成交裁定书对变卖的成交予以确认，对于不需要制作变卖裁定书的，也应当在执行笔录中予以记明并由相关人员签章确认。而就被执行人自行变卖而言，其实质上就是由被执行人将查封、扣押财产自行转换成一定数额的金钱用以履行义务，由于这种变卖的实施是由被执行人自行完成的，不排除会出现损害申请执行人或者第三人合法权益的情形，因此执行法院不应对之制作变卖成交裁定书予以确认，而且有些变卖是在执行法院未到场的情况下即时完成的，也无制作变卖成交裁定书的必要。[①] 法院不需要制作变卖成交裁定书的案件，参照《迟延履行利息解释》第 3 条第 2 款的规定，相应部分应计息债务的加倍部分债务利息计算至变卖行为完成之日。以此标准计算加倍部分债务利息，在法院准许被执行人自行变卖财产的案件中，有利于促使被执行人与买受人在变卖成交后，即时钱物两清。

（2）以物抵债的相关问题。《迟延履行利息解释》第 3 条第 2 款中的以物抵债，既包括根据《拍卖、变卖规定》及《民事诉讼法解释》第 492 条规定，在流拍或财产变卖不成的情况下，经申请执行人或者其他执行债权人申请或同意且不损害其他债权人合法权益和社会公共利益，法院裁定将被执行人财产交申请执行人或其他执行债权人抵债的情形，也包括根据《民事诉讼法解释》第 491 条规定的经双方当事人同意，不经拍卖、变卖，直接将被执行人财产作价交申请执行人抵债的情形。虽然对于在适用《民事诉讼法解释》第 491 条规定经双方当事人同意直接进行以物抵债的案件中，法院是否应当作出以物抵债裁定，实践中存在广泛争议，各地做法也不尽相同，但只要法院依法作出以物抵债裁定，且不损害其他权利人利益，以物抵债行为本身不存在合法性瑕疵的，应当根据《迟延履行利息解释》第 3 条第 2 款的规定，以抵债裁定生效之日作为相应部分债务迟延履行期间的截止日。在执行标的为国有出让土地使用权及其地上房屋的情况下，根据《最高人民法院、国土资源部、建设部关于依法规范人民法院执行和国土资源房地产管理部门协助执行若干问题的通知》第 26 条的规定，

---

① 江必新主编：《新民事诉讼法理解适用与实务指南》，法律出版社 2012 年版，第 951 页。

经申请执行人和被执行人协商同意，可以不经拍卖、变卖，直接裁定将被执行人以出让方式取得的国有土地使用权及其地上房屋经评估作价后交由申请执行人抵偿债务，但应当依法向国土资源和房地产管理部门办理土地、房屋权属变更、转移登记手续。在法院没有作出以物抵债裁定，而是由当事人自行完成以物抵债行为的案件中，可以参照《迟延履行利息解释》第3条第2款的规定，相应部分应计息债务的加倍部分债务利息计算至以物抵债行为完成之日。

3. 人民法院对被执行人财产通过拍卖、变卖、以物抵债之外的其他方式变价的，相应部分的加倍部分债务利息计算至变价完成之日。相应部分的加倍部分债务利息，是指法院已经变价完成的执行款能够清偿的那部分应计息债务所应当计算的加倍部分债务利息，尚未执行完毕的剩余债务，还应继续计算加倍部分债务利息，直到全部执行完毕为止。变价完成之日，是指根据财产变价的具体方式，能够认为变价已经实现之日。其他变价方式，是司法解释为执行实践中存在的其他实现财产金钱价值的方法所作的兜底性规定，为执行法院积极探索各种财产变价方法预留了制度空间。例如，执行实践中法院对不动产进行强制管理提取收益的方式。虽然强制管理目前尚未成为《民事诉讼法》规定的执行措施，《民事诉讼法解释》第492条对强制管理的规定也极为笼统和片面，但执行实践中，已经有很多法院尝试采用强制管理的方式实现债权，也取得了一定的积极效果。通过对被执行人财产在一定期限内实施强制管理所取得的金钱收益，可以认为对该部分债务已经完成变价，相应部分的加倍部分债务利息计算至法院对该款项提取之日。

需要说明的是，《民事诉讼法》第247条关于“国家禁止自由买卖的物品，交有关单位按照国家规定的价格收购”的规定，不是《迟延履行利息解释》第3条第2款中所称的其他变价方式，而是一种特殊的变卖措施，加倍部分债务利息计算的截止日应适用有关变卖的规定。

三、确定加倍部分债务利息计算截止时间应注意的几个问题

（一）除实际履行之外其他导致债务消灭的情形中加倍部分债务利息计算的截止时间

除债务履行完毕之外，还有其他原因导致债务消灭，对这些情形中加倍部分债务利息计算的截止时间应予以注意。例如，债务人在符合法律规定条件下，将应当履行的标的进行提存的行为，同样可以产生债务消灭的效果。根据《合同法》第101条第1款规定，有下列情形之一，难以履行债务的，债务人可以将标的物提存：（一）债权人无正当理由拒绝受领；（二）债权人下落不明；（三）债权人死亡未确定继承人或者丧失民事行为能力未确定监护人；（四）法律规定的其他情形。《最高人民法院关于适用〈中华人民共和国合同法〉若干问题的解释（二）》第25条规定："依照合同法第一百零一条的规定，债务人将合同标的物或者标的物拍卖、变卖所得价款交付提存部门时，人民法院应当认定提存成立。提存成立的，视为债务人在其提存范围内已经履行债务。"据此，自依法提存之日起，提存部分的债务即归于消灭，其所对应的加倍部分债务利息也应计算至提存之日。

（二）执行第三人到期债权过程中加倍部分债务利息计算的截止时间

关于被执行人对第三人到期债权的执行问题，应根据执行案件的具体情况，确定是以划拨、提取之日，还是以拍卖、变卖成交裁定或以物抵债裁定生效之日，作为迟延履行期间的截止日。到期债权的执行，既与金钱财产的执行不同，又和动产、不动产的执行有别。到期债权属于其他财产权的范畴，我国目前的司法解释对到期债权的执行规定了专门程序。根据《民事诉讼法解释》第501条以及《执行规定》第61条至第65条规定，

被执行人不能清偿债务，但对本案以外的第三人享有到期债权的，人民法院可以作出冻结债权的裁定，并通知该第三人向申请执行人履行；履行通知必须直接送达第三人；第三人在履行通知指定的期间内提出异议的，人民法院不得对第三人强制执行，对其提出的异议不进行审查；第三人对债务部分承认、部分有异议的，可以对其承认的部分强制执行；第三人在履行通知指定的期限内没有提出异议，而又不履行的，执行法院有权对其强制执行。法院在符合司法解释规定条件下对第三人财产强制执行，是将到期债权作为被执行人的责任财产处理。对第三人财产执行的范围应受两个因素制约：一是申请执行人的债权数额，二是被执行人对第三人的债权数额。在执行案件中，到期债权作为被执行人的责任财产而被强制执行，第三人承担责任的范围应受到期债权数额的限制，人民法院不能超出到期债权的数额限制，要求第三人承担超出到期债权范围的义务。如果申请执行人的债权数额超过到期债权的范围，法院对第三人强制执行应限制在到期债权的数额之内。在对第三人财产执行过程中，第三人承担的是被执行人不履行生效法律文书确定义务的迟延履行责任，法院通过执行第三人的财产，清偿本执行案件的债务和迟延履行期间的债务利息。

人民法院依法对第三人强制执行，既可以执行第三人的存款、收入等金钱财产，也可以对第三人的动产、不动产，以及股权、专利权、商标权等其他财产权利强制执行。在划拨、提取第三人的金钱财产时，相应部分的加倍部分债务利息计算至划拨、提取之日；人民法院对第三人财产拍卖、变卖或以物抵债的，相应部分的加倍部分债务利息计算至成交裁定或抵债裁定生效之日。

（三）金融不良债权转让案件中迟延履行期间债务利息的计算问题

非金融机构受让经生效法律文书确定的金融不良债权后，能否在执行程序中，向非国有企业债务人主张受让日后迟延履行期间的债务利息？最高人民法院执行局曾针对湖北高院关于个案的请示作出（2013）执他字第4号答复函，主要内容如下：一、非金融机构受让经生效法律文书确定的金融不良债权能否在执行程序中向非国有企业债务人主张受让日后利息的问题，应当参照《最高人民法院关于审理涉及金融不良债权转让案件工作座谈会纪要》（以下简称《纪要》）的精神处理。二、根据《纪要》第12条的规定，《纪要》不具有溯及力。《纪要》发布前，非金融资产管理公司的机构或个人受让经生效法律文书确定的金融不良债权，或者受让的金融不良债权经生效法律文书确定的，发布日之前的利息按照相关法律规定计算；发布日之后不再计付利息。《纪要》发布后，非金融资产管理公司的机构或个人受让经生效法律文书确定的金融不良债权的，受让日之前的利息按照相关法律规定计算；受让日之后不再计付利息。根据上述规定，本案中的利息（包括《民事诉讼法》第253条规定的迟延履行利息）应按照法律规定计算至《纪要》发布之日①。

该复函的要点主要包括：

1.《纪要》既适用于未经生效法律文书确定的金融不良债权转让，也适用于经生效法律文书确定的金融不良债权转让。由于《纪要》并未区分已经生效法律文书确定的金融不良债权与未经生效法律文书确定的金融不良债权，因此，《纪要》也应适用于经生效法律文书确定的金融不良债权转让案件。根据《纪要》第9条，对受让人受让的经过生效法律文书确定的金融不良债权，停止计算该债权在受让日之后的利息，有利于规范金融不良债权转让行为，统一贯彻《纪要》确立的金融不良债权转让规则。

2.《纪要》亦可参照适用于非国有企业债务人。根据《纪要》的内容，其主要适用于债务人为国有企业的金融不良债权转让，非国有企业债务人的案件能否也适用《纪要》规定？最高人民法院对此问题有过明确的答复意见。根据最高人民法院民二庭答复云南高院的（2009）民二他字第21号答复，涉及非国有企业债务人的金融不良债权转让纠纷案件，亦应参照适用《纪要》的规定。故涉及非国有企业债务人的金融不良债权转让案

① 作者注：该案受让人受让金融不良债权的时间在《纪要》发布之前，故迟延履行利息计算至《纪要》发布之日。

件中利息的计算问题，也应参照适用《纪要》第9条。毕竟金融不良债权转让具有较强的政策性，即使债务人为非国有企业，其所涉债权转让行为也不能完全等同于一般民事主体之间的普通债权让与行为，具有高风险、高收益的特点，与等价交换的市场规律有明显区别。虽然防止国有资产流失的政策性保护在非国有企业债务人案件中体现得不明显，但《纪要》关于金融不良债权转让的其他精神和目的，也应体现于涉及非国有企业债务人的金融不良债权转让案件中。

3. 迟延履行期间债务利息的计算应参照《纪要》的精神处理。根据《民事诉讼法》第253条的规定，被执行人未按生效法律文书要求履行金钱给付义务，应向申请执行人加倍支付迟延履行期间的债务利息。迟延履行期间的债务利息带有对被执行人不履行金钱给付义务进行制裁的公法性质，系基于《民事诉讼法》规定由被执行人承担的诉讼法上的责任，与民事实体法上利息的法律属性并不完全相同。迟延履行期间的债务利息是否也应参照《纪要》第9条规定计算？鉴于金融不良债权转让的政策性和特殊性，这类案件与普通民事执行案件有别，执行程序中迟延履行期间的债务利息也统一参照《纪要》第9条规定计算。

4. 迟延履行期间债务利息计算的截止日。根据《纪要》第12条规定，《纪要》不具有溯及力。

（1）《纪要》发布前，非金融资产管理公司法人、自然人受让金融不良债权的，由于受让债权时《纪要》尚未发布，因此以《纪要》发布日为分界时间点。发布日之前的利息按照相关法律规定计算；发布日之后的利息根据《纪要》第9条规定，不再计付。

（2）《纪要》发布后，非金融资产管理公司法人、自然人受让金融不良债权的，由于受让债权时《纪要》已经发布，因此应以《纪要》第9条规定的受让日为分界时间点。受让日之前的利息按照相关法律规定计算；受让日之后不再计付利息。

迟延履行期间债务利息的计算也参照上述规则。

第七章　不计算加倍部分债务利息的期间

不计算加倍部分债务利息的情形，是执行实践中容易引发争议的问题。《迟延履行利息解释》第3条第3款明确规定，非因被执行人的申请，人民法院对执行依据进行审查而中止执行或暂缓执行的期间，以及非因被执行人的申请启动再审程序中止原生效法律文书执行的期间，不计算加倍部分债务利息。关于该款规定，有以下内容需要说明。

一、关于不计算加倍部分债务利息期间的几种观点

对于执行过程中出现特定情况，可能对被执行人履行义务造成妨碍的，作为例外情形，也应允许在某些特定期间内不计算加倍部分债务利息，切实维护被执行人的合法权益。关于执行过程中哪些期间不应计算加倍部分债务利息，实践中争议很大，概括起来主要有以下几种观点：

有观点认为，执行中止期间不应当计算迟延履行期间的债务利息。在中止执行的情况下，被执行人不履行法律文书确定的相关义务属于“事出有因”，而并非主观上故意迟延履行。被执行人虽然未履行法律文书确定的义务，但基于法律规定的例外原因，不能认为被执行人迟延履行，责令其承担迟延履行期间的债务利息也就勉为其难了。[①] 还有观点认为，对暂缓执行或中止执行的原因应区别对待：基于被执行人的原因而暂缓执行或中止执行的，暂缓执行或中止执行期间计入迟延履行期间；非基于被执行

① 许前川：《论迟延履行期间的债务利息（下）》，载《经理日报》2011年7月7日。

人的原因而暂缓执行或中止执行的，此期间不计入迟延履行期间。①

另有观点认为，司法实践中，中止执行和中止履行两个概念容易被混淆，继而对迟延履行期间的认定产生诸多争议，最典型的是审监阶段是否计算迟延履行利息。全面履行生效的法律文书是被执行人的法定义务，并不以其意志为转移。虽然进入审监程序后，法院应当中止对原判决的执行，但是该规定仅仅是人民法院中止判决执行的法定理由，并不是中止履行的法定理由，法律并没有赋予被执行人停止履行生效判决、裁定的权利，被执行人仍应通过将执行款交由负责执行的人民法院代管或者在公证部门进行提存公证等多种途径来履行债务。不管原生效的判决、裁定是否最终被变更，被执行人均应采用必要的方式继续履行原生效判决、裁定。此外，实践中有多种回避风险和损失的措施，如其合法权益被侵犯也有救济途径，故被执行人无中止履行的合法理由。② 对案件提起再审时，法院会裁定“中止原判决的执行”，“中止执行”应理解为中止法院的强制执行，并不包含“中止被执行人自觉主动履行义务”的含义。因此，被执行人按照生效法律文书确定的内容和期间自觉主动履行，仍然是生效判决确定的义务，其履行义务的责任并不被免除。一旦再审作出判决，应恢复执行程序。如果申诉理由不成立，再审判决维持的判项（或维持原生效判决），在再审判决生效后，由于被执行人未能自觉主动履行，仍然要承担“中止执行期间”的迟延履行利息，“中止执行期间”应当计入“迟延履行期间”。如果申诉理由成立，再审判决会减轻被执行人的义务或免除其义务。被减轻或免除的义务，当然自二审判决生效时就不必履行，不发生“中止执行期间”是否计入“迟延履行期间”的问题。③ 相反观点认为，之所以进行再审，是因为原判决可能存在错误。一旦进入再审程序，双方

① 卢君、袁列彬、肖瑶：《基数、标准、期间：迟延履行期间利息计算的三个维度》，载《人民司法·案例》2013 年第 2 期。

② 参见刘卓江：《执行程序中迟延履行期间利息计算的要点》，载《人民司法·案例》2013 年第 2 期。

③ 王喜军：《迟延履行期间债务利息相关问题的探讨》，载最高人民法院执行局编：《执行工作指导》（总第 46 辑），人民法院出版社 2013 年版，第 187 ~ 188 页。

的权利义务就处于不确定的状态，因此进入再审程序，就会裁定中止原判决的执行。申请人不能依据原生效判决主张权利，被执行人也无法依据原判决履行义务。只有在存在法定事由时才能启动再审程序，也即执行中止的原因是出现了法定事由，并非被执行人的主观故意所造成的，所以不应该对被执行人进行惩罚。再审期间不应计入迟延履行期间。[①]

综观上述观点，影响执行程序中加倍部分债务利息计算期间的因素主要包括：中止执行和暂缓执行的期间如何定位、如何看待再审程序对迟延履行期间的影响、可否基于被执行人的原因中止执行等。

二、不计算加倍部分债务利息期间的确定

履行债务是生效法律文书确定的被执行人应当承担的义务，如果执行依据的法律效力不被推翻，被执行人就应当依法履行债务。中止执行、暂缓执行是关于法院暂时停止强制执行行为的规定，并不代表执行依据的法律效力被否定，也不等于被执行人不需要履行义务。因此，中止执行、暂缓执行与被执行人主动履行债务并无必然联系。即使法院裁定中止执行、决定暂缓执行，如果不涉及生效法律文书的效力，被执行人仍负有履行义务。中止执行、暂缓执行有多种原因，并非执行法院裁定中止执行或决定暂缓执行的所有情形都能影响被执行人迟延履行期间加倍部分债务利息的计算。若执行依据的法律效力不受任何影响，只是因为执行过程中出现法定事由或其他原因，导致执行程序暂无法继续进行的，生效法律文书确定的金钱给付义务没有受到有效挑战，被执行人仍应依法承担迟延履行责任。被执行人履行义务的依据在于生效法律文书，在执行依据的法律效力没有受到相关诉讼程序审查的情况下，中止执行、暂缓执行的期间原则上应当计入迟延履行期间，不能仅仅因为法院裁定中止执行、决定暂缓执行

① 陈卉灵：《分析与构建：迟延履行金的立法规制与应用》，载江必新主编，最高人民法院执行局编：《执行工作指导》（总第43辑），人民法院出版社2012年版，第189页。

而免除被执行人的迟延履行责任。

任何原则都有例外，原则的例外构成新的原则。原则上中止执行、暂缓执行的期间仍应计算加倍部分债务利息，但在执行依据的法律效力受到质疑，人民法院已经启动对执行依据的审查或再审程序时，确定金钱给付义务的法律文书效力处于不确定的状态，存在被撤销或改变的可能，法院裁定中止执行或决定暂缓执行系为了避免给当事人造成更大的损失，当事人也可能基于执行依据法律效力的不确定，而对债务的履行及履行数额陷于观望。此时也例外地允许在部分情况下，中止执行或暂缓执行的期间不再计算加倍部分债务利息。但《迟延履行利息解释》第 3 条第 3 款对不计算加倍部分债务利息的中止执行、暂缓执行期间作了严格限定，具体包括以下方面：

（一）非因被执行人的申请

法院启动对执行依据审查程序的事由有多种情形，既可能基于被执行人申请，也可能基于申请执行人申请，还可能基于双方当事人以外的原因启动对执行依据的审查程序。如果不对启动审查程序的原因进行区分，容易导致一方当事人因对方行为承担不利后果，因此有必要对引起对执行依据进行审查的原因区别对待。申请法院对执行依据进行审查是当事人的诉讼权利，不能对当事人在法律规定范围内行使诉讼权利的行为进行限制，而当事人行使此项诉讼权利的后果，可能会导致法院对执行依据裁定中止执行或者决定暂缓执行，由此将给双方当事人带来不同影响。在加倍部分债务利息的计算上，权责统一也应成为处理这一问题的基本立场。

不计算加倍部分债务利息，属于对被执行人有利、对申请执行人不利的法律后果。应当根据双方当事人对启动执行依据审查程序的作用和影响，确定是否计算中止执行、暂缓执行期间的加倍部分债务利息，不能让一方当事人承担对方行为造成的不利后果。如果被执行人不服生效法律文书确定的内容，向法院提出再审、撤销仲裁裁决、不予执行仲裁裁决等要求推翻执行依据的申请，法院对执行依据进行审查而中止、暂缓执行或者裁定再审中止执行的，申请执行人的债权暂时难以通过强制执行程序实现，这种情形系基于被执行人原因给申请执行人带来的不利后果，不能由申请执行人承担加倍部分债务利息的损失。因此，如果法院审查或审理后，驳回被执行人申请，维持原生效法律文书的，被执行人仍应承担中止、暂缓执行期间的加倍部分债务利息，中止、暂缓执行期间计入迟延履行期间。如果法院审查或审理后，支持了被执行人的请求，则意味着执行依据存在错误，被执行人依据原生效法律文书承担加倍部分债务利息失去合法基础，应当根据法院审查或审理的结果作相应处理。

相反，如果基于被执行人申请以外的原因导致法院对执行依据进行审查而中止、暂缓执行的，以及法院非因被执行人的申请裁定再审中止执行的，被执行人可能因为审查或审理程序的启动对履行债务持观望态度，或者对执行依据被否定存有“合理”预期，抑或担心按原生效法律文书履行后遭受难以挽回的损失。对此，也不能让被执行人承担他人行为对其造成的不利结果，故《迟延履行利息解释》第 3 条第 3 款作了例外规定，将非由被执行人申请引起的法院对生效法律文书审查而中止、暂缓执行的期间，以及非由被执行人申请导致的再审中止执行的期间，排除在加倍部分债务利息计算期间之外，这些期间不再计算加倍部分债务利息。

被执行人申请之外的原因存在多种事由，既可能是申请执行人的原因，也可能是第三人的原因或其他原因，难以全面一一列举。《迟延履行利息解释》第 3 条第 3 款采用了排除性规定，只将被执行人的申请排除在外，其他非被执行人申请的原因，均可成为《迟延履行利息解释》第 3 条第 3 款适用的前提。需要说明的是，“对生效法律文书审查而中止或暂缓执行的期间”以及“再审中止执行的期间”两种情形均以“非因被执行人的申请”为前提条件。

（二）对生效法律文书审查而中止或暂缓执行的期间

《迟延履行利息解释》第 3 条第 3 款所称生效法律文书，是指作为执行依据的法律文书。“对生效法律文书审查”，是指裁定再审之外其他对执行依据法律效力进行审查的情形。例如，按照审判监督程序对执行依据进行审查尚未裁定再审，法院依法决定暂缓执行的；再如，对当事人申请撤销仲裁裁决进行审查、对仲裁裁决是否存在不予执行情形进行审查；等等。因对生效法律文书审查而中止或暂缓执行的，中止、暂缓执行期间，审查结果尚未确定，当事人关于执行依据的争议对债务履行会产生一定影响。《迟延履行利息解释》第3条第3款对这种情形下加倍部分债务利息的计算期间作了除外规定：在非因被执行人申请的情况下，法院审查生效法律文书而中止、暂缓执行的期间，不计算加倍部分债务利息。也就是说，如果法院审查后仍然认可执行依据的法律效力、驳回申请人请求的，因被执行人申请而对生效法律文书进行审查中止、暂缓执行的期间，仍应计算加倍部分债务利息；只有在被执行人申请之外的情况下，才能将中止、暂缓执行的期间予以扣除。如果法院审查后认为执行依据确有错误，作出裁定不予执行或裁定再审等处理的，则应根据相关规定，确定加倍部分债务利息的计算问题。例如，法院裁定不予执行仲裁裁决的，根据《民事诉讼法》第237条第5款的规定，仲裁裁决被人民法院裁定不予执行的，当事人可以根据双方达成的书面仲裁协议重新申请仲裁，也可以向人民法院起诉。如果当事人据此起诉或重新申请仲裁的，将不再涉及原仲裁裁决确定义务的加倍部分债务利息计算问题，而应通过诉讼或新的仲裁程序重新确定当事人之间的实体权利义务关系。

根据目前法律、司法解释规定，对生效法律文书审查而中止或暂缓执行的期间主要有以下几类：

1. 根据《仲裁法》第64条的规定，一方当事人申请执行仲裁裁决，另一方当事人申请撤销裁决的，人民法院应当裁定中止执行。

2. 根据《最高人民法院关于审理劳动争议案件适用法律若干问题的解释（三）》第18条的规定，劳动人事争议仲裁委员会作出终局裁决，劳动者向人民法院申请执行，用人单位向劳动人事争议仲裁委员会所在地的中级人民法院申请撤销的，人民法院应当裁定中止执行。

3. 根据《执行规定》第102条第（4）项、第（5）项的规定，一方当事人申请执行仲裁裁决，另一方当事人申请撤销仲裁裁决的，人民法院应当裁定中止执行；仲裁裁决的被申请执行人依据《民事诉讼法》第237条第2款的规定向人民法院提出不予执行请求，并提供适当担保的，人民法院应当裁定中止执行。

4. 根据《最高人民法院关于正确适用暂缓执行措施若干问题的规定》（以下简称《暂缓执行规定》）第7条、第8条的规定，人民法院发现据以执行的生效法律文书确有错误，并正在按照审判监督程序进行审查的，可以依职权决定暂缓执行；审判机构应当向本院执行机构发出暂缓执行建议书，执行机构收到建议书后，应当办理暂缓相关执行措施的手续。

目前法律、司法解释规定的法院对生效法律文书审查而中止或暂缓执行的情形，主要是由被执行人申请引起的，多数情况下，法院对生效法律文书审查而中止或暂缓执行的期间，都会计算加倍部分债务利息，但也不能据此排除非由被执行人申请引起的法院对执行依据审查而中止或暂缓执行的情形。《民事诉讼法》第56条规定了第三人撤销之诉制度，第三人基于不能归责于本人的事由未参加诉讼，但有证据证明发生法律效力的判决、裁定、调解书的部分或者全部内容错误，损害其民事权益的，可以自知道或者应当知道其民事权益受到损害之日起六个月内，向作出该判决、裁定、调解书的人民法院提起诉讼。关于人民法院受理第三人撤销之诉后，是否应当裁定中止原生效法律文书的执行，存在“中止执行为原则、不中止执行为例外”及“不中止执行为原则、中止执行为例外”两种方案的争议。不论采取哪种做法，都会涉及第三人撤销之诉审理过程中法院是否中止执行的问题。根据《民事诉讼法解释》第299条，受理第三人撤销之诉案件后，原告提供相应担保，请求中止执行的，人民法院可以准许。第三人撤销之诉的提起，属于典型的非由被执行人申请的情形，而且涉及对生效法律文书的审查。如果人民法院依据该条规定裁定中止执行的，那么中止执行的期间也不计算加倍部分债务利息。

（三）再审中止执行的期间

《迟延履行利息解释》第 3 条第 3 款所称再审中止执行的期间，是指非因被执行人的申请，法院按照审判监督程序裁定再审并中止原生效法律文书执行的期间。《民事诉讼法》第 206 条规定，按照审判监督程序决定再审的案件，裁定中止原判决、裁定、调解书的执行，但追索赡养费、扶养费、抚育费、抚恤金、医疗费用、劳动报酬等案件，可以不中止执行。《执行规定》第 103 条规定，按照审判监督程序提审或再审的案件，执行机构根据上级法院或本院作出的中止执行裁定书中止执行。再审中止执行的期间法律规定比较明确。受理再审申请的法院决定启动再审程序，说明该法院经再审审查认为原生效法律文书可能存在错误，当事人将在再审程序中对案件实体法律关系争议继续展开诉讼对抗，原执行依据的法律效力陷入不确定状态。因此，《迟延履行利息解释》第 3 条第 3 款将非因被执行人申请引起的再审中止执行期间，从迟延履行期间中作了扣除。

三、执行和解协议履行期间加倍部分债务利息的计算问题

根据《民事诉讼法》第 230 条的规定，执行和解协议具有阻却执行程序的效力，从该条规定中“恢复对原生效法律文书的执行”可以看出，执行和解可以产生令执行程序停止的效果。法院停止执行的这段期间，被执行人是否应当承担加倍部分债务利息？对此，需要根据案件具体情况讨论。

如果和解协议得以顺利履行，自然不存在加倍部分债务利息计算的争议问题，当事人只需按和解协议约定的内容履行给付义务。执行和解中加倍部分债务利息的计算，往往与当事人不履行和解协议，以及法院恢复对原生效法律文书的执行相关。如果执行和解协议合法有效且已经履行完毕，根据《执行规定》第 87 条等司法解释规定，人民法院不予恢复执行。在这种情况下，即使当事人就执行和解协议履行期间的加倍部分债务利息产生争议，由于人民法院不予恢复执行，该争议不属于执行程序的处理范

围，无须考虑加倍部分债务利息的计算问题。争议的问题是，如果当事人不履行执行和解协议，人民法院恢复执行后，加倍部分债务利息如何计算？人民法院在符合法律规定条件下恢复执行的，执行和解协议基本因执行程序的恢复而被解除，因此主要应根据被执行人实际履行债务的情况，判断其迟延履行责任的大小。《民事诉讼法》第 253 条规定，被执行人承担迟延履行期间债务利息的条件是未履行债务。因此，只要法院恢复执行后，被执行人对生效法律文书确定债务仍未履行完毕的，就应当根据《迟延履行利息解释》的规定承担加倍部分债务利息。由于执行和解协议已经被恢复后的执行程序取代，执行和解协议履行期间不能作为被执行人免除加倍部分债务利息的期间。案件恢复执行后，与正常进行的执行程序并无本质区别——被执行人未履行生效法律文书确定的义务，导致申请执行人不能全面实现债权，应当和其他正常进行的执行案件一样计算加倍部分债务利息。但被执行人在履行和解协议过程中，已经实际履行部分的债务应当扣除，对此司法解释已有明确规定。已经履行部分债务的加倍部分债务利息，应根据《迟延履行利息解释》第 3 条第 1 款的规定，计算至履行完毕之日。

第四编

执行标的

第八章　农村集体土地使用权的执行

农村集体土地使用权能否作为被执行人可供执行的财产予以强制执行以及如何执行，实践中存在不同认识。农村集体土地使用权是一类比较特殊的物权，涉及农村集体土地使用权执行的案件也是执行程序中面临问题较多的案件。《土地管理法》《农村土地承包法》《物权法》等关于农村集体土地使用权的规定，确立了我国农村集体土地使用权流转、管理的基本框架，也为强制执行中处置被执行人该类财产权利提供了规则指引。

根据《土地管理法》第 9 条、第 10 条规定，农村土地和城市郊区的土地，除由法律规定属于国家所有的以外，属于农民集体所有；宅基地和自留地、自留山，属于农民集体所有；农民集体所有的土地，可以依法确定给单位或者个人使用。农村集体土地使用权是符合法律规定的用地者按照一定土地用途，以一定方式使用集体土地的权利，在物权种类上属于用益物权。《土地管理法》第 4 条规定，国家实行土地用途管制制度，将土地分为农用地、建设用地和未利用地。具体到农村土地来说，该条关于农村土地的分类对执行程序意义有限。讨论农村集体土地使用权的执行有必要作更详细的分类。农村集体土地使用权按用途可以分为农用地使用权、宅基地使用权、集体经营性建设用地使用权和集体公益性用地使用权。农村集体土地所有者及其代表可依法通过承包、分配、出让、出租、拨付等方式，向符合法律规定的用地者提供农村集体土地使用权。按土地用途进行分类的各项农村集体土地使用权，分别对应有不同的取得方式：农用地使用权的取得方式为承包，因此又被称为土地承包经营权，2018 年《农村土地承包法》修改，规定了承包方可以通过出租（转包）、入股或者其他方式向他人流转土地经营权，受让方据此取得承包地的土地经营权；宅基地使用权的取得方式为分配；集体经营性建设用地使用权的取得方式为出让、出租；集体公益性用地使用权的取得方式为拨付。农村集体土地使用权人对土地享有占有、使用的权利，依土地用途和取得方式的不同，享有不同的收益、处分的权利。被执行人农村集体土地使用权的执行，因土地使用权类型不同而需遵循不同的法律规范。

一、土地承包经营权及土地经营权的执行

根据《物权法》第124条第2款规定，依法实行土地承包经营制度的农村土地，既包括农民集体所有的农业用地，也包括国家所有依法由农民集体使用的农业用地。农业用地主要指耕地、林地、草地，还有一些其他用于农业的土地，如荒山、荒丘、荒沟、荒滩等“四荒地”，养殖水面等。土地承包经营权是指农村集体经济组织成员或者其他单位、个人依法以家庭承包或者其他方式承包取得的，用于从事种植业、林业、畜牧业等农业生产活动的有期限限制的农村土地使用权。土地承包经营权人在承包期限内，对其承包经营的耕地、林地、草地等享有占有、使用、收益的权利。根据《农村土地承包法》第3条规定，农村土地承包采取农村集体经济组织内部的家庭承包方式，不宜采取家庭承包方式的荒山、荒沟、荒丘、荒滩等农村土地，可以采取招标、拍卖、公开协商等方式承包。农村土地承包经营包括家庭承包和以招标、拍卖、公开协商等其他方式承包两种方式。家庭承包是集体经济组织人人有份的承包，主要是对耕地、林地、草地的承包，具有社会保障的功能；其他方式的承包并非集体经济组织成员人人有份的承包，而是通过招标、拍卖、公开协商等市场化的方式，对不宜采取家庭承包方式的“四荒地”等农村土地有偿取得的承包经营权。其他方式的承包，承包人不限于农村集体经济组织成员，也不涉及社会保障等因素，本集体经济组织成员以外的农户、组织等农业生产经营者，都可以依法取得这些土地的承包经营权，从事农业生产。

为落实承包地“三权分置”改革，2018 年《农村土地承包法》修改，在土地承包经营权的基础上，又设计了一项由土地流转受让方享有的权利，从土地承包经营权中分离出来。《农村土地承包法》第 9 条规定，承包方承包土地后，享有土地承包经营权，可以自己经营，也可以保留土地承包权，流转其承包地的土地经营权，由他人经营。这项“由他人经营”承包地的权利就是受让方的土地经营权。

（一）强制转让土地承包经营权应注意的问题

土地承包经营权能否强制执行，主要取决于土地承包经营权的流转性和价值实现方式等因素。《物权法》第 128 条规定：“土地承包经营权人依照农村土地承包法的规定，有权将土地承包经营权采取转包、互换、转让等方式流转。流转的期限不得超过承包期的剩余期限。未经依法批准，不得将承包地用于非农建设。”第 133 条规定：“通过招标、拍卖、公开协商等方式承包荒地等农村土地，依照农村土地承包法等法律和国务院的有关规定，其土地承包经营权可以转让、入股、抵押或者以其他方式流转。”据此，我国法律对土地承包经营权的流转是持肯定态度的，土地承包经营权可以成为强制执行的标的，法院可以依法对被执行人的农村土地承包经营权采取执行措施，包括控制性措施和处分性措施。根据《农村土地承包法》《民事诉讼法》和执行程序司法解释规定，在执行土地承包经营权过程中，应该注意以下几个问题：

第一，不得改变土地所有权性质和土地的农业用途，不得破坏农业综合生产能力和农业生态环境。土地承包经营权流转，不得改变土地所有权性质，也不得改变土地的农业用途，将其用于非农业建设，承包地应当用于种植业、林业、畜牧业等农业生产。保持承包地农业用途，非经依法批准不得用于非农建设，保护农业综合生产能力和农业生态环境，是国家农用土地管理制度的基本要求。

第二，应当保留维持被执行人及其所扶养家属基本生活所需要的土地承包经营权。承包地是农民最基本的生活资料和生活保障，在经济欠发达地区尤其如此。在经济发达地区的农村，由于其他经营形式的发展，部分农村人口对土地承包经营权的依赖相对较轻。土地承包经营权如果系维持被执行人基本生活所必需，应属于执行豁免的范围，法院不应对被执行人生活必需部分的土地承包经营权强制执行。如果被执行人有稳定的非农职业或者有稳定的收入来源，土地承包经营权并非维持被执行人及其所扶养家属生活所必需，法院可以对被执行人土地承包经营权采取执行措施。

第三，土地承包经营权的受让方须有农业经营能力或者资质。这一要求与保持土地农业用途一脉相承。如果受让方没有农业经营能力或者资质，就会对保持土地农业用途造成消极影响，有悖于土地承包经营权流转制度的初衷。

第四，执行家庭承包的土地承包经营权时，应遵守《农村土地承包法》关于受让主体的规定。《农村土地承包法》第 34 条对转让家庭承包的土地承包经营权受让主体作了限制，将其限定为本集体经济组织其他农户。这一规定与以家庭承包方式取得的土地承包经营权法律属性相对应，执行此类土地承包经营权时应受受让主体的限制，受让人只能是本集体经济组织其他农户。而执行以其他方式承包的土地承包经营权时，受让主体则不受此项限制。

第五，承包地被征收的，在保障被执行人及其所扶养家属基本生活的前提下，可依法执行承包土地征收补偿款。随着我国城镇化建设的开展，不断有农村集体土地被征收。根据《物权法》第 132 条规定，承包地被征收的，土地承包经营权人有权依照法律规定获得相应补偿。征收补偿款作为土地承包经营权的代位物，可以成为强制执行的标的，但不能影响被执行人及其所扶养家属的基本生活。

需要说明的是，《农村土地承包法》第 34 条关于承包方全部或部分转让土地承包经营权应经发包方同意的规定，能否约束法院执行行为？笔者认为，该条规定约束的是平等主体之间的民事交易行为，仅适用于普通民事主体之间转让土地承包经营权的情形，而法院强制执行属于凭借国家强制力依法实施的公法行为，发包方作为村民自治组织，法院通过执行程序对土地承包经营权进行强制转让无需经过其同意。而且法院在强制执行家庭承包的土地承包经营权过程中，已将受让方的主体资格、被执行人的生活保障、保持土地农业用途等因素考虑在内，其他有关不得改变土地农业用途、不能超过剩余承包期等关于土地承包经营权转让的规定，属于国家法律对农用土地的管理规定，法院执行程序也必须遵守，故执行土地承包经营权不需受发包方意见约束。

（二）强制转让土地经营权应注意的问题

《农村土地承包法》吸收了农村土地“三权分置”改革成果，规定了承包方可以在保留土地承包权的基础上，向他人转让承包地的经营权。受让方据此取得一项新型权利，即土地经营权。《农村土地承包法》第10条规定，国家保护承包方依法、自愿、有偿流转土地经营权，保护土地经营权人的合法权益，任何组织和个人不得侵犯。第36条规定，承包方可以自主决定依法采取出租（转包）、入股或者其他方式向他人流转土地经营权，并向发包方备案。第53条规定，通过招标、拍卖、公开协商等方式承包农村土地，经依法登记取得权属证书的，可以依法采取出租、入股、抵押或者其他方式流转土地经营权。至此，农村集体土地所有权、承包方土地承包经营权、受让方土地经营权构成“三权分置”的基本格局。

土地经营权能否作为执行标的强制执行？从《农村土地承包法》相关规定看，土地经营权具有流转性，被执行人享有的土地经营权可以作为其责任财产强制执行。例如，《农村土地承包法》第46条规定，经承包方书面同意，并向本集体经济组织备案，受让方可以再流转土地经营权。第47条规定，承包方可以用承包地的土地经营权向金融机构融资担保，并向发包方备案；受让方通过流转取得的土地经营权，经承包方书面同意并向发包方备案，可以向金融机构融资担保；实现担保物权时，担保物权人有权就土地经营权优先受偿。土地经营权的再流转及向金融机构提供担保的规定，充分说明《农村土地承包法》对土地经营权的转让、抵押等持肯定态度，其可以成为强制执行标的的法律性质应属无疑。但是，在强制转让被执行人的土地经营权时，仍需注意不得改变土地的农业用途，不得破坏农业综合生产能力和农业生态环境，受让方须有农业经营能力或者资质，保障在同等条件下，本集体经济组织成员享有优先权等法律问题。

需要说明的是，《农村土地承包法》第 46 条规定了受让方再流转土地经营权需经承包方书面同意，并向本集体经济组织备案。经承包方书面同意的规定能否约束法院执行行为？笔者认为，该条关于经承包方书面同意的规定，约束的是平等主体之间的民事交易行为，仅适用于普通民事主体之间转让土地经营权的情形，而法院强制执行属于凭借国家强制力依法实施的公法行为，法院通过执行程序对土地经营权进行强制转让无需经过承包方同意。另外，在通过执行程序就土地经营权实现担保物权的情形下，由于担保物权已由执行依据明确认定成立，通常情况下业已符合《农村土地承包法》第 47 条规定的经承包方书面同意并向发包方备案的要求，此项问题往往不能成为阻碍执行土地经营权的理由。

（三）强制转让土地承包经营权、土地经营权的变更登记

强制转让土地承包经营权，通常会涉及过户登记问题。根据《物权法》第 127 条、《农村土地承包法》第 24 条第 1 款规定，国家对耕地、林地和草地等实行统一登记，登记机构应当向承包方颁发土地承包经营权证或者林权证等证书，并登记造册，确认土地承包经营权。《物权法》第 129 条规定："土地承包经营权人将土地承包经营权互换、转让，当事人要求登记的，应当向县级以上地方人民政府申请土地承包经营权变更登记；未经登记，不得对抗善意第三人。" 国家将土地承包经营权的变动纳入了土地变更登记的范畴。土地承包经营权的变更登记可以将土地承包经营权变动的事实予以公示，使他人明确知晓土地承包经营权人变动的情况。《物权法》该条规定对土地承包经营权的转让采登记对抗主义，不登记不得对抗善意第三人。也就是说，物权法将登记与否的决定权交给了当事人，但不登记将产生不利于土地承包经营权受让人的法律后果。法院在强制转让土地承包经营权过程中，可以根据受让人要求，办理土地承包经营权变更

登记手续。

强制转让土地经营权，也会涉及过户登记问题。根据《农村土地承包法》第 41 条规定，土地经营权流转期限为五年以上的，当事人可以向登记机构申请土地经营权登记；未经登记，不得对抗善意第三人。土地经营权过户登记也采登记对抗主义规则，且要求更为宽松。法院在强制转让土地经营权过程中，可以根据受让人要求，办理土地经营权变更登记手续。

（四）强制管理执行方式的探索

除了强制转让以外，法院对土地承包经营权及土地经营权的执行也不排斥其他在法律框架内实施的执行措施。强制管理作为对不动产执行的措施，目前尚未在我国法律层面成为正式规定，仅在《民事诉讼法解释》第 492 条中有所涉及。执行程序还没有全面引进强制管理制度，但法律规范缺失并不否定司法实践对不动产强制管理制度进行有益探索。所谓强制管理，是指执行法院对于已查封之不动产，选任管理人实施管理，以其所得收益清偿金钱债权之执行行为。[①] 强制管理以不动产的使用价值及其产生的收益为执行标的，属于对不动产孳息的执行，与以不动产交换价值为对象的拍卖、变卖、以物抵债等执行方式有所不同。强制收取不动产孳息，包括收取天然孳息和法定孳息。强制管理对于法律禁止或限制转让的不动产执行具有不可替代的作用；对于负担高额抵押权导致普通债权人无拍卖实益等情形下普通债权人债权实现具有积极意义；对债权数额不大又需对不动产采取执行措施案件的被执行人财产权益保护，也极具制度价值。强制管理可因债权人申请启动，也可以由执行法院依职权启动。从理论上讲，强制管理既可对适于管理并能获得收益的不动产不经拍卖、变卖而独立适用，也可与拍卖、变卖措施并行适用。

在以土地承包经营权、土地经营权为执行标的的案件中，强制管理的适用对执行法院处理此类案件具有积极意义。例如债权数额不大，强制拍

---

① 杨与龄：《强制执行法论》，中国政法大学出版社 2002 年版，第 458 页。

卖、变卖土地承包经营权、土地经营权可能难以取得良好执行效果的案件，可以考虑探索通过强制管理的方式，平衡债权实现与债务人生活保障的关系。强制管理目前尚无明确具体的规定，不利于这项执行方法实际作用的发挥，而且强制管理的具体实施过程较为复杂，实施期限相对较长，需规范多方主体之间的法律关系，约束不同主体的行为，该项制度的建立需要面对和解决很多问题，目前还处于执行法院在个案处理过程中探索尝试、积累经验的阶段。但很多法院通过对不动产实施强制管理，已经解决了部分案件的执行问题。需要说明的是，执行法院对土地承包经营权、土地经营权实施强制管理，仍需注意保持土地农业用途、保障被执行人及其扶养家属基本生活等相关问题。

二、宅基地使用权的执行

宅基地使用权是依法经审批，由农村集体经济组织分配给其内部成员用于建造住宅的农村集体土地使用权。农村村民申请宅基地应经依法审批。经审批后，农村集体经济组织内部成员无偿取得宅基地使用权。非农村集体经济组织内部成员，不得申请取得宅基地使用权。宅基地使用权具有福利保障性质，用于农村村民建造住宅及其附属设施。宅基地使用权的执行，一般因执行村民房屋而产生。

（一）宅基地使用权能否强制执行

有观点认为，《物权法》第 152 条仅规定了宅基地使用权人对宅基地享有占有和使用的权利，没有规定收益权和处分权；《物权法》第 184 条规定，宅基地使用权不得抵押；宅基地使用权只能由农村村民凭其集体经济组织内部成员身份取得，不能成为强制执行的标的。笔者认为，上述观点不能否定法院对宅基地使用权的执行，理由如下：

第一，宅基地使用权的权能问题。虽然《物权法》第 152 条只提到占有和使用的权利，但宅基地使用权作为一项重要的用益物权，物权法将其置于用益物权编。用益物权一般规定第一条，即《物权法》第117条规定："用益物权人对他人所有的不动产或者动产，依法享有占有、使用和收益的权利。"宅基地使用权人对宅基地享有收益权，符合用益物权的一般原理。实践中，宅基地使用权人从宅基地上获取收益的情形也很常见。关于处分权，《物权法》第153条规定："宅基地使用权的取得、行使和转让，适用土地管理法等法律和国家有关规定。"《土地管理法》第62条第5款规定，农村村民出卖、出租、赠与住宅后，再申请宅基地的，不予批准。从上述规定可以看出，法律虽然对宅基地使用权的流转有所限制，但并未明确禁止。目前，宅基地使用权的权能应当是对宅基地享有占有权、使用权、收益权和有限制的处分权。

第二，宅基地使用权的流转问题。物权法虽然规定宅基地使用权不得抵押，但禁止抵押与禁止流转不能等同。以法律禁止宅基地抵押为由推论禁止宅基地流转，结论难以成立。物权法明确规定了不允许以宅基地使用权设定抵押，但对于宅基地使用权的转让则未明确禁止。[1]《物权法》第155条提到了已经登记的宅基地使用权转让的，应当及时办理变更登记等内容。宅基地使用权主体具有特定性，目前还仅限于本集体经济组织内部成员，《土地管理法》第62条并没有规定宅基地使用权不允许转让，而只是强调出卖、出租、赠与住宅后，再申请宅基地不予批准的法律后果。上述规定表明宅基地的流转受法律限制，类似于"限制流通物"，而非"禁止流通物"。这种受限制的流转性使宅基地使用权的执行往往陷入困境，但并不表示宅基地使用权一定不能执行。

《最高人民法院第八次全国法院民事商事审判工作会议纪要》第30条指出，现阶段，我国农村社会保障体系还不完善，宅基地还具有较强的社会保障和社会福利性质，完全放开对宅基地使用权限制的条件还不具备；在国家已确定的宅基地流转试点地区，可以按照国家政策及相关指导意见处理宅基地使用权因抵押担保、转让而产生的纠纷；在非试点地区，农民

---

① 王利明、杨立新等：《民法学》，法律出版社2011年版，第366页。

将其宅基地上的房屋出售给本集体经济组织以外的个人，该房屋买卖合同认定为无效。综合上述分析和执行实践的情况来看，宅基地使用权可以作为强制执行的标的，但受到现有法律规定的限制，在具体执行方式上具有特殊性。

（二）宅基地使用权执行方法初探

宅基地使用权是农民基于身份而享有的福利保障，解决了农村集体经济组织内部成员基本居住问题。目前，保障功能仍然是宅基地使用权制度的首要功能，收益和流转还在其次。人民法院在执行中，首先应注意保障被执行人基本的生活住房，宅基地上的房屋为被执行人及其扶养家属生活所必需的，人民法院不得对此强制执行。从现有法律规定来看，宅基地使用权受让主体的范围非常有限。国务院国发〔2004〕28 号《关于深化改革严格土地管理的决定》明确禁止城镇居民在农村购买宅基地。由于宅基地使用权流转受到严格限制，人民法院在执行实践中进行了很多探索。

第一，在一定主体范围内转让农村房屋及房屋占用范围内的宅基地使用权。宅基地使用权是农民基于集体经济组织内部成员身份取得的集体土地使用权，具有很强的身份性。国家禁止城镇居民在农村购买宅基地，宅基地使用权不能向城镇居民转让。法人或其他组织不具备宅基地使用权人主体资格，也不能取得宅基地使用权。在当前法律框架下，一般认为，宅基地使用权也不能向本集体经济组织之外的农村村民转让；即使是本集体经济组织内部成员，由于受《土地管理法》第 62 条“一户一宅”原则的限制，也不能向本集体经济组织已分配宅基地使用权的村民，以及不符合宅基地使用权分配条件的村民转让。因此，宅基地使用权的受让主体范围极其有限，一般只能向本集体经济组织符合宅基地使用权分配条件的成员转让。在国家已确定的宅基地使用权流转试点地区，可以按照国家政策及相关指导意见处理宅基地使用权的流转问题。

第二，采用强制管理的方式出租房产提取收益。有观点认为，对于农村房产这种特殊的执行对象，强制管理是一种比较理想的执行方式。[①] 宅基地使用权作为一种用益物权，将宅基地使用权用于租赁，无论是租赁给本集体经济组织的成员，还是租赁给本集体经济组织以外的农民，无论是农业用途，还是非农用途，只要不是用于非农开发，都符合物权法的物尽其用原则。[②] 外来人口在农村租住房屋也是比较普遍的现象。现实生活中，很多农村人口也将宅基地上建造的房屋用于非农经营。由于目前宅基地使用权转让存在的法律障碍，强制管理作为不动产难以转让情况下的替代执行措施，对宅基地使用权的执行提供了解决方法。人民法院可以尝试在保障被执行人及其扶养家属基本生活的前提下，就宅基地使用权的强制管理问题进行探索实践。

第三，宅基地被征收的，可依法执行征收补偿收益，但应保障被执行人及其扶养家属基本生活。根据《物权法》第 42 条第 2 款规定，征收集体所有的土地，应依法足额支付相关费用，保障被征地农民的生活，维护被征地农民的合法权益。宅基地被国家征收也是法院执行过程中可能遇到的现象，征地补偿收益作为宅基地使用权的代位物，原则上可以成为强制执行的标的。

（三）宅基地使用权的变更登记问题

《物权法》第 155 条规定：“已经登记的宅基地使用权转让或者消灭的，应当及时办理变更登记或者注销登记。”宅基地使用权是一项重要的用益物权。从长远发展上看，对宅基地使用权的设立、变更和消灭进行登记，既有利于加强土地管理，又有利于确认物权，减少争端。目前有些地方的宅基地使用权的登记制度不够完善，有的宅基地还没有登记。物权法考虑到我国广大农村的实际情况以及登记制度的现状，虽然没有明确要求

① 参见刘小涛：《农村房产执行面临的困惑及其出路》，载江必新主编，最高人民法院执行局编：《执行工作指导》2009 年第 3 辑，第 185 页。

② 参见王中伟、王伯文：《论宅基地使用权流转的法律适用》，载《人民司法·应用》2011 年第 5 期。

所有宅基地使用权一旦发生变更一律登记，但是对于已经登记的宅基地使用权转让的，则明确规定了应当及时办理变更登记。[①]

三、集体经营性建设用地使用权的执行

农村集体土地所有权人将土地利用总体规划、城乡规划确定为工业、商业等经营性用途，并经依法登记的集体经营性建设用地，通过出让、出租等方式，提供给从事非农业生产经营性活动的单位或者个人使用的，使用人据此取得的农村集体土地使用权，即为集体经营性建设用地使用权，也称非农经营用地使用权。

（一）集体经营性建设用地使用权能否强制执行

在2019年《土地管理法》修改前，根据旧《土地管理法》第43条规定（2019年8月《土地管理法》修改时予以删除），任何单位和个人进行建设，需要使用土地的，必须依法申请使用国有土地。如果必须使用原属于农民集体所有的土地，应先报经人民政府批准，由人民政府依法征收，变更为国有土地后，再供建设使用，禁止农村集体经济组织以外的单位或者个人直接使用集体建设用地。这一旧规定使集体建设用地的价值不能显化，导致农村土地资源配置效率低下。2014年，中共中央办公厅、国务院办公厅印发《关于农村土地征收、集体经营性建设用地入市、宅基地制度改革试点工作的意见》，在全国部署农村土地制度改革试点工作。由于试点突破了土地管理法和城市房地产管理法有关规定，2015年2月，全国人大常委会通过《关于授权国务院在北京市大兴区等33个试点县行政区域内暂停调整实施有关法律的决定》，在33个试点地区暂停实施旧《土地管理法》5个条款、旧《城市房地产管理法》1个条款。在33个试点地区，集体

① 参见王胜明主编，全国人大常委会法制工作委员会民法室编著：《中华人民共和国物权法解读》，中国法制出版社2007年版，第335页。

建设用地入市制度改革受到农村集体经济组织和广大农民的广泛欢迎。

2019年8月，全国人大常委会审议通过了《关于修改〈中华人民共和国土地管理法〉、〈中华人民共和国城市房地产管理法〉的决定》，对《土地管理法》作出修改，删除了原《土地管理法》第43条关于“任何单位和个人进行建设，需要使用土地的，必须依法申请使用国有土地”的规定，破除了集体经营性建设用地使用权直接进入市场的法律障碍。根据2019年修改的《土地管理法》第63条规定，土地利用总体规划、城乡规划确定为工业、商业等经营性用途，并经依法登记的集体经营性建设用地，在经本集体经济组织成员的村民会议三分之二以上成员或者三分之二以上村民代表同意的前提下，土地所有权人可以通过出让、出租等方式交由单位或者个人使用；通过出让等方式取得的集体经营性建设用地使用权可以转让、互换、出资、赠与或者抵押，但法律、行政法规另有规定或者土地所有权人、土地使用权人签订的书面合同另有约定的除外。这一规定是2019年土地管理法修改的重大制度创新，取消了多年来集体建设用地不能直接进入市场流转的二元体制，为城乡一体化发展扫除了制度性障碍。

《土地管理法》第63条规定，通过出让等方式取得的集体经营性建设用地使用权可以转让、互换、出资、赠与或者抵押，因此，被执行人通过出让等方式取得的集体经营性建设用地使用权具备了与国有出让土地使用权相同的流转性，可以直接作为强制执行的标的进入土地市场流转，人民法院可以依法对被执行人名下此类农村集体土地使用权强制执行。

（二）强制转让集体经营性建设用地使用权应注意的问题

执行过程中，人民法院可以对被执行人的集体经营性建设用地使用权采取查封、拍卖、变卖、以物抵债等执行措施，强制转让集体经营性建设用地使用权。2004年出台的《最高人民法院、国土资源部、建设部关于依法规范人民法院执行和国土资源房地产管理部门协助执行若干问题的通知》第24条“人民法院执行集体土地使用权时，经与国土资源管理部门取得一致意见后，可以裁定予以处理，但应当告知权利受让人到国土资源管理部门办理土地征用和国有土地使用权出让手续，缴纳土地使用权出让金及有关税费”的规定，由于与2019年修改的《土地管理法》内容冲突而不再适用。

根据《土地管理法》第63条、第64条等法律规定，人民法院强制转让被执行人以出让等方式取得的集体经营性建设用地使用权应当注意以下几个问题：一是作为强制执行标的的集体经营性建设用地使用权必须是土地利用总体规划、城乡规划确定为工业、商业等经营性用途的土地使用权。二是该集体经营性建设用地使用权经过依法登记。三是强制执行集体经营性建设用地使用权，必须保持土地工业、商业等经营性用途，不得擅自改变；受让集体经营性建设用地使用权的流转主体也要按照原来规划的用途使用土地。四是按照土地管理制度的要求，及时办理不动产过户登记手续。

需要说明的是，《土地管理法》第63条第3款在规定了通过出让等方式取得的集体经营性建设用地使用权可以转让、互换、出资、赠与或者抵押的同时，也设置了一项“但书”规定，对集体经营性建设用地使用权的流转进行了限制，即“法律、行政法规另有规定或者土地所有权人、土地使用权人签订的书面合同另有约定的除外”。该“但书”的规定能否约束法院执行行为？笔者认为，该条“但书”中关于“法律、行政法规另有规定”的内容，可以约束人民法院强制执行集体经营性建设用地使用权的行为，具有普遍约束力的法律、行政法规如果另有规定的，人民法院执行程序也要遵守；但是，该条“但书”中关于“土地所有权人、土地使用权人签订的书面合同另有约定”的内容，则不能约束人民法院执行行为。因为土地所有权人与土地使用权人的合同约定，约束的是平等主体之间的民事交易行为，仅适用于普通民事主体之间流转集体经营性建设用地使用权的情形，而法院强制执行属于凭借国家强制力依法实施的公法行为，法院通过执行程序对集体经营性建设用地使用权进行强制转让，无需受土地所有权人与土地使用权人合同约定的束缚。另外，根据合同相对性原则要求，土地所有权人与土地使用权人签订的书面合同对集体经营性建设用地使用权流转作出的限制，通常只能约束双方当事人，不能约束合同当事人以外的其他主体，更不能据此约束人民法院的强制执行。故“土地所有权人、土地使用权人签订的书面合同另有约定”，一般不能成为阻碍人民法院执行集体经营性建设用地使用权的理由。

（三）集体经营性建设用地使用权的强制管理

执行集体经营性建设用地使用权能否适用强制管理？笔者认为，强制管理不涉及不动产转让，如果通过对不动产实施管理能够获取收益，也可以适用该项执行措施。《土地管理法》第 63 条认可通过出租的方式流转集体经营性建设用地使用权，为人民法院在执行程序中对被执行人集体经营性建设用地使用权适用强制管理提供了法律支持。执行过程中，人民法院可以通过对被执行人集体经营性建设用地使用权进行强制管理、提取收益的方式，实现其财产价值，但是也要注意保持土地利用总体规划、城乡规划确定的工业、商业等土地原有的经营性用途等规定要求。

四、集体公益性用地使用权的执行

集体公益性用地使用权是依法经审批，农村集体经济组织或者由其依法设立的公益组织，对用于集体经济组织内部公益事业的非农用地所享有的集体土地使用权，也称非农公益用地使用权。例如，农村集体经济组织依法设立的学校对用于其从事教学活动的非农用地的土地使用权，村民公共健身娱乐场所的土地使用权等。根据《土地管理法》第 61 条规定，乡（镇）村公共设施、公益事业建设，需要使用土地的，经乡（镇）人民政府审核，向县级以上地方人民政府自然资源主管部门提出申请，按照省、自治区、直辖市规定的批准权限，由县级以上地方人民政府批准。依法审批后，经农村集体经济组织拨付，用地申请人取得集体公益性用地使用权。用地申请人为农村集体经济组织的，不经拨付径自取得集体公益性用地使用权。集体公益性用地使用权人对土地享有占有、使用的权利，不得擅自改变土地用途，不得擅自将土地用于经营活动，不得将土地使用权转让、出租或抵押。集体公益性用地使用权不具备强制执行的条件，不能成为强制执行的标的。

第九章　被执行人及其所扶养家属生活必需住房的执行

为受强制执行的被执行人及其所扶养家属提供基本的居住条件，是社会保障制度的功能，属于政府职责范围，很多国家和地区都有相关制度规定。在这一前提下，被执行人的居住房屋都是可以执行的财产，法院无须考虑被执行人及其所扶养家属的居住问题，而应由政府承担相应的职能。但是，我国目前这种住房社会保障体系尚未有效建立，还没有解决被执行人因承受强制执行导致无房可住问题的有效途径。因此，我国的强制执行程序不得不考虑被执行人及其所扶养家属的居住问题。被执行人所扶养家属，主要包括依据法律规定，应由被执行人履行扶养义务的共同生活的家庭成员，如夫妻、父母、子女、祖父母、外祖父母、孙子女、外孙子女、养子女、兄弟姐妹等近亲属，也包括与被执行人订有扶养协议，并依法已形成扶养关系的亲属或非亲属。被执行人除唯一住房外无其他财产可供执行的案件，往往成为人民法院执行过程中难以处理的问题。

一、被执行人及其所扶养家属唯一住房与生活必需住房的区别

首先需要明确的是，被执行人及其所扶养家属的唯一住房与生活必需住房在强制执行法上是两个不同的概念。被执行人及其所扶养家属的唯一住房并不等同于生活必需的住房。《最高人民法院关于人民法院民事执行中查封、扣押、冻结财产的规定》（以下简称《查封、扣押、冻结规定》）

第7条规定，超过被执行人及其所扶养家属生活所必需的房屋，人民法院根据申请执行人的申请，在保障被执行人及其所扶养家属最低生活标准所必需的居住房屋后，可予以执行。据此，可以执行豁免的是被执行人及其所扶养家属维持生活所必需的住房，而不是唯一住房。对于超过被执行人及其所扶养家属生活必需的唯一房屋，法院在保障被执行人及其所扶养家属最低生活居住条件后，仍可通过适当方式予以执行。但是，上述司法解释规定虽然明确了生活必需住房和唯一住房的区别，要求法院强制执行应保障被执行人及其所扶养家属的生活必需住房，对超出生活必需的部分可予执行，但并没有明确规定超出生活必需房屋的具体情形，也没有明确规定保障生活必需住房的操作方式。

执行法院查封被执行人房产后，被执行人以查封房产系其唯一住房，或者维持家庭基本生活所必需住房为由，向执行法院提出异议，主张不能处置该房产的情形，在实践中经常出现。虽然《查封、扣押、冻结规定》对被执行人及其所扶养家属生活必需住房属于执行豁免财产有明文规定，但被执行人的唯一住房并不完全等同于生活必需住房，法院应当根据唯一住房的具体情况和案件的执行内容，区分不同情形分别处理。

金钱债权的执行，需将被执行人财产进行变价后，以所得价款清偿债务。如果需要执行被执行人所有的唯一居住房屋，通常情况下，执行法院应考虑该房屋是否为被执行人及其所扶养家属生活所必需。被执行人唯一住房，并非不能作为强制执行的标的。即使对于被执行人及其所扶养家属维持生活必需的住房，在符合相关司法解释规定的条件下，也可以强制执行。换言之，被执行人唯一的住房和生活必需的住房，在符合法律、司法解释规定的条件下，均可以成为强制执行的标的。只是两者准许执行的标准和条件不同。被执行人及其所扶养家属维持生活必需的住房，在符合《异议复议规定》第20条规定的条件下，可以执行。而被执行人的唯一住房，除了在符合《异议复议规定》第20条规定条件下可以强制执行以外，在其他情况下，如果能够保障被执行人及其所扶养家属维持生活必需的居住条件，也可以采取相应的方式予以执行。例如，被执行人唯一住房的面积较大或者价值较高，超过被执行人及其所扶养家属生活必需的，对于超过部分，可以根据《查封、扣押、冻结规定》第7条，采取“以小换大、以差换好、以远换近”等方式，在保障被执行人及其所扶养家属基本居住条件的前提下，对被执行人的唯一住房进行置换，将超过生活必需部分的房屋变价款用于清偿债务。

试举一案例予以说明。广州市中级人民法院（以下简称广州中院）查明：晋江市合兴服装织造有限公司（以下简称合兴公司）诉金某园、李某买卖合同纠纷一案，广州中院（2008）穗中法民四初字第152号民事判决已经发生法律效力。该判决判令金某园、李某在判决生效之日起十日内偿还合兴公司货款143 025.1美元及利息、代付款155 797元人民币及利息等。诉讼过程中，广州中院裁定查封金某园、李某共有的广东省广州市番禺区东涌镇和乐一路51号4座1梯202室房产（以下简称涉案房产）。广州中院立案执行后，继续查封上述房产。2013年2月20日，广州中院作出（2012）穗中法执字第509号执行裁定，拍卖被执行人金某园、李某所有的涉案房产以清偿债务。对此，金某园、李某提出执行异议。

广州中院另查明：广州市南沙区房地产交易中心2013年4月26日出具的《房地产权情况证明》记载：案卷号H1－19－16305，权属人李某，产权证号5113720，占有份额全部，房屋坐落番禺区东涌镇和乐一路51号4座1梯202室，建筑面积101.78平方米。金某园和李某于2003年11月25日登记结婚，婚后育有三名子女：2004年2月29日出生的金某彬，2007年2月14日出生的金某娜，2010年5月31日出生的金某妃。

广州中院认为：《民事诉讼法》第244条规定，被执行人未按执行通知书履行法律文书确定的义务的，人民法院有权查封、扣押、冻结、拍卖、变卖被执行人应当履行义务部分的财产；但应当保留被执行人及其所扶养家属的生活必需品。《查封、扣押、冻结规定》第7条规定，对于超过被执行人及其所扶养家属生活所必需的房屋和生活用品，人民法院根据申请执行人的申请，在保障被执行人及其所扶养家属最低生活标准所必需的居住房屋和普通生活必需品后，可予以执行。根据上述规定，法院在执行中要保障被执行人的基本居住权，但居住权并非指被执行人必须有自己的房产，而是有房屋居住。金某园、李某一家居住的涉案房产为其自有房产，建筑面积达 101.78 平方米，按被执行人所述五人居住仍属宽裕，超过了金某园、李某及其所扶养家属生活所必需的房屋标准，且金某园、李某均有劳动能力，可以工作收入保障一家人的基本生活需要。该房屋属于可以执行的财产，裁定拍卖涉案房产以清偿债务合法。至于房屋拍卖后金某园、李某及其所扶养家属居住问题，应综合拍卖价格、被执行人的经济能力等实际情况，依法制定相关方案，切实保障被执行人及其所扶养家属最低生活标准所必需的居住房屋和普通生活必需品。广州中院依据《民事诉讼法》第 225 条的规定，作出（2013）穗中法执异议字第 149 号执行裁定：驳回金某园、李某的异议。

金某园、李某不服上述裁定，向广东高院申请复议，请求撤销上述执行异议裁定，终止拍卖行为。主要理由为：金某园、李某没有经济来源，无力履行判决。根据《查封、扣押、冻结规定》第 6 条，涉案房产为被执行人及其所扶养家属生活必需的唯一住房的，人民法院可以查封，但不得拍卖、变卖或者抵债。涉案房产不属于超过被执行人及其所扶养家属生活必需的房屋，不适用上述司法解释第 7 条规定。《民事诉讼法》第 244 条规定，应当保留被执行人及其所扶养家属的生活必需品。执行法院认为涉案房产可以拍卖，属于认定事实不清，适用法律错误。

广东高院经审查，对广州中院查明的事实予以确认。广东高院另查明：广州中院尚未制定涉案房产拍卖后对被执行人及其扶养家属居住房屋的保障安置方案。

广东高院认为：（1）根据目前查证情况，涉案房产系被执行人及其抚养未成年子女唯一居住房屋。依照《查封、扣押、冻结规定》第 6 条，对被执行人及其所扶养家属生活所必需的居住房屋，人民法院可以查封，故李某、金某园以涉案房产为其唯一居住房屋为由，提出异议请求解除查封，缺乏法律依据，不予支持。广州中院对被执行人这一异议请求未予处理不当。(2) 根据《民事诉讼法》第244条和《查封、扣押、冻结规定》第7条，人民法院在强制执行程序中，在保障被执行人及其所扶养家属必需的居住条件后，可以对被执行人唯一居住房屋采取拍卖措施。本案涉案房产系被执行人李某及其抚养的三未成年子女的唯一居住房屋，强制拍卖后他们将无法保留生活必需的居住房屋。因此，广州中院至迟应在裁定拍卖时，依法制定保障被执行人及其所扶养家属最低生活标准所必需居住房屋的安置方案。未制定相应保障方案的，不得裁定拍卖涉案房产。广州中院（2012）穗中法执字第509号执行裁定拍卖涉案房产，尚不具备法定条件。被执行人李某请求停止拍卖涉案房产，理由成立，应予支持。广州中院可在作出被执行人及其所扶养家属最低生活标准所必需居住房屋的保障安置方案后，再行依法采取强制拍卖措施。广州中院认定事实基本清楚，但所作处理不当，应依法予以纠正。广东高院依照《民事诉讼法》第225条。《执行程序解释》第8条、第9条规定，作出（2013）粤高法执复字第111号执行裁定：一、撤销广州中院（2013）穗中法执异议字第149号执行裁定。二、驳回李某、金某园关于解除查封广州市番禺区东涌镇和乐一路51号4座1梯202室房产的异议请求。三、撤销广州中院（2012）穗中法执字第509号执行裁定（拍卖裁定）。

金某园、李某不服广东高院上述裁定向最高人民法院申诉，请求撤销该裁定。主要理由为：金某园、李某目前没有工作，无收入来源。涉案房产属于夫妻婚后抚养三名子女所必需的唯一居住房屋，且没有设定抵押，根据《查封、扣押、冻结规定》第6条，对被执行人及其所扶养家属生活所必需的居住房屋，人民法院可以查封，但不得拍卖、变卖或者抵债。执行法院拟拍卖的房屋是被执行人抚养三名未成年子女生活必需的唯一住房，不属于超过被执行人及其所扶养家属生活所必需的房屋，不适用上述司法解释第7条规定。执行法院认定涉案房产可以拍卖用于抵债，认定事实不清，适用法律错误。

最高人民法院审查认为：根据《民事诉讼法》第244条和《查封、扣押、冻结规定》第7条，人民法院在保障被执行人及其所扶养家属最低生活标准所必需的住房后，可以对超过基本生活所必需的唯一住房采取拍卖措施。涉案房产面积超过维持被执行人及其所扶养家属基本生活的最低标准，执行法院可以对该房产采取执行措施，广州中院裁定予以查封，符合法律规定。由于涉案房产系被执行人及其所扶养家属的唯一住房，执行法院应及时依法制定保障被执行人及其所扶养家属最低生活标准所必需住房的安置方案。广州中院在未制定相应保障方案的情况下裁定拍卖涉案房产，不利于保障被执行人及其所扶养家属生活必需的居住权。广东高院对此予以纠正，并要求广州中院作出安置方案后再依法采取拍卖措施，并无不当。综上，广东高院（2013）粤高法执复字第111号执行裁定应予维持。金某园、李某的申诉请求不能成立。最高人民法院2014年6月13日作出（2014）执监字第52号执行裁定：驳回金某园、李某的申诉请求。

二、金钱债权执行中对生活必需住房的处理

《异议复议规定》第20条是关于被执行人提出执行标的系其本人及所扶养家属维持生活必需住房的异议，法院应如何审查的规定。异议审查规则属于程序法中的评价规范，而应当如何对生活必需住房实施执行行为，则属于程序法中的行为规范。目前，关于被执行人及其所扶养家属唯一住房、生活必需住房如何执行的行为规范，现行的部分司法解释虽然有所涉及，但尚未形成系统、明确的操作规范。换言之，在行为规范尚不完备的情况下，《异议复议规定》第20条从评价规范的视角，对法院执行生活必需住房的相关异议审查规则作出规定，从程序法规则建构体系的规范性角度考察，这种规则设计模式是存在一定问题的。但是，程序法的评价规范同时也发挥着指引行为规范的功能。对于执行行为来说，在无直接的行为规范而有间接的评价规范的情况下，评价规范依然会对执行行为如何实施发挥指导、规制的作用。因此，《异议复议规定》第20条在现行的法律规范体系下，已经不仅仅具有评价规范的作用，实际上对司法实践中法院如

何实施执行行为，也兼具了行为规范的职能。这种局面与我国当前执行程序规范的建构体系密切相关。

申请执行人申请实现金钱债权，是指通过法院强制执行，实现以给付一定数额金钱为目的的债权。金钱债权的执行标的，可以是被执行人所有的任何可供执行的财产。被执行人的责任财产表现为非金钱形态的，法院需通过拍卖、变卖等方式进行变价，将财产转化为金钱后，向债权人清偿。如果执行标的为房屋，被执行人以该房屋为本人及其所扶养家属生活必需住房为由，提出执行异议的，法院应根据《异议复议规定》第 20 条，审查确定涉案房屋是否具备执行条件。根据该条司法解释第 1 款的规定，金钱债权执行中，符合下列情形之一的，法院可以对被执行人及其所扶养家属生活必需住房强制执行：

（一）对被执行人具有扶养义务的人名下有其他能够维持生活必需的居住房屋

对被执行人有扶养义务的人，包括被执行人的配偶、成年子女、父母等依据法律规定，对被执行人负有扶养、赡养、抚养等义务的民事主体。通常意义上的扶养，指的是对“弱者”的经济扶助或生活上的供养。在社会生活中，存在着法定扶养与约定扶养两种扶养方式。世界上一些国家将亲属间的经济供养义务统称为扶养，我国《刑法》《继承法》《民事诉讼法》也有类似的用法。而我国《婚姻法》则根据扶养权利人和义务人的辈分不同，将扶养分为“扶养”“赡养”和“抚养”。同辈之间（如夫妻、兄弟姐妹）的扶养称为扶养，上辈对下辈（如父母对子女，祖父母、外祖父母对孙子女、外孙子女）的扶养称为抚养，下辈对上辈（如子女对父母，孙子女、外孙子女对祖父母、外祖父母）的扶养称为赡养。我国《婚姻法》上的这种区分主要是基于身份关系的差异，并不表明三者之间内容的不同。因此，在理解扶养的概念时，应使用广义上的扶养概念，它包含了《婚姻法》中的扶养、抚养和赡养。[①]

在被执行人因承受强制执行导致其所有的居住房屋被法院处置时，对被执行人负有扶养、赡养、抚养等义务的人对被执行人基本生活应尽相关义务。如果这些义务人名下有其他能够维持生活必需的居住房屋，应提供给被执行人居住。在义务人能够提供维持生活必需住房的情况下，被执行人基本的居住权仍能得以保障，并未违反执行适度原则。即使被执行人名下的住房属于生活所必需，但由于其扶养义务人名下有其他可以维持生活必需的居住房屋，法院仍可对被执行人所有的房屋强制执行。申请执行人可以提出证据，证明相关民事主体对被执行人负有扶养、赡养、抚养等义务，以及该民事主体有其他能够维持生活必需的居住房屋，也可以申请法院对上述财产情况进行必要调查。经调查，能够认定上述义务人名下有其他维持生活必需的居住房屋，足以保障被执行人及其所扶养家属基本居住权利的，法院可以对被执行人生活必需住房强制执行。

（二）执行依据生效后，被执行人为逃避债务转让其名下其他房屋

被执行人转让其名下房屋既可能是有偿转让，也可能是无偿赠与；既可能是正常的交易行为，也可能是转移财产逃避债务。所得款项既可能与房屋实际价值相符，也可能低于房屋实际价值。在生效法律文书确定债务人履行金钱给付义务的前提下，债务人转让房产所得价款，也构成其责任财产。以低于房屋实际价值转让房产和无偿转让房产的行为，造成被执行人责任财产的减少，会给法院执行工作和申请执行人债权实现造成不利影响。被执行人转让房屋后，如果隐匿、转移所得价款，导致债务不能清偿的，直接构成逃避债务和规避执行的行为，被执行人应承担相应的法律后果，法院可以对其现有生活必需住房强制执行。强制执行的具体条件包括：

1. 被执行人转让的是其名下的其他房屋。其他房屋，是除法院拟强制

① 江必新主编：《民事强制执行操作规程》，人民法院出版社2010年版，第66～67页。

执行的房屋以外，还登记在被执行人名下的另外房屋。如果被执行人通过置换的方式转让房屋，将一套房屋置换为另一套，其实际所有的房屋仅为一处的，则不符合《异议复议规定》第20条第1款第（2）项规定的情形。例如，被执行人为购置学区房，方便将来子女入学，将坐落于某市甲区的房产通过中介置换为乙区的学区房，置换完毕后其名下仍只有一套房产。这种做法并非《异议复议规定》第20条第1款第（2）项所规定的转让被执行人名下其他房屋的情形。

2. 被执行人转让其名下的其他房屋，发生于执行依据生效后。执行依据生效后，如果债务人不主动履行债务，而是转移房产，那么对被执行人现有房产，即使是生活必需住房，也不排除予以强制执行的可能。因为只有在执行依据生效后，债务人的金钱给付义务方得以被生效法律文书确定，债务人首先应以其财产偿还债务。其资产变动情况，可能影响强制执行。“执行依据生效后”，是《异议复议规定》第20条第1款第（2）项对被执行人转让房屋行为进行法律评价的时间限制。如果被执行人在执行依据生效前就已转让其他房屋，且被转让的房屋没有被法院实施财产保全的，法院对被执行人名下现有房产的执行，则应持谨慎态度。

3. 被执行人转让其名下的其他房屋，是以逃避债务为目的的。这是《异议复议规定》第20条第1款第（2）项对被执行人转让房屋行为主观目的的限制。执行依据生效后，只有被执行人以逃避债务为目的转让其名下其他房屋的，才具备对其现有“维持生活必需”住房强制执行的条件。被执行人以逃避债务为目的转让房屋，具有规避执行的主观恶意，损害债权人利益，理应由被执行人承受对其剩余房屋强制执行的不利后果。

被执行人转让房屋，既可能出于改善生活、获取周转资金、进行投资、应对紧迫情况等正当目的，也可能出于转移财产、规避执行等不正当目的。《异议复议规定》第20条第1款第（2）项将被执行人转让其他房屋的情形，限定为逃避债务这一恶意目的，既体现了制裁被执行人转移财产、规避执行行为的意图，又对制裁的范围作出限制，以避免打击面过宽，影响被执行人本人及其所扶养家属的基本生活。

以逃避债务为目的，涉及被执行人转让房屋主观方面要素的证明，在有些案件中会比较困难。对此，可以采用推定的这一认定事实的方法，缓解被执行人主观方面要件事实的证明困难。如果没有直接证据证明被执行人出于逃避债务的目的转让房屋，则可以从被执行人与转让房屋有关的外在行为表现，推定其转让的目的为善意还是恶意。推定是指根据两个事实之间的一般联系规律或者“常态联系”，当一个事实存在的时候便可以认定另外一个事实的存在，[①] 是通过对基础事实与未知事实之间常态联系的肯定来认定事实的特殊方法。[②] 推定由三个基本要素构成：基础事实、推定事实、基础事实和推定事实之间的常态联系，与“证明”“自认”和“司法认知”共同构成法院认定事实的方法。推定与间接证明不同。间接证明依据的每一项证据都可以证明待证事实的某一部分或某一片段，单个证据无法完成证明任务。只有这些证据联结起来形成完整的证据链条时，待证事实才随之完整地呈现，此时间接证明的任务才能完成。而推定在证据和最后的待证事实（推定事实）之间存在“断裂”和“跳跃”，证据并不是直接指向待证事实的一部分或一个片段，而只能证明基础事实的成立，基础事实和推定事实之间还需要“常态联系”的介入，才能完成推定认定案件事实的任务。

执行法官可以从被执行人转让房屋的相关行为表现这一“基础事实”，通过经验法则或者事物间的常态联系，认定其主观心理状态这一“推定事实”。推定从不同角度可以作出不同的分类，如从是否有法律规定的角度看，推定可以分为法律推定和事实推定。司法实践中，应用更为广泛的是事实推定。被执行人是否具有逃避债务的目的，可以从其转让房屋的对价是否合理、所得转让款项是否被隐匿、受让人与被执行人是否存在某种特定关系等方面进行认定。

需要说明的是，推定的基础事实必须有相关证据予以证明，否则无法

① 何家弘：《论司法证明中的推定》，载《国家检察官学院学报》2001 年第 2 期。

② 裴苍龄：《再论推定》，载《法学研究》2006 年第 3 期。

认定推定事实，在审查判断与基础事实有关的证据材料时，应注意把握各项证据材料能否清楚地证明基础事实。因为推定是一种通过常态联系和经验法则认定事实的方法，存在一定程度的盖然性。所以，推定事实允许对方当事人提出证据予以推翻。在适用推定判断被执行人是否具有逃避债务的目的时，应注意保障被执行人提出证据推翻推定事实的权利，在被执行人提出反证的情况下，法院应重新审查推定事实是否成立。

（三）申请执行人按照当地廉租住房保障面积标准为被执行人及其所扶养家属提供居住房屋，或者同意参照当地房屋租赁市场平均租金标准从该房屋的变价款中扣除五年至八年租金

实践中，为平衡申请执行人与被执行人利益，一些法院在保障被执行人及其所扶养家属一定期限居住权，或者提供居住房屋的情况下，对被执行人房屋予以执行，也取得了较好的效果。《异议复议规定》第 20 条第 1 款第（3）项在总结实践经验的基础上，规定了如果申请执行人能够按照一定标准提供居住房屋，或者同意从房屋变价款中扣除相应租金，保障被执行人及其所扶养家属基本居住权的，对于被执行人及其所扶养家属维持生活所必需的居住房屋，法院也可以强制执行。具体要求包括：

1. 申请执行人提供居住房屋。申请执行人能够按照当地廉租住房保障面积标准，为被执行人及其所扶养家属提供居住房屋的，法院可以对被执行人的生活必需住房强制执行。“当地”是指待强制执行的被执行人房屋所在地。“廉租住房保障面积标准”，根据当地政府公布的相应标准确定。申请执行人提供的房屋应满足基本的生活居住条件，关于申请执行人提供房屋后，与被执行人之间可能产生的其他法律关系问题，如是否可以计收租金等，司法解释未作具体规定。实践中，对属于当事人之间民事法律关系的问题，可由当事人先行协商处理，协商不成的，通过其他法律途径解决。

2. 申请执行人同意按一定标准从房屋变价款中扣除租金。如果申请执行人同意从房屋变价款中扣除一部分租金，用于保障被执行人及其所扶养

家属基本居住条件的，法院也可以在强制执行该住房后，将相应租金从房屋变价款中扣除，供被执行人及其所扶养家属租房使用。扣除租金的标准有两项：一是租金水平的确定，即参照当地房屋租赁市场平均租金标准；二是扣除租金的时间，即五年至八年之间。“当地”是指待强制执行的被执行人房屋所在地。房屋租赁市场平均租金标准，是指一定地区范围内租房市场近期平均租金水平。关于从变价款中扣除租金的期限问题，如果扣除租金的期限过长，则过分保护了债务人的利益，债权人从房屋变价款中受偿的数额有限；如果扣除租金的期限过短，则不利于维持被执行人及其所扶养家属的基本生活。将扣除租金的期限规定为五年至八年，主要考虑到平衡双方利益，为扣除租金确定合理区间。实践中，法院确定的扣除租金时间一般为五年或者八年，即通常会按照最低的五年，或者最高的八年来确定扣除时间，而采用五年至八年中间时间的做法相对少见。

另外，关于金钱债权执行中对生活必需住房的处理，还有一个问题需要说明。《最高人民法院关于人民法院执行设定抵押的房屋的规定》对被执行人所有的已经依法设定抵押的房屋，规定了可以根据抵押权人的申请，依法将抵押房屋拍卖、变卖或者抵债，即使该抵押房产为被执行人及其扶养家属生活所必需，原则上也不能对抗抵押权人，但该司法解释规定的特殊情况除外。该司法解释规定的情形与《异议复议规定》第20条规定有部分内容重合。重合的部分，可以适用新法处理。《最高人民法院关于人民法院执行设定抵押的房屋的规定》没有涉及的其他情形，仍可适用《异议复议规定》第20条规定处理相关问题。

三、物之交付请求权执行中对生活必需住房的处理

《异议复议规定》第20条第2款，是关于物之交付请求权执行过程中执行异议审查的规定。执行依据确定被执行人交付居住的房屋，在强制执行法理论上属于“物之交付请求权的执行”。所谓“物之交付请求权的执行”，是指执行机关为实现债权人请求债务人交付一定动产或不动产的请

求权，转移该物的占有而实施的强制执行。所谓“物之交付请求权”，是指债权人对债务人请求以特定动产或不动产为给付标的物的权利。物之交付请求权包括物权请求权（如所有物之返还请求权）和债权请求权（如交付租赁物请求权）在内。

执行依据确定被执行人交付居住的房屋既可能是物权请求权的执行，也可能是债权请求权的执行。执行程序中，除了原物的返还请求权（如申请执行人所有的房屋被被执行人侵占，申请执行人通过提起诉讼，请求被执行人返还自己所有的房屋，法院判决返还的，这类交付标的物的请求权属于物权请求权），其他请求交付物的权利通常属于债权请求权，如申请执行人基于租赁合同，请求被执行人向其交付标的物供其使用；再如，申请执行人基于买卖合同，请求被执行人向其交付买受物。

物之交付请求权的执行，其强制执行的内容就是向申请执行人交付财产，不存在适用《查封、扣押、冻结规定》第 6 条、第 7 条规定的条件，不受涉案房屋为被执行人及其所扶养家属生活必需住房的限制。如果执行依据明确要求被执行人从特定房屋中迁出，将房屋交付申请执行人的，执行法院应按照执行依据主文要求强制执行。例如，申请执行人和被执行人因房屋买卖合同纠纷导致诉讼，申请执行人已经交付全部房款，但被执行人拒不履行合同义务，仍然占有、使用涉案房屋，法院判令被执行人继续履行房屋买卖合同义务，将房屋交付申请执行人，并协助完成房屋过户登记。在这种情况下，虽然被执行人仍为房屋所有人，但生效判决已经判令其交付房屋，法院应对被执行人强制执行。此类情形属于债权请求权的执行。不论是交付房产的物权请求权还是债权请求权，只要已被执行依据所确定，则被执行人就应当履行交付房屋的义务，即使该房屋属于被执行人及其所扶养家属维持生活所必需，也不能对抗申请执行人。

需要说明的是，根据《异议复议规定》第 20 条第 2 款的规定，执行依据确定被执行人交付的房屋，如果属于被执行人及其所扶养家属维持生活所必需，执行法院应为被执行人交付居住房屋给予三个月的宽限期。宽限期自执行通知送达之日起开始计算。之所以作此规定，主要是给执行法院一个做工作的期间，避免直接强制执行引起被执行人与法院之间过分对立，也是再给被执行人一次主动履行的机会。毕竟强制交付生活必需的住房，涉及被执行人及其所扶养家属的居住权，此类案件执行难度往往较大，当事人之间的矛盾也比较尖锐，再给被执行人三个月宽限期，也有利于法院做好强制交付房屋的执行准备工作。被执行人超过执行依据确定的履行期限未交付房屋的，仍应依法承担相应的迟延履行金。迟延履行金的计算标准可以参考租金标准确定。强制腾房过程中，从被执行人房屋处搬出的动产，如果被执行人在法院指定期限内拒不接受，法院可以将动产变价后提存价款。

第十章 以案说法

——“房地一体”在抵押权实现过程中的适用

一、案件基本情况

申请执行人：中国农业银行昆明市官渡区支行（下称官渡支行）

被执行人：云南策欲集团有限公司（下称策欲集团）、昆明策欲经贸有限责任公司（下称策欲经贸公司）、张一、张二

第三人：昆明富亨房地产开发经营公司（下称富亨公司）

官渡支行与策欲集团、策欲经贸公司、张一、张二借款担保合同纠纷一案，最高人民法院2008年1月30日作出（2007）民一终字第22、23号民事判决，判决认定以下事实：

张三、张一、张二是三兄弟，张三是策裕集团法定代表人。1998年10月28日，策裕集团与富亨公司签订《商品房购销合同》，约定富亨公司将其开发的总面积26 499.59平方米金碧商城房屋以11 845万元卖给策裕集团，房屋所有权人名字由策裕集团提供。1998年12月至1999年1月，富亨公司给策裕集团开具了客户名为张一、张二，累计金额为1.15亿元的金碧商城购房发票，但张一、张二未支付该笔购房款。

1999年4月5日，根据策裕集团指示，就金碧商城房屋买卖，富亨公司分别与张一、张二签订14份《商品房购销合同》。4月12日，策裕集团与富亨公司签订《补充协议（二）》，约定办理金碧商城房产过户手续时，房屋所有权证列名为张一、张二，购房款由策裕集团支付。富亨公司向昆

明市房管局为张一、张二申请办理金碧商城房屋产权过户登记手续，在昆明市房管局领取 14 件《房产登记收件收据》，先后于 4 月 14 日、5 月 5 日分两次交给策裕集团。策裕集团未依约向富亨公司支付全部购房款，仅支付 1231 万元，余款未付。

1999 年 4 月 16 日，官渡支行与策裕经贸公司、张一、张二签订抵押借款合同，约定官渡支行向策裕经贸公司提供 3730 万元最高债权额以下贷款；张一、张二以其具有所有权的金碧商城房产向官渡支行作抵押。4 月 20 日，昆明市房管局根据策裕经贸公司的申请，依据 4 张交件人为张一、张二的《房产登记收件收据》，办理了官渡支行为抵押权人的金碧商城 1－6 幢 4－8 层 A、C、B1、B2 四段共 12 550 平方米住宅的抵押登记。5 月 6 日，官渡支行与策裕集团、张一、张二签订抵押借款合同，约定官渡支行向策裕集团提供 4320 万元最高债权额以下贷款；张一、张二以其具有所有权的金碧商城房产向官渡支行作抵押。6 月 1 日，昆明市房管局根据策裕集团的申请，依据 10 张交件人为张一、张二的《房产登记收件收据》，办理了官渡支行为抵押权人的金碧商城 1－6 幢 1－3 层及地下层共 13 532.05 平方米房产的抵押登记。

1999 年 6 月 4 日，昆明市房管局根据上述 14 份购房合同，填制 14 本所有权人为张一、张二的金碧商城房产证，但因其未缴纳相关税费，一直未核发。

1999 年 10 月 21 日，富亨公司就其与策裕集团的商品房买卖纠纷向昆明仲裁委员会申请仲裁。2000 年 1 月 3 日，昆明市仲裁委员会作出（2000）昆仲裁字第 1 号裁决书，裁决结果如下：富亨公司与策裕集团签订的购买金碧商城的《商品房购销合同》无效，富亨公司与张一、张二签订的 14 份《商品房购销合同》无效，富亨公司将已收取的购房款 1231 万元，于策裕集团返还金碧商城并将该房产证撤销的当日返还给策裕集团，策裕集团赔偿富亨公司经济损失 600 万元。

1999 年 10 月 26 日，官渡支行向云南高院起诉，请求策裕集团、策裕经贸公司归还借款，并请求确认该行对金碧商城房产享有抵押权。富亨公司向云南高院申请以独立请求权的第三人参加诉讼。该院以富亨公司未缴纳诉讼费为由，驳回其参加诉讼的请求。云南高院2000年6月作出一审判决，认定官渡支行对金碧商城的抵押权无效，最高人民法院经二审审理后，于2003年2月作出二审判决，改判官渡支行对金碧商城的抵押权有效。富亨公司以与本案有利害关系为由申诉，申请参加诉讼。最高人民法院2005年8月作出再审裁定，撤销最高人民法院及云南高院的两审判决，发回云南高院重审。云南高院重审期间追加富亨公司为第三人参加诉讼，于2006年5月15日作出（2005）云高民二再初字第1、2号民事判决，判决官渡支行对金碧商城的抵押权无效。官渡支行不服，向最高人民法院上诉。最高人民法院2008年1月31日作出（2007）民一终字第22、23号判决（本案的执行依据）。判决认定，在富亨公司为张一、张二申请办理产权过户登记手续以及官渡支行与张一、张二办理抵押登记后，讼争房产作为不动产物权变更已经完成，张一、张二已经作为讼争房屋的所有权人登记，并对外产生公示公信力；张一、张二以金碧商城相关房产向官渡支行提供抵押担保的行为有效。官渡支行对金碧商城所享有的抵押权，是经过公正合法登记公示设定的担保物权，可以对抗抵押物的所有人和其他第三人。尽管（2000）昆仲裁字第1号裁决书裁决策裕集团、张一、张二与富亨公司签订的全部《商品房购销合同》均无效，但该仲裁书对《商品房购销合同》无效的裁决，不能否定抵押人在此之前对抵押物拥有合法所有权的事实，也不能否定抵押人在拥有合法所有权过程中所行使的处分权的事实，更不能否定抵押人通过合法登记程序中所产生的抵押权的事实，即富亨公司因该仲裁裁决所取得的对金碧商城相关房产的权利，不能有效对抗官渡支行对金碧商城相关房产设定的抵押权。判决判令：策裕集团偿还官渡支行逾期贷款42 701 020元及利息（判决书中载明，利息自1999年相应日期起按日万分之五分段计算）；策裕经贸公司偿还官渡支行逾期贷款30 009 500元及利息（判决书中载明，利息自1999年相应日期起按日万分之五分段计算）；策裕经贸公司偿还官渡支行贷款700万元及利息（判决书中载明，利息分两段计算，月利率分别为5.85‰、6.3‰）；官渡支行对金碧商城房产的抵押权有效；在策裕集团、策裕经贸公司的财产不足以清偿上述债务时，由张一、张二以其抵押的金碧商城相关房产对未获清偿债务承担抵押担保清偿责任；策裕经贸公司、张一、张二共同支付官渡支行律师代理费22.2万元。

官渡支行于2008年6月10日申请云南高院执行，云南高院对金碧商城抵押房产进行了查封，并进入评估、拍卖程序。评估结果为房地产总价值21 394.25万元，评估快速变现价值为14 976万元，其中土地价值为5109.8887万元（850.93万元/亩），金碧商城的土地使用权证上登记的是富亨公司。2009年4月1日，云南高院裁定将最高人民法院（2007）民一终字第22、23号民事判决指定昆明中院执行。昆明中院立案执行后，于2009年7月25日拍卖金碧商城，拍卖成交款项为1.9亿元。因案外人中国工商银行昆明市南屏支行已经依昆明中院的判决取得金碧商城1－6幢第1层C1号精品店房产所有权（建筑面积264.26平方米）和相应的土地使用权（土地面积33.89平方米），拍卖时，昆明中院没有将该房产纳入拍卖范围。此争议已另案处理。

拍卖成交后，富亨公司和官渡支行就拍卖款的分配产生争议。官渡支行认为：根据最高人民法院上述两份生效判决，张一、张二对金碧商城房产拥有所有权，富亨公司已将该房产出售给了张一、张二，张一、张二对该房产范围内的土地具有合法的使用权，符合“地随房走”的原则。《物权法》第182条规定，以建筑物抵押的，该建筑物占用范围内的建设用地使用权一并抵押，因此，应将拍卖成交款全额给官渡支行。富亨公司认为：该公司持有土地使用权证，最高人民法院上述两份生效判决虽然认定金碧商城部分房屋抵押有效，但抵押的只是房屋产权，不包括土地，该土地没有办理抵押登记手续。判决书中没有对土地权属进行认定，官渡支行只是房产的抵押权人。张一、张二向富亨公司购买金碧商城房屋时，并没有支付全部房款，购房合同已被昆明市仲裁委员会（2000）昆仲裁字第1号裁决书裁决无效。本案的土地权益应归富亨公司所有。

本案执行标的本金为7940余万元，由于时间跨度较大，利息从1999

年按生效判决确定的计算标准（日万分之五等）和相应区间进行计算后，数额已达1.48亿元，远远超过本金。

针对当事人的争议，昆明中院经两次审委会研究讨论后形成倾向性意见：最高人民法院生效判决认定官渡支行的抵押权有效，拍卖款按最高人民法院生效判决执行，全部清偿官渡支行的债权；并就该意见向云南高院请示。

二、云南高院处理情况

云南高院在审查过程中出现两种意见：多数意见认为，拍卖款分配按最高人民法院生效判决执行。最高人民法院生效判决确认官渡支行对金碧商城享有抵押权，以建筑物抵押的，该建筑物占用范围内的建设用地使用权一并抵押，即“地随房走”原则，官渡支行依据我院生效判决申请执行有法律依据，拍卖款应分配给官渡支行，富亨公司要求分配土地款没有依据。少数意见认为，土地款应分配给富亨公司。富亨公司是金碧商城土地使用权人，抵押财产的范围应该以登记为准，该土地没有办理抵押登记手续，张一、张二购买金碧商城时没有支付完全部房款，而且购房合同已经昆明市仲裁委裁决无效。土地款应归富亨公司所有，官渡支行只享有地上建筑物拍卖款的优先受偿权。

云南高院经审委会研究后最终形成决议：根据《物权法》第182条、《城市房地产管理法》第32条、《担保法》第36条第1款的规定，不动产应按照“地随房走”的原则，土地的权益已随房屋的出售而转移。因此，案件拍卖成交款的分配，应按照最高人民法院生效判决执行。

昆明中院按此意见，在扣除税款10 061 049.26元后，发还官渡支行179 938 950.74元，官渡支行已向昆明中院申请终结本次执行。

三、申诉人的申诉请求及理由

富亨公司不服，向最高人民法院申诉。该公司认为，昆明中院拒绝向其分配拍卖款违法，请求返还金碧商城附着土地所得价款5109.8887万元；返还拍卖金碧商城附属设施所得价款6 459 820.38元；返还抵押物实现抵押权后剩余值。理由如下：

1. 官渡支行抵押权不及于金碧商城土地使用权。富亨公司系金碧商城附着土地的合法使用权人，该公司仍然持有金碧商城的土地使用权证，该公司与策裕集团、张二、张一签订的《商品房购销合同》，出售标的仅涉及金碧商城的房产，不包括该房产占用范围内的土地使用权，也不包括房产的附属设施。本案法院也对土地使用权价值单独进行了评估，整体拍卖是为了查封财产的统一执行，并非认可土地使用权的抵押效力。本案争议的标的物并非抵押物。张一、张二对金碧商城的土地不拥有使用权，当然无权处分。金碧商城房产抵押虽然有效，但其效力并不及于土地。根据《最高人民法院关于适用〈中华人民共和国担保法〉若干问题的解释》（以下简称《担保法解释》）第50条的规定，以国有土地使用权、房屋抵押的，抵押财产的范围应当以登记的财产为准。从该规定看，房屋办理了抵押登记不当然等同于其附着的土地也办理了抵押登记，本案土地使用权未依法进行抵押登记，生效判决确认房产抵押的效力不及于土地，故生效判决未将金碧商城的土地使用权认定为抵押物。

2. 金碧商城的配套设备包括4部电梯、2部扶梯、1部货梯以及配电室、消防设施等没有在销售过程中一并出售给张一、张二，生效判决也未将其列入抵押物范围，所有权属富亨公司，应当将配套设施拍卖款返还该公司。

3. 依据昆明市仲裁委员会（2000）昆仲裁字第1号裁决书，《商品房购销合同》无效，金碧商城1－6幢房产返还富亨公司。该公司仍然是金碧商城房产的合法所有权人，官渡支行抵押权实现后，金碧商城的剩余值应返还富亨公司。

四、最高人民法院意见

最高人民法院认为：(1) 本案生效判决认定官渡支行对金碧商城房产的抵押权有效，依据《城市房地产管理法》第32条、《担保法》第36条第1款，金碧商城占用范围内的土地使用权已随房屋同时转让、抵押，虽然富亨公司持有土地使用权证，但本案土地权益已经依法转移。官渡支行享有的对金碧商城房产的抵押权及于该房产占用范围内的土地使用权。富亨公司所提返还拍卖款中土地使用权部分的申诉请求不能成立。(2) 消防、电梯、配电室等相关配套设施属于房屋的组成部分，无法与房屋其他部分分离。本案金碧商城相关配套设施的所有权已一并转移，官渡支行对金碧商城房产的抵押权应包括相关配套设施在内。富亨公司所提返还拍卖款中房屋配套设施部分的申诉请求不能成立。(3) 本案生效判决认定官渡支行对金碧商城房产的抵押权有效，该行对金碧商城房产的价值应优先受偿。昆明中院依据生效判决判定的债务本金和利息计算，拍卖款在清偿官渡支行债权后已无剩余。综上所述，富亨公司的申诉请求不能成立。

五、评析意见

本案争议的主要问题是：(1) 官渡支行对金碧商城房产的抵押权是否及于金碧商城的土地使用权？(2) 官渡支行对金碧商城房产的抵押权是否包括金碧商城的相关配套附属设施？(3) 富亨公司要求返还抵押物剩余值的请求是否成立？

(一) 抵押权的范围是否及于土地使用权

由于房地产的不可分性，我国在处理房地产法律关系时历来强调一项基本原则，即房屋所有权主体与房屋占有范围内的土地使用权主体一致的原则，俗称“房随地走，地随房走”的原则。《物权法》颁布之前的一些法律、行政法规对此都有规定。如《城市房地产管理法》（2007 年、2009 年修正）第 32 条[①]，《担保法》第 36 条[②]，《城镇国有土地使用权出让和转让暂行条例》第 23 条、第 24 条、第 33 条[③]。《物权法》重申了上述法律法规中不动产转让、抵押的“房地一体”原则，在第 146 条、第 147 条[④]中规定了建设用地使用权与地上建筑物、构筑物及附属设施一并处分，既与现行法律规定一致，也实现了维持地上建筑物等在自然属性上对土地的依附，避免了对地上建筑物、构筑物及附属设施的经济价值的破坏，并可以使物权关系清楚简明，避免因建设用地使用权与地上建筑物、构筑物及其附属设施所有权主体不同，在权利行使时发生纠纷[⑤]。

在房地产抵押问题上，实现抵押权必然带来抵押财产的转让，因此在设定抵押权时，房屋的所有权和建设用地使用权应当一并抵押，只有这样，才能保证实现抵押权时，房屋所有权和建设用地使用权同时转让[⑥]。《物权法》总结了我国立法和实践的经验及惯常做法后，在第 182 条[⑦]中规

---

① 《城市房地产管理法》第 32 条：房地产转让、抵押时，房屋的所有权和该房屋占用范围内的土地使用权同时转让、抵押。（《城市房地产管理法》在 2007 年、2009 年进行过修改，在该法修改前，本条为旧法的第 31 条，该法修改后，本条的条文顺序有所变更，但前后的内容完全一致。）

② 《担保法》第 36 条：以依法取得的国有土地上的房屋抵押的，该房屋占用范围内的国有土地使用权同时抵押。以出让方式取得的国有土地使用权抵押的，应当将抵押时该国有土地上的房屋同时抵押。乡（镇）、村企业的土地使用权不得单独抵押。以乡（镇）、村企业的厂房等建筑物抵押的，其占用范围内的土地使用权同时抵押。

③ 《城镇国有土地使用权出让和转让暂行条例》第 23 条：土地使用权转让时，其地上建筑物、其他附着物所有权随之转让。第 24 条：地上建筑物、其他附着物的所有人或者共有人，享有该建筑物、附着物使用范围内的土地使用权。土地使用者转让地上建筑物、其他附着物所有权时，其使用范围内的土地使用权随之转让，但地上建筑物、其他附着物作为动产转让的除外。第 33 条：土地使用权抵押时，其地上建筑物、其他附着物随之抵押。地上建筑物、其他附着物抵押时，其使用范围内的土地使用权随之抵押。

④ 《物权法》第 146 条：建设用地使用权转让、互换、出资或者赠与的，附着于该土地上的建筑物、构筑物及其附属设施一并处分。第 147 条：建筑物、构筑物及其附属设施转让、互换、出资或者赠与的，该建筑物、构筑物及其附属设施占用范围内的建设用地使用权一并处分。

⑤ 参见梁慧星主编：《中国民法典草案建议稿附理由（物权编）》，法律出版社 2004 年版，第 234 ~ 235 页。

⑥ 王胜明主编，全国人大常委会法制工作委员会民法室编著：《中华人民共和国物权法解读》，中国法制出版社 2007 年版，第 391 页。

⑦ 《物权法》第 182 条：以建筑物抵押的，该建筑物占用范围内的建设用地使用权一并抵押。以建设用地使用权抵押的，该土地上的建筑物一并抵押。抵押人未依照前款规定一并抵押的，未抵押的财产视为一并抵押。

定了建筑物和土地使用权一并抵押的原则，并针对实践中可能出现的将房屋抵押但不抵押建设用地使用权，或者抵押建设用地使用权但不抵押房屋所有权，甚至将房屋所有权和建设用地使用权分别抵押等情况增加了一款规定，明确了房地未一并抵押的，未抵押财产视为一并抵押，坚持《城市房地产管理法》和《担保法》在房地产抵押问题上的一贯立场。我国之所以一直贯彻房地一体抵押的原则，一方面，是因为如果对土地没有使用的权利，则无权在该地上建房或使用房屋，离开土地的建筑物不具备法律上的独立性，不能独自构成抵押标的；另一方面，是因为如建设用地使用权单独抵押而土地上的建筑物不进行抵押，就可能出现建设用地使用权与地上建筑物所有权或使用权主体不一致的情况，从而发生权利的冲突与摩擦，不利于建设用地使用权和地上建筑物的流通和转让，也不利于物的有序利用和社会秩序的稳定[①]。因此，不论在房地产的转让还是抵押的问题上，“房地一体”都是处理此类纠纷的基本原则。

本案中，虽然富亨公司持有土地使用权证，但富亨公司给策裕集团开具了客户名为张一、张二，累计金额为1.15亿元的金碧商城购房发票，昆明市房管局出具了《房产登记收件收据》，办理了抵押登记，并根据《商品房购销合同》填制了所有权人为张一、张二的金碧商城房产证，只是因为其没有缴纳相关税费而未核发。最高人民法院的生效判决已经确认“在富亨公司为张一、张二申请办理产权过户登记手续以及官渡支行与张一、张二办理抵押登记后，该讼争房产作为不动产物权变更已经完成，张一、张二已经作为讼争房屋的所有权人登记，并对外产生登记公示公信力”。因此，生效判决认定金碧商城的所有权已经转移给张一、张二，同时也明确认定张一、张二以其所有的金碧商城房产设定的抵押有效。根据《城市房地产管理法》第32条、《担保法》第36条的规定，金碧商城占用

① 参见最高人民法院物权法研究小组编著：《〈中华人民共和国物权法〉条文理解与适用》，人民法院出版社2007年版，第546页。

范围内的土地使用权也一并转让并设定抵押[①]。富亨公司持有金碧商城土地的使用权证，更多地属于管理层面的问题。房地产登记机关没有对土地使用权证进行相关处理，致使富亨公司仍然持有土地使用权证书，但本案土地权益实际上已经随着房屋的出售而转移。故富亨公司以其属于本案争议土地的合法使用权人，该土地使用权并非抵押物为由，请求返还拍卖款中土地使用权价值的请求不成立。

需要说明的是，《物权法》于2007年10月1日实施，本案当事人对金碧商城的处分行为发生在1999年，《物权法》对本案的纠纷没有溯及力。但该法的相关规定与当时已经生效的《城市房地产管理法》《担保法》的规定是基本一致的。考虑到《物权法》的溯及力问题，本案在适用法律时没有援引《物权法》的相关规定，而是适用行为时法即《城市房地产管理法》和《担保法》的规定。

（二）抵押标的物是否包括建筑物相关附属设施

消防、电梯、配电室等相关附属设施，属于房屋的组成部分，只有具备相关配套附属设施的房屋才能正常使用，否则房屋就不具备应有的作用和功能，因此相关附属设施应与房屋一并转让和抵押，不能单独分割于房屋的整体。限于案件审理的范围，本案生效判决不可能将其列入判决主文，"金碧商城房产"应当包括上述附属设施。富亨公司以金碧商城的配套附属设施应归其所有为由，要求返还附属设施价款的请求不成立。

---

① 有观点从主物和从物的关系角度对房地产抵押中的"房地一体"原则进行阐释，认为抵押房屋的，可将房屋视为主物，土地使用权视为从物，与房屋一并抵押；抵押土地使用权的，可将土地使用权视为主物，房屋视为从物，与土地使用权一并抵押。笔者认为，房屋和土地很难根据民事主体间处分行为的内容就能作主物和从物的区分，不论将其中哪一部分认定为主物，而将另一部分认定为从物，似都欠妥当。法律对房地一体抵押的原则已有明确规定，对此问题再从主物和从物的关系上进行解释似无必要。至于现行法律中有关房地一体转让、抵押的规定是否属于强制性规定，在理论上还有争议。即使假设能将其认定为强制性规定，此类规定又属于强制性规定中的哪一种类，仍可继续研究讨论。不论理论上对这些规定的性质如何界定，这些规定在处理房地产纠纷方面确实带有一定的强制性约束力。

（三）抵押物剩余值的返还问题

虽然昆明市仲裁委员会（2000）昆仲裁字第1号裁决书认定富亨公司与策裕集团、张一、张二之间的购房合同无效，但本案生效判决认定官渡支行对金碧商城房产的抵押权有效，官渡支行对金碧商城的价值有优先受偿权。抵押权的实现和抵押物剩余价值的返还属于两个层面的问题，只有抵押权实现后，抵押物的价值还有剩余的，才会涉及剩余值的返还问题。若抵押权实现后，抵押物的价值已无剩余，则不会涉及剩余值的返还问题。本案执行标的本金为7940余万元，本案纠纷产生于1999年，由于时间跨度较大，利息由执行法院按生效判决判定的利率和起算时间等标准计算，已远超过本金的数额，加上本金后已经超过拍卖款的总额，金碧商城的拍卖款尚不足以清偿官渡支行的债权，金碧商城拍卖后已无剩余值可供返还。

第五编

强制拍卖

第十一章　网络司法拍卖中的信息公示

公开是拍卖活动的法律原则，拍卖的开放性形式和无可比拟的公众参与性，是公开原则的集中体现。公开的原则应当贯穿于拍卖活动始终，要求拍卖应尽可能在透明的状态下进行。例如，拍卖标的及其内容应当公示；举行拍卖活动应当公告；叫价、应价必须公开进行；成交过程应当公开；等等。[①] 人民法院实施网络司法拍卖，应当遵循最大限度公示拍卖信息的原则。网络司法拍卖属于线上远程拍卖，竞买人想要了解司法拍卖有关情况、拍卖标的相关信息、竞买要求、执行法院的联系方式等拍卖信息，主要通过网络平台实现，网络司法拍卖平台成为竞买人获得拍品信息的主要渠道。由于竞买人难以与人民法院进行面对面沟通，也难以全部做到实地看样，为了最大限度地保障竞买人对拍卖标的、拍卖规则等拍卖信息的知情权，全面了解拍卖标的财产状况、权利负担情况，实现网络司法拍卖的公开透明，《最高人民法院关于人民法院网络司法拍卖若干问题的规定》（以下简称《网拍规定》）第13条对网络司法拍卖应当公示的信息作了全面规定。网络司法拍卖的信息公示，有利于社会对网络司法拍卖进行监督，特别是有利于竞买人根据网络平台公示的信息，全面了解拍卖标的情况，对拍卖标的可能存在的问题和缺陷，形成初步的心理预期，从而决定是否参与竞买、以何种价格参与竞买，防止拍卖信息不公开、不透明给竞买人造成损失，引发网络司法拍卖纠纷。实施网络司法拍卖的，人民法院应当在拍卖公告发布当日，通过网络司法拍卖平台发布拍卖公示信息。公示信息内容包括：

---

① 参见刘宁元：《论构建我国拍卖法律制度的若干问题》，载《法学》2007年第6期。

一、拍卖公告

通过网络司法拍卖平台发布拍卖公告，属于执行法院实施网络司法拍卖的“规定动作”。网络司法拍卖的公告除了通过法定途径发布以外，还应当在平台发布，使参与网络司法拍卖的竞买人在打开平台页面之后即可看到拍卖公告。网络司法拍卖平台本身具有拍卖信息公示公告的作用。如果不在平台发布拍卖公告，将不利于扩大拍卖公告的覆盖范围，影响拍卖公告效果。所以，拍卖公告必须在平台进行公示。

二、执行所依据的法律文书，但法律规定不得公开的除外

在网络司法拍卖平台公示执行所依据的法律文书，有利于使竞买人或者潜在竞买人更全面、清晰地了解执行案件的基本情况。执行所依据的法律文书，是人民法院对拍卖标的进行强制执行的基础性法律文件，没有这些法律文书，人民法院网络司法拍卖便无实施依据。公示该类文书，可以使竞买人充分知晓网络司法拍卖案件的由来，保障其对执行案件的知情权，属于司法信息公开的重要组成部分。

执行所依据的法律文书，既包括执行依据，也可以包括进行网络司法拍卖所依据的其他法律文书。执行依据也称执行根据、执行名义，是指确定债权人权利范围，据以请求执行机关实施强制执行的生效法律文书。根据我国法律、司法解释规定，可以作为执行依据的法律文书包括：已经发生法律效力的判决，如民事判决书、刑事附带民事判决书、行政判决书、刑事裁判中涉财产部分的裁判内容等；已经发生法律效力的裁定，如《民事诉讼法》特别程序规定的实现担保物权的裁定、司法确认调解协议的裁定以及先予执行裁定等；已经发生法律效力的调解书，如民事调解书、刑事附带民事调解书、行政赔偿或补偿调解书等；人民法院制作的其他生效法律文书，如支付令等；法律规定的其他可以作为执行依据的法律文书，

如仲裁裁决书、仲裁调解书、公证机关依法赋予强制执行效力的公证债权文书等。

网络司法拍卖所依据的法律文书不应仅限于执行依据，其他据以进行网络司法拍卖的法律文书也可以通过平台进行公示。例如，人民法院决定对执行标的进行网络拍卖、变卖的执行裁定，以及其他可以公示的执行法律文书。需要说明的是，执行所依据的法律文书如果属于法律规定不得对外公开的，则不在拍卖平台公示。

三、评估报告副本或者未经评估的定价依据

人民法院确定拍卖标的保留价所依据的评估报告，也属于网络司法拍卖信息公示的内容。公示评估报告，可以使竞买人充分了解拍卖保留价形成的依据，并且可以根据该部分公示资料，判断拍卖标的是否“物有所值”或者“物超所值”，详细了解拍卖标的细节问题。例如，评估报告中通常会载明评估所采用的方法，披露影响拍卖标的价格的信息，有的会将拍卖标的存在的瑕疵作较为详细的说明，竞买人或者潜在的竞买人可以通过分析评估报告，对拍卖标的可能存在的瑕疵、评估价格的合理性等进行预判，决定是否竞买。有评估报告的，人民法院应当将评估报告的副本在网络司法拍卖平台进行公示，未进行评估的，应当公示拍卖标的的定价依据。

四、拍卖时间、起拍价以及竞价规则

拍卖时间、起拍价以及竞价规则等网络司法拍卖本身应当遵循的操作规范，属于信息公示的重要内容。参与网络司法拍卖的竞买人只有通过网络平台，才能了解具体的拍卖时间、起拍价以及竞价规则等拍卖信息，否则根本无法参与网络司法拍卖。

拍卖时间是开始进行网络司法拍卖的具体时间，竞买人可以在指定的拍卖时间进行竞价。拍卖时间必须通过网络司法拍卖平台进行公示，以利

于竞买人根据预定的拍卖时间安排参与竞买的相关事宜，做好参加拍卖的准备工作。

起拍价也是网络司法拍卖信息公示的重要内容。网络司法拍卖仍然延续我国司法拍卖的一贯做法，实行有保留价拍卖，即有底价拍卖。《网拍规定》第10条规定，网络司法拍卖应当确定保留价，拍卖保留价即为起拍价；起拍价由人民法院参照评估价确定；未作评估的，参照市价确定，并征询当事人意见；起拍价不得低于评估价或者市价的百分之七十。如果第一次拍卖流拍的，可以进行降价拍卖。拍卖标的的起拍价必须公示，以便竞买人知晓参与竞买应达到的最低出价数额。竞买人的出价只有不低于起拍价的，才有可能拍卖成交。竞买人出价低于起拍价的，该次出价无效。如果拍卖标的的起拍价不公示，竞买人难以获知最低的有效出价，不利于拍卖成交。为了避免出现这种情况，《网拍规定》第13条规定，网络司法拍卖的起拍价应当通过拍卖平台进行公示。

竞价规则是关于竞买人出价竞拍应当遵守的规范。竞价规则的内容包括低于起拍价的竞价无效、加价幅度、优先购买权竞价、成交规则等内容。网络司法拍卖采递增出价方式竞价，具体的加价幅度由人民法院确定。在平台公示信息中，人民法院应当将本次拍卖的竞价规则详细披露，使竞买人充分知晓竞价规则。依法公示公告的竞价规则，视为竞买人已经知晓，并且成为各方主体进行网络司法拍卖应当共同遵守的行为准则，具有确定竞买人权利义务的效力，并且在有的案件中可以据此判定拍卖是否有效。只要竞价规则按照要求进行了公示，竞买人参与竞买就表示其接受竞价规则的要求及法律后果，拍卖成交后，买受人再以不接受竞价规则为由，对拍卖结果提出异议的，人民法院不予支持。

五、拍卖财产权属、占有使用、附随义务等现状的文字说明、视频或者照片

被执行人所负债务应以其责任财产清偿，执行标的以被执行人拥有的

责任财产为限。人民法院强制拍卖被执行人财产，应当首先确定该财产的权属。如果财产权属不明，则不适合直接进行司法拍卖。执行机关实施强制执行时，应有初步认定执行标的物是否为债务人所有之权能，以执行标的物之存在外观，债务人之实际占有状况，以形式上为判断认定，信为大概属债务人所有为已足，不以确实为债务人所有为必要。[①] 执行实施程序中，人民法院对执行标的权属的判断，主要遵循物权公示原则和权利外观主义。《物权法》第6条规定："不动产物权的设立、变更、转让和消灭，应当依照法律规定登记。动产物权的设立和转让，应当依照法律规定交付。"物权具有排他性质，如果没有通过公示方式将物权表现出来，就会给第三人带来不测的损害，影响交易安全。物权的公示方法必须由法律明确规定，不能由当事人随意创设。动产物权的公示方式是占有或交付，不动产物权的公示方式则是不动产登记。与物权公示原则密切相关的是物权公信原则。物权公示的法律效力发挥着权利正确性推定的作用。所谓权利正确性推定，是将纳入公示的物权作为正确权利的假定。物权公示原则中的权利正确性推定，是执行程序中判断财产权属的重要依据。权利外观主义着眼于保护第三人的信赖利益和交易安全，在商法中的适用更具普遍性，即使外观事实与真实事实不一致，仍然依照外观事实认定行为的法律效力。权利外观主义同样体现了权利推定的法律技术。执行机构可以依据财产登记状态或占有状态这种外在的权利形态，以权利推定规范为基础，识别执行标的的权利归属。

经人民法院审查判断属于被执行人责任财产的，对该财产进行查封、扣押、冻结后，可以进入网络司法拍卖程序。人民法院在执行过程中对被执行人财产权属的判断通常奉行形式化的审查原则，据此作出的财产权属判断，并非对财产权属的最终确认。执行过程中，案外人可以依照《民事诉讼法》第227条规定，对该标的提出案外人异议，请求排除对该标的的执行。执行程序对于财产权属的判断并非完全确定无疑的结论，财产权属

---

① 参见赖来焜：《强制执行法总论》，元照出版公司2007年版，第418页。

问题可能会在执行过程中产生争议。因此，拟进行网络司法拍卖财产的权属状况，应当通过拍卖平台进行公示，使竞买人了解拍卖标的的权属情况，从而根据目前公示的情况判断该财产的权属是否明晰、是否可能存在权属争议、存在权属争议的风险有多大等，再决定是否出价竞买。

拍卖财产的占有和使用情况，也是影响网络司法拍卖能否顺利成交的重要因素。拟拍卖的财产如果被他人占有使用，竞买人不得不考虑拍卖成交后财产交付或者腾退问题。如果他人对拍卖标的的占有属于有权占有，且依法不能将该权利除去的话，竞买人将承受该权利负担。这些都属于竞买人或者潜在竞买人是否出价竞买所要考虑的问题。以不动产上负担租赁权为例，如果承租人与被执行人在法院查封该不动产之前就签订租赁合同，并且承租人在查封前已经实际占有该不动产的，申请执行人为实现普通金钱债权向人民法院申请强制执行，对于不动产上负担的租赁权，人民法院应采承受主义，对该不动产实行带租拍卖，买受人应承受租赁权。因此，拍卖标的被他人占有使用，对拍卖成交有现实的影响。如果拍品的占有使用情况没有做到依法公示，即使拍卖成交，买受人与占有使用人之间也极易产生纠纷。人民法院在进行网络拍卖之前，应当对拍卖标的的权属、占有使用情况等现实情况进行详细调查，以便做好信息公示。

与拍品有关的附随义务也应一并在平台上进行公示。拍卖财产的权属、占有使用情况、附随义务等信息公示的方式，可以采用文字说明、文字描述、发布拍品视频或者照片等形式进行。能够反映拍品全貌的，公示内容应当注意全面反映拍品现状，不能仅公示局部信息或部分内容而忽略其他。通过公示主要信息即可了解拍品现状的，应当将主要信息公示。

六、优先购买权主体以及权利性质

优先购买权又称先买权，是指特定的民事主体依照法律规定享有的，在同等条件下优先于其他人购买某项特定财产的权利。对拍卖标的依法享有优先购买权的情形，对没有优先购买权的普通竞买人参与拍卖存在一定影响。如果两者出价相等，拍品将由享有优先购买权的竞买人竞得。披露优先购买权情况，也属于对其他竞买人知情权的尊重。人民法院应当通过网络司法拍卖平台公示优先购买权的权利主体和权利性质情况。但优先购买权人向人民法院明确表示放弃优先购买权的，可以不再公示该优先购买权，或者将优先购买权的放弃情况进行公示。司法实践中常见的优先购买权主要有以下几类：

（一）按份共有人的优先购买权

《物权法》第101条规定："按份共有人可以转让其享有的共有的不动产或者动产份额。其他共有人在同等条件下享有优先购买的权利。"根据《最高人民法院关于适用〈中华人民共和国物权法〉若干问题的解释（一）》（以下简称《物权法解释一》）第10条的规定，"同等条件"应当综合共有份额的转让价格、价款履行方式及期限等因素确定。但在网络司法拍卖环境下，其他共有人就购买该份额的出价，是判断"同等条件"最主要的考虑因素。这一点在《网拍规定》第21条优先购买权的竞价规则中体现得最为明显。

（二）承租人的优先购买权

《合同法》第230条规定："出租人出卖租赁房屋的，应当在出卖之前的合理期限内通知承租人，承租人享有以同等条件优先购买的权利。"该条规定虽然是对平等主体之间买卖房屋时承租人优先购买权的保护，但人民法院在执行过程中，承租人对拟执行的房产依法享有承租权的，也应保护承租人的优先购买权。在网络司法拍卖的环境下，购买拍品的出价数额也是判断是否符合"同等条件"的最主要标准。

需要强调的是，承租人享有优先购买权的前提，是其对执行标的的租赁权依法成立。如果承租人在人民法院查封房产前就与被执行人签订合法有效的租赁合同，并已占有使用该不动产的，承租人的租赁权成立。但是，如果申请执行人提出证据证明，被执行人与承租人之间恶意串通，以明显不合理的低价租赁，或者伪造交付租金证据的，则不能认定承租人的租赁权合法成立。[①] 另外，如果在人民法院查封房产后，承租人和被执行人签订租赁合同并占有使用该房产的，人民法院可以根据申请执行人的申请或者依职权除去租赁关系后，对该房产进行拍卖，但人民法院的查封没有依法公示，且承租人确属善意的情形除外。确实需要除去租赁权的，执行法院只需作出除去租赁权的执行行为，不宜在执行法律文书中直接认定租赁合同无效或者解除租赁合同。被人民法院依法除去“租赁权”的“承租人”不享有对该房产的优先购买权。

（三）有限责任公司股东的优先购买权

《公司法》第72条规定：“人民法院依照法律规定的强制执行程序转让股东的股权时，应当通知公司及全体股东，其他股东在同等条件下有优先购买权。其他股东自人民法院通知之日起满二十日不行使优先购买权的，视为放弃优先购买权。”该条专门针对人民法院强制执行有限责任公司股权时，其他股东在同等条件下享有优先购买权作了明确规定。但是，该条规定对其他股东行使优先购买权的期限作了限制。其他股东需在人民法院通知之日起20日内表示行使优先购买权，否则即视为放弃。

七、通知或者无法通知当事人、已知优先购买权人的情况

执行当事人和拍卖标的优先购买权人均有权参与网络竞买，且其参与竞买与普通竞买人享有的权利或者操作规程有所不同。由于这些主体对拍卖标的享有的利益或参拍规则与其他普通竞买人有所差别，其一旦参与网络司法拍卖，在具体的操作方式上需作一些特殊处理，对其他竞买人参与竞买也会产生相应的影响。因此，司法解释规定了对这些主体需进行专门的通知程序。人民法院的通知情况应当在拍卖平台上公示，对于无法通知

① 参见《最高人民法院关于人民法院办理执行异议和复议案件若干问题的规定》第31条。

的，也应当在拍卖平台上进行公示予以说明。而且，对无法通知情况的公示经过法定期间后，还会产生视为已经通知该权利人的法律效力。需要进行通知的主体范围限于当事人，以及人民法院已经知道的拍卖标的的优先购买权人。对当事人和优先购买权人通知或者无法通知情况的公示，有利于增强网络司法拍卖过程的公开化、透明化，最大限度地减少当事人和优先购买权人对网络司法拍卖行为的质疑及争议。

八、拍卖保证金、拍卖款项支付方式和账户

竞买人交纳保证金后才能参与网络竞买。因此，拍卖保证金的数额、交纳方式、不交纳的后果、拍卖成交后保证金冲抵拍卖价款、买受人悔拍后保证金不予退还等内容应通过网络司法拍卖平台进行公示，使竞买人或潜在的竞买人知悉拍卖保证金的有关规则和交纳要求。拍卖成交后，保证金可以冲抵价款，剩余款项买受人应当在拍卖公告确定的期限内交至人民法院指定账户。因此，网络司法拍卖信息公示的内容应当包括拍卖保证金、拍卖价款的支付方式和账户，以便竞买人、买受人能够按照法院要求交足拍卖保证金或拍卖款。

九、拍卖财产产权转移可能产生的税费及承担方式

关于拍品在交付、过户等产权转移过程中的税费负担问题，有些税费可能是被执行人先前就欠缴的税费，即使不进行网络司法拍卖，被执行人也应当依法缴纳；而有些税费则是因进行网络司法拍卖行为而产生的。对此，应当依照相关法律规定区别对待。对于被执行人先前就欠缴的税费，与网络司法拍卖行为无关，应由被执行人承担，以被执行人的责任财产缴纳；对于因网络司法拍卖行为本身产生的税费，属于强制执行产生的税费，广义上应为执行费用的一部分。该部分税费如何承担，是执行中应予解决的问题。司法实践中，有的法院对因拍卖标的过户产生的税费，采取

从拍卖价款中直接扣除的做法，如果剩余拍卖价款不足以清偿申请执行人债权的话，因标的过户而产生的税费实际占用了清偿申请执行人债权的部分价款，申请执行人还需继续申请执行被执行人的其他财产。也有的法院在拍卖公告中明确由买受人承担因标的过户而产生的税费。就网络司法拍卖而言，对于拍卖财产产权转移可能产生的税费负担，人民法院应当将该部分费用如何承担在拍卖平台中进行公示。对于产权转移可能产生的税费的具体承担方式，应依据法律、行政法规及《网拍规定》等有关条文规定确定。在信息公示中明确拍卖财产产权转移可能产生的税费及承担方式，有利于减少买受人与申请执行人就该问题产生争议，也有利于拍卖成交后财产产权转移手续的办理。

需要说明的是，被执行人先前就欠缴的税费，与网络司法拍卖后财产产权转移可能产生的税费是两个概念。《网拍规定》第 13 条规定的应当公示的税费及承担方式，主要是指网络司法拍卖后财产产权转移可能产生的税费。被执行人先前就欠缴的税费，即使不进行网络司法拍卖，被执行人也应当履行缴纳义务，与网络司法拍卖无实质关联。在执行实践中，有的协助执行机关在已经足额缴纳拍卖标的过户税费的前提下，仍以被执行人先前欠缴税款为由，拒不履行协助过户义务，要求被执行人将先前欠缴的税款一并缴足后，才予以办理过户。这种做法混淆了被执行人先前欠缴的税款与网络司法拍卖本身产生税费的差别。对于被执行人先前欠缴的税款，税务机关可以依据《税收征收管理法》的有关规定向被执行人追缴，或者依据《税收征收管理法》第 45 条规定对拍卖价款主张税收优先权，但不能在已经足额缴纳拍卖标的过户税费的情况下，又以被执行人先前欠缴税款为由，拒不办理拍卖标的过户手续。

十、执行法院名称，联系、监督方式

公示执行法院名称、联系人及联系方式，便于当事人、竞买人与执行法院联系网络司法拍卖相关事宜，反映情况或询问拍卖标的情况等。公示监督方式，便于当事人、竞买人等相关主体对人民法院网络司法拍卖行为进行监督。

十一、其他应当公示的信息

该项规定属于公示信息的兜底条款。网络司法拍卖的信息公示内容是开放性的。除了上述所列内容以外，如果还有其他需要公示的事项，人民法院应当通过拍卖平台一并公示。

第十二章　网络司法拍卖中的特别提示

网络司法拍卖通过网络平台进行，竞买人通过网络平台了解拍品特征，通常难以直接接触拍品，只在某些情况下可以实地看样，整个拍卖过程通过网络交易平台完成，各方主体不进行面对面的竞价交易。网络司法拍卖的这一特点，对拍卖信息告知和拍品信息披露提出了更高的要求，人民法院实施网络司法拍卖，有些事项需要在拍卖平台进行特别提示，明确告知竞买人对该类事项予以特别关注。进行特别提示的事项，均属于对竞买人权利义务有实质影响的重要事项，需专门提示竞买人加以注意，充分保护竞买人的知情权，以便竞买人按照网络司法拍卖的相关要求参加竞买。人民法院应当在拍卖公告发布当日，通过网络司法拍卖平台对一些特别事项进行提示。根据《网拍规定》第 14 条，网络司法拍卖程序中需要进行特别提示的事项包括：

一、竞买人应当具备完全民事行为能力，法律、行政法规和司法解释对买受人资格或者条件有特殊规定的，竞买人应当具备规定的资格或者条件

参加司法拍卖的竞买人应当具备完全民事行为能力，除此以外，司法拍卖对竞买人的资格原则上没有限制。除了法律、行政法规和司法解释明确规定不能参加竞买，或者对竞买人资格有明确要求的情况外，其他任何主体，只要具备完全民事行为能力，均可以参加竞买。在竞买人资格问题上，应在符合法律、行政法规和司法解释规定的前提下，尽可能多地允许

社会公众参加竞买，从而形成充分竞价，有利于司法拍卖顺利成交，以及拍卖标的拍出高价，实现司法拍卖的目的。申请执行人、被执行人均可以参加竞买。

法律、行政法规和司法解释对买受人资格或者条件有特殊规定的，竞买人应当具备规定的资格或者条件。如果不具备相应资格的，将导致拍卖无效。例如，根据《网拍规定》第 34 条规定，负责执行的人民法院、网络服务提供者、承担拍卖辅助工作的社会机构或者组织，以及上述主体的工作人员及其近亲属，不得参与与其行为相关的网络司法拍卖，也不得委托他人代为竞买。再如，根据国务院《探矿权采矿权转让管理办法》第 6 条第 1 款第（4）项规定，转让采矿权，应当具备国务院地质矿产主管部门规定的其他条件。国土资源部国土资发〔2011〕14 号《关于进一步完善采矿权登记管理有关问题的通知》中“三、严格采矿权转让、变更条件和审批管理”中第（19）项规定“转让采矿权受让人应具备本通知第十三条规定的采矿权申请人条件，并承继该采矿权的权利、义务”。国土资源部国土资发〔2015〕65 号《关于修改〈国土资源部关于进一步完善采矿权登记管理有关问题的通知〉第十三条规定的通知》规定“为……切实放宽市场准入条件，进一步激发市场活力和发展动力，现将《国土资源部关于进一步完善采矿权登记管理有关问题的通知》（国土资发〔2011〕14 号）第十三条修改为‘申请采矿权应具有独立企业法人资格，外商投资企业申请限制类矿种采矿权的，应出具有关部门的项目核准文件’”。据此，采矿权的受让主体需为企业法人。对买受人资格予以限制的法律、行政法规情况比较复杂，分散在不同的法律文件中，需要根据拍卖标的的不同情况确定。拍卖实践中，应对限制流通物的买受人资格问题进行特别关注。

公司发起人能否以设立中公司的名义参加司法拍卖？从发起人开始设立公司到公司正式成立，需要经过一段时间，这段时间内的公司雏形，称为设立中公司。发起人设立公司的最终目的在于设立一个有独立主体资格的法人，设立中公司与成立后的公司密不可分，设立中公司与成立后的公司乃同一主体在不同阶段的不同表现形式。设立中公司，是指自发起人签订发起人协议或者达成发起合意时起至设立登记完成前，尚未取得法人资格的主体。设立中公司虽然不具有独立法人人格，但是已经具备民事主体的一些特征，如已经具有事务执行机关、共同行为准则和一定的财产等。这些特点都使得设立中公司具备了一定的权利能力和行为能力，可以以自己的名义对外进行民事活动。发起人是设立中公司的机关，有权代表设立中公司对外从事公司设立活动。公司名称是公司作为独立民商事主体的重要标志，是公司在从事民商事行为时为表明不同于他人特征而使用的名称，具有唯一性、特定性和排他性的特点。公司名称的构成和使用，必须遵守法律、法规的规定，并符合规范化要求。我国对公司名称实行预先核准制度，设立中公司的名称，也应当满足公司名称的特点和构成要件。设立中公司既包括经过工商登记管理机关预先核准通过的名称，也包括还没有报送工商登记管理机关进行预先核准的名称。发起人以设立中公司的名义，既包括直接使用设立中公司的名称，也包括使用设立中公司的临时机构的名称，如公司筹办处、公司筹备组等。[①]

如果公司发起人以自己的名义参加司法拍卖，并未使用设立中公司名义的，只要公司发起人具备完全民事行为能力，其参加竞买又不违反法律、行政法规关于买受人资格或者条件的限制规定的，可以认定该发起人为竞买人。如果公司发起人并未以自己的名义参加司法拍卖，而是以设立中公司的名义参加司法拍卖的，对此，应根据案件具体情况确定拍卖是否有效。《最高人民法院关于适用〈中华人民共和国公司法〉若干问题的规定（三）》第3条规定："发起人以设立中公司名义对外签订合同，公司成立后合同相对人请求公司承担合同责任的，人民法院应予支持。公司成立后有证据证明发起人利用设立中公司的名义为自己的利益与相对人签订合同，公司以此为由主张不承担合同责任的，人民法院应予支持，但相对人为善意的除外。"该条司法解释是关于发起人以设立中公司的名义对外签

① 最高人民法院民事审判第二庭编著：《最高人民法院关于公司法解释（三）、清算纪要理解与适用》，人民法院出版社2011年版，第54～55页。

订合同时责任承担问题的规定，对司法拍卖具有参考意义，实践中可以参照该条司法解释规定的精神处理类似问题。如果发起人以设立中公司的名义参加司法拍卖，公司成立后可以作为拍卖标的的权利主体，但拍卖程序存在其他足以否定拍卖行为法律效力瑕疵的情形除外。如果当事人对司法拍卖的合法性问题产生争议，人民法院不能仅以发起人以设立中公司的名义参加司法拍卖这一项事实为由，否定司法拍卖的法律效力。

二、委托他人代为竞买的，应当在竞价程序开始前经人民法院确认，并通知网络服务提供者

参加网络司法拍卖并非一定要竞买人本人亲自实施，本人不能参加的，也允许委托其他人代为竞买。该委托代理关系，需在竞价程序开始前经执行法院审查确认。委托他人代为竞买的事实经执行法院确认后，应通知网络服务提供者。网络司法拍卖属于人民法院实施的公法拍卖，对拍卖中的委托代理关系要求较为严格，只有经过执行法院审查确认的委托代理关系才能产生代为竞买的法律后果，以期尽量避免因委托他人代为竞买产生法律纠纷。竞买人委托他人代其竞买的，必须在竞价程序开始前经执行法院审查确认后，受托人才能代委托人实施竞买，在竞价开始前未经执行法院审查确认的，该他人代为竞买的行为，并不当然产生委托代理关系的法律后果。

执行实践中，竞买人委托他人代为竞买的情形比较普遍，因委托代理关系产生纠纷的情形也时有发生。一旦委托人与受托人就委托代理关系发生争议，如何确定拍卖标的的买受人，可能成为执行法院难以处理的现实问题。为了最大限度地避免上述情况，《网拍规定》第 14 条规定在竞价程序开始前，由执行法院先行确认委托代为竞买的事实，主要目的在于减少纠纷。委托竞买应系委托人和受托人的真实意思表示，且不违反法律、司法解释规定。经审查，双方对委托代为竞买均予认可的，执行法院可以依法确认。

三、拍卖财产已知瑕疵和权利负担

拍卖标的的瑕疵是拍卖前对拍品信息进行公示公告的重要内容。实践中，很多司法拍卖产生的纠纷都与拍品本身的瑕疵有关。拍卖标的的瑕疵既包括物的瑕疵，也包括权利瑕疵。拍卖标的欠缺同类财产正常品质的，称为物的瑕疵，如价值瑕疵、效用瑕疵、质量瑕疵等。物的瑕疵可以使物的品质或使用价值降低、效用减弱。依照被发现的难易程度，物的瑕疵可以划分为表面瑕疵和隐蔽瑕疵。拍卖标的的权利负担，表现为标的物上负担着其他主体的权利。对于拍卖标的上负担的权利，如果符合法律、司法解释规定的除去后予以拍卖的条件的，人民法院可以除去该权利后予以拍卖；如果依照法律、司法解释规定，对拍卖标的上的权利负担应当附带拍卖的，人民法院应当将该权利负担进行公示后，对该标的实施附带权利的拍卖。例如，拟拍卖的不动产在查封前即负担租赁权或者其他用益物权的，对于这些原有的权利负担，原则上采承受主义，对该不动产附带原有权利一并进行拍卖，买受人应承受租赁权或者其他用益物权负担。如果不能确定租赁权是否成立而拍卖标的已经被他人占有的，也应将占有情况进行公示和说明。

对拍卖标的瑕疵充分展示，是司法拍卖不承担瑕疵担保责任的制度前提。如果对于拍品瑕疵没有做到充分公开公示，那么司法拍卖不承担瑕疵担保责任的规则将损害买受人的利益，并且可能产生拍卖纠纷，影响司法拍卖的权威性和公信力。因此，拍卖标的的瑕疵必须进行公示，并应当在拍卖平台中予以特别提示。否则，司法拍卖不承担瑕疵担保责任的规定将失去合理性基础。应当公示的拍品瑕疵，主要是已知瑕疵，对于未知瑕疵，因执行法院在公示时无法获知而难以公示。对拍卖财产已知瑕疵和权利负担的公示，可以使竞买人充分了解拍品存在哪些质量缺陷，以及负担哪些权利。拍品的质量缺陷和权利负担，对拍卖成交价格具有直接影响，有的可能影响拍卖成交。不论拍卖财产的瑕疵和权利负担对网络司法拍卖可能产生何种影响，执行法院均应当将那些已知的瑕疵和权利负担，通过网络司法拍卖平台向竞买人和社会公众进行特别提示。

四、拍卖财产以实物现状为准，竞买人可以申请实地看样

执行法院充分公示拍卖标的瑕疵只是拍品展示的一方面，另一方面，对于拍卖财产以实物现状为准的，竞买人还可以通过申请实地看样，直接接触、观察、了解拍卖标的实际状况，进而决定是否出价竞买或者出价数额。有意参加拍卖的竞买人通过实地看样，可以详细了解拍卖标的瑕疵，甚至可以发现拍卖标的未被披露的其他隐蔽瑕疵问题，有利于保障竞买人对拍卖标的的知情权。允许竞买人实地看样，可以吸引更多潜在的竞买人关注网络司法拍卖，并根据实地看样情况，对拍品进行自我价格衡量，扩大网络司法拍卖的覆盖面和影响力。在司法拍卖程序中，竞买人实地看样后，法律上视为其对拍卖标的的各种瑕疵已经有所了解，成为司法拍卖不负担物的瑕疵担保责任和权利瑕疵担保责任制度的有力支撑。拍卖财产以实物现状为准，主要包括拍卖标的为不动产，车辆、船舶等特定动产，或者价值昂贵的部分动产，以及按照通常标准难以衡量实际价值的财产等情形。

五、竞买人决定参与竞买的，视为对拍卖财产完全了解，并接受拍卖财产一切已知和未知瑕疵

该项规定是对竞买人参加网络司法拍卖可能承担风险的提示性规定，目的是提醒竞买人一旦决定参与网络司法拍卖，不论其是否已经对拍卖财产真的完全了解，均视为了解拍卖财产的一切已知瑕疵和未知瑕疵并自愿接受，不能事后再以发现拍卖财产存在物的瑕疵或者权利瑕疵为由，主张拍卖无效、撤销拍卖或者请求核减拍卖价款等。网络司法拍卖在法律性质上属于公法拍卖，强调拍卖行为的公法性和公信力，对于已经终结的司法

拍卖行为，注重程序安定性的维护，除非出现拍卖行为严重违反法定程序，或者严重损害相关当事人合法权利等重大事由，司法拍卖的法律效力不能随意推翻。在拍卖标的的瑕疵问题上，司法解释既强调向竞买人充分公开信息，尽可能地披露拍品瑕疵，使其充分了解拍卖标的，同时也强调拍卖程序的安定性，竞买人参加竞买即视为其愿意承担拍卖标的一切瑕疵，不得因拍卖标的瑕疵问题否定司法拍卖的效力。

竞买人决定参与竞买的，视为对拍卖财产完全了解，并接受拍卖财产一切已知和未知瑕疵，这一规定在法律规则的性质上，属于一种法律拟制。所谓法律拟制，是指根据法律、司法解释的规定，将甲事实看作乙事实，使甲事实产生与乙事实相同的法律效果。法律拟制最常见的判断标志是法律规范中使用“视为”二字。法律拟制的事实与推定的事实不同，不能提出相反的证据予以否定，因而不涉及证明责任的分配问题。法律拟制与推定在形式上极为相似，都涉及甲、乙两个事实，并且只要甲事实的存在得到证明，基于法律的规定，就会产生与乙事实成立相同的法律效果。两者在司法实践中非常容易混淆，但推定与法律拟制实质上是两个不同的概念。两者的区别主要表现在以下方面：

第一，性质不同。法律拟制纯粹是一种立法技术，是立法者通过立法将两个本来并不相同的事实作出了相同的法律评价，法律拟制并非由一个事实的存在推论出与之相关的另一个事实的存在。推定是指根据两个事实之间的一般联系规律或者“常态联系”，当一个事实存在的时候便可以认定另外一个事实的存在，[①] 是通过对基础事实与未知事实之间常态联系的肯定来认定事实的特殊方法。[②] 推定由三个基本要素构成：基础事实、推定事实、基础事实和推定事实之间的常态联系，与“证明”“自认”和“司法认知”共同构成法院认定事实的方法。法律拟制和推定，前者是立法技术，后者是认定事实的方法，两者性质不同。

---

① 何家弘：《论司法证明中的推定》，载《国家检察官学院学报》2001 年第 2 期。

② 裴苍龄：《再论推定》，载《法学研究》2006 年第 3 期。

第二，能否运用反证予以推翻不同。法律拟制的目的是使甲事实产生与乙事实相同的法律效果，甲事实成立后，不允许当事人再提出证据来推翻乙事实。推定则不同，推定的结论是允许反驳的。法律允许当事人提出反证推翻推定事实。因为基础事实与推定事实之间的常态联系，只能是具有高度盖然性的或然联系，而非必然联系。经验常识的局限性决定了允许对推定结论进行反驳，是适用推定的必然要求。“不可反驳的根本不是推定。所谓不可反驳的推定，实质上是错以推定之名表达的法律拟制。”①

第三，对证明责任分配的影响不同。在法律拟制中，尽管一方当事人主张的是后一事实的法律后果，但双方发生争议且需要证明的始终是前一项事实，而不允许对后一项事实进行争议，所以不发生将后一事实的证明责任转移于对方当事人的问题。因此，法律拟制不影响证明责任的分配。而推定是一种证明责任的分配机制。在推定中，需要作出认定的主要是后一项事实，即推定事实。由于推定的作用，主张推定事实存在的一方当事人证明基础事实成立后，借助推定的建立，便可以假定推定事实存在，其无须再举证证明推定事实成立，这样就把证明推定事实不存在的证明责任转移给对方当事人。对方当事人只有承担起证明责任并提出反证推翻被推定的事实，或者使被推定的事实处于真伪不明的状态，才能阻止推定事实被司法机关认定。否则，对方当事人将承担推定带来的不利后果。推定与法律拟制的区别，还在于推定具有转移推定事实证明责任的作用。

因此，《网拍规定》第 14 条第（5）项规定在法律规范的性质上，应当属于法律拟制而非推定。不管竞买人是否真的知晓拍卖标的的所有瑕疵，均按照其已经完全知晓论处，不允许竞买人参加竞买后，又以其不了解或者不愿意接受拍卖财产的瑕疵为由，提出相反证据推翻网络司法拍卖的成交结果。

---

① 裴苍龄：《再论推定》，载《法学研究》2006 年第 3 期。

六、载明买受人真实身份的拍卖成交确认书在网络司法拍卖平台上公示

《网拍规定》第22条第1款规定，网络司法拍卖成交的，由网络司法拍卖平台以买受人的真实身份自动生成确认书并公示。据此，买受人的真实身份将于拍卖成交后，在网络司法拍卖平台上公示，其主体信息将被公开。买受人身份信息和拍卖成交确认书的公示，涉及买受人个人信息的披露。在网络司法拍卖开始前，就将这一事项通过网络平台进行特别提示，有利于充分保障买受人对公开其身份信息和拍卖成交确认书的知情权，买受人可以综合考虑上述情况，决定是否参加竞买。

七、买受人悔拍后保证金不予退还

根据《网拍规定》第24条第1款的规定，拍卖成交后买受人悔拍的，交纳的保证金不予退还。拍卖成交后悔拍，将对买受人产生不利的法律后果。通过网络平台将上述规则进行特别提示，可以使买受人在参加竞买前对悔拍的法律结果形成清晰的心理预期，在一定程度上减少悔拍现象的发生。

第十三章　强制拍卖中的瑕疵担保

瑕疵担保责任包括物的瑕疵担保责任和权利瑕疵担保责任。物的瑕疵担保责任，是指出卖人就出卖物具备约定或法定品质，对买受人所负的担保责任，即出卖人须保证标的物转移于买受人之后，不存在品质或使用价值降低、效用减弱的瑕疵。标的物欠缺约定或法定品质的，称为物的瑕疵。对于标的物的瑕疵，买受人可以请求减少价款，也可以要求出卖人更换、修理，或者自行修理，费用由出卖人负担。权利瑕疵担保责任，是指出卖人就出卖物，担保不受他人追夺，以及不存在未告知权利负担的义务。标的物的权利瑕疵，可以表现为出卖人未告知该标的物上负担着第三人的权利，或者是出卖人未告知对标的物无权处分。根据《合同法》规定，权利瑕疵须在买卖合同成立时即已存在，且合同成立后仍未能除去，同时买受人不知道权利瑕疵的存在，否则出卖人不承担权利瑕疵担保责任。标的物存在权利瑕疵时，买受人可以请求出卖人除去权利负担，出卖物因权利瑕疵而被追夺，其全部或一部分不能转移给买受人时，出卖人应负损害赔偿的责任。就法院的强制拍卖而言，拍卖标的本质上也是一种可以流通的商品，多数拍卖标的在进行强制拍卖前，都已经经过一定时间的使用。因此，拍卖标的存在瑕疵也是正常情况。但是，就拍卖标的瑕疵担保责任的承担来说，强制拍卖和任意拍卖则有所不同。强制拍卖原则上不承担物的瑕疵担保责任，对权利瑕疵的承担问题，也奉行与任意拍卖和普通买卖不同的规则。

一、强制拍卖的公法性质及其对瑕疵担保责任的影响

根据拍卖人或拍卖程序的不同，拍卖可以分为强制拍卖与任意拍卖。强制拍卖由国家机关依照《刑事诉讼法》《民事诉讼法》《行政强制法》等法律规定实施，属于公法上的拍卖。任意拍卖由民事主体依照《中华人民共和国拍卖法》（以下简称《拍卖法》）的规定进行，属于私法上的拍卖，其法律性质为私法上的一类特种买卖。法院在强制执行程序中实施的司法拍卖为强制拍卖，即公法上的拍卖。

（一）强制拍卖法律性质的主要观点

关于强制拍卖的性质，概括起来主要有三种学说：公法说、私法说和折中说。“私法说”认为，强制拍卖系私法行为，属于买卖合同的一种，强制拍卖的效力与私法上的买卖效力相同。“公法说”认为，强制拍卖系法院等国家公权力机关实施的执行行为，在形式上虽然类似于私法上的买卖，但在性质上属于公法行为。“折中说”认为，强制拍卖虽然在程序上是公法上的处分，但其实体法律效果与私法上的买卖相同。

私法说最大的缺点在于不能解释公法拍卖与私法拍卖在效果上的不同，无法解释执行机构公权力在强制拍卖中的体现，不能说明执行机构强制拍卖公信力何在。这不但与当前民事诉讼理论公法化趋势相左，而且与强制执行公法化理论相背离，这也注定此说将逐渐退出执行拍卖的理论舞台。折中说虽然解释了执行机构独立为拍卖之权源，但在拍卖效果上仍与私法买卖相同，其在继承私法说的同时，也必将陷入私法说带来的不能自圆其说之尴尬境地。综观强制拍卖性质的三种学说，公法说最具有说服力，对于强制拍卖的特性揭示得最为清晰和深刻，亦符合当今理论发展的潮流。[①]

---

① 陈桂明、侍东波：《民事执行法中拍卖制度之理论基石——强制拍卖性质之法律分析》，载《政法论坛》2002 年第 5 期。

我国强制执行法理论界和实务界的主流观点认为，法院强制拍卖在性质上属公法行为，在法律效果上有别于私法拍卖。

（二）我国强制拍卖的公法性质

强制拍卖的主体应为执行机关，很多国家和地区都是执行机关亲自实施拍卖行为，以体现强制拍卖的公法性质。《网拍规定》第1条就明确表明了法院强制拍卖的公法性质。根据该条规定，网络司法拍卖，是指人民法院依法通过互联网拍卖平台，以网络电子竞价方式公开处置财产的行为。网络司法拍卖的实施主体为人民法院，网络司法拍卖的法律性质属于公法拍卖。从《拍卖、变卖规定》的内容来看，该司法解释基本上将强制拍卖界定为公法行为，在强制拍卖的实施和法律效力上，与普通拍卖的区别显而易见。上述两项关于法院强制拍卖的主要司法解释，为“公法说”在我国的确立提供了制度基础。

关于当事人协商一致选择委托拍卖机构或者人民法院决定委托拍卖机构实施的拍卖，受委托的拍卖机构只是处于协助人民法院完成拍卖工作的地位，并不是完全独立的拍卖主体，其在受人民法院委托的范围内从事的拍卖活动，法律后果由人民法院承担。拍卖机构必须接受执行机关的监督，如果出现违反拍卖程序的行为，执行机关有权予以纠正。在拍卖过程中，要按照执行机关的中止、暂缓指令而中止、暂缓拍卖程序。① 因此，即使委托拍卖机构实施拍卖，司法拍卖也依然属于公法拍卖。当然，如果受托的拍卖机构超出人民法院的委托范围，任意实施其他拍卖行为，其法律效果和法律责任的承担，则应根据案件具体情况再作分析。

（三）强制拍卖瑕疵担保责任的免除

强制拍卖的瑕疵担保责任与任意拍卖瑕疵担保责任的承担规则不同。在任意拍卖中，买受人仍有瑕疵担保请求权。而在司法拍卖中，对拍卖标

---

① 参见江必新主编：《新民事诉讼法执行程序讲座》，法律出版社2012年版，第166页。

的的瑕疵担保责任，又因强制拍卖采公法说还是私法说的立场而有所不同。在强制拍卖为公法拍卖的制度下，买受人取得拍卖物非依民事法律行为，而是依据执行机构的国家公权力，其取得拍卖物的所有权属于原始取得，而非继受取得，物的瑕疵以及权利瑕疵均不影响买受人取得拍卖物的所有权。强制拍卖为公法上的处分行为，拍定人与法院执行机构发生公法（诉讼法）上的关系，执行机构违背债务人的意思而强制性处分债务人之财产，拍定人非由前手而是原始取得拍定物所有权，则拍定人无瑕疵担保请求权可言。①

我国《民事诉讼法》执行程序编对强制拍卖中的瑕疵担保责任没有任何规定。这一问题长期以来也没有司法解释予以明确。《网拍规定》第 15 条首次明确了在网络司法拍卖中，人民法院按照该司法解释关于信息公示、特别提示的要求进行公示和提示，且在拍卖公告中声明不能保证拍卖财产真伪或者品质的，不承担瑕疵担保责任，正式规定了强制拍卖中瑕疵担保责任的承担规则。瑕疵担保责任的免除，分为物的瑕疵担保责任的免除和权利瑕疵担保责任的免除。

二、物的瑕疵担保责任的免除

《网拍规定》第 15 条规定了网络司法拍卖程序中瑕疵担保责任的免除。网络司法拍卖只是强制拍卖借助网络交易平台进行的一种操作形式，该条司法解释确立的物的瑕疵担保责任承担规则，则是法院强制拍卖程序中具有普遍性的法律规范。法院强制拍卖不承担物的瑕疵担保责任，主要基于以下理由：

首先，就强制拍卖的性质和特点而言，法院所进行的强制拍卖，系为实现申请执行人债权而对被执行人财产实施的国家强制措施，与任意拍卖

① 肖建国：《论民事诉讼中强制拍卖的性质和效力》，载《北京科技大学学报》（社会科学版）2004 年第 4 期。

或民法上一般买卖的情形不同。司法拍卖是违反被执行人意思的强制拍卖，并非基于被执行人的自由意志进行的拍卖，而申请执行人也不是拍卖标的的所有人，对拍卖物的性质、状况也几乎少有了解，故应由买受人自负风险，以确保司法拍卖结果的安定性和实效性。

其次，就司法拍卖的准备和实施程序而言，出于维护强制拍卖的程序安定性和公信力，法律、司法解释对司法拍卖应当遵循的程序规则作了详细规定和要求。在进行司法拍卖前，人民法院按照执行程序规定，对拍卖标的相关财产信息进行了公告，并允许竞买人申请实地看样，查阅拍卖标的有关资料，竞买人有机会发现拍卖标的有无瑕疵，并决定出价多少才与拍品价值相符。拍卖前的公告、拍品的展示等程序，使竞买人已经获得了发现、了解拍卖标的瑕疵的条件。

再次，就司法拍卖的程序确定性和终结性而言，如果在司法拍卖中允许买受人行使物的瑕疵担保请求权，则容易出现在拍卖成交后，买受人主张解除拍卖、请求减少拍卖价款、赔偿损失等纠纷，使执行程序无法进行，此类纠纷也难以通过执行程序获得圆满解决。为了维持拍卖结果的确定性，避免因买受人就物的瑕疵担保责任行使请求权，导致执行程序过分拖延而难以终结，只要执行法院依照法律、司法解释规定，对拍卖标的实施了公告、说明、提示等相应行为，原则上可以免除物的瑕疵担保责任。

最后，从域外法治发达国家和地区的情况看，德国、法国、瑞士、日本等大陆法系国家对于司法拍卖中物的瑕疵担保责任，基本采否定论的立法例，即对拍卖标的不负物的瑕疵担保责任。我国台湾地区现行“强制执行法”第 69 条规定，拍卖物买受人就物之瑕疵无担保请求权。上述国家和地区免除强制拍卖中物的瑕疵担保责任的立法例，也为我国司法拍卖免除物的瑕疵担保责任，提供了借鉴和参考。

三、权利瑕疵担保责任的免除

关于强制拍卖是否亦免除权利瑕疵担保责任，公法说、私法说和折中说的分歧较大。在公法说下，拍定人依据执行机构的公权力原始取得拍卖物，与他人权利无关。“拍定人既属原始取得所有权，故拍卖物上原有之负担，均因拍定而消灭，拍定人不承受其负担。”① 例如，德国《民事诉讼法》第806条规定，查封物买受人，除无物之瑕疵担保请求权外，就权利瑕疵亦无担保请求权。我国强制拍卖采公法说立场，原则上不负拍卖标的权利瑕疵担保责任。但在对拍卖财产原有的权利负担采“承受主义”还是“涂销主义”的立场上，又因原有权利负担性质的不同而采取不同的做法。

拍卖标的上的权利负担，是指抵押权、质权、留置权等担保物权，用益物权，租赁权，建设工程价款优先受偿权，以及《海商法》《民用航空法》规定的优先权等各项权利。从其他国家和地区的做法来看，对拍卖财产上权利负担的处理主要有两种模式：一是承受主义，即原有的权利负担不因拍卖而消灭，在拍卖成交后继续存在于拍卖财产上，由买受人或者接受拍卖财产抵债的债权人继续承受；二是涂销主义，即原有的权利负担因拍卖而消灭，买受人或者接受拍卖财产抵债的债权人取得无任何权利负担的财产。从司法实践来看，上述两种模式各有其优缺点，我国的强制执行程序对不同权利负担分别设定了不同的处理方式。

（一）担保物权及其他优先受偿权的处理——涂销主义（消灭原则）及其例外

担保物权及其他优先受偿权设立的主要目的，在于就拍卖财产的交换

① 陈桂明、侍东波：《民事执行法中拍卖制度之理论基石——强制拍卖性质之法律分析》，载《政法论坛》2002年第5期。

价值优先受偿，至于是否占有、使用拍卖财产本身，并不会对这些权利的实现产生实质影响，其可以在拍卖成交后，从拍卖款中优先受偿。《执行规定》第40条规定："人民法院对被执行人所有的其他人享有抵押权、质押权或留置权的财产，可以采取查封、扣押措施。财产拍卖、变卖后所得价款，应当在抵押权人、质押权人或留置权人优先受偿后，其余额部分用于清偿申请执行人的债权。"因此，我国司法解释对拍卖的动产、不动产上原有的担保物权的处理，采涂销主义（即消灭原则）的基本立场。这一点在《拍卖、变卖规定》第31条第1款中体现得最为明显。根据该款规定，拍卖财产上原有的担保物权及其他优先受偿权，因拍卖而消灭，拍卖所得价款，应当优先清偿担保物权人及其他优先受偿权人的债权，但当事人另有约定的除外。需要说明的是，涂销主义指的是担保物权及其他优先受偿权的消灭，而不是担保物权所担保的债权和有优先受偿顺位的债权本身的消灭。另外，如果有关债权人与买受人或者接受标的物抵债的债权人，对担保物权及其他优先受偿权的处理有明确约定的，只要这些约定的内容不违反法律规定，人民法院可以按照当事人的约定处理。

（二）租赁权及其他用益物权的处理——承受主义及其例外

1. 承受主义及其例外。关于租赁权，《合同法》第229条规定："租赁物在租赁期间发生所有权变动的，不影响租赁合同的效力。"据此，在租赁期间内，租赁物因买卖、继承等导致租赁物的所有权发生变动的，承租人的租赁权对新所有权人仍然有效，新所有权人不履行租赁义务时，承租人的租赁权可以对抗新所有权人，这在学理上称为"买卖不破租赁"。租赁权作为一种特殊的债权，受到了"物权化"的特殊保护。基于租赁合同，承租人主要享有两种权利：一是依据租赁合同，要求出租人按照约定的标准交付租赁物的权利；二是占有租赁物后，对于租赁物占有使用的权利。我国立法对此并未明确予以区分，但这两种权利的性质并不相同。前一种是纯粹债权性的权利，适用债权的相对性及平等原则；后一种权利具备"占有"这一公示性表征，会产生"物权化"与特殊保护的问题，这才是真正意义上的租赁权。执行程序中应对《合同法》第229条作限缩解释，将租赁权的成立限制于占有租赁物之后，以“占有”作为认定租赁权成立与否的标准。[①] 承租人主张租赁权成立的，可以向法院提交租赁合同、占有标的物的凭证以及租金支付凭证等相关证据。

用益物权，是指权利人对他人所有的不动产或者动产，依法享有占有、使用和收益的权利。用益物权是对他人所有的物基于使用、收益的目的而设立的。用益物权作为以使用收益为目的的物权，自当以权利人对物的实际占有为必要。利用他人之物为使用收益，必然要对物予以实际支配。没有占有就不可能实现对物的直接利用。[②]

因此，租赁权及用益物权重在支配标的物的使用价值，租赁权人及用益物权人要实际享有权利，必须现实地占有标的物。我国的强制拍卖制度对查封前拍卖财产上已经存在的租赁权及用益物权的处理，原则上采“承受主义”，即拍卖财产上原有的租赁权及用益物权，不因拍卖而消灭。实际操作中，对于需要保留租赁权及用益物权进行拍卖的，人民法院应当在拍卖公告和网络司法拍卖平台中，披露该权利负担，并说明由买受人继续承受。但是作为例外，如果租赁权和用益物权继续存在于拍卖的财产上，对在先设定的担保物权或其他优先受偿权的实现有影响的，应当依法将其除去后进行拍卖。《拍卖、变卖规定》第31条第2款规定：“拍卖财产上原有的租赁权及其他用益物权，不因拍卖而消灭，但该权利继续存在于拍卖财产上，对在先的担保物权或者其他优先受偿权的实现有影响的，人民法院应当依法将其除去后进行拍卖。”（《物权法》生效后，具体规则有所变化，下文将详述。）如果确实需要除去租赁权的，执行法院只需作出除去租赁权的执行行为，不宜在执行法律文书中直接认定租赁合同无效或者解除租赁合同。租赁权、用益物权的存在，对于在先的担保物权或者其他

① 参见刘贵祥：《执行程序中租赁权的认定与处理》，载《人民法院报》2014年5月28日，第8版。

② 王胜明主编，全国人大常委会法制工作委员会民法室编著：《中华人民共和国物权法解读》，中国法制出版社2007年版，第246页。

优先受偿权的实现是否有影响，是一个事实判断问题。实践中，很多法院在执行在先设立的担保物权或者其他优先受偿权案件时，并未对在后设立的租赁权一律除去，而是根据标的物实际情况，仍然选择带租拍卖的方式进行变现，结果也实现了拍卖的顺利成交，既实现了优先受偿权，同时兼顾了租赁权的保护，取得良好的执行效果。因此，对于在后设立的租赁权及其他用益物权是否需要除去后再行拍卖，因案而异。有的法院采用带租评估的方式，衡量在后设立的租赁权对在先设立的担保物权或者其他优先受偿权的实现是否有影响。还有的法院通过征询担保物权人或者其他优先受偿权人意见后，再结合案件具体情况，决定是否带租拍卖，如果优先受偿权人同意进行带租拍卖并愿意接受带租拍卖后果的，也进行了带租拍卖。对于执行法院带租拍卖的，买受人在买受执行标的后，如果认为存在解除租赁关系的事由，也可以向有管辖权的法院提起民事诉讼，请求解除租赁关系。

2. 强制拍卖中抵押权与租赁权的关系。关于执行程序中租赁权与抵押权的关系问题，如果执行标的上租赁权成立在先，抵押权设立在后，租赁权不受抵押权行使的影响，执行标的可以通过强制变现实现财产价值，从而消灭抵押权，执行标的的受让人承受已经设立的租赁权即可。《担保法解释》第 65 条规定："抵押人将已出租的财产抵押的，抵押权实现后，租赁合同在有效期内对抵押物的受让人继续有效。"在这种情况下，承租人的租赁权不能阻止抵押权的实现，但租赁权应由执行标的受让人承受。

如果执行标的上抵押权设立在先，租赁权成立在后的，在《物权法》生效之前，根据《拍卖、变卖规定》第 31 条第 2 款关于租赁权承受原则的例外规定，如果租赁权继续存在于拍卖财产上，对在先的抵押权实现有影响的，人民法院应当将租赁权除去后进行拍卖，即租赁权不能对抗在先设立的抵押权。《担保法解释》第 66 条第 1 款规定："抵押人将已抵押的财产出租的，抵押权实现后，租赁合同对受让人不具有约束力。"但是，《物权法》生效后，情况有些变化。《物权法》第 190 条规定："订立抵押合同前抵押财产已出租的，原租赁关系不受该抵押权的影响。抵押权设立后抵押财产出租的，该租赁关系不得对抗已登记的抵押权。”分析《物权法》第190条发现，该条对租赁权与抵押权的顺位采取了“双重标准”：依照该条前半句，租赁权是否“优先”于抵押权（即租赁权不受抵押权影响）以抵押合同签订时间为标准；依照该条后半句，抵押权是否“优先”于租赁权（即租赁关系不得对抗已登记抵押权）以抵押权设立时间为标准。动产抵押权的设立时间与抵押合同订立时间一般来说为同一时间，尚无明显冲突，但不动产抵押权的设立时间与抵押合同订立时间往往不同，实务中，究竟以该条前半句为准，还是以后半句为准，势必存在认识分歧。[①] 因此，需要正确认定租赁权与抵押权发生对抗效力的时间点。租赁权的成立以占有为条件，所以判断租赁权产生对抗性的时间点为“占有时”。就抵押权来说，《物权法》第190条后半段将能够对抗租赁权的范围限制于“已经登记”的抵押权，所以判断抵押权产生对抗性的时间点为“登记时”。[②]

《物权法》第190条的立法文义所形成的“双重标准”，显系立法瑕疵，应当在此后《物权法》修订中予以调整修改。在修改之前，实务中适用该条时应当以抵押登记时间为准，以确定抵押权与租赁权的顺位，即原则上以该条后半句的时间为标准。[③] 抵押权设立后抵押财产出租的，该租赁关系不得对抗已登记的抵押权。也就是说，如果抵押人将已办理抵押登记的财产出租的，承租人的租赁权不能对抗设立在先且已经登记的抵押权，如果租赁权的存在对抵押权实现造成影响，人民法院可据此将租赁权除去后强制实现抵押权；如果抵押人将没有办理抵押登记的抵押财产出租（如动产抵押），且承租人不知道也不应当知道财产已抵押的情况，抵押权

---

① 参见曹士兵：《中国担保制度与担保方法》（第三版），中国法制出版社2015年版，第263页。

② 刘贵祥：《执行程序中租赁权的认定与处理》，载《人民法院报》2014年5月28日，第8版。

③ 参见曹士兵：《中国担保制度与担保方法》（第三版），中国法制出版社2015年版，第263～264页。

就不能对抗租赁权，对于租赁权不能将其除去，而应采承受主义；如果抵押人将没有办理抵押登记的抵押财产出租，承租人知道或者应当知道抵押权的存在而仍然愿意承租的，表明其已经愿意承受相应的风险，在此情况下，抵押权具有对抗租赁权的效力。[①]

四、权利瑕疵担保责任的特例——法院错误拍卖案外人财产的处理

拍卖标的权利瑕疵担保责任中一个重要的问题是，如果执行法院错误将案外人财产作为被执行人的责任财产予以拍卖，案外人能否以损害其财产权利为由，对拍卖标的进行追夺？此时，应当保护案外人权利，还是支持买受人取得拍卖标的所有权或其他物权？

对于这一问题的回答，因对强制拍卖法律性质认识的不同而结论迥异。在强制拍卖采"私法说"和"折中说"的制度框架下，强制拍卖属于民法中买卖的一种，买受人通过强制拍卖而取得拍卖物所有权或其他物权，属于继受取得，买受人享有瑕疵担保请求权。[②] 在第三人财产被拍卖的情况下，买受人原则上不能取得拍卖物所有权，拍卖原则上失去法律效力，买受人也不因执行法院发给权利转移证书而取得拍卖物所有权。拍卖物是否为第三人所有，对买受人物权的取得具有至关重要的影响。但是，拍卖物为第三人所有，买受人也并非一定不能取得拍卖物所有权。被执行

---

① 就不动产抵押权而言，不动产抵押权的设立时间即抵押登记时间，不动产抵押权的生效和对抗效力均自抵押登记之时产生；就动产抵押权而言，《物权法》明文规定未登记的动产抵押权（无论设立时间先后）不得对抗租赁权，那么，根据物权公示产生对抗效力的基本原则，动产抵押权在抵押合同生效后虽已设立，但未经登记不得对抗善意第三人（《物权法》第188条、第189条），无对抗效力，即便动产在抵押后出租的，租赁权也可以对抗动产抵押权人。申言之，动产抵押权也应当以抵押登记时间确定与租赁权的顺位：登记在先，租赁在后的，抵押权优先；登记在后，租赁在先的，租赁权优先。适用此原则，不仅符合《物权法》关于动产抵押权依登记产生对抗效力的法理，而且可以防止损害社会正义情形的出现。参见曹士兵：《中国担保制度与担保方法》（第三版），中国法制出版社2015年版，第264页。

② 参见陈桂明、侍东波：《民事执行法中拍卖制度之理论基石——强制拍卖性质之法律分析》，载《政法论坛》2002年第5期。

人对拍卖物无处分权时，也存在买受人因善意取得制度的适用而取得所有权的可能。也就是说，“私法说”和“折中说”在对待法院错误拍卖第三人财产的问题上，倾向于保护第三人的所有权，只有在买受人符合善意取得的条件下，才可能取得拍卖物所有权。

在强制拍卖采“公法说”的制度框架下，强制拍卖为法院凭借国家公权力实施的拍卖，具有公信力，不同于普通拍卖。不论债权人的债权是否真正存在，也不论买受人的意思为善意还是恶意，更不论拍卖物是否真正属于债务人所有，买受人均能因信赖法院拍卖有公法上的效力，而原始取得拍卖物的所有权。[①] 买受人取得所有权不是依据善意取得制度，而是依据强制拍卖的公法性和公信力。只要强制拍卖合法有效，买受人即可取得拍卖物所有权及相关物权，不受拍卖物是否为他人所有的限制。在“公法说”的制度设计中，保护的是买受人的利益，而需要救济的则是第三人。

如前文所述，强制拍卖的公法性已经成为我们讨论买受人法律地位的制度前提。站在“公法说”的立场，法院误将第三人财产拍卖时，如果强制拍卖行为符合程序规定，基于强制拍卖的公法性和公信力，原则上应当支持买受人取得所有权及其他权利，且买受人取得权利的方式为原始取得。但对于这一原则的理解不能绝对化，买受人能否最终取得拍卖标的所有权及其他权利，还受以下因素影响：

（一）强制拍卖行为本身是否符合法律程序规定

承认强制拍卖的公法性，并不等于承认在任何条件下买受人都可以通过强制拍卖取得拍卖物的所有权或其他权利。公法行为也存在不成立、无效、可撤销等情形，公法行为的有效性并非无条件的，执行行为的成立和有效，同样需要满足相应的法律要件。强制执行行为如出现重大瑕疵，也

---

① 参见陈桂明、侍东波：《民事执行法中拍卖制度之理论基石——强制拍卖性质之法律分析》，载《政法论坛》2002 年第 5 期。

可能被认定为无效或者被法院撤销，导致该行为的效力消灭。即使在“公法说”的前提下，法院强制拍卖仍然可能因为严重违反执行程序的有关规定，被认定为无效或被撤销。强制拍卖的法律效力如果被执行机构否定，拍卖物的所有权将不发生转移，条件允许的，买受人仍应返还。在评判强制拍卖的法律效力时，除了执行行为的合法性要件之外，还应考虑公法行为的公信力问题，即使执行行为存有瑕疵，法院也应充分顾及对善意买受人的保护。如不区分瑕疵行为违法的严重程度以及对当事人权益的影响等因素，以执行行为违反法律规定为由即否定其效力，则强制拍卖的公信力将受不利影响。执行行为违反法律规定有程度轻重之分，相应地，对违法拍卖的评价结果，也应根据违反司法拍卖程序的严重程度而有所区分，并不是所有的程序性违法都要采用撤销行为或认定无效来处理。人民法院在对待瑕疵拍卖法律效力问题上，也要考虑善意买受人的权利保护和司法公信力问题，如果强制拍卖的程序瑕疵尚未达到严重违法且损害当事人或者竞买人利益的程度，能补正的应及时补正，人民法院也不宜轻易作出否定强制拍卖效力的结论。从另一方面来说，买受人也不能存在违反法律规定恶意竞买的行为。如果买受人存在恶意串通，损害当事人或者其他竞买人利益的行为，人民法院也不应支持其取得拍卖标的的所有权或其他权利。司法拍卖程序本身合法，是买受人取得拍卖标的所有权及其他权利的前提。

《网拍规定》第 31 条、《异议复议规定》第 21 条均规定了对法院强制拍卖行为合法性的评价规范。当事人、利害关系人认为法院强制拍卖行为违反法律程序规定，侵害其合法权益的，可以依据《民事诉讼法》第 225 条提出执行行为异议及复议。根据《异议复议规定》第 6 条第 1 款规定，当事人、利害关系人依照《民事诉讼法》第 225 条规定提出执行行为异议的，应当在执行程序终结前提出，但对终结执行措施提出异议的除外。如果当事人、利害关系人未按照上述规定的时间对强制拍卖提出执行行为异议的，其还可以依据《执行规定》第 129 条、第 130 条的规定，申请执行监督。

（二）拍卖程序是否终结

强制拍卖如果正在进行中，对于执行法院错误拍卖案外人财产的问题，案外人可以依据《民事诉讼法》第227条向执行法院提出案外人异议，阻止执行法院继续执行该标的，如果其异议请求被裁定驳回的，案外人还可以提起案外人执行异议之诉救济。《民事诉讼法解释》第464条规定，根据《民事诉讼法》第227条规定，案外人对执行标的提出异议的，应当在该执行标的执行程序终结前提出。但《异议复议规定》第6条第2款规定，案外人异议应当在异议指向的执行标的执行终结之前提出；执行标的由当事人受让的，应当在执行程序终结之前提出。上述两项司法解释对案外人异议提出期限的规定有所不同。《异议复议规定》第6条第2款又增加了“执行标的由当事人受让的，应当在执行程序终结之前提出”这一特殊规定。需要说明的是，如果案外人在执行过程中既基于其对拍卖标的的实体权利提出案外人异议，同时又作为利害关系人提出执行行为异议的，人民法院应当区分其提出执行异议所依据基础权利的法律性质，按照《异议复议规定》第8条①进行审查。

五、强制拍卖免除瑕疵担保责任的条件

强制拍卖瑕疵担保责任的免除不是完全无条件的，人民法院可以通过完备的信息公示公告和特别提示行为，以及在拍卖公告中声明不能保证拍卖财产真伪或者品质的做法，免除瑕疵担保责任。

---

① 《最高人民法院关于人民法院办理执行异议和复议案件若干问题的规定》第8条：案外人基于实体权利既对执行标的提出排除执行异议又作为利害关系人提出执行行为异议的，人民法院应当依照《民事诉讼法》第227条规定进行审查。案外人既基于实体权利对执行标的提出排除执行异议又作为利害关系人提出与实体权利无关的执行行为异议的，人民法院应当分别依照《民事诉讼法》第227条和第225条规定进行审查。

（一）公示公告免除

通过公告程序和事项告知免除瑕疵担保责任，是拍卖关系中法律责任构成的一大特征。法院强制拍卖的财产，大多数已经过一段时间的使用，拍卖标的存在瑕疵属正常情况。只要执行法院依照有关司法解释规定，将存在的瑕疵如实公示，使竞买人知晓并在参加竞买时考虑这些瑕疵因素，即履行了告知程序。由于拍卖财产的文字说明、视频或者照片展示以及瑕疵说明严重失实，致使买受人产生重大误解，购买目的无法实现的，买受人可以向执行法院提出执行行为异议，请求撤销拍卖。但是如果基于当时的技术水平不能发现或难以发现等其他客观原因造成公示的信息失实的，则对买受人请求撤销拍卖的异议请求不予支持。对此，《网拍规定》第31条第（1）项已经作出规定。

试举一案例对公示公告免除瑕疵担保责任的规则予以说明。A公司申请执行B公司一案，甲中院查封B公司名下一栋房产，在对该房产进行实地调查后发现，该房产已经被C超市占用，C超市可能对该房产享有租赁权。甲中院要求被执行人B公司向法院说明房产出租情况，提供相关证据材料，并在该房产醒目位置张贴公告，要求相关权利人在公告指定期限内向甲中院申报权利。B公司向甲中院提交了与C超市的租赁合同。C超市依照甲中院公告要求，向甲中院提交了租赁合同。甲中院委托评估机构对该房产价值进行评估后，作出执行裁定，拍卖上述房产。此后，甲中院又作出拍卖委托书，委托D拍卖公司拍卖上述房产，并在对外公示的《拍卖注意事项》中明确“拍卖标的房产现有租赁合同，承租人享有优先购买权”。进行第一次拍卖时，在D拍卖公司发出的《拍卖规则》和所附的《拍品目录》中，附有C超市的租赁合同。甲中院对涉案房产的第一次和第二次拍卖均流拍。进行第三次拍卖时，D拍卖公司在《拍卖规则》中列明：“本次拍品中部分房产带有租约（租赁合同附后）。法院负责办理房产过户的相关手续。拍卖成交后，拍卖人对买受人的义务即履行完毕。有关各方如产生争议，由当事人协商解决，协商不成的，向有管辖权的人民法院诉讼。”该次拍卖的《拍卖规则》和《拍品目录》中，附有C超市的租赁合同，各竞买人（包括本案买受人E）在当日的《拍卖规则》上签名确认。当日，涉案房产由买受人E以超过保留价的价格竞买成交。甲中院作出拍卖成交裁定：拍卖的房屋产权归买受人E所有。同日，甲中院向该市房产局、国土局发出协助执行通知书，将上述拍卖房产及相应土地使用权过户至买受人E名下。

后买受人E以拍卖房屋被他人占用未能实际占有房产为由，以C超市为被告，向乙法院起诉要求C超市从拍卖房屋中搬出。乙法院作出民事裁定认为：人民法院裁定拍卖成交的财产，除有依法不能移交的情形外，应当于裁定送达后15日内将拍卖房产移交买受人，被执行人或第三人占有拍卖财产应当移交而拒不移交的，强制执行。本案中房屋的移交问题产生于执行过程中的拍卖，不属于人民法院重新受理的范围，裁定驳回买受人E的起诉。买受人E不服，向丙中院上诉。丙中院作出民事裁定，以相同理由驳回上诉，维持原裁定。买受人E向丁高院申诉，要求尽快移交拍卖房产。

丁高院审查后认为：（1）买受人E在参加涉案房产第三次拍卖时，《拍卖规则》明确载明拍卖房产上有租赁权，租赁协议的落款日期在甲中院查封涉案房产之前。《拍卖规则》告知了法院不负责交付房屋，而只出具产权过户裁定，如有争议由各方当事人协商解决，协商不成向有管辖权的人民法院诉讼。买受人E明知且接受了该规则，在当日的《拍卖规则》上签名确认。买受人E在竞得涉案房产后，违背《拍卖规则》约定，请求执行法院强制交付竞买房产，应不予支持。（2）即使买受人E对《拍卖规则》中租赁合同的真实性有争议，但租赁合同是否真实有效系实体问题，不宜在执行程序中直接进行认定，应通过诉讼途径予以确认。虽然买受人E此前向乙、丙两级法院提起诉讼，但因其诉讼请求不当导致其起诉被驳回。如买受人E对拍卖房产的租赁合同持有异议，其应诉讼请求确认该租赁合同无效或撤销该租赁合同，或者起诉请求承租人给付租金，以维护其合法权益。基于上述理由，丁高院驳回买受人E的申诉请求。

（二）“声明不保证”免除

通过“声明不保证”免除瑕疵担保责任，是拍卖关系中法律责任构成的另一大特征。“声明不保证”是指将无法确知拍卖标的是否存在瑕疵的状况在拍卖前作出声明，而将判断、决定权留给竞买人；一旦竞买人决定竞买并最后买下拍卖标的，则即使存在未告知的瑕疵，亦不负瑕疵担保责任。[①] 在执行实践中，人民法院在进行拍卖信息公示和特别提示后，应在拍卖公告中事先声明不能保证拍卖财产真伪或者品质。竞买人理应自行承担瑕疵风险参与拍卖。否则，强制拍卖如果始终处于随时可能受到瑕疵担保责任威胁的情况下，将不利于法院强制拍卖工作的进行。需要强调的是，如果执行法院明知拍卖标的存在瑕疵，就应当将该瑕疵如实进行公示，不能以“不保证声明”为由，将瑕疵公示责任完全推卸掉。

① 刘宁元：《拍卖法关于瑕疵担保责任免除质疑》，载《法学》2000 年第 1 期。

第十四章　一人竞买对强制拍卖效力的影响

一、问题的提出

强制拍卖程序中，只有一人参加竞买，所出价格不低于保留价（以下简称一人竞买）的，该拍卖行为是否有效？概括起来大致存在两种观点：第一种观点认为，一人竞买强制拍卖无效，执行法院已经作出拍卖成交裁定的，应予撤销，尚未拍定的，应停止本次拍卖；第二种观点认为，强制拍卖不因只有一人竞买而无效，如果拍卖程序并无其他瑕疵，一人参加竞买且出价不低于保留价的，应认为拍卖有效，如果拍卖程序存在其他瑕疵，应根据瑕疵的具体情况，认定强制拍卖的法律效力。一人竞买对强制拍卖的效力究竟有何影响？执行实践中存在争议。不同观点基于各自的理由对一人竞买的效力展开论证。笔者拟在对支持和反对上述观点的部分理由进行简要评述的基础上，分析一人竞买的法律效力问题。需要说明的是，笔者所论一人竞买对强制拍卖效力的影响，是指强制拍卖过程中，只有一个竞买人参加竞买且出价不低于保留价的情形，不包括两个以上竞买人参加竞买，只有一人应价的情形。在网络司法拍卖中，因网络司法拍卖没有所谓的竞买现场，如果仅有一人缴纳保证金或仅有申请执行人单独在未缴纳保证金的情况下参与竞拍，都属于一人参与竞拍的情形。一人参与竞买，并不包括多人参与竞拍，仅有一人应价的情形。

二、拍卖法理论关于一人竞买法律效力的争论对强制拍卖的影响

拍卖，以拍卖人或拍卖程序为准，可分为强制拍卖与任意拍卖。前者由权力机关依强制执行法规定所为，亦曰公法上拍卖。后者乃私人依民法而为，亦曰私法上拍卖，其性质为买卖之一种。[①] 法院在执行程序中实施的拍卖，为强制拍卖，即公法上的拍卖，在法律效果上有别于私法拍卖。任意拍卖是指财产所有人自愿将其财产以竞争出价的方式卖给最高出价人的拍卖行为。[②] 任意拍卖应当适用《拍卖法》的规定，而强制拍卖能否适用《拍卖法》的规定则存有争议。有观点认为，《拍卖法》中的拍卖规则不适用于法院执行中的拍卖活动。《拍卖法》第 2 条规定，本法适用于拍卖企业进行的拍卖活动，已将法院的执行拍卖排除在外。但是，拍卖法中的拍卖规则和执行拍卖也有一定联系。例如，《海事诉讼特别程序法》第 42 条规定，除本节规定的以外，拍卖适用《拍卖法》的有关规定。[③] 也有观点认为，强制拍卖可以有条件地适用《拍卖法》。最高人民法院有复函认为，买受人未按照约定支付价款的，根据《拍卖法》第 39 条规定，应当承担相应的违约责任。[④] 最高人民法院 2014 年 12 月 18 日颁布的法〔2014〕327 号《最高人民法院关于发布第八批指导性案例的通知》中，第 35 号指导性案例“广东龙正投资发展有限公司与广东景茂拍卖行有限公司委托拍卖执行复议案”也适用了《拍卖法》第 65 条规定，认定法院强制拍卖无效。讨论强制拍卖是否适用《拍卖法》，主要目的在于，能否直接采用拍卖法理论中关于一人竞买法律效力的研究结论，解释强制拍卖

---

① 杨与龄：《强制执行法论》，中国政法大学出版社 2002 年版，第 345 页。

② 孙加瑞：《执行拍卖制度检讨》，载最高人民法院执行工作办公室编：《执行工作指导》（总第 1 辑），人民法院出版社 2004 年版，第 130 页。

③ 参见孙加瑞：《执行拍卖制度检讨》，载最高人民法院执行工作办公室编：《执行工作指导》（总第 1 辑），人民法院出版社 2004 年版，第 134 页。

④ （2006）执监字第 94－1 号。

中的此类问题。《拍卖、变卖规定》第 3 条规定，人民法院拍卖被执行人财产，应当委托具有相应资质的拍卖机构进行。拍卖机构具体实施拍卖行为，将无法回避是否适用《拍卖法》的问题。

强制拍卖中实施拍卖的主体必然是执行机关，很多国家和地区，都是执行机关亲自实施拍卖行为，以体现强制拍卖的公法性质。我国虽然出于种种考虑，采用委托社会拍卖中介机构的办法实施拍卖，但此时拍卖机构只不过处于协助人民法院完成拍卖工作的地位，并不是独立的拍卖主体，其受人民法院委托所从事的拍卖活动的一切法律后果都由人民法院承担。拍卖机构必须接受执行机关的监督，如果出现违反拍卖程序的行为，执行机关有权予以纠正。在拍卖过程中，要按照执行机关的中止、暂缓指令而中止、暂缓拍卖程序。[①] 根据《拍卖法》第 2 条，该法适用于拍卖企业的拍卖活动。基于强制拍卖公法性的基本立场，强制拍卖根据执行程序规定进行，《民事诉讼法》执行程序编和执行司法解释属于公法规范，笔者对强制拍卖中直接适用《拍卖法》持保留态度。强制拍卖对待拍卖法理论关于一人竞买法律效力的讨论，应注意强制拍卖的公法性特征，以区别于任意拍卖私法行为的法律效力。《拍卖法》中关于拍卖合同成立、生效，以及意思自治等私法层面对一人竞买法律效力的论证，不能直接引入强制拍卖领域。强制拍卖中如何评价一人竞买的法律效力，应注意公法行为的公信力、程序法评价规范与《合同法》评价规范的差异等方面。换言之，强制拍卖不能对拍卖法理论直接进行简单移植，应充分注意两者基于行为性质的差异。除去拍卖行为的性质，就拍卖的操作规程而言，任意拍卖和强制拍卖在很多方面具有相似性。因此，《拍卖法》理论对一人竞买的态度，在某些方面对强制拍卖具有参考意义。强制拍卖属法院执行行为，对一人竞买效力的评价应从诉讼法视角考察，而《拍卖法》对一人竞买效力的评价则侧重于民事实体法视角。

---

① 参见江必新主编：《新民事诉讼法执行程序讲座》，法律出版社 2012 年版，第 166 页。

《拍卖法》对一人竞买的效力未作具体规定，拍卖法理论对该问题也存在很大争议，尚未取得一致意见。执行程序对一人竞买效力的认识，可以参考拍卖法领域的不同观点和理由，但不能对拍卖法理论进行简单照搬，应注意强制执行公法行为效力与任意拍卖私法行为效力的区别，从诉讼法层面考量一人竞买对执行程序的影响。

三、概念分析法的局限性

强制拍卖中一人竞买是否有效，有观点认为需要根据拍卖的定义来确定。对拍卖进行概念分析并从中演绎的相关结论，也是一种研究问题的方法。但这种概念分析方法的弊端是：概念的解释者因为基于各自不同的立场和价值判断，在某些情况下，对同一概念会演绎出完全相反的结论，不能真正解决问题，反而引发新的更广泛的争议。换言之，概念分析法往往在逻辑的前提中，已经预先设定了某种价值判断，而这种潜在的价值判断左右着概念分析者的逻辑和解释过程。对拍卖概念的分析即导致了这一现象的发生。不同分析者基于对拍卖概念的解释，在一人竞买是否有效的问题上，得出了两种完全相反的结论：

认为一人竞买无效的观点，根据拍卖的概念进行了以下论证：根据《拍卖法》第 3 条规定，拍卖是指以公开竞价的形式，将特定物品或者财产权利转让给最高应价者的买卖方式。可见，只有两个以上的竞买人，方能形成有效竞价，如果仅有一人参加竞买，则不能认为是公开竞价的方式，竞买程序无效。

认为一人竞买有效的观点，根据拍卖的概念作出了另外的解释：竞价并非仅指现场竞买人的应价，更非指两个以上竞买人现场出价竞拍。从拍卖公告发布时起，潜在的竞买人就已经开始了竞价的过程，考察拍卖标的、报名、缴纳保证金均属于竞价行为的组成部分，是为现场竞争准备条件，对竞价的理解不能否认拍卖前的准备过程。竞价体现为竞买人参与拍卖的整个过程，不单指现场竞拍阶段或者网络竞拍阶段。将竞价狭义地理解为现场具体竞价或者网络竞价，是对拍卖以偏概全的误读。将竞价与竞买人人数联系在一起，将导致对一人竞买效力的质疑。实际上，竞价行为与竞买人数并无实质关联。

上述两种观点均通过对拍卖竞价的解释来推导一人竞买是否有效，基于对竞价的不同理解却得出了相反的结论，都难以完全说服对方。这种现象从一个侧面反映出概念分析这一法解释学方法在处理一人竞买效力问题上的局限性。概念的分析者对概念的解读受某种价值判断的支配，基于不同价值判断作出的解释结论自然存在差异。而不同的价值判断如果能够分清主次，则争议通常可以在某种程度上得以解决。但当两种价值势均力敌、相持不下的时候，争议就在所难免。出现这种情况，不能够任意选择保护某种利益，而要找出保护这种利益的更高理由，寻找更高的价值判断，来作为支撑这种选择的标准。不能让这种价值选择、利益衡量变得过于任意化，否则法官就会享有无限的自由裁量权。而法解释学者也可能会作任意的扩大解释。[①] 对拍卖进行概念分析的方法，可以为一人竞买法律效力的评判提供研究思路和理论支持，但仅从概念分析的角度出发，即得出拍卖有效无效的结论，容易受这种研究方法自身局限性限制，而忽略其他评价拍卖法律效力的价值因素和制度规范。讨论一人竞买的法律效力，除了参考对拍卖概念进行分析的结论外，还应从其他方面对拍卖效力的评价规范进行综合考量。

四、程序正义的评价对象

强制拍卖作为执行措施之一，拍卖行为合法有效，应符合程序正当性的基本要求。换言之，强制拍卖作为执行程序的组成部分，程序正义价值应成为衡量拍卖效力的重要标准。一人竞买是否违反程序正义，是评判一人竞买法律效力必须回答的问题。

---

① 陈瑞华：《论法学研究方法》，北京大学出版社2009年版，第66页。

法律程序自身的公正性要得到实现，无须求诸程序以外的其他因素，而只需从提高程序自身的内在优秀品质着手，使形成法律决定的整个过程符合一些“看得见”的标准或尺度。对于这种标志着法律程序本身内在优秀品质的价值，人们通常称为“程序正义”（procedural justice）或“程序公正”（procedural fairness）。[①] 程序正义的构成要素包括程序的参与性、裁判者的中立性、程序的对等性、程序的合理性、程序的及时性、程序的终结性等。[②] 对于强制拍卖而言，充分的公告程序，保障符合竞买条件的竞买人充分参与、公平竞争，严格按照拍卖规程操作，及时高效地组织竞拍，确保优先购买权人充分行使优先权，维护合法拍卖的公信力等，应作为强制拍卖程序正当性的基本标准。一人竞买是否违反上述程序正当性要求呢？

执行法院依法发布拍卖公告，除相关规定对竞买人资格有明确要求的情形外，充分保障有竞拍意向的竞买人参与竞买，并按拍卖规则实施拍卖，但由于拍卖标的本身的价值和变现能力等因素，出现仅有一人竞买的情形，并不说明拍卖程序本身具有可责性。拍卖程序已经保障了竞买人充分参与竞买的权利，如果出现一人竞买，也是拍卖程序之外因素作用的结果，并非由于程序自身的非正义。强制拍卖的保留价制度对竞买人买受拍卖标的的出价作了限制，保留价为拍卖成交设定了最低价格标准，竞买人的出价只有不低于拍卖保留价才可能成功竞买。竞买人应价如果不低于保留价，从出价的数量要素看，具备有效竞价的前提。这种情况下出现一人竞买，为客观因素使然。拍卖做到了充分公开，社会公众能够对拍卖信息充分了解并根据自身情况作出选择，由此形成的成交价格也是市场化的结果，与程序的正义与否无本质联系，故程序正义不能成为否定拍卖效力的

① 陈瑞华：《程序正义理论》，中国法制出版社2010年版，第12页。

② 参见陈瑞华：《程序正义理论》，中国法制出版社2010年版，第99~109页。陈瑞华教授对程序正义构成要素的研究主要立足于刑事审判程序。执行程序与审判程序同样属于诉讼法的重要组成部分，执行程序的设置也应合乎程序正当性要求，实现程序正义。但由于审判和执行程序构造的差异，执行中程序正义的构成要素与审判程序存在不同之处。

理由。如果要对一人竞买的法律效力进行评判，也应考虑程序正义之外的其他理由。

从另外一个角度分析，如果强制拍卖没有遵守上述程序正当性要求，出现未按规定公告、对竞买人非法设置门槛、随意改变拍卖日期、让特定竞买人成功竞买等程序瑕疵，导致有竞拍意向的竞买人或潜在的“竞买人”不能顺利参加拍卖，从而出现一人竞买，或者让特定竞买人直接买受拍卖标的，这种拍卖程序本身即不符合程序正义的基本要求，一人竞买与拍卖程序违反相关规定存在关联。其法律效力如果被否定，主要理由应归于拍卖程序本身的违法性，一人竞买是这种程序违法的结果，在一部分案例中还表现为程序违法所积极追求的目的。对竞价人数有影响的相关拍卖程序的非正义，才是问题的关键，也是程序正义价值应当谴责的对象，而非直接针对一人竞买的事实。

综上所述，程序正义评判的对象并不是一人竞买这一表象，而是一人竞买背后影响竞买人数的相关拍卖程序正当性问题。一人竞买与程序正义并无直接的实质性关联，如果抛开影响竞买人数的相关拍卖程序的合法性问题，将难以把一人竞买和程序正义直接联系起来。一人竞买本身无所谓正义与非正义，影响拍卖效力的不是一人竞买的事实，而是相关拍卖程序的合法性。违反程序正义的拍卖行为，可能被法院宣告无效。宣告诉讼行为无效，属于程序性制裁理论的范畴。换言之，讨论一人竞买是否有效，即讨论是否应对一人竞买进行程序性制裁的问题。

五、程序性制裁的范围与限度

作为程序性违法的法律后果之一，程序性制裁属于一种程序性法律后果。程序性制裁通过将违反法律程序的行为宣告为无效，使其不再产生预期法律后果，来惩罚和遏制程序性违法行为。与一般的违法不同，程序性违法主要是指违反法定诉讼程序的行为。通常情况下，“程序性制裁”与“程序性法律责任”是可以通用的，它们都属于程序性违法行为所要承受的消极法律后果。这种程序性制裁发挥作用的方式是“剥夺违法者违法所得的利益”或者“令违法行为不发生预期的法律效果”，作为裁判者的法院在这种制裁机制中具有阻遏和拒绝接受违法行为之法律效果的作用。①通过宣告无效来制裁程序性违法行为的方式，对于纠正和遏制程序性违法行为具有更为有效的作用，并能够体现“对破坏公平游戏的行为宣告其结果无效”这一程序中心主义的理念。②

另外，程序性制裁有其自身局限性，通过宣告无效的方式制裁程序性违法行为，也会带来一些消极后果。以强制拍卖为例，宣告拍卖无效可能导致债权人债权无法及时实现，导致善意买受人对强制拍卖的信赖利益受损，也可能导致债务人为此承担更多的债务负担，等等。客观地认识这种缺陷和不足，并不意味着要抛弃这种程序性制裁方式，而是有利于弄清这种制裁方式的适用范围和外部边界，并为这种制度的存在和发展设定合理的界限。③ 因此，从程序性制裁角度看待一人竞买的效力，主要应弄清宣告一人竞买无效的做法是否符合程序性制裁的主要目的，是否对程序性制裁方式的适用范围和外部边界设定了合理界限。

对一人竞买进行程序性制裁，宣告拍卖无效，对于一部分存在程序瑕疵的执行案件确实起到了制裁程序性违法的效果，使违反拍卖规定的行为不产生相应的法律效力。但同时也应看到，对一人竞买如果不加区别地一律否定其效力，将导致程序性制裁范围扩大化，程序性制裁方式的消极作用会对强制执行的实际效果产生不利影响。一人竞买虽然无法形成现场实际竞价的局面，但竞买人出价若不低于保留价，从其出价数量上就不能否定拍卖效力。如果对这种情形的一人竞买不加区别地一律宣告无效，将带

① 参见陈瑞华：《程序性制裁理论》（第二版），中国法制出版社2010年版，第104、406页。陈瑞华教授通过对刑事审判程序的研究，提出了系统的程序性制裁理论。执行程序与审判程序同属诉讼法的研究范围，执行程序中也存在程序性制裁问题，只是由于审判和执行程序构造的差异，执行中的程序性制裁在具体表现方式上和刑事审判不同，但程序性制裁的很多基本原理，都可以用于执行程序中对违反执行程序行为效力的评判。

② 陈瑞华：《程序性制裁理论》（第二版），中国法制出版社2010年版，第413页。

③ 陈瑞华：《程序性制裁理论》（第二版），中国法制出版社2010年版，第168页。

来以下消极后果：

第一，一律宣告拍卖无效，将导致法院依法实施拍卖但只有一人竞买的案件中善意买受人利益受损。买受人参加竞买，如果其主观方面没有恶意，客观方面不存在违规行为，强制拍卖程序也按规定进行，这种情况下，仅因客观出现一人竞买而否定拍卖效力，将使善意买受人为此付出的时间、物质成本付诸东流，使竞买目的无法实现，损害善意买受人对强制拍卖的信赖利益，强制拍卖的公信力也将受到减损。

第二，一律宣告拍卖无效，将导致部分法院依法组织拍卖的案件债权人无法及时或足额实现债权，在某种程度上冲击拍卖保留价制度，造成制度之间的冲突与不协调。按执行程序规定进行的拍卖出现一人竞买，竞买人极可能就以保留价出价，法院如果对此不予认可，在某种意义上将减损保留价对拍卖效果的影响，出现即使法院依法组织和实施拍卖，竞买人出价也不低于保留价，拍卖仍不能成交的现象。如果法院对出价不低于保留价的一人竞买不予认可，拍卖标的有可能降价进入下一次拍卖。下一次拍卖可能以高于前一次拍卖的价格成交，也可能以低于前一次拍卖的价格成交，排除拍卖程序违法、人为操控因素和个别标的近期价格上涨等特殊情况，对于拍卖标的本身变现能力有限的案件来说，降价拍卖后能够以高于前一次拍卖价格成交的概率较为有限，很有可能导致拍卖标的价值缩水，减少债权人受偿数额，迟延其债权实现。

第三，一律宣告拍卖无效，对债务人的权益也有影响。如上文所述，如果对法院依法组织实施拍卖但只有一人竞买的效力不予认可，可能进入降价拍卖，增加债务人的迟延履行责任，拍卖标的成交价值降低，也将增加债务人的财产负担。

第四，一律宣告拍卖无效，对执行法院也有消极影响。法院依法组织实施拍卖，若因一人竞买而无法继续进行，将会影响案件执行。对于拍卖成交后被宣告无效的，还可能引起国家赔偿。

综上，对一人竞买不加区分地一律宣告无效，容易导致程序性制裁范围扩大化，使一部分拍卖程序依法进行过程中出现的一人竞买不能发生预期效果，并没有针对程序性违法的范围进行适当的程序性制裁，不利于执行程序中相关当事人权利的维护和执行程序顺利进行。虽然宣告一人竞买无效的制裁方式有利于打击、遏制拍卖程序中的违法行为，但制裁面超过合理限度，将带来程序性制裁的消极后果损害执行程序正常运行的弊端。因此，在一人竞买的效力问题上，应为程序性制裁确定合理范围，将宣告无效这一程序性制裁方式适用于拍卖中违反执行程序的行为，对依法组织实施的拍卖中出现的一人竞买，不宜对其过分苛责。也就是说，强制拍卖中程序性制裁的着眼点不应限于一人竞买的表象，相关主体违反执行程序，并影响强制拍卖法律效力的行为，才是程序性制裁措施应当适用的对象。

六、一人竞买法律效力的评价规范——拍卖实施过程的合法性

如上文所述，一人竞买是否有效，应避免依据对强制拍卖概念的解读直接作出有效或无效的结论，而应从诉讼法的视角，依照评判公法行为效力的标准，审查拍卖程序是否合法。从积极的角度看，一人竞买不是程序正义直接评价的对象，而应当以程序正义的标准衡量相关拍卖程序是否具有正当性；从消极的角度看，宣告拍卖无效不应制裁一人竞买行为本身，而应制裁导致出现一人竞买的拍卖中的程序性违法行为。这些程序性违法行为，包括未按程序规定公告，非法限制竞买人资格让特定的竞买人竞买，采用暴力、胁迫等非法手段阻止其他竞买人参加竞买，拍卖前临时提高保证金数额将其他竞买人拒之门外，未按公告确定期日实施拍卖，不经公告程序随意改变拍卖时间，等等。上述程序性违法行为，与参加竞买的人数存在一定因果关系，相关拍卖程序的合法性应成为一人竞买效力的评价规范。也就是说，评判一人竞买是否有效，不能简单地根据一人竞买的事实直接作出非此即彼的结论，而应关注拍卖实施过程是否符合法律规定。经审查，如果拍卖程序中未发现程序性违法行为，法院能够确认拍卖程序依法进行的，可以认可一人竞买的法律效力。反之，则可以宣告拍卖

无效或撤销拍卖行为。需要说明的是，对于相关主体违反拍卖程序的行为，也并不意味着一律采用宣告无效或撤销拍卖的制裁方式。

根据执行行为违法的严重程度，可以将执行行为分为无效的执行行为和可撤销的执行行为。所谓执行行为之无效，是指执行行为虽已成立，但具有重大而明显之瑕疵，不生执行程序上之效力者。所谓执行行为之撤销，是指执行行为虽有瑕疵，但仍有执行程序法上之效力，须经撤销，始丧失其效力者。有瑕疵之执行行为，除不成立及无效者外，均属得撤销之执行行为，在撤销以前，仍属有效。① 宣告执行行为无效，属于最严厉的程序性制裁措施，较之可撤销的执行行为，已无补正行为效力的空间。无效的执行行为属于最严重的程序性违法行为，自始不产生程序法效力。可撤销的执行行为在撤销之前仍属有效，某些情况下还存在对其效力进行补正的空间。经过补正的执行行为，如果符合有效行为的要件，应认可其法律效力。

对于拍卖过程中的程序性违法，应根据违反程序规定的严重程度确定相应的制裁方式，法院对拍卖效力的认定，存有一定的裁量空间。程序性制裁制度其实也存在着一种“程序错误与程序性制裁相适应的原则”，对于违反程序的行为，应当根据行为不完善或者瑕疵的严重程度，而不应按照等同划一的方式加以制裁，更不应都采取宣告无效这种最为严厉的制裁方式。② 人民法院在对待瑕疵拍卖法律效力问题上，也要考虑善意买受人的权益保护和司法公信力问题，如强制拍卖的瑕疵尚未达到严重违法的程度，能补正的应及时补正，人民法院也不宜轻易作出否定强制拍卖效力的结论。③

---

① 杨与龄：《强制执行法论》，中国政法大学出版社2002年版，第8页。

② 参见陈瑞华：《程序性制裁理论》（第二版），中国法制出版社2010年版，第137页。

③ 法院在宣告诉讼行为无效时究竟是否享有自由裁量权，又究竟在多大范围内作出宣告无效之裁决？在这一方面，大陆法系国家确立了系统而发达的诉讼行为无效之分类理论。其中，诉讼行为“绝对无效”（又称“不可补正的无效”）和诉讼行为“相对无效”（又称“可补正的无效”）的理论，对执行行为效力的评价有一定参考价值。关于诉讼行为无效理论的介绍，参见陈瑞华：《程序性制裁理论》（第二版），中国法制出版社2010年版，第129~130页。

需要说明的是竞买人之间事先串通导致拍卖以保留价成交的情形在法律效力上与一人竞买的区别。一人竞买既可能是拍卖依法进行过程中出现的，也可能是相关拍卖程序违法导致的，并不说明一人竞买本身具有违法性；但竞买人之间事先串通，让其中一位竞买人以保留价买受标的物，则违反强制拍卖禁止竞买人恶意串通低价买受标的物的程序要求，损害拍卖程序的正当性。竞买人之间、竞买人与拍卖人之间恶意串通，故意压低拍卖财产的价格，损害债务人、债权人或者其他竞买人利益的，在任意拍卖中作无效处理，在强制拍卖中亦应认定为无效。①

有观点认为，强制拍卖中导致一人竞买的违法行为在证明上存在困难，很多违反程序的事实难以查证，宣告一人竞买一律无效，可以有效制裁拍卖过程中违反执行程序的行为，防止此类行为产生法律效力。上述观点通过扩大程序性制裁的适用范围，解决强制拍卖中程序性违法的证明问题，其出发点存在值得肯定的一面，但扩大程序性制裁范围，将使一部分本不应予以制裁的诉讼行为纳入制裁之列，程序性制裁方式的消极后果会被进一步放大，其实际执行效果未必理想。通过施加程序性制裁来遏制强制拍卖中的违法行为，是解决问题的思路之一。除此以外，强制拍卖组织方式和操作技术的变革，对避免和减少拍卖过程中相关主体实施违反程序的行为，似乎更具有治本的意义，也是未来拍卖程序改革应重点关注的问题。

有关一人竞买法律效力的争论，主要是围绕充分竞价和拍卖程序合法性展开的。一人竞买是强制拍卖中客观存在的现象，不可能完全避免。对一人竞买法律效力的评价，应合乎认定诉讼行为效力的一般原则，以拍卖实施过程的合法性为主要着眼点，尽量减少对一人竞买进行“一刀切”式的简单处理，针对出现一人竞买的具体情况，对相关拍卖程序的合法性进行审查。基于一人竞买对拍卖成交价格的影响，尽量减少一人竞买的现象，增强拍卖价格形成的竞争性，是拍卖程序一直关注的问题。增强拍卖

① 江必新主编：《新民事诉讼法执行程序讲座》，法律出版社2012年版，第180页。

程序公开性，保障拍卖依法进行，从而降低一人竞买的出现概率，主要应从拍卖程序内部寻求解决方案。《网拍规定》第 11 条明确规定，网络司法拍卖不限制竞买人数量；一人参与竞拍，出价不低于起拍价的，拍卖成交。该条司法解释首次对执行实践中“一人竞买”能否成交予以明确。网络司法拍卖旨在通过网络平台，最大限度地扩大司法拍卖的影响范围，吸引更多的竞买人参与竞买。网络司法拍卖按照法律、司法解释规定的程序进行，即使只有一人参与竞拍，只要其出价不低于起拍价，拍卖即可成交。这一规则所遵循的基本原理与现场拍卖并无本质区别。如果网络司法拍卖过程存在《网拍规定》第 31 条规定的拍卖程序违法情形，如违法限制竞买人参加竞买或者对享有同等权利的竞买人规定不同竞买条件的，那么对于网络司法拍卖中的一人竞买仍可予以撤销。

第十五章　强制拍卖中的优先购买权

强制拍卖不影响拍卖标的优先购买权人的权利。人民法院在实施司法拍卖过程中，应当依法保护相关主体对拍卖标的的优先购买权。优先购买权人在接到人民法院通知后，如果在法定期间或指定期间内表示行使优先购买权的，应由人民法院审查确认其优先购买权是否成立。

一、优先购买权的法律性质和法律效力

优先购买权的法律效力与其法律性质有密切联系。优先购买权的法律性质影响着对优先购买权法律效力的判断，而优先购买权的法律效力又影响着对其进行司法保护的限度和方式。

（一）优先购买权法律性质的争议

关于优先购买权的法律性质，学界存在很大争议。概括起来，主要有以下几种观点：

1. 形成权说。在德国和我国台湾地区，通说认为优先购买权是一种形成权。例如，德国学者梅迪库斯指出，优先购买权是一种形成权，权利人可以通过单方意思表示而在自己与形成权的相对人之间成立买卖合同。此项权利以义务人向一个第三人出卖为前提条件。[①] 拉伦茨认为，优先购买

① ［德］迪特尔·梅迪库斯：《德国债法分论》，杜景林、卢谌译，法律出版社2007年版，第128页。

权属于形成权，是旨在通过单方的行为建立一种对他人法律关系的形成权。[①] 形成权说是我国采纳较多的观点，在形成权说内部还存在绝对的形成权说和附条件的形成权说的分歧。传统民法理论认为，形成权的行使不得附条件或期限，曾坚持绝对形成权说。绝对形成权说认为，优先购买权属于绝对的形成权，权利人可依单方的意思表示与义务人之间形成买卖关系，而不问出卖人同意与否。由于绝对形成权说存在过于僵化的问题，加之优先购买权的行使需以出卖人转让财产为前提，附条件形成权说逐渐被更多学者采纳。附条件形成权说虽然也认同优先购买权为形成权，但其进一步认为，该权利的行使以出卖人出卖标的物于第三人为条件，唯有该等条件成就时，权利人方有行使形成权的权利，故为附条件的形成权。例如，王泽鉴先生认为，优先购买权是形成权，但该项形成权附有停止条件，即只有在义务人将其财产出卖给第三人时，优先权人才得行使其优先购买权。[②] 形成权之行使原则上不得附条件或期限，但若条件之成就与否系依相对人意思而定或期限明确者，则不在此限。[③] 附条件形成权说被我国很多学者所接受。

2. 期待权说。该说认为，因为基础法律关系的存在，优先购买权已经具备权利的部分要件，但权利尚未现实化，故优先购买权人在标的物出卖于第三人之前享有的是期待权。若出卖人出卖财产给第三人，优先购买权人便可行使权利，期待权即可获得实现。因此，法律保护的是权利人在某种法律关系变动中的可期待利益。期待权说受到很多质疑。例如，有观点就认为，期待权说只是解释了权利未行使时其本身所处状态，是对“未行使之优先购买权”的一种状态描述，不能算是对优先购买权性质的界定。就此而言，任何权利在其行使前都有“期待状态”，但不能因此说该权利在性质上就是“期待权”。所以，这一学说并未对优先购买权之性质作出

---

① ［德］卡尔·拉伦茨：《德国民法通论》（上册），王晓晔等译，法律出版社2003年版，第290页。

② 参见王泽鉴：《民法学说与判例研究》（第1册），北京大学出版社2009年版，第315页。

③ 王泽鉴：《民法总则》，北京大学出版社2009年版，第80页。

直接、实质的界定。[①]

3. 请求权说。该说认为优先购买权是权利人对出卖人享有的订立买卖合同的请求权。基于请求权的效力，在权利人行使优先购买权时，买卖合同的成立尚需出卖人之承诺。与形成权和期待权不同，请求权的权利属性导致优先购买权的权利人是否可以实现优先购买权利还要取决于出卖人最终的承诺，否则买卖合同无法依单方之意思表示自动成立。请求权说也受到很多质疑。反对请求权说的观点认为，请求权说可能会导致优先购买权立法目的落空。请求权的一个重要特征就是相对性，当特定标的物所有人不理会优先购买权人的买卖合同订立请求权而径直将特定标的物转让给第三人时，对优先购买权人的出卖义务将无法履行，最终会导致优先购买权人无法得到特定标的物之所有权，也使优先购买权制度目的难以实现。[②]

4. 其他学说。关于优先购买权的法律性质，理论上还存在其他学说。如附双重条件的买卖合同说。在德国，部分学者主张将依优先购买权形成的合同解释为附双重条件的买卖合同，其中一个条件是出卖人与第三人缔结买卖合同，另一个条件是优先购买权人表示行使权利。再如承诺权说，即认为优先购买权是一种承诺权。还有机会权说，该说认为，优先购买权在性质上属于一种具有可能性的机会，无实体上的意义。由于其他学说存在的问题更多，影响力非常有限。

上述理论学说在讨论优先购买权的法律性质时，并没有依据优先购买权所适用的对象进行有区别的划分，而是笼统地将不同种类的优先购买权进行整体定性，以求得对优先购买权权利属性的统一定性。此种研究路径造成的后果是不同法学部门的学者对于优先购买权权利属性的认识大相径庭：以物权研究为主的学者基于物权的绝对性特性将优先购买权视为一种形成权，在形成权规则上研究所有类型的优先购买权效力；而以债权研究为主的学者则基于契约相对性将优先购买权视为一种请求权，以此侧重讨

---

① 蒋大兴：《股东优先购买权行使中被忽略的价格形成机制》，载《法学》2012 年第 6 期。

② 参见杜万华主编，最高人民法院民事审判第一庭编著：《最高人民法院物权法司法解释（一）理解与适用》，人民法院出版社 2016 年版，第 312 页。

论优先购买权作为请求权的行使条件。[①] 对优先购买权法律性质的认识，各种学说之所以长期争论不休，与上述研究思路有很大关系。各种优先购买权虽处于同一法律概念之下，但因其所处部门法不同，所要达到的目的不同，法律规定的情况各异，对应的对象（标的物）不同，不同部门法的研究者对优先购买权法律性质的认定也会有所不同。即使是最高人民法院在不同司法解释中所持立场也不相同。例如，在对承租人优先购买权法律性质的解释上，《最高人民法院关于审理房屋租赁合同纠纷案件具体应用法律若干问题的解释》采强制缔约请求权的立场[②]，并设定了相应的法律规则。而在按份共有人优先购买权法律性质的理解上，《物权法解释一》又采附条件形成权的立场，也设定了相应的优先购买权行使规范。[③] 目前，在理论上对优先购买权进行统一定性面临很多争议，不同部门法的学者对优先购买权性质的认识也不相同。在实务层面，对优先购买权的保护，主要还是依据各种不同的优先购买权的法律规定进行操作。

（二）优先购买权的法律效力

1. 物权效力的优先购买权与债权效力的优先购买权。在理论上，优先购买权分为物权效力的优先购买权和债权效力的优先购买权。具体而言，若是债权效力的优先购买权，该优先购买权仅在出卖人和优先购买权人之间发生效力，优先购买权人仅对出卖人可以要求其优先向自己为买卖关系的履行，而不得以此权利对抗第三人。换言之，若出卖人向第三人首先履行，优先购买权人将无能为力，只能转而要求出卖人承担相应的债务不履行的责任。若是物权效力的优先购买权，优先购买权人不仅可以要求出卖

---

① 郑彧：《股东优先购买权"穿透效力"的适用与限制》，载《中国法学》2015 年第 5 期。

② 参见杜万华、冯小光、关丽：《〈关于审理房屋租赁合同纠纷案件具体应用法律若干问题的解释〉的理解与适用》，载《人民司法·应用》2009 年第 21 期。

③ 参见杜万华主编，最高人民法院民事审判第一庭编著：《最高人民法院物权法司法解释（一）理解与适用》，人民法院出版社 2016 年版，第 313 页。

人首先向自己为标的物的交付，还可以对抗第三人。换言之，若出卖人向第三人首先履行，因出卖人的此项履行行为有违优先购买权人的权利，则将被宣告无效。依照德国法的理解，物权效力的优先购买权将获得预告登记的法律效果，任何与该优先购买权（预告登记）的内容相冲突的物权变动都将被宣告无效。[①] 关于优先购买权的物权效力和债权效力问题，我国立法上没有作出明确规定。这一问题所要解决的是优先购买权对外效力问题。实务中，有观点认为，具体应当根据特定类型的优先购买权法律条款的规定、优先购买权所依附的基础关系、涉及标的物的公示方法、第三人的知晓程度等因素具体判断，不宜通过建构优先购买权体系来寻求统一的物权效力或债权效力的适用规则。[②]

2. 法定优先购买权与约定优先购买权。基于优先购买权权源的不同，优先购买权可以分为法定优先购买权和约定优先购买权。法定优先购买权是立法者为了倾斜保护某些特定法律关系主体的利益，而以成文规范的形式赋予这些特定主体对该法律关系中其他法律主体处置某项权益时而享有的优先于第三方进行购买的权利，如承租法律关系中承租人对于租赁物的优先购买权、合伙法律关系中合伙人对于其他合伙人退伙份额的优先购买权；而约定优先购买权则是契约双方当事人通过意思自治的方式以契约赋予一方当事人对于另一方当事人在实施特定法律行为时（如转让、出售或者清算）而享有的优先于第三人的权利。[③] 法定优先购买权和约定优先购买权的法律性质是相同的，但是在法律效力上则存在区别。约定优先购买权为当事人合意所生，通常仅具有债权效力，其行使不能对抗第三人。至于法定优先购买权的效力，则有不同观点。对法定优先购买权的效力问题，实务中应当依据不同部门法关于各类优先购买权的法律、司法解释规定处理。

---

① 参见史浩明、张鹏：《优先购买权制度的法律技术分析》，载《法学》2008 年第 9 期。

② 杜万华主编，最高人民法院民事审判第一庭编著：《最高人民法院物权法司法解释（一）理解与适用》，人民法院出版社 2016 年版，第 325 页。

③ 郑彧：《股东优先购买权“穿透效力”的适用与限制》，载《中国法学》2015 年第 5 期。

二、优先购买权的种类及认定规则

执行实务中，常见的法定优先购买权主要有以下几种：

（一）按份共有人优先购买权

按份共有人优先购买权，是指按份共有人在转让其共有财产份额时，其他按份共有人在同等条件下享有优先购买的权利。《物权法》第 101 条规定："按份共有人可以转让其享有的共有的不动产或者动产份额。其他共有人在同等条件下享有优先购买的权利。"被执行人为共有物的按份共有人的，因按份共有人可以转让其享有的动产或者不动产份额，因此，被执行人享有的份额可以成为强制执行的标的，申请执行人可以申请对按份共有的被执行人共有份额强制执行。

1. 按份共有人优先购买权的法律性质。按份共有人优先购买权属于何种性质的权利？在物权法领域，附条件的形成权说属于倡导较多的观点。该观点认为，优先购买权为附条件的形成权，即优先购买权人得依一方的意思表示，形成以出卖于第三人同样条件为内容的合同，无须义务人的承诺。只是该项形成权附有停止条件，必须待标的物出卖于第三人时才可以行使。它是一种附条件的权利，一种技术性、手段性权利，并附从于基础法律关系。共有人就份额（应有部分）所享有的优先购买权，就是一种附停止条件的权利，一种技术性、手段性权利，附从于共有关系。[①]

2. 按份共有人优先购买权的确定。在按份共有法律关系中，共有人优先购买的法律地位基于按份共有关系而生，只要处于按份共有关系中，即依法对转让的财产份额享有优先购买权。按份共有人优先购买权的主体，只限于享有共有份额的被执行人之外的其他按份共有人，如果丧失了共有

---

① 杜万华主编，最高人民法院民事审判第一庭编著：《最高人民法院物权法司法解释（一）理解与适用》，人民法院出版社 2016 年版，第 313 页。

人基础关系的地位，则不再享有对共有份额的优先购买权。根据《物权法解释一》第 10 条规定，“同等条件”应当综合共有份额的转让价格、价款履行方式及期限等因素确定。但在强制拍卖中，其他共有人就购买该份额的出价，是判断“同等条件”最主要的考虑因素。优先购买权是按份共有人相对于非共有人而言的，根据《物权法解释一》第 13 条的规定，按份共有人之间转让共有份额，其他按份共有人主张优先购买的，不予支持，但按份共有人之间另有约定的除外。强制拍卖是向社会公众进行公开拍卖的，竞买人是不特定的多数人，因此强制拍卖一般不存在只在按份共有人之间转让共有份额的问题。

（二）承租人优先购买权

承租人优先购买权是指当出租人出卖房屋时，承租人在同等条件下，依法享有优先于其他人而购买房屋的权利。《合同法》第 230 条规定：“出租人出卖租赁房屋的，应当在出卖之前的合理期限内通知承租人，承租人享有以同等条件优先购买的权利。”该条规定虽然是对平等主体之间买卖房屋时承租人优先购买权的保护，但人民法院在执行过程中，承租人对拟执行的房产依法享有承租权的，也应保护承租人的优先购买权。在强制拍卖中，购买拍品的出价数额是判断是否符合“同等条件”的最主要标准。

1. 承租人优先购买权的法律性质。《最高人民法院关于审理房屋租赁合同纠纷案件具体应用法律若干问题的解释》将承租人优先购买权定性为债权，规定承租人可以请求出租人承担赔偿责任，但不能以出租人侵害其优先购买权为由，请求确认出租人与第三人签订的房屋买卖合同无效。该司法解释将承租人的优先购买权作为强制缔约请求权予以保护。最高人民法院作此界定的理由是：依照《物权法》规定的物权法定原则，在法律未规定承租人的优先购买权为物权的情形下，该权利不应认定为物权并具有排他性，故《合同法》第 230 条规定的“承租人享有以同等条件优先购买的权利”应为债权，不具有对抗第三人的效力。基于上述原因，最高人民法院于2008年12月18日公布的《关于废止2007年底以前发布的有关司法解释（第七批）的决定》中，以《最高人民法院关于贯彻执行〈中华人民共和国民法通则〉若干问题的意见（试行）》（以下简称《民法通则适用意见》）第118条规定的“出租人出卖出租房屋，应提前三个月通知承租人，承租人在同等条件下，享有优先购买权；出租人未按此规定出卖房屋的，承租人可以请求人民法院宣告该房屋买卖无效”与《物权法》规定冲突为由，予以废止。承租人的优先购买权系请求权。请求权旨在实现请求权人的利益，使当事人取得物权或者其他支配性的权利或者利益。请求权在性质上属于手段性权利，但如果法律规定请求权的相对人负有不得拒绝的义务，该请求权就具有了一定的终局性和目的性。《合同法》设立优先购买权制度，就是赋予承租人相对于第三人优先购买房屋的权利。将其性质定为附强制缔约义务的请求权，承租人在行使优先购买权时，出租人无正当理由不得拒绝，就能使承租人取得租赁物买受人的地位，使法律关系的稳定性增强，优先购买权的立法目的得以彰显。同时，也解决了审判实践中承租人优先购买权保护不周延，该权利无法行使的突出问题。[①]

有相反观点对此提出质疑：通过审判程序强制一个人作出同意的意思表示，何以做到？即使是强制缔约义务也不是通过强制承诺来实现的，这种方式远不如形成权对优先购买权人的保护周到。形成权的典型特征是赋予权利主体以单方面干预他人之法律关系的法律权利，即赋予权利人一种单方面的形成权利，意味着对债法上的合同原则的偏离，因为形成权相对人的法律地位被变更了，但他自己并没有通过法律行为参与这种变更。优先购买权不同于负担强制缔约义务的情形，强制缔约义务的请求权不能合理地说明优先购买权的性质。[②]

---

① 参见杜万华、冯小光、关丽：《〈关于审理房屋租赁合同纠纷案件具体应用法律若干问题的解释〉的理解与适用》，载《人民司法·应用》2009年第21期。

② 参见李永军：《论优先购买权的性质和效力——对我国〈合同法〉第230条及最高法院关于租赁的司法解释的评述》，载《中国政法大学学报》2014年第6期。

2. 承租人优先购买权的确定。承租人享有优先购买权的前提是其对执行标的的租赁权依法成立。如果承租人在人民法院查封房产前就与被执行人签订合法有效的租赁合同，并已占有使用该不动产的，承租人的租赁权成立。但是，如果申请执行人提出证据证明被执行人与承租人之间恶意串通，以明显不合理的低价租赁，或者伪造交付租金证据的，则不能认定承租人的租赁权合法成立。[①] 如果在人民法院查封房产后，承租人和被执行人签订租赁合同并占有使用该房产的，人民法院可以根据申请执行人的申请或者依职权除去租赁关系后，对该房产进行拍卖，但人民法院的查封没有依法公示，且承租人又确属善意的情形除外。被人民法院依法除去“租赁权”的“承租人”不享有对该房产的优先购买权。在拍卖标的同时负担抵押权等优先受偿权和租赁权的情况下，原则上适用《拍卖、变卖规定》第 31 条第 2 款处理。

执行程序之所以将“占有”作为认定租赁权成立与否的标准，主要理由如下：第一，符合租赁权特殊保护制度的立法目的。租赁权的特殊保护主要表现为“买卖不破租赁”“承租人的优先购买权”两种制度。“买卖不破租赁”的主要立法目的在于保护弱势群体，避免由于出租人处分租赁物的行为导致承租人被迫放弃耕地（土地租赁），或者搬离租赁物（房屋租赁），危及租赁人基本的生存权或居住权。在承租人尚未占有租赁物时，承租人对于租赁物的依赖尚未建立，履行买卖合同并不危及承租人的上述权利。“承租人优先购买权”的主要立法目的在于减少物上权利主体的数量，便利物之流转，发挥物之效用。如果没有对于租赁物的占有，就不存在适用优先购买权制度的必要。第二，以占有作为认定租赁权成立的标准，能够保护交易安全，防止不特定第三人的权利受到侵害。物权的对抗性来自其公示产生的公信力。承租人对租赁物的占有也是租赁权公示的方式。第三，以占有作为认定租赁权成立的标准，能够防止恶意规避执行行为的发生。我国当前社会诚信程度不足，当事人规避执行情况严重，虚假

① 参见《最高人民法院关于人民法院办理执行异议和复议案件若干问题的规定》第 31 条。

租赁就是一个典型表现。如果不将“占有”作为认定租赁权的标准，会给不法者任意虚构租赁合同、逃避执行大开方便之门。[①]

（三）有限责任公司股东优先购买权

有限责任公司股东优先购买权，是法律规定有限责任公司股东在同等条件下对其他股东拟对外转让的股权享有优先购买的权利。有限责任公司具备股东之间“人合性”和“资合性”的双重性质。《公司法》第72条规定：“人民法院依照法律规定的强制执行程序转让股东的股权时，应当通知公司及全体股东，其他股东在同等条件下有优先购买权。其他股东自人民法院通知之日起满二十日不行使优先购买权的，视为放弃优先购买权。”该条专门针对人民法院强制执行有限责任公司股权时，其他股东在同等条件下享有优先购买权作了明确规定。但是，该条规定对其他股东行使优先购买权的期限作了限制：其他股东需在人民法院通知之日起20日内表示行使优先购买权，否则即视为放弃。执行实施程序中，关于有限责任公司股东资格的判断一般遵循权利外观主义，根据工商行政管理机关的登记和企业信用信息公示系统公示的信息判断。[②] 另外，根据《公司法》第32条规定，有限责任公司应当置备股东名册；记载于股东名册的股东，可以依股东名册主张行使股东权利；公司应当将股东的姓名或者名称向公司登记机关登记；登记事项发生变更的，应当办理变更登记；未经登记或者变更登记的，不得对抗第三人。如果有限责任公司股东姓名或名称仅在股东名册中记载而未在公司登记机关办理登记的，因其未办理登记公示手续，在执行实施程序中，欠缺对抗第三人的法律要件，其对拍卖股权优先购买的权利主张似也不能对抗强制拍卖中的其他买受人。

关于股东优先购买权的法律性质问题也存在争议。有观点认为，股东

---

① 参见刘贵祥：《执行程序中租赁权的认定与处理》，载《人民法院报》2014年5月28日，第8版。

② 参见《最高人民法院关于人民法院办理执行异议和复议案件若干问题的规定》第25条第1款第（4）项。

优先购买权为形成权的一种，其行使应当以意思表示为之。[①] 相反观点认为，将股东优先购买权解释为形成权并不妥当。理由如下：其一，按照《公司法》规定，股东优先购买权的行使，不一定如同形成权一样能直接形成法律关系。其二，按照现行《公司法》规定，股东优先购买权并非绝对的强制性权利。形成权有强制缔约的效果，但在《公司法》上股东优先购买权是可用章程另行作出安排的，不能说是一种强制性权利。其三，将股东优先购买权解释为形成权，有悖于私法的主导性原则。若将优先购买权解释为形成权，无疑会对股东的私人意思施加过多管制，从而影响私法自治。基于此，有学者将股东优先购买权定位为"优先购买请求权"，而非绝对的"优先购买形成权"。[②] 还有学者认为，就有限责任公司股东优先购买权而言，其不是基于物权的形成权，也不是基于债权的请求权，而应是股东基于其作为公司成员所享有的社员权而享有的一种期待权。期待权是既得权的对称，它是指已具备权利构成的部分条件，但须待其他条件发生时才可完全构成的权利。需要特别指出的是，即使有限责任公司股东优先购买权被界定为一种期待权，也并不意味着这种期待权自然而然是存续股东对其他股东所持有的"股权"的期待（一种"对物的期待"），恰恰相反，这种期待是与转让股东所转让股权对应的股东资格"适格性"的期待（一种"对人的期待"）。因此，股东优先购买权原本保护的不是存续股东对他人股权的权利，而是确保有限责任公司"人合"性质得以实现的一种被动防御措施。股东优先购买权本身就是一种有别于股权的股东权利，是社员权的一种表现形式。只是基于对公司股东之间人合关系的保护才成就了股东优先购买权存在的法律意义。简言之，为了维护有限责任公司的"人合性"而赋予存续股东优先受让的权利，是优先购买权的产生基础。股东优先购买权作为期待权的表现形式取决于有限责任公司"人合性"特征而非"资合性"特点，这也正是有限责任公司股权受限转让区别于股份有限公司股份自由

---

① 王林清：《公司诉讼裁判标准与规范》，人民出版社2012年版，第321页。

② 参见蒋大兴：《股东优先购买权行使中被忽略的价格形成机制》，载《法学》2012年第6期。

转让的根本原因所在。[1] 最高人民法院也有民事判决认为，股东的优先购买权是一种为保证有限责任公司的人合性而赋予股东的权利。

除上述几类执行中常见的优先购买权以外，法律还规定了其他类型的优先购买权。例如，《合同法》第 326 条、第 340 条规定的职务技术成果完成人对该职务技术成果的优先购买权，以及合作开发当事人对共有的专利申请权的优先购买权；再如，《合伙企业法》第 23 条规定的合伙人对合伙企业财产份额的优先购买权。这些优先购买权在执行实践中并不常见，不再展开论述。

三、不同优先购买权人先后顺序的确定

优先购买权人有两人以上的，如果有数人同时声明行使优先购买权，应区别案件具体情形确定优先购买权人的顺序。

（一）按份共有人优先购买权与承租人优先购买权的顺序

实践中最为突出的问题是，按份共有人优先购买权与承租人优先购买权的顺序问题。对此，理论界和实务界存在不同观点。

有一种观点认为，共有人优先购买权与承租人优先购买权完全可以竞存，按份共有人优先购买权的购买对象为共有人共有份额项下的财产，承租人优先购买权的购买对象为整个租赁物，其范围通常要大于共有人优先购买权的购买对象，二者竞存的标的即为共有份额名下的财产。[2] 但对于两者孰先孰后的问题，又存在两种不同观点：一种观点认为，鉴于共有人的优先购买权是一种物权性的优先购买权，而承租人的优先购买权是一种债权性的优先购买权，且“买卖不破租赁”原则的确立已确保了承租人优先购买权制度的实现，因此共有人优先购买权的效力应优于承租人优先购买权。[3]

① 参见郑彧：《股东优先购买权“穿透效力”的适用与限制》，载《中国法学》2015 年第 5 期。

② 许尚豪、单明：《优先购买权竞存问题研究》，载《政法论丛》2007 年第 2 期。

③ 参见马俊驹、余延满：《民法原论》（第三版），法律出版社 2007 年版，第 348 页。

与之相反的观点认为，承租人优先行使购买权在促进物之利用与优化资源配置、维护现有秩序方面明显优于共有人优先行使购买权。从物之使用效用的发挥上看，承租人比共有人更应得到标的物。法律赋予承租人行使优先购买权优先于共有人优先购买权，更能发挥优先购买权的功能，更能体现优先购买权的立法本意和法律价值。[①]《最高人民法院关于审理房屋租赁合同纠纷案件具体应用法律若干问题的解释》第24条显然采纳的是房屋共有人优先购买权先于承租人优先购买权的立场。

还有一种观点认为，共有人的优先购买权与承租人的优先购买权没有冲突，在共有人转让份额时，只能由其他按份共有人行使优先购买权，而在出租人转让租赁物时，只有承租人才能行使优先购买权。按份共有人优先购买权的客体是共有权的份额而不是共有物，承租人优先购买权的客体是具体的物，份额与实物非属同一，故这两种优先购买权无法发生冲突。共有人优先购买权行使的对象只能是其他按份共有人欲出让的共有财产的财产份额，而非共有财产。共有财产的份额是抽象的而非具体的财产，因此只有在共有人出让其共有财产份额时，才存在所谓的优先购买权问题，这是按份共有人优先购买权和其他优先购买权的主要区别。[②] 出卖财产份额不等同于出卖共有财产，《物权法》第101条只明确规定在出卖共有财产份额时才产生共有人的优先购买权，因此应当遵循这一规定。这一认识也为国外民法理论和司法判决所强调和确认。[③] 其主要原因在于共有财产的出让在法律性质上不同于财产份额的出让，出让共有财产后，按份共有人可以就出让所得的金钱或财产，按各自份额进行分割或共有，并不会影响到按份共有人的共有权。[④]《物权法》第101条明确规定共有人对"份额"具有优先购买权，无论该条还是整个《物权法》都没有规定共有人在

---

① 参见许尚豪、单明：《优先购买权竞存问题研究》，载《政法论丛》2007年第2期。

② 参见张驰：《权利优先行使辨析》，载《法学》1996年第4期。

③ 参见［法］弗朗索瓦·泰雷、菲利普·森勒尔：《法国财产法》（下册），罗结珍译，中国法制出版社2008年版，第687页。

④ 张礼洪：《按份共有人优先购买权之实现——〈物权法〉第101条的法解释和适用》，载《法学》2009年第5期。

共有物整体出卖时享有优先购买权；《合同法》第230条也仅仅规定了承租人对租赁物出卖时的优先购买权，也没有规定租赁物共有人的优先购买权。因此，学理及司法解释关于共有人优先购买权与承租人优先购买权冲突的认识是一种误解，或者说是一种扩大共有人优先购买权的做法，是对《物权法》《合同法》规范的突破。因为我国现存的法律没有赋予共有人对整体房屋出卖的优先购买权。这一扩大解释损害了承租人的权利和利益，应回归实证法的框架内解释。[①]

后一种观点基于《物权法》和《合同法》的现有规定，结合民法理论对前一种观点提出了有力质疑。前一种观点无论在立法上还是在民法理论上均有可商榷之处。虽然前一种观点被《最高人民法院关于审理房屋租赁合同纠纷案件具体应用法律若干问题的解释》第24条规定所采纳，但对于这一问题，最高人民法院近来的立场也在发生变化。《物权法解释一》出台后，对这一问题有必要重新考虑。《物权法解释一》肯定的仍然是按份共有人对转让份额的优先购买权，但从对该司法解释解读的观点来看，则转向了支持上述后一种观点的立场：按份共有人转让的是共有份额而非共有物本身，而承租人优先购买权行使的前提是出租人出卖房屋，故在按份共有人优先购买的场合，承租人优先购买权行使的前提并不存在，故两者亦不存在竞合和冲突的问题。[②]

（二）房屋租赁中承租人、次承租人优先购买权的顺序

关于房屋租赁关系中承租人、次承租人优先购买权的顺位问题，有观点认为，合法转租创设了新租赁权，承租人作为转租人，须将租赁房屋移转于次承租人占有，由次承租人行使使用、收益的权能。故次承租人享有优先购买权为当然。但是并不能就此认为，承租人的优先购买权也移转于

---

① 参见李永军：《论优先购买权的性质和效力——对我国〈合同法〉第230条及最高法院关于租赁的司法解释的评述》，载《中国政法大学学报》2014年第6期。

② 参见杜万华主编，最高人民法院民事审判第一庭编著：《最高人民法院物权法司法解释（一）理解与适用》，人民法院出版社2016年版，第328～329页。

次承租人。其理由为：(1) 转租并非租赁权的转让，承租人并未退出租赁关系，其租赁权也未消灭。(2) 虽然新租赁权的创设使得承租人租赁权虚化，但是转租期限不能长于出租人与承租人约定的租赁期限，因此承租人之租赁权仍有恢复圆满的可能。(3) 承租人对物虽因丧失占有而形成事实上的脱离，但其相互关系并未完全割裂。因此，承租人和次承租人都得行使优先购买权，但是次承租人应顺位在先。次承租人的优先购买权之所以先于承租人的优先购买权，理由如下：

第一，法律赋予特定主体优先购买权，是因为该特定主体与出卖物之间原存在着某些特殊的社会关系，法律认为对这种社会关系有加以特别保护的必要，从而实现实质的公平。在有合法转租合同的租赁法律关系中，承租人又是转租人，虽仍存在于租赁关系中，但与租赁房屋已形成脱离，其与租赁房屋的紧密联系已不存在。次承租人基于转租合同，现实地占有租赁房屋并使用、收益，其必然围绕着租赁房屋在社会上形成了一定的生产、生活等方面的特定关系，与租赁房屋产生了牢固的联系。较承租人而言，次承租人的合法权益更容易因房屋所有权的变动而受影响。在这一涉及三方的法律关系中，次承租人是真正的弱势。因此，为保护次承租人合法权益，次承租人的优先购买权应顺位在先。

第二，占有是一种事实状态，占有虽非物权，但亦具有排他性和支配性等物权效力。因此在租赁关系中，次承租人基于占有的事实状态而享有对抗所有人和第三人的权利应无异议。合法成立的租赁合同创设了新租赁权，承租人虽仍然存在于租赁关系中，但已丧失了对租赁房屋的占有，其权利应予特殊保护的法理基础已不复存在。而次承租人现实地占有租赁房屋，其对租赁房屋的使用、收益权因占有而强化，具有对抗性。对次承租人的本权——新租赁权——予以特殊保护应属必然，赋予次承租人顺位在先的优先购买权符合占有应当具有的效力。[①]

---

① 参见任泰山、何文强：《房屋租赁关系中承租人、次承租人优先购买权顺位探讨》，载《当代法学》2003 年第 7 期。

四、优先购买权人的权利救济程序

关于优先购买权人的权利救济程序问题，优先购买权人如果认为强制拍卖行为违法，侵害其对执行标的的优先购买权的，可以依据《民事诉讼法》第225条规定作为利害关系人提出执行行为异议。《异议复议规定》第5条对优先购买权人的权利救济程序作了明确规定。根据该条第（3）项规定，当事人以外的自然人、法人和其他组织认为人民法院的拍卖、变卖或者以物抵债措施违法，侵害其对执行标的优先购买权的，可以作为利害关系人提出执行行为异议。

第六编

行为执行

第十六章　行为执行

被执行人拒不履行生效法律文书确定行为或不行为义务的，人民法院可以强制其履行或禁止。行为请求权和不行为请求权的执行，与金钱债权的执行不同，也与物之交付请求权的执行不同，其执行标的是单纯的行为或者不行为。行为执行案件由于执行标的的特殊性，与金钱债权执行案件、物之交付请求权执行案件并列作为一种独立的执行案件类型，在执行程序中占有重要地位。行为执行中有些案件的执行难度往往较大，例如探望权的执行，执行法院可以采用的执行手段也相对有限。在民事诉讼法确立的制度框架下，还需要司法解释、其他规范性文件对行为执行的具体程序作出更为细化的规定，才能为执行实践操作提供充分的法律依据。

一、行为及不行为请求权的执行

（一）行为及不行为请求权执行概述

物之交付请求权的执行与行为及不行为请求权的执行从广义上均可归入行为执行的范畴，两者有一些共同点，也有很多不同之处。物之交付请求权的执行，是针对被执行人应为交付财物的行为而言的，虽然属于一种广义上的行为执行，但其执行的目的在于转移物之占有，而非以物之交付行为本身为执行标的，必须以特定之物存在为前提，并以应交付之物为执行标的。而行为及不行为请求权的执行，并无特定标的物的存在，而是以被执行人本身的行为与不行为作为执行的目的，只要被执行人按照生效法律文书要求做出一定行为或不行为，申请执行人的权利即得到满足，无须同时有特定执行标的物存在。

债务人的行为可以分为积极的行为和消极的不行为。债权人对债务人的行为请求权，是指债权人请求债务人为特定行为的权利，即请求债务人为积极的行为，债务人应为一定的作为义务。例如，被执行人拆除房屋、砍伐树木、运送货物、演出等。债权人对债务人的不行为请求权，是指债权人请求债务人不为特定行为的权利，即请求债务人为消极的不行为，包括不作为和容忍在内。所谓不作为，是指被执行人有不为某种行为的义务而禁止其为该行为。例如，禁止被执行人使用某商标、专利技术，禁止被执行人越界建筑等。所谓容忍，是指被执行人有容忍申请执行人或者第三人实施某种行为的义务，被执行人应当容忍并且不能予以妨碍。不行为请求权的执行，在被执行人违反容忍或者行为禁止义务时才有必要，即被执行人为积极的行为时，才属于不履行生效法律文书确定的义务，在被执行人为积极行为之前，其不行为义务一直处于正常履行状态，申请执行人不得申请执行。

（二）行为请求权的执行与对财产执行的区别

1. 执行标的不同。金钱债权的执行，是以实现金钱债权为目的，对被执行人的动产、不动产或其他财产权等责任财产直接采取执行措施。金钱债权的执行须将执行标的金钱化才能满足申请执行人的债权，需要经过查封、扣押、冻结、变价、分配等程序。其与行为执行在执行标的方面的区别显而易见。从某种意义上说，物的交付也可以看作是一种行为的执行，但其执行标的仍然是特定物，申请执行人主要关心其是否能得到金钱或者财物，被执行人的交付行为只是实现物之交付的媒介。物之交付请求权的执行有浓厚的财产执行意味，与单纯的行为执行并不完全相同。而行为请求权的执行，是以单纯的行为本身为执行标的的，被执行人只要按照生效法律文书要求实施了相应的行为，不论是否有财产交付，申请执行人的权利即得以实现。申请执行人的权利必须由特定的行为来实现，原则上无法用金钱或财物来满足。

2. 执行手段不同。执行手段，或称执行方法，可以分为直接执行和间接执行两种。直接执行，是指直接对执行标的实施强制措施以满足申请执行人权利要求的执行方法。金钱债权和物之交付请求权的执行，可以采用对相关财产进行查封、扣押、冻结、划拨、拍卖、变卖、以物抵债、强制管理、交付等直接执行的方法得以实现。间接执行，是指通过对被执行人施加一定的制度压力，迫使被执行人履行特定行为的执行方法。间接执行的方法不是直接施加于执行标的，不能直接产生实际执行的后果，而是通过给被执行人施加压力，间接促使被执行人履行。

3. 与被执行人的人身关联性不同。金钱债权和物之交付请求权的执行，一般与被执行人的人身无本质关联，其执行标的为财产，只要发现可供执行的财产，离开被执行人的人身也能得以执行。而行为请求权的执行与被执行人的人身密切相关，涉及被执行人的人身自由和人身权利。行为是人的活动，特定的行为只能由相应的人完成。虽然有的行为可以由其他主体代为履行，但该行为仍需由人来完成。对于不可替代履行的行为，与被执行人的人身更加密不可分，非由被执行人亲自履行，不能实现申请执行人的权利。这种人身关联性也导致了行为执行与财产型执行标的执行方法的不同。

（三）不行为请求权的种类

不行为义务的执行内容为被执行人不为一定行为，是以被执行人的“不作为”或者“容忍”为执行标的的。只要被执行人不作为或容忍就可达到执行目的。不行为义务的执行目的，主要是排除被执行人违反不行为义务的积极行为。不行为请求权基于给付的内容不同，可以分为以下几类：[1]

---

① 参见杨与龄编著：《强制执行法论》，中国政法大学出版社2002年版，第570~571页。

1. 一次性不行为义务。所谓一次性不行为义务，是指债务人不得有任何违反不行为义务的行为。例如，债务人不得泄露债权人某项秘密。此种义务，债务人一旦违反，债权人的权利即归于消灭，既无事前预防的执行方法，也无事后除去行为结果的实益，无再予执行的余地。债权人可以另行诉讼，请求损害赔偿。

2. 反复性不行为义务。所谓反复性不行为义务，是指债务人每隔一定期间或不确定期间有不为一定行为的义务。例如，每日晚上 10 点以后不得发出一定分贝音量的噪声、农作物收获时禁止通行等。这种义务反复发生，如果债务人已有违反情形，虽然不能除去其行为的结果，但债权人仍可以就尚待债务人履行部分，请求以间接执行的方法确保其履行不行为义务，防止债务人再行违反。反复性不行为义务于执行依据成立前，如果债务人已有义务不履行的情形，债权人即可于取得执行依据时申请强制执行，无须等到执行依据成立后再次有不履行义务的情形才申请强制执行。[①]

3. 继续性不行为义务。所谓继续性不行为义务，系指债务人在一定期间或永久不为一定行为。例如，冬季不妨害日照采光、不得污染水流、不得盖建一定高度以上的建筑物等。这类不作为义务的履行具有继续性，债务人如有违反，债权人可以申请强制执行，以防止债务人继续不履行义务。

（四）不行为请求权是否可以采取预防性强制制止措施的学说及争议

执行依据作出后，在债务人违反不行为义务前，是否可以先予强制执行，以预防债务人违反其不行为义务？对此，理论上的见解不同，主要有以下学说：

1. 否定说。否定说认为，纵然不行为的执行依据成立，但在债务人有违反的行为前，不发生不履行的问题，故不允许为预防债务人违反不行为义务，事先发动对不行为的强制执行。不行为义务原则上于债务人违反容

① 参见陈荣宗：《强制执行法》，三民书局 1999 年版，第 607 ~ 608 页。

忍或禁止义务而为积极行为时，才有强制执行的必要，且此时债权人方能进行诉讼取得不作为请求权的执行依据。债权人不得预先申请强制执行。[①]

2. 肯定说。肯定说认为，否定说不允许事先强制执行，对于一次性的不行为义务，则无法通过强制执行达到不行为请求权的目的，而且对于非一次性的不行为义务来说，等债务人违反其义务时，将发生难以回复的损害，如果一定要等待债务人违反义务才开始执行亦非合理，故如果债务人违反不行为义务的危险系属重大且明显的，应允许债权人申请强制执行。即债务人违反不行为义务有高度可能性或违反义务的危险重大且明显时，执行法院并非不能事先核发以债务人违反义务为条件的间接强制令。

二、可替代履行行为与不可替代履行行为的执行

作为执行标的的行为，根据不同的标准，可以分为作为与不作为，也可以分为可替代履行行为和不可替代履行行为。对于可替代履行行为，执行法院除强制被执行人履行以外，也可以委托有关单位或者他人代为完成，因完成行为而产生的费用由被执行人承担。一般情况下，对于法院可以直接强制完成的行为，首先考虑强制被执行人完成，只有在直接执行存在困难或者其他障碍的情况下，才考虑委托有关单位或者个人代为完成。对于只能由被执行人完成的不可替代的行为，被执行人拒不履行的，执行法院应当按照妨害执行行为的有关规定处理。

（一）可替代履行行为和不可替代履行行为

债务人的行为义务，可以分为可替代履行行为及不可替代履行行为。可替代履行行为，是指债务人的行为内容具有可代替性，可以由债务人为之，也可以由第三人代替债务人履行，债权人在法律上和经济上所得的价值并无不同。例如，砍树、拆除房屋、运送物品、清除障碍物等一般性的

---

① 参见陈荣宗：《强制执行法》，三民书局1999年版，第609页。

劳务行为；再如，建筑房屋、制造特定的机器设备、安装特定的电器等技术性劳务。执行实务中，对于生效法律文书责令被执行人向申请执行人登报道歉的行为，可以作为可替代履行行为执行。

不可替代履行行为，是指债务人的行为没有可替代性，不能由第三人代为履行。不可替代履行行为的给付内容与债务人本身的学识、技能、身份、资格等因素密不可分，不具有可替代性，在事实上或者法律上不能由第三人代为履行，或者即使可以由第三人代为履行，在法律上或者经济上所得的效果，也不能和债务人自己履行相比。也就是说，如果债务人不亲自完成，债权人的权利就不能实现，或者不能符合债权本旨的实现。例如，生效法律文书责令被执行人向申请执行人当面道歉，即属于不可替代履行行为。债务人的行为义务如果属于可替代履行行为，可以命令他人代为完成的方法执行；如果属于不可替代履行行为，仅能以间接执行的方法执行。

（二）可替代履行行为与不可替代履行行为区分标准的学说及争议

债务人的行为有无可替代性的具体标准问题，因为行为的性质、目的、条件、时间等因素的不同，有时难以绝对明确地区分，在理论上主要有两种学说：

1. 非限定说。非限定说认为，行为债务有无可替代性，应专就执行债权人能否满足其债权目的进行判断。倘若债务人亲自为该行为与他人为该行为，两者的行为结果，就执行债权人的立场而言并无差异，其行为的法律价值与经济价值并无差别，该项行为则为可替代行为。该项行为的债务人资格纵然于实际上无法由他人取代，但若能以债务人的代理人资格或者机关代表资格为该项行为时，该项行为即可认为属于可替代行为。因此，凡是事实行为及意思表示行为均可列为可替代行为，可以由他人代理或代表债务人为之。我国台湾地区的通说采非限定说。

2. 限定说。限定说认为，除了行为结果在法律上及经济上的价值由他人为之与债务人亲自为之，对债权人来说并无不同之外，该项行为在性质上还必须允许他人以自己的地位为之，才能认为该项行为属于可替代履行行为。反之，如果他人不能以自己的地位为之，则该项行为属于不可替代履行行为。①

（三）可替代履行行为与不可替代履行行为的区分原则

1. 执行义务主体方面。从被执行人方面看，不可替代履行行为对被执行人具有特定的人身依附性，而可替代履行行为没有特定的人身依附性。不可替代履行行为与被执行人的人身之间存在直接的依赖关系，这种依赖关系与被执行人的身份、技能、学识、资格直接相关。正是因为被执行人应当履行的行为义务与其特定的人身因素密切相关，这种行为作为执行标的在法律上才有了不可替代性，其实质是被执行人的特定身份与人身品格特征不可替代。被执行人应当履行的行为义务如果与被执行人的特定身份、学识、技能、经验、资格没有直接联系，就不具备对被执行人的人身依附性，一般不属于不可替代履行行为。可替代履行行为虽然也是一种行为，但这种行为与被执行人的人身特征并不存在密不可分的必然联系。例如，拆除房屋、清除污染物、运送货物等行为，与被执行人身份、技能、资格等人身要素没有本质上的必然联系，换成其他人仍然可以完成这类行为，属于可替代履行行为。而请求被执行人亲自赔礼道歉、进行表演等行为与被执行人的身份、技艺直接相关，非被执行人亲自实施，不能实现申请执行人的权利，因而属于不可替代履行行为。

2. 申请执行人权利实现方面。从申请执行人方面看，不可替代履行行为，如果由被执行人以外的其他主体实施，对于申请执行人来说，不能获得预期效果，其依据生效法律文书应当获得的事实上或法律上的利益，将不能实现或者不能完全实现，会直接导致执行效果减损。由于履行行为主体的不同，行为的实际效果和价值就会有所不同。而可替代履行行为，如果由被执行人以外的其他主体实施，对申请执行人来说，在法律上或者事

① 参见陈荣宗：《强制执行法》，三民书局1999年版，第600～601页。

实上的执行效果没有实质不同，其生效法律文书确定的权利仍然可以合乎本旨地实现。

（四）可替代履行行为与不可替代履行行为的执行方法

1. 可替代履行行为的执行方法。可替代履行行为的特征是，该行为与被执行人的人身存在一定联系，但并非专属于被执行人的人身，既可以由被执行人完成，也可以由他人代为完成，履行主体的更替对债权人来说，并无法律效果上的不同。除法院强制被执行人履行以外，由他人替代履行，是这类行为执行的基本方法。对于可替代履行行为的执行，法院首先应责令被执行人自行履行，如果被执行人拒绝履行的，法院可以委托有关单位或者他人代为完成行为，由此所产生的费用，如劳务费、材料费等，由被执行人承担；如果被执行人拒不承担替代履行费用，法院可以直接执行被执行人的其他财产清偿该费用。可替代履行行为一般是被执行人积极的作为行为。

（1）代履行的启动。执行法院责令第三人代替被执行人履行行为，既可以依当事人申请启动，也可以依职权启动。法律、司法解释对替代履行行为的启动并未作出限制。

（2）代履行人的选定。根据《民事诉讼法解释》第503条，代履行人由执行法院选定。选定代履行人一般没有主体资格限制，但法律、行政法规对特定行为义务的履行主体有资格限制的，应当从有资格的人中选定。除执行法院直接指定外，必要时，还可以通过招标的方式确定代履行人。对于申请执行人能否成为代履行主体的问题，《民事诉讼法解释》第503条第2款不仅明确规定申请执行人可以在符合条件的人中向执行法院推荐代履行人，也可以申请自己代为履行，是否准许，由执行法院决定。执行法院不仅具有确定代履行人的权力，同时也负有监督职责。如果代履行人不能完成生效法律文书确定的行为义务，执行法院有权更换。

（3）代履行费用的确定和承担。《民事诉讼法》第252条和《执行规定》第60条均规定，代履行费用由被执行人承担。《民事诉讼法解释》第

504 条赋予执行法院根据案件具体情况确定代履行费用数额的权力，执行法院可以根据实际产生的费用确定具体数额，如果实际费用无法确定的，也可以根据相关事实和证据裁量确定。代履行的费用可由被执行人在指定期限内预先支付，被执行人未预付的，执行法院有权对该费用强制执行。同时，为保障被执行人对代履行费用的知情权、异议权，该条还规定了被执行人查阅、复制费用清单和主要凭证的权利。

2. 不可替代履行行为的执行方法。不可替代履行行为与被执行人的人身密不可分，只能由被执行人亲自完成，行为的性质具有不可替代性，否则申请执行人的权利就不能实现或者不能完全实现。行为的性质决定了对不可替代履行行为的执行，不能采用直接执行或者替代执行的方法，间接执行是不可替代履行行为执行的基本方法。所谓间接执行，是指执行法院通过对债务人采取罚款、拘留、强制支付迟延履行金、纳入失信被执行人名单等强制措施，间接促使被执行人自行完成生效法律文书确定的行为。不作为义务的执行，一般属于不可替代履行行为的执行。所谓不作为义务，是指依据生效法律文书，债务人应当容忍他人的行为或者禁止债务人为一定行为的义务。债务人容忍他人的行为，是指对于权利人实施的某项特定行为，债务人有予以容忍并不得妨碍的义务。例如，土地使用权人容忍其他权利人从其使用的土地上通行的义务。禁止债务人为一定行为，又称为单纯的不作为，是指禁止债务人实施某些特定的积极行为。例如，禁止债务人排污、禁止债务人使用某一商标等。生效法律文书确定的不作为义务，只要债务人没有为一定的积极行为，其不作为义务就处于履行状态中，债权人的权利即得以实现，不存在强制执行的问题。只有在债务人实施了不当的积极行为，妨害生效法律文书内容的实现时，才产生违反不作为义务的问题，也随之产生不作为行为的执行问题。需要说明的是，对于义务人违反不作为义务产生的后果，有的案件中需要执行程序予以除去，由此产生的执行费用，应由违反不作为义务的被执行人承担。

关于不可替代履行行为的执行，根据《执行规定》第 60 条第 3 款、《民事诉讼法解释》第 505 条规定，执行法院可以采取间接强制的方式执行，即对被执行人进行罚款、拘留等，被执行人在人民法院确定的履行期间内仍不履行的，可以再次按照妨害执行的行为处理。但不可替代履行行为的间接执行也有适用范围的限制。例如，被执行人已经丧失履行行为义务的能力，如被执行人因车祸致残不能正常进行演出；再如，被执行人履行行为的先决条件尚未成就。有的行为并非仅依靠被执行人自身就能完成，除被执行人行为之外，还须有一定的条件相配合，如果欠缺这项条件，则债务就难以履行或者不能履行。在被执行人履行行为义务确有难以克服的障碍的情况下，不可替代行为的间接执行也应当受到限制。债权人因此遭受的不利后果，可以另行诉讼寻求救济。

3. 不履行行为义务的迟延履行责任。根据《民事诉讼法》第253条规定，被执行人未按判决、裁定和其他法律文书指定的期间履行其他非金钱给付义务的，应当支付迟延履行金。根据《民事诉讼法解释》第507条规定，被执行人未按判决、裁定和其他法律文书指定的期间履行非金钱给付义务的，无论是否已给申请执行人造成损失，都应当支付迟延履行金。已经造成损失的，双倍补偿申请执行人已经受到的损失；没有造成损失的，迟延履行金可以由人民法院根据具体案件情况决定。

三、以案说法：修复行为的替代履行——浙江东航建设集团有限公司执行申诉案评析

（一）基本案情

1. 案件主要事实。

申请执行人：浙江省慈溪市慈吉教育集团（以下简称慈吉集团）

被执行人（申诉人）：浙江东航建设集团有限公司（以下简称东航公司）

慈吉集团与东航公司签订《建设工程承包合同》，约定东航公司承建慈吉集团慈吉中学教学楼D、E、F楼及图书馆工程，工程面积为25 000

平方米。后双方因工程质量及工程款等事项发生纠纷，工程至今都未通过竣工验收。东航公司向浙江省宁波市中级人民法院（以下简称宁波中院）起诉。宁波中院于2002年12月18日作出（2002）甬民初字第11号民事判决。慈吉集团不服，向浙江省高级人民法院（以下简称浙江高院）上诉。浙江高院于2003年8月1日作出（2003）浙民一终字第27号民事裁定，将本案发回重审。

重审期间，应慈吉集团申请，宁波中院委托国家建筑工程质量监督检验中心对案涉工程进行鉴定。该中心于2005年4月、5月对慈吉中学教学楼和图书馆的工程质量，分别出具了检验报告和补充检验报告，认定工程施工质量存在多处与设计要求不符之处，而且存在多处工程质量问题，会影响用户使用安全，宜请原设计单位出具处理方案，但该中心拒绝对工程进行安全评估。依慈吉集团申请，宁波中院又委托工程原设计单位浙江省建筑设计研究院对修复加固方案进行鉴定。该院于2005年8月出具修复方案，分别从标高及层高调整、结构修复加固、建筑修复、给排水修复、电气修复五个方面提出加固修复方案，其中标高及层高调整方案为顶升（迫降）方案。根据该方案，宁波中院又依据慈吉集团申请，委托浙江韦宁工程审价咨询有限公司对修复费用进行鉴定，该公司于2007年7月、10月出具工程造价咨询报告及补充报告，并在接受双方当事人质询后对部分费用进行了调整。根据鉴定报告，教学楼D、E、F楼修复加固方案的修复费用为18 650 889元，图书馆修复加固方案的修复费用为15 114 656元，共计33 765 545元，其中结构修复方案主要针对建筑物标高、层高的修复，费用为32 313 281元；建筑修复和水电重新安装两项方案费用为1 452 264元。

宁波中院重审认为，浙江省建筑设计研究院的加固方案费用高达3300多万元，大大超过工程造价，经济上不合理，有关顶升、迫降方案施工难度高、风险大，对工程地坪高、层高不予调整仍可满足正常使用，对该院出具的修复方案不予采纳，工程质量维修以符合国家规范要求较为合理，判决还认定工程造价按18 379 900元计算。2008年2月2日，宁波中院作出（2003）甬民一重字第2号民事判决，判令：（1）慈吉集团支付东航公司工程款10 779 898元，其中7 779 898元判决生效之日起10日内支付，余款300万元在东航公司完成维修义务后10日内支付；（2）东航公司在6个月内对工程质量问题予以维修，维修后工程质量符合国家建设工程规范要求。东航公司、慈吉集团不服，均向浙江高院上诉。

浙江高院审理后认为，剩余工程款项应在工程竣工验收合格后支付，慈吉集团要求东航公司对案涉工程进行修复和加固，使工程质量符合设计要求，通过竣工验收合格，有法律依据，原审认为工程质量不满足设计要求但符合国家规范要求的，可不予维修，由东航公司对慈吉集团进行补偿不当，应予纠正。据此，该院于2008年5月30日作出（2008）浙民一终字第110号民事判决，判令：东航公司在判决生效之日起6个月内对慈吉集团中学教学楼D、E、F楼及图书馆质量予以加固、修复，通过竣工验收合格；慈吉集团中学教学楼D、E、F楼及图书馆工程质量通过竣工验收合格后10日内，慈吉集团应支付给东航公司工程款11 162 763元。宁波中院执行期间，东航公司向最高人民法院申请再审。最高人民法院立案审查后，予以驳回。

因东航公司不履行生效判决，慈吉集团向宁波中院申请执行。宁波中院于2009年1月15日立案执行。执行过程中，慈吉集团要求东航公司严格遵循设计图纸及施工技术标准全面修复上述工程存在的工程质量问题；东航公司认为除标高及楼层层高外，其他工程质量问题有能力进行加固和修复。为此，宁波中院在执行过程中，多次召集本案双方当事人就如何加固、修复东航公司所承建的工程质量问题（除标高及楼层层高外的质量问题）进行协商，但均未达成一致意见。虽然在协商过程中，东航公司曾对除标高及楼层层高外的其他工程质量问题提出相应的修复、加固方案，但慈吉集团认为，东航公司所提出的修复方案空洞，不具备可操作性，其修复结果不能达到工程设计要求，无法全面修复慈吉集团慈吉中学教学楼D、E、F楼及图书馆工程质量问题。另外，针对东航公司的修复方案，慈吉集团也向宁波中院提交了由原设计单位浙江省建筑设计研究院出具的修复加固方案。东航公司认为，如果根据该方案进行修复，所花费用太大，不愿根据慈吉集团提供的方案进行修复。慈吉集团认为，如果东航公司无法根据设计图纸及技术标准进行修复，慈吉集团愿意自行修复，修复费用要1800余万元。宁波中院前后多次协调未果。

2. 执行裁决情况。宁波中院于2010年1月29日作出（2009）浙甬民执字第93-1号执行裁定。裁定认为：首先，虽然东航公司应根据设计图纸及技术标准对所承建的慈吉中学教学楼D、E、F楼及图书馆工程的质量问题进行全面修复加固，但加固修复费用高达33 765 545元，大大超过工程造价，经济上不合理，同时对于用顶升（迫降）的修复方案来解决楼层层高的质量问题，施工难度大、风险大，东航公司无能力来修复。其次，即使东航公司有能力依照慈吉集团提供的修复方案，对除所建工程标高和层高外的工程质量问题进行修复，不但费用超过工程造价，而且仍不能全面、彻底地解决所承建工程的所有质量问题，无法通过竣工验收。最后，因为东航公司无法全面、彻底地解决所承建工程的所有质量问题，无法通过竣工验收，因此只有将所承建的工程拆除重建，基于物价和人工费上涨等原因，费用肯定大大高于工程造价，经济上不合理；同时，考虑到所涉工程虽存在较多质量问题，但不属于危房，慈吉集团修理后仍可使用。因此在东航公司无法对所承建的慈吉中学教学楼D、E、F楼及图书馆工程质量问题按原设计要求进行全面修复加固的前提下，慈吉集团要求自行修复，应予准许。所涉修复费用应以法院认定的工程造价18 379 900元为限，由东航公司赔偿给慈吉集团。基于上述理由，宁波中院裁定如下：一、慈吉集团自行对东航公司所承建的慈吉中学教学楼D、E、F楼及图书馆工程的工程质量予以修复加固。二、东航公司应赔偿工程质量修复加固费用18 379 900元（扣除慈吉集团尚未支付的工程款11 162 763元），尚应支付7 217 137元。三、东航公司向慈吉集团支付代为支付的诉讼费用205 436.15元。宁波中院还在该裁定中直接赋予当事人向浙江高院申请复议的权利。

东航公司不服，向浙江高院申请复议称，宁波中院的裁定无权改变浙江高院的判决内容；无权变更申请执行人的执行请求；无权对争议工程进行造价折抵；慈吉集团阻挠东航公司进场对工程进行修复加固，导致其无法履行判决。

浙江高院复议过程中，注意到宁波中院的裁定存在一定问题：首先，在程序上，（2009）浙甬民执字第 93－1 号执行裁定属于执行实施裁定，当事人对该裁定提出异议，应由执行裁决部门对该异议进行审查，而不应直接在实施裁定中赋予当事人复议权。因本案情况特殊，浙江高院决定不再发回，而在内函中予以指出。其次，宁波中院裁定慈吉集团自行修复，由东航公司“赔偿”费用，实际上是在执行程序中行使了审判权，超越了执行权限。该院于 2010 年 7 月 27 日作出（2010）浙执复字第 12 号执行裁定认为，涉案工程系教学设施，由于执行双方就工程维修问题争执不下，至今未通过竣工验收，存在巨大安全隐患。东航公司虽然提供了修复方案，但该方案无法按原设计要求对工程进行修复，无法获得业主方慈吉集团的认可，故实际上难以通过竣工验收。现慈吉集团提出自行组织修复的替代履行方案，符合法律规定，应予准许。因替代履行发生的费用自应由东航公司承担，以工程造价为限。东航公司的复议理由不能成立。但宁波中院的执行裁定主文第二项将东航公司应支付慈吉集团替代履行费用表述为赔偿工程质量修复加固费用用词不当，有改变原判决内容之嫌，应予纠正。基于上述理由，浙江高院裁定如下：一、维持宁波中院（2009）浙甬民执字第 93－1 号执行裁定第一、三项；变更宁波中院（2009）浙甬民执字第 93－1 号执行裁定第二项为东航公司应支付工程质量修复加固费用 18 379 900元（扣除慈吉集团尚未支付的工程款 11 162 763 元），尚应支付 7 217 137 元。

东航公司不服，向最高人民法院申诉。该公司认为，浙江两级法院执行裁定改变原生效判决内容，让慈吉集团自行修复工程，并将工程款与修复费用折抵不当，且修复费用以工程造价为限没有法律依据，请求撤销浙江高院（2010）浙执复字第 12 号执行裁定及宁波中院（2009）浙甬民执字第 93－1 号执行裁定。

3. 最高人民法院审查处理情况。最高人民法院审查后认为：东航公司在执行过程中提出，除案涉工程的标高及层高外，其他工程质量问题该公司有能力进行加固和修复，并就其他工程质量问题提出了修复方案。但慈吉集团要求东航公司严格遵循设计图纸及施工技术标准全面修复工程，不接受该公司的方案，要求按原设计单位出具的方案修复。东航公司也未能提出符合原设计要求的修复方案，不能达到判决要求的修复标准，且该修复行为在性质上并非只能由东航公司完成。故本案替代履行的条件成就，根据《民事诉讼法》第228条、《执行规定》第60条第2款，可以由有关单位或其他人代替东航公司完成修复行为，费用由东航公司承担。上述规定并未将申请执行人排除在替代履行的主体之外。本案由申请执行人自行修复不违背公平合理的原则，有利于案件执行，应予准许。东航公司承担修复费用与慈吉集团支付工程款均为金钱给付义务，依债务性质可以相互折抵。且折抵之后，有利于降低案件执行成本，浙江高院对此予以折抵并无不当，应予维持。修复费用的确定应以替代履行实际发生的费用为准。但从案涉工程原设计单位出具的修复方案和宁波中院对该方案委托鉴定的结果看，修复费用大大超出工程造价。如委托第三方修复，东航公司可能承担的费用远高于浙江两级法院执行裁定中要求该公司承担的数额。另外，慈吉集团提出愿意自行修复工程，修复费用以工程造价为限，属慈吉集团处分权利的行为，由此可能出现的风险也由慈吉集团自行承担。东航公司一直未能提出低于工程造价并能全面修复案涉工程质量问题的方案。执行法院在慈吉集团做出让步的基础上，根据公平合理的原则裁定东航公司承担的修复费用以工程造价为限，与原设计单位的修复方案所需费用相比，较为公平合理。东航公司的申诉请求不能成立，予以驳回。

（二）评析意见

本案争议的焦点是：生效判决判令东航公司修复工程并通过竣工验收，慈吉集团在竣工验收合格后支付工程款。浙江两级法院在执行过程中，采用由慈吉集团自行修复，令东航公司承担修复费用并将修复费用与工程款进行折抵的做法，是否符合法律规定？

1. 选择替代履行的方式是否适当。执行依据要求被执行人实施一定行为，原则上应由被执行人自行完成。如该行为性质上可以替代，在被执行人不履行义务时，则可由其他主体代替被执行人实施相关行为。所谓行为可以替代，是指由他人代为履行与被执行人自行履行在事实及法律上的效果并无不同。本案中，浙江高院（2008）浙民一终字第110号民事判决判令：东航公司对案涉工程质量问题进行修复，通过竣工验收合格；验收合格后十日内，慈吉集团支付剩余工程款。故东航公司和慈吉集团互负对待给付义务，但履行顺序有先后，东航公司应先完成修复行为，修复的标准为"通过竣工验收合格"。但判决主文中确定的上述修复标准仍较为抽象，需结合生效判决相关内容进一步明确。浙江高院上述判决认为，"施工单位在施工过程中必须严格遵循的是设计图纸及施工技术标准，如果工程质量不合格的，应承担修复责任。从法律规定层面分析，慈吉集团要求东航公司对案涉工程进行修复与加固，使工程质量符合设计要求，通过竣工验收合格，有法律依据"，并判令东航公司对工程质量予以加固、修复，通过竣工验收合格。从本案执行依据确定的内容看，东航公司修复工程应达到的标准是：遵照工程原设计要求，并通过竣工验收。此后，慈吉集团才能支付剩余工程款。

在执行过程中，东航公司认为除标高及层高外，其他工程质量问题有能力进行加固和修复，并就其他工程质量问题提出了方案。但慈吉集团要求东航公司严格遵循设计图纸及施工技术标准全面修复工程，不接受东航公司的方案，要求按原设计单位出具的方案修复。东航公司认为根据该方案修复费用太大，没有同意。从上述事实可以看出，东航公司对案涉工程的标高、层高问题没有提出方案，未能按原设计要求修复工程质量问题，不能达到生效判决要求的修复标准。修复工程质量问题并非只能由被执行人自行完成，并且在性质上也属于可以替代履行的行为。因此，本案替代履行的条件成就，可以由其他主体代替被执行人完成修复行为。

2. 替代履行的主体问题。《民事诉讼法》第228条（2007年修改）和

《执行规定》第60条第2款规定的替代履行主体为“有关单位或者其他人”。从整个条文的表述方式看，有关单位或者其他人应指被执行人以外的单位或个人，没有将申请执行人排除在外。从申请执行人方面看，完成修复任务才是其申请执行的目的，至于由谁来实施修复行为，并不存在根本性的利害冲突。但考虑到申请执行人和案件存在利害关系，如其滥用权利，也可能导致被执行人承担过高的费用，损害被执行人利益。因此，由申请执行人替代履行应不违背公平合理的原则，并有利于案件执行。本案中，虽然慈吉集团与案件有利害关系，但东航公司不能按判决要求全面修复工程，慈吉集团要求按原设计方案修复工程，是以生效判决为依据的。从宁波中院在审判程序中对原设计单位修复方案进行价格鉴定的结果看，按生效判决修复的费用远高于慈吉集团主张的费用。慈吉集团对修复费用的请求是作了让步的，而且及时修复工程也符合慈吉集团的利益。因此，结合本案的实际情况，由申请执行人自行修复工程并无不当。

3. 修复费用和未付工程款能否折抵。如执行依据还确定申请执行人须为一定对待给付的，因该给付义务被生效法律文书确认，已经具备了确定力和执行力。被执行人承担替代履行费用是由法律、司法解释明确规定的，不以申请执行人完成对待给付义务为前提，与申请执行人所负给付义务也不存在履行先后的问题。在当事人已经确定互负金钱给付义务的情况下，就会涉及双方义务的折抵问题。从债务性质上看，双方互负的金钱给付义务可以根据案件具体情况进行相应的折抵。根据浙江高院生效判决，慈吉集团在工程竣工验收合格后，应向东航公司支付剩余工程款。案涉工程虽由慈吉集团自行修复，但修复费用依法应由东航公司承担。慈吉集团和东航公司互负债务，两种债务均为金钱给付义务，在性质上可以相互折抵，且折抵之后可以降低案件的执行成本，简化执行程序，允许双方折抵也无不妥。

4. 修复费用以工程造价为限是否有法律依据。修复费用的确定应以替代履行实际发生的费用为准。但从本案争议工程的原设计单位出具的修复方案和宁波中院对该方案委托价格鉴定的结果来看，修复费用需3300多万元，大大超出生效判决认定的1800余万元工程造价。且东航公司提供的修复方案，不能修复工程标高和层高的问题，只是就其他工程质量问题进行修复，不能达到原来的设计要求。如委托第三方修复，东航公司可能承担的修复费用，要远远高于执行裁定中要求其承担的1800多万元。另外，慈吉集团提出愿意自行修复工程，修复费用要1800万元，已经做出让步，至于慈吉集团如何修复，需多少费用，属于慈吉集团自行处分权利的行为，由此可能导致的工程质量问题仍达不到设计要求的风险，也由慈吉集团自行承担。因此，要求东航公司承担1800多万元的修复费用，是在慈吉集团做出让步的基础上，由执行法院根据公平合理的原则确定的，与原设计单位的修复方案所需费用相比，该数额对东航公司是有利的。东航公司一直未能提出低于1800万元而且能全面修复工程的方案，所以，修复费用以工程造价1800多万元为限也是合理的。严格地讲，裁定修复费用以工程造价为限并无充分的法律依据，但如果慈吉集团坚持要求按原设计方案修复，东航公司将承担更为庞大的费用和不可预测的风险。鉴于案件实际情况，本案修复费用的确定很难实现绝对公平，只能做到“相对合理”。

四、实践中几类常见行为的执行

（一）关于赔礼道歉的执行

在侵犯名誉权的案件中，法院往往会判决侵权人向被侵权人赔礼道歉。如果被执行人拒不履行赔礼道歉义务的，权利人可以申请法院强制被执行人赔礼道歉。《最高人民法院关于审理名誉权案件若干问题的解答》明确，侵权人拒不执行生效判决，不为对方恢复名誉、消除影响的，人民法院可以采取公告、登报等方式，将判决的主要内容和有关情况公布于众，费用由被执行人负担。关于赔礼道歉是否可以替代履行，在执行实践中，应当根据案件具体情况判断。执行依据确定的赔礼道歉义务通常包括书面赔礼道歉，如登报道歉或者当面赔礼道歉。如果申请执行人要求被执行人赔礼道歉是为了使社会公众知悉被执行人道歉的内容，以达到恢复名誉、获得精神安慰的目的，那么这种赔礼道歉属于可替代履行行为，如登报赔礼道歉即可由其他主体代为履行，登报的费用由被执行人承担。如果执行依据责令义务人亲自向权利人赔礼道歉，那么这种赔礼道歉属于不可替代履行行为，只能由被执行人亲自为之，在被执行人拒不履行道歉义务的情况下，执行法院只能采取间接执行的方法，强制被执行人履行。

（二）关于继续履行合同的执行

司法实践中，有部分合同纠纷案件生效法律文书的主文为“合同有效，继续履行”。此后，一方或双方当事人未履行合同的，案件进入执行程序。如果当事人在执行程序中对如何履行合同产生争议，往往也会涉及行为执行的问题。有一种意见认为，这类生效法律文书仅仅确认了合同的效力，当事人应当继续履行只是确认合同效力的必然结果，此类文书可以认为不具有给付内容，人民法院不能强制执行。另一种意见认为，这类法律文书不仅确认了合同的效力，而且贯彻了《合同法》上的强制履行原则。继续履行是《合同法》上的一种违约责任承担方式，需要通过强制执行程序贯彻实际履行原则。这类文书实际上具有给付内容，合同的内容间接成为生效法律文书的主文，具有执行力。“合同有效，继续履行”如何强制执行，一直是执行程序中存有争议的问题。最高人民法院的部分案例对生效法律文书确定“合同有效，继续履行”的执行，确立了一些基本规则。这类案件原则上可以强制执行，人民法院可根据合同具体内容采取相应的强制措施，但如果案件确实存在法律上或事实上的障碍而不能执行，应努力促成执行和解。如果和解不成，应当告知当事人可以另行提起诉讼。[①]

① 参见黄金龙、葛洪涛：《上海枫丹丽舍房地产开发有限公司申请执行判决确定的继续履行合同义务监督案》，载江必新主编，最高人民法院执行局编：《执行工作指导》（总第37辑），人民法院出版社2011年版。

（三）关于探望权的执行

司法实践中，如何处理好探望权案件的执行是一个突出问题。探望权是指夫妻离婚后，没有与子女共同生活的父或母一方，有探望未与其共同生活的子女的权利。探望权的执行，是指法院通过采取强制措施，实现生效法律文书确定的申请执行人探视其子女的权利的执行活动。探望权的执行属于不可替代行为的执行。探望权执行案件的协助义务人是与未成年子女共同生活的父亲或母亲。探望权案件的执行具有长期性、反复性的特点。对探望权案件的执行，应注意以下问题：

1. 不影响子女的正常生活，不能对子女的心理健康造成不良影响。部分离异父母滥用探望权，频繁或者采用不恰当的方式，在不合适的时间探望，影响子女的日常生活及学习。探望权执行应以不损害未成年人利益为原则。

2. 申请执行人行使探望权不能破坏未成年子女与其共同生活一方的亲子关系，不得挑拨教唆儿童。部分申请执行人在探望子女过程中，出于各种原因，挑唆、离间未成年子女与抚养一方的关系，容易引发新的家庭矛盾和纠纷。探望权执行中，对申请执行人破坏对方与未成年人亲子关系的行为，应予制止和避免。

3. 对达到一定年龄的子女，申请执行人行使探望权的具体时间、方式，应注意尊重子女的意见。

4. 注重说服教育和促成和解。探望权执行涉及亲子关系，具有很强的伦理性和情感色彩，执行过程中应强调多做说服教育工作，缓和双方对立情绪，化解矛盾。探望权的行使，既是为了满足父母探视、关心子女的需要，也是为了满足子女健康成长的需要。子女不是离异父母双方继续斗争的工具，其身心健康是双方当事人共同追求的目标。探望权的执行，首先应注重为权利的行使创造良好的情感环境，通过促进当事人和解，有利于最大限度地实现探望权制度的目的。只有在说服教育、促进和解无效的情况下，才能考虑其他间接执行手段。被执行人是未成年人的抚养人，如果对被执行人采取限制人身自由的强制措施，不仅可能使未成年人陷于无人照看的境地，更可能对未成年人的身心健康造成伤害。而对被执行人采取罚款，有些案件中又会对未成年人的生活造成不利影响。因此，实践中强制手段在探望权执行中的使用，也应遵循谦抑性原则。

5. 被执行人拒绝申请执行人探望的，应依法支付迟延履行金。根据《民事诉讼法》第253条的规定，被执行人未按判决、裁定和其他法律文书指定的期间履行其他义务的，应当支付迟延履行金。据此，被执行人拒不履行协助探视义务的，应向申请执行人支付迟延履行金。迟延履行金的数额可以根据被执行人拒绝探望的次数等具体案件情况决定。

6. 未成年子女不能成为直接执行的标的。根据《婚姻法解释一》第32条规定，《婚姻法》第48条关于对拒不执行有关探望子女等判决和裁定的，由人民法院依法强制执行的规定，是指对拒不履行协助另一方行使探望权的有关个人和单位采取拘留、罚款等强制措施，不能对子女的人身、探望行为进行强制执行。据此，在探望权执行中，司法解释禁止将未成年子女的人身作为执行标的。另外，最高人民法院执行工作办公室（1999）执他字第18号《关于人身可否强制执行问题的复函》也强调不得直接强制执行未成年子女的人身。①

7. 借助社会组织、教育机构等第三方力量，避免离异父母双方直接接触，解决探望权的执行难问题。例如，可以在居委会等基层组织的协助下，或者在学校、幼儿园的帮助下行使探望权，为申请执行人探望未成年子女提供时间、空间条件。

8. 探索多元化的探望权执行方式。执行法院可以根据案件具体情况，引导双方当事人选择恰当的探望方式，如通过电话、网络，采取旅游、短期居住等方式，保障探望权的有效行使。

---

① 参见江必新、贺荣主编，最高人民法院执行局编：《最高人民法院执行案例精选》，中国法制出版社2014年版，第743页。

（四）关于清算义务的执行

公司、企业的清算应由特定的清算义务主体完成，但对清算义务本身来说，也可以通过委托他人，如会计师事务所等组成清算组进行清算，同样可以达到与清算义务主体进行清算一样的目的和效果。清算组进行清算的行为属于可替代履行行为，可以责令其他主体代为清算，清算的费用由被执行人承担。

第七编

变更、追加被执行人

第十七章　执行承担

执行依据的法律效力原则上只及于法律文书确定的权利人和义务人。一般情况下，人民法院只能对生效法律文书确定的义务人实施强制执行。但执行实践中，人民法院经常遇到被执行主体在执行程序终结前死亡或终止，其应当履行的义务如何承担的问题。对此，《民事诉讼法》第232条规定了被执行人死亡、终止情况下，被执行主体的变更、追加制度。在特定情形下，执行机构可以根据民事诉讼法及相关司法解释的规定，直接裁定变更、追加其他相关主体为被执行人，承受生效法律文书确定的义务。理论上将这类情形概括为“执行承担”。执行承担的目的在于，解决生效法律文书对执行当事人的继受人是否具有执行力的问题。

一般认为，执行程序中变更、追加被执行人的理论基础是既判力和执行力的扩张理论。[①] 一直以来，既判力的扩张和执行力的扩张被视为完全一致。但随着既判力扩张领域出现形式说与实质说的对立，当基于形式说的立场时，有必要对两者予以分别考虑。具体而言，执行力扩张之术语，在明确如下这个问题上使用是较为妥当的，即为了明确强制执行的要件，而是否可以向债务名义中未记载的第三人进行执行（或者是否可以让债务名义中未记载的第三人申请执行）。[②] 执行力的界限有主观范围和客观范围之分。执行力的主观范围涉及人的界限问题，是指基于某债务名义，何种范围的人可以申请执行或者可以对何种范围的人进行执行。[③] 变更、追加

① 参见黄金龙：《关于人民法院执行工作若干问题的规定实用解析》，中国法制出版社2000年版，第228页。

② ［日］新堂幸司：《新民事诉讼法》，林剑锋译，法律出版社2008年版，第510页。

③ ［日］新堂幸司：《新民事诉讼法》，林剑锋译，法律出版社2008年版，第510页。

被执行人，以执行力主观范围的扩张为理论依据。

执行力扩张应遵循依当事人申请的原则。《最高人民法院关于民事执行中变更、追加当事人若干问题的规定》（以下简称《变更、追加规定》）第1条规定，执行过程中，申请执行人或其继承人、权利承受人可以向人民法院申请变更、追加当事人，体现了依申请变更、追加当事人原则的要求。执行力扩张还应遵循变更、追加法定原则，即变更、追加执行当事人应依据法律、司法解释的明确规定。《变更、追加规定》第1条明确，申请变更、追加当事人符合法定条件的，人民法院应予支持，体现了变更、追加法定原则的要求。执行机构裁定变更、追加被执行人，既要有实体法依据，也要符合民事诉讼法及相关司法解释对变更、追加被执行人的程序要求。变更、追加被执行人，涉及第三人实体权利义务。即使依照实体法规定，第三人应对案涉债务承担责任，但这一结论仅是执行机构在执行程序中的判断，执行权对该问题的处理应受权力边界的限制，不能超越生效法律文书执行力扩张的范围和法律、司法解释的明确规定，在法定情形之外变更、追加被执行人。现行法律、司法解释对变更、追加被执行人的情形作了明确规定，执行机构应当严格依据这些法定事由处理此类问题。申请执行人在变更、追加被执行人的法定情形之外向第三人主张权利的，应通过其他途径解决。根据我国执行法律、司法解释规定，执行承担主要有以下几种情形：

一、作为被执行人的自然人死亡

如果作为被执行人的自然人死亡（被执行人死亡时间可以不限于执行程序启动后），人民法院应区分不同情形依法处理：

（一）变更、追加遗嘱执行人、继承人、受遗赠人或其他取得遗产的主体为被执行人

根据《民事诉讼法解释》第475条，作为被执行人的公民死亡，其遗产继承人没有放弃继承的，人民法院可以裁定变更被执行人，由该继承人

在遗产的范围内偿还债务。《变更、追加规定》第 10 条第 1 款规定，作为被执行人的公民死亡或被宣告死亡，申请执行人申请变更、追加该公民的遗嘱执行人、继承人、受遗赠人或其他因该公民死亡或被宣告死亡取得遗产的主体为被执行人，在遗产范围内承担责任的，人民法院应予支持。上述规定为自然人被执行人死亡后被执行主体的变更、追加提供了法律依据。

需要说明的是，根据《继承法》第 33 条规定，继承遗产应当清偿被继承人应当清偿的债务，清偿债务以遗产实际价值为限。超过遗产实际价值部分，继承人自愿偿还的不在此限。因此，被变更、追加的被执行人应当清偿已经死亡的被执行人应当清偿的债务，包括生效法律文书确定的义务、迟延履行利息或迟延履行金、执行费用等，但是应以其继承的遗产实际价值为限，人民法院应在裁定书中明确写明继承人履行义务的期间和应当清偿的数额。如果继承人自愿超过遗产价值的范围偿还债务的，人民法院也可不受此限。

还需要说明的是，遗产继承人承担债务的顺位问题。《最高人民法院关于贯彻执行继承法若干问题的意见》第 62 条规定，遗产已被分割而未清偿债务时，如有法定继承又有遗嘱继承和遗赠的，首先由法定继承人用其所得遗产清偿债务；不足清偿时，剩余的债务由遗嘱继承人和受遗赠人按比例用所得遗产偿还；如果只有遗嘱继承和遗赠的，由遗嘱继承人和受遗赠人按比例用所得遗产偿还。另外，根据上述司法解释第 61 条，继承人中有缺乏劳动能力又没有生活来源的人，即使遗产不足清偿债务，也应为其保留适当遗产。

（二）直接执行遗产

继承权是法律规定的权利，权利人既可以行使，也可以放弃。根据《变更、追加规定》第 10 条第 1 款，继承人放弃继承或受遗赠人放弃受遗赠，又无遗嘱执行人的，人民法院可以直接执行遗产。被执行人的遗产被第三人无偿占有拒不交出的，人民法院可以直接对该遗产强制执行。

（三）裁定终结执行

根据《民事诉讼法》第257条关于终结执行的规定，作为被执行人的自然人死亡，无遗产可供执行，又无义务承担人的，人民法院应当裁定终结执行。

二、作为被执行人的法人或者其他组织终止

《民事诉讼法》第232条规定，作为被执行人的法人或者其他组织终止的，由其权利义务承受人履行义务。根据《民事诉讼法解释》第472条，执行中作为被执行人的法人或者其他组织分立、合并的，人民法院可以裁定变更后的法人或者其他组织为被执行人；被注销的，如果依照有关实体法的规定有权利义务承受人的，可以裁定该权利义务承受人为被执行人。《变更、追加规定》对作为被执行人的法人或者其他组织终止后，被执行主体的变更、追加作了更加详细的规定。具体分述如下：

（一）合并

合并可以是几个法人或者其他组织合并成一个新的法人或者其他组织，也可以是原有的法人或者其他组织并入另一法人或者其他组织，由另一法人或者其他组织承受原有法人或者其他组织的债权债务。作为被执行人的法人或者其他组织与其他单位合并的，可以裁定变更合并后存续或新设的法人、其他组织作为被执行人。例如，根据《公司法》第172条、第174条规定，公司合并可以采取吸收合并或者新设合并。一个公司吸收其他公司为吸收合并，被吸收的公司解散。两个以上公司合并设立一个新的公司为新设合并，合并各方解散。公司合并时，合并各方的债权、债务，应当由合并后存续的公司或者新设的公司承继。再如，根据《最高人民法院关于审理与企业改制相关的民事纠纷案件若干问题的规定》第31条、第33条，企业吸收合并后，被兼并企业的债务应当由兼并方承担。企业

新设合并后，被兼并企业的债务由新设合并后的企业法人承担。《变更、追加规定》第 11 条明确规定，作为被执行人的法人或其他组织因合并而终止，申请执行人申请变更合并后存续或新设的法人、其他组织为被执行人的，人民法院应予支持。

（二）分立

分立可以是法人或者其他组织分成几个新的法人或者其他组织，将原有的资产和债务合理分配给新成立的法人或者其他组织，也可以是在保留原法人或者其他组织的情况下，划分一部分财产、分配一定的债务成立新的法人或者其他组织。

《执行规定》第 79 条规定了被执行人按法定程序分立和不符合法定程序分立后，存续主体承担债务的问题。分立程序是否合法，应根据相关实体法的规定进行判断。按法定程序分立的，存续企业按分立协议确定的比例承担债务；未按法定程序分立的，存续企业按照其从被执行企业分得的资产占原企业总资产的比例承担责任。这里所说的按分得资产比例承担责任，不是说存续企业从原企业得到多少资产，法院就执行多少资产，而是应当按照其所得资产占原企业总资产的比例，承担总债务中相应比例的部分。

需要说明的是，对于企业和公司的分立而言，《执行规定》第 79 条和《最高人民法院关于审理与企业改制相关的民事纠纷案件若干问题的规定》第 12 条、《公司法》第 177 条、《变更、追加规定》第 12 条的规定不一致。《公司法》第 176 条规定："公司分立前的债务由分立后的公司承担连带责任。但是，公司在分立前与债权人就债务清偿达成的书面协议另有约定的除外。"《最高人民法院关于审理与企业改制相关的民事纠纷案件若干问题的规定》第 12 条规定："债权人向分立后的企业主张债权，企业分立时对原企业的债务承担有约定，并经债权人认可的，按照当事人的约定处理；企业分立时对原企业债务承担没有约定或者约定不明，或者虽然有约定但债权人不予认可的，分立后的企业应当承担连带责任。"《变更、追加规定》第 12 条规定："作为被执行人的法人或其他组织分立，申请执行人申请变更、追加分立后新设的法人或其他组织为被执行人，对生效法律文书确定的债务承担连带责任的，人民法院应予支持。但被执行人在分立前与申请执行人就债务清偿达成的书面协议另有约定的除外。"根据上述规定，公司、改制企业等法人或者其他组织分立时，债权人和债务人对债务承担有约定的，原则上按照当事人的约定处理，否则应由分立后的公司、企业等法人或者其他组织承担连带责任。这与《执行规定》第 79 条被执行人按法定程序分立时，存续企业依约定比例承担债务；未按法定程序分立时，存续企业依分得资产比例承担债务的规定不同。人民法院在适用法律时应引起注意。《公司法》属于全国人大常委会通过的法律，对于公司分立的债务承担问题，应适用公司法的规定确定存续公司应承担的债务。《最高人民法院关于审理与企业改制相关的民事纠纷案件若干问题的规定》自 2003 年 2 月 1 日起施行，《变更、追加规定》自 2016 年 12 月 1 日起施行，根据新法优于旧法的原则，人民法院在处理法人或其他组织分立的债务承担问题上，也应适用新司法解释的规定，不宜再依据《执行规定》第 79 条处理。

（三）注销

作为被执行人的法人或者其他组织被注销的，应当依法对其资产、债权、债务进行清算和分配。在办理注销登记时，根据工商行政管理部门的要求，通常需在工商登记材料中载明债权债务的处理情况。清算组织作为法人、其他组织注销过程中债权债务的清算主体，不是债务的承受人，人民法院应依据相关实体法的规定，确定是否存在权利义务承受人。实践中，作为被执行人的法人或者其他组织注销但不依法清算的现象仍然很突出，执行机构需要处理大量法人、其他组织终止后，债务承受主体如何确定的问题。

根据《变更、追加规定》第 21 条规定，作为被执行人的公司，未经清算即办理注销登记，导致公司无法进行清算，申请执行人申请变更、追加有限责任公司的股东、股份有限公司的董事和控股股东为被执行人，对公司债务承担连带清偿责任的，人民法院应予支持。公司解散不依法进行清算的现象较为突出，有相当数量的公司不经清算就申请注销，借此逃避债务，严重损害债权人利益，危害社会经济秩序。在公司清算过程中，清算义务人拒绝或怠于履行清算义务、恶意处置公司财产、不当办理公司注销登记等损害债权人利益的行为时有发生。针对此类问题，《最高人民法院关于适用〈中华人民共和国公司法〉若干问题的规定（二）》（以下简称《公司法解释（二）》）规定了清算义务人不适当履行清算义务的民事责任。《变更、追加规定》在《公司法解释（二）》相关规定的基础上，结合执行工作实际，确立了变更、追加清算义务人为被执行人的规则。

根据《变更、追加规定》第22条规定，作为被执行人的法人或其他组织，被注销或出现被吊销营业执照、被撤销、被责令关闭、歇业等解散事由后，其股东、出资人或主管部门无偿接受其财产，致使该被执行人无遗留财产或遗留财产不足以清偿债务，申请执行人申请变更、追加该股东、出资人或主管部门为被执行人，在接受的财产范围内承担责任的，人民法院应予支持。股东、出资人或主管部门对被注销或出现被吊销营业执照、被撤销、被责令关闭、歇业等解散事由的被执行人财产，必须是无偿接收的。如果属于有偿接收，则不能直接裁定变更、追加被执行人。承担责任的范围应限定在无偿接收的财产数额之内，不能要求其在接收财产的范围之外，再用自身财产清偿债务。根据《变更、追加规定》第26条，被申请人在应承担责任范围内已承担相应责任的，人民法院不得责令其重复承担责任。

根据《变更、追加规定》第23条规定，作为被执行人的法人或其他组织，未经依法清算即办理注销登记，在登记机关办理注销登记时，第三人书面承诺对被执行人的债务承担清偿责任，申请执行人申请变更、追加该第三人为被执行人，在承诺范围内承担清偿责任的，人民法院应予支持。实践中，有些被执行人的出资人或主管部门为达到注销的目的，或者为满足工商行政管理部门办理注销登记的要求，在工商登记材料中或者以其他形式，明确表示承继被执行人的债权，负担被执行人的债务。这种情况涉及出资人或主管部门的债务履行承诺问题。如出资人或主管部门的债务履行承诺成立，除以被执行人的财产偿还债务外，作出履行承诺的出资人或主管部门还要以自身财产对债务承担清偿责任。这种责任和清算义务人的清算责任是不同性质的民事责任。清算义务人的清算责任是处理被执行人的债权债务，实现被执行人的债权，以被执行人的自有资产偿还债务，并分配剩余财产。如果相关主体只是表示对被执行人的债权债务进行处理，则不足以认为其承诺对被执行人的债务承担清偿责任，不能据此将清算义务人直接认定为被执行人债务的承继人，而应从其是否应承担相应清算责任的角度评判其民事责任问题。虽然根据《变更、追加规定》，这两种责任都可以成为执行中变更、追加被执行人的事由，但两者的责任性质和法律基础并不相同。

（四）其他情形

除上述规定外，作为被执行人的无法人资格的个人独资企业倒闭或解散，合伙企业倒闭或解散，法人分支机构被撤销等被执行人未清偿债务即终止的情形下，人民法院可依据《变更、追加规定》第 13 条、第 14 条、第 15 条规定，变更、追加个人独资企业投资人、合伙人、撤销分支机构的法人为被执行人。如果作为被执行人的法人或者其他组织终止，但其股东、出资人存在未缴纳、未足额缴纳出资，或者抽逃出资的情形，人民法院可以根据《变更、追加规定》第 16 条至第 19 条规定，裁定变更股东、出资人为被执行人，在尚未缴纳出资或者抽逃出资的范围内，对申请执行人承担责任。

三、变更名称变更后的主体为被执行人

《变更、追加规定》第 27 条规定，执行当事人的姓名或名称发生变更的，人民法院可以直接将姓名或名称变更后的主体作为执行当事人，并在

法律文书中注明变更前的姓名或名称。被执行人的姓名或名称的变更不影响其作为债务主体的法律地位，只是需在姓名或名称这一形式上作相应更改，由执行法院对变更后的姓名或名称进行确认。严格地讲，被执行人姓名或名称变更的情形和通常意义上被执行主体的终止并不相同。《变更、追加规定》第27条并未采取专门作出变更执行当事人姓名或名称裁定书的做法，而是规定直接将姓名或名称变更后的主体作为执行当事人，并在法律文书中注明变更前的姓名或名称。

被执行人为法人或其他组织的，确定其名称时，应以被执行人在登记机关登记的名称为准。被执行人擅自改变名称，未办理变更登记，或者被执行人向登记机关申请变更名称但尚未核准的，执行法院仍应使用登记部门原来登记的名称，待登记的名称完成变更手续后，再作相应的形式处理。

第十八章　第三人承诺履行债务

执行过程中，案外第三人承诺自愿替被执行人偿还债务，是执行实践经常遇到的现象。在被执行人不履行生效法律文书确定义务的情况下，有案外第三人自愿代被执行人履行，有利于申请执行人债权实现，以及人民法院执行程序继续进行。《变更、追加规定》第 24 条针对执行实践中广泛存在的第三人自愿代被执行人履行义务的现象，确立了变更、追加该第三人为被执行人的具体规则。

一、变更、追加承诺履行债务的第三人为被执行人的理论基础

（一）民事实体法理论基础

第三人自愿代被执行人履行债务，在民法理论上如何认识？有观点认为，这种情形属于债务承担；有观点认为，这种情形属于债务承担中的债务加入。所谓债务承担，是指在不改变债的内容的前提下，债务人通过与第三人订立转让债务的协议，将债务全部或者部分移转给第三人承担的法律事实。债务承担，按照承担后原债务人是否免责为标准，可以分为免责的债务承担和并存的债务承担。其中，免责的债务承担，是指经债权人同意，由第三人取代原债务人地位而承担全部债务，使原债务人脱离债权债务关系；并存的债务承担，又称债务加入、附加的债务承担、重叠的债务承担等，是指原债务人并不脱离债的关系，而由第三人加入债权人与原债务人之间既存的债权债务关系当中，与原债务人一起向债权人承担债务。

免责的债务承担和并存的债务承担有以下不同之处：

1. 两者债务主体的变更不同。免责的债务承担导致原债务人脱离债权债务关系，第三人取代原债务人成为新债务人，引起债务主体的完全改变。债权人不得再请求原债务人承担债务，只能请求第三人承担债务。而并存的债务承担并不影响原债务人的地位，第三人只是新加入到原先的债权债务关系中来，在主体的变化上，只是增加了债务人而已，所以并存的债务承担又被称为债务加入。严格地讲，只有免责的债务承担才属于债务的移转，并存的债务承担只是增加债务人的人数。正是从这个角度出发，免责的债务承担又被称为狭义的债务承担，有时民法上所称的债务承担仅指免责的债务承担。

2. 两者成立的条件不同。两者成立条件最大的不同，在于是否需要经过债权人同意。免责的债务承担，由于导致原债务人从债权债务关系中退出，由第三人取代原债务人，对于债权实现关系甚大。因此，免责的债务承担必须经过债权人同意。《合同法》第 84 条规定："债务人将合同的义务全部或者部分转移给第三人的，应当经债权人同意。"而并存的债务承担，由于原债务人并不脱离债权债务关系，并且第三人对债务的加入，有利于债权人利益，因此债务加入原则上不需要经过债权人同意。

3. 两者第三人承担债务的方式和范围不同。免责的债务承担中，第三人只能独立地承担所移转的债务，其承担债务的范围一般与原债务人相同；而并存的债务承担，则是由第三人与原债务人就第三人承诺履行的部分债务，向债权人共同承担连带责任，第三人承担债务的范围不超过原债务的限度，也可以小于原债务。

根据上述分析，执行过程中，第三人承诺自愿代被执行人履行生效法律文书确定债务的，在被执行人不退出执行程序的状态下，加入的第三人与被执行人共同承担债务，增加了债务履行主体，有利于申请执行人债权实现，往往不需要经过债权人同意，通常情况下，符合债务加入的构成要件，可以从债务加入的层面解释。而免责的债务承担需要经过债权人同意才能生效，不符合《变更、追加规定》第 24 条设定的情形，不能用免责的债务承担理论来解释。当然，如果申请执行人同意免除原被执行人债务，仅向承诺自愿履行的第三人主张权利的，则另当别论。

（二）民事程序法理论基础

1. 处分原则。《民事诉讼法》第 13 条第 2 款规定的处分原则，是指当事人有权在法律规定的范围内，处分自己的民事权利和诉讼权利。当事人处分的权利对象主要分为两大类：一是基于实体法律关系而产生的民事实体权利；二是基于民事诉讼法律关系所产生的诉讼权利。诉讼权利虽然属于程序意义上的权利，但往往与实体权利有关，当事人对实体权利的处分，一般是通过对诉讼权利的处分来实现。当事人的处分权不是绝对的，我国法律在赋予当事人处分权的同时，也要求当事人不得违反法律规定，不得损害国家、集体、他人利益。否则，人民法院将代表国家实行干预，通过司法审查确认当事人处分行为的效力。

执行过程中，第三人向人民法院承诺代被执行人履行债务，自愿进入执行程序承担相应义务的，属于行使处分权的行为，只要其替被执行人履行债务的意思表示真实有效，且不损害国家利益、社会公共利益和他人合法权益，不违背公序良俗，人民法院对其处分行为应予认可，可以将第三人变更、追加为被执行人，并对第三人财产强制执行。第三人行使处分权的范围，亦构成人民法院对其发动强制执行的限制，如果第三人仅承诺代被执行人履行部分债务，人民法院虽得以将其追加为被执行人，但第三人承担债务的范围应当限于其承诺履行的部分，人民法院不得借此强制第三人履行全部义务。

2. 诚实信用原则。民事诉讼应当遵循诚实信用原则，是 2012 年《民事诉讼法》修改在第 13 条中新增加的内容。诚实信用原则首先体现在民事实体法上，作为民法的基本原则，被誉为民法中的“帝王条款”。随着诚实信用原则的发展，其已从私法领域延伸到公法领域，从民事实体法领域延伸到民事程序法领域。诚实信用原则由最初只规定当事人之间的真实义务，开始向调整法院、当事人和其他诉讼参与人之间的全面关系演变，其内涵和外延不断丰富、扩大。诚实信用原则应当贯穿民事诉讼和执行活动的全过程，不仅是当事人和其他诉讼参与人应当遵守的原则，也是人民法院行使审判权、执行权应当遵守的原则。

禁止前后出现相互矛盾的行为，即“禁反言”规则，是民事诉讼诚实信用原则的重要内容之一。“禁反言”规则，是指当事人在民事诉讼和执行程序中，不得作出前后相互矛盾的陈述，实施的诉讼行为必须前后一致，如果当事人无正当理由改变陈述或变更诉讼行为，损害对方或他人利益，使之遭受不公平的结果，那么对当事人前后矛盾的行为应当予以禁止。诚实信用原则还包括禁止当事人滥用程序权利，对其作出的承诺随意反悔，通过执行救济程序干扰执行工作正常进行等行为。第三人书面承诺自愿代被执行人偿还债务而被变更、追加为被执行人后，如果无正当理由反悔，属于违反诚实信用原则中“禁反言”规则的行为，人民法院对此不应支持。

二、变更、追加承诺履行债务的第三人为被执行人的法律条件

执行过程中，第三人承诺自愿代被执行人偿还债务的，在符合规定条件下，人民法院可以变更、追加该第三人为被执行人，并强制执行第三人相应的财产。根据《变更、追加规定》第 24 条，变更、追加承诺履行债务的第三人为被执行人，应当符合以下条件：

（一）形式要件

1. 第三人以书面形式承诺代被执行人偿还债务。第三人代被执行人偿还债务的承诺，应当以书面形式作出或予以固定，仅以口头形式表示愿意替被执行人承担债务，但最终没有落实为书面形式而无法查证核实的，人民法院不得据此变更、追加该第三人为被执行人。之所以要求第三人以书面形式作出债务履行承诺，是因为书面形式更易于固定证据，

便于证实第三人承诺替被执行人履行债务的真实性，减少事实争议。人民法院在根据第三人债务履行承诺，裁定变更、追加其为被执行人的过程中，要注意以相应方式保留、固定证据，可以要求第三人向法院出具代履行债务承诺书、签署代被执行人履行相关债务的执行笔录，甚至有的法院还对第三人承诺代为履行债务的事实，采取录音录像等方式予以固定。

2. 第三人自愿代被执行人偿还债务的承诺，应当向人民法院作出。第三人向人民法院作出并经人民法院审查确认的债务履行承诺，具有公法上的效力，人民法院可据此实施相应的执行行为。另外，其他形式的具有公法上公示公信效力的债务履行承诺，也可以具有类似的程序后果。只有符合上述条件的债务履行承诺，人民法院方可追加自愿作出承诺的第三人为被执行人。如果第三人仅向当事人承诺代被执行人履行债务，或者只在当事人与第三人之间协议约定由第三人代为履行债务，未经人民法院见证或确认的，尚不具备直接变更、追加被执行人的条件，但仍可以由当事人和第三人自行履行，或者通过诉讼途径解决纠纷。

（二）实质要件

第三人代被执行人偿还债务，必须出于自愿，不受强迫、欺诈等因素影响，其意思表示必须真实。意思表示真实，是指行为人在自觉、自愿的基础上作出符合其意志的表示行为。意思表示真实包括两个方面：其一，行为人的意思表示须是自愿的，任何个人和组织都不得强迫行为人实施或者不实施某一民事行为。其二，行为人的意思表示须是真实的，即行为人的主观意愿和外在的意思表示是一致的。[①] 人民法院在变更、追加第三人为被执行人的过程中，应当审查第三人的债务履行承诺是否系其自愿作出的真实意思表示。只有在第三人代被执行人承担债务并愿意接受强制执行的意思表示真实的前提下，人民法院才能将其追加为被执行人。至于第三

① 魏振瀛主编：《民法》（第四版），北京大学出版社 2010 年版，第 156 页。

人和被执行人之间，或者与申请执行人之间，是否存在其他相关的原因民事法律关系，则不属于执行程序处理范围。

三、变更、追加承诺履行债务的第三人为被执行人的责任范围

人民法院变更、追加第三人为被执行人的，第三人承担责任的范围，应当以其承诺履行的债务范围为限，人民法院只能在第三人承诺承担的责任范围之内强制执行。这一要求为《变更、追加规定》第24条明确规定。第三人向执行法院承诺代被执行人履行债务，本身就是行使处分权的行为，其处分权利的范围亦构成对人民法院强制执行权的限制。人民法院不能超越第三人处分权的范围，责令第三人承担其承诺履行范围之外的债务。否则，就构成对第三人合法权益的侵犯，如果第三人就此向上一级法院申请复议，人民法院应予支持。

四、第三人反悔的问题

如果第三人因向执行法院书面承诺自愿代被执行人偿还债务被依法变更、追加为被执行人后，又无正当理由反悔，向上一级法院申请复议的，人民法院不予支持。第三人被变更、追加为被执行人后无正当理由反悔，属于违反民事诉讼诚实信用原则的行为，按照“禁反言”规则的要求，其反悔行为不应得到支持。需要强调的是，第三人反悔需无正当理由才为无效。如果第三人有正当理由反悔的，人民法院审查确认后，可以支持其复议请求。正当理由，主要包括足以对变更、追加该第三人为被执行人的合法性构成实质挑战的理由。例如，第三人因受强迫、欺诈、陷于重大认识错误等，影响其意思表示真实性、自愿性的理由。

在人民法院作出变更、追加被执行人的裁定之前，第三人如果对其代被执行人履行债务的承诺反悔，应如何处理？笔者认为，此时执行法院尚

未作出变更、追加被执行人的裁定，程序法律结果还没有确定，从尊重当事人处分权的角度出发，可以不再据此裁定变更、追加该第三人为被执行人。一旦变更、追加第三人为被执行人的裁定作出并生效后，从维护执行程序安定性的角度出发，此时不再允许第三人无正当理由反悔，其应依法承担代被执行人履行债务的责任。

第八编

中止执行、终结执行与执行回转

第十九章　中止执行

中止执行是指在执行过程中，由于发生某种特殊情况而暂时停止执行程序，待该情况消除后再恢复执行的制度。中止执行使已经进行的执行行为和执行措施维持现有状态。人民法院在受理执行案件后，一般情况下，应当在法定期限内将案件执行完毕，但在遇到某些特殊情况时，需要暂时停止执行程序。为解决某些执行程序无法继续进行的特殊问题，《民事诉讼法》规定了中止执行制度。中止执行的，法院应当作出中止执行裁定。裁定中止执行应当符合法律规定的条件，人民法院不得在执行遇到阻力等情况下随意裁定中止执行。

一、中止执行的法定条件

根据《民事诉讼法》第256条规定，中止执行的条件主要包括以下几项：

（一）申请人表示可以延期执行

申请人表示可以延期执行是对其权利的处分，只要申请人处分权利符合法律规定，不损害社会公共利益和他人合法权益，人民法院应当尊重申请人的选择。申请人同意延期执行必须是其真实的意思表示，如果并非出于自己本意，而是受到案外因素的影响，违心地同意延期执行的，人民法院在查明情况后可以继续执行。

（二）案外人对执行标的提出确有理由的异议

执行过程中，案外人根据《民事诉讼法》及相关司法解释关于案外人异议程序的规定，对执行标的提出书面异议的，人民法院应当自收到书面异议之日起 15 日内审查，理由成立的，裁定中止对该标的的执行。中止执行的范围，应当限于案外人提出异议部分的财产，对被执行人的其他财产应继续执行。申请执行人不服中止执行裁定的，可以自裁定送达之日起 15 日内向执行法院提起执行异议之诉。根据《民事诉讼法解释》第 316 条规定，人民法院依据《民事诉讼法》关于案外人异议程序的规定对执行标的裁定中止执行后，申请执行人在裁定送达之日起 15 日内未提起诉讼的，人民法院应当自起诉期限届满之日起 7 日内解除对该执行标的采取的执行措施。

（三）作为一方当事人的公民死亡，需要等待继承人继承权利或者承担义务

如果申请执行人死亡，需要等待其继承人继承权利；或者被执行人死亡，需要等待其继承人承担义务的，法院都应根据《民事诉讼法》第 256 条规定作出中止执行裁定。有一种意见认为，在一方当事人死亡时，是否等待继承人继承权利或承担义务，实际上不会影响法院对财产的继续执行，此时可不必裁定中止执行。上述观点在实践中有一定的合理性，但《民事诉讼法》第 256 条第 1 款第（3）项采用的表述是“人民法院应当裁定中止执行”。

（四）作为一方当事人的法人或者其他组织终止，尚未确定权利义务承受人

执行过程中，无论是作为申请执行人的法人或其他组织，还是作为被执行人的法人或其他组织基于某种原因而终止，在其权利义务承受人确定之前，人民法院都应当裁定中止执行，待权利义务承受人确定后，再恢复执行。

（五）人民法院认为应当中止执行的其他情形

《民事诉讼法》第256条第1款第（5）项规定属于中止执行的兜底性条款，人民法院在执行过程中认为确有必要裁定中止执行的，可据此作出裁定。其他法律、司法解释对中止执行另有规定的，应按照相关规定处理。根据《执行规定》第102条及其他司法解释规定，人民法院在下列情形下也应当裁定中止执行：

1. 人民法院已受理以被执行人为债务人的破产申请。《企业破产法》第19条规定，人民法院受理破产申请后，有关债务人财产的保全措施应当解除，执行程序应当中止。人民法院裁定中止执行的，债权人可以向受理破产案件的法院申报债权。这一规定主要针对当事人申请破产的情形，而对于执行法院将执行案件移送破产审查的情形而言，中止执行的时间点会有所区别。另外，根据最高人民法院答复山东省高级人民法院的（2004）执他字第24号函，被执行人被宣告破产后，人民法院对其破产前依法追加的其他被执行人的执行也应中止。依法追加的被执行人应当清偿的债务，由破产清算组依法一并处理。

2. 执行案件移送破产审查的案件，自执行法院作出移送破产决定并书面通知已知执行法院时，执行法院均应中止对被执行人的执行。《民事诉讼法解释》第513条规定，在执行中，作为被执行人的企业法人符合《企业破产法》第2条第1款规定情形的，执行法院经申请执行人之一或者被执行人同意，应当裁定中止对该被执行人的执行，将执行案件相关材料移送被执行人住所地人民法院。根据《最高人民法院关于执行案件移送破产审查若干问题的指导意见》第8条，执行法院作出移送破产的决定后，应当书面通知所有已知执行法院，执行法院均应中止对被执行人的执行程序。这一规定实质上将执行案件移送破产审查情形下法院裁定中止执行的时间点，提前至执行法院作出移送破产决定并书面通知已知执行法院之时。但是，对被执行人的季节性商品、鲜活、易腐烂变质以及其他不宜长期保存的物品，执行法院应当及时变价处置，处置的价款不作分配。受移送法院裁定受理破产案件的，执行法院应当在收到裁定书之日起七日内，将该价款移交受理破产案件的法院。根据上述指导意见第 9 条，为确保对被执行人财产查封、扣押、冻结措施的连续性，执行法院决定移送后、受移送法院裁定受理破产案件之前，对被执行人的查封、扣押、冻结措施不解除；查封、扣押、冻结期限在破产审查期间届满的，申请执行人可以向执行法院申请延长期限，由执行法院负责办理。

3. 执行的标的物是其他法院或仲裁机构正在审理的案件争议标的物，需要等待该案件审理完毕确定权属。执行标的物如为其他案件的争议标的物，说明其财产权属还处于不确定状态，法院当然不能对此继续执行，但可以根据案件的实际情况，对该争议标的物采取控制性措施，而不能对其进行处分。中止执行裁定的效力只能及于该执行标的物本身，而不是整个执行程序的中止，被执行人如有其他财产可供执行的，人民法院应当继续执行其他财产。需要说明的是，上述情形应与执行法院查封、扣押、冻结执行标的后，案外人又另行对标的物权属提起诉讼或者申请仲裁的情况区别对待。后一种情形并不能当然阻却对该标的的执行，而应由案外人向执行法院提起案外人异议予以解决。

4. 一方当事人申请执行仲裁裁决，另一方当事人申请撤销仲裁裁决。《仲裁法》第 64 条规定，一方当事人申请执行仲裁裁决，另一方当事人申请撤销仲裁裁决的，人民法院应当裁定中止执行。对于已经生效的仲裁裁决，一方当事人向法院申请执行，另一方当事人申请撤销的，说明双方对仲裁结论尚有争议。一般情况下，多为被执行人申请撤销仲裁裁决。在执行过程中，如果法院已经立案受理了撤销仲裁裁决的申请，执行法院应当裁定中止仲裁裁决的执行。对撤销仲裁裁决申请的审查由人民法院的审判机构进行，因此执行机构对仲裁裁决的执行有必要待审判机构的审查结论作出后，再决定是否继续执行。如果当事人向人民法院申请不予执行仲裁裁决的，则由执行机构直接对不予执行仲裁裁决的申请进行审查。

5. 仲裁裁决的被执行人、案外人依据民事诉讼法及相关司法解释规定向人民法院提出不予执行请求，并提供适当担保。根据《仲裁裁决执行规定》第 7 条第 1 款，被执行人、案外人对仲裁裁决执行案件提出不予执行申请并提供适当担保的，执行法院应当裁定中止执行。中止执行期间，人民法院应当停止处分性措施，但申请执行人提供充分、有效的担保请求继续执行的除外。

6. 按照审判监督程序决定再审案件的中止执行。《民事诉讼法》第 206 条规定，按照审判监督程序决定再审的案件，裁定中止原判决、裁定、调解书的执行，但追索赡养费、扶养费、抚育费、抚恤金、医疗费用、劳动报酬等案件，可以不中止执行。根据《执行规定》第 103 条，按照审判监督程序提审或再审的案件，执行机构根据上级法院或本院作出的中止执行裁定书中止执行。

二、中止执行裁定

中止执行是执行程序中重要的程序性事项，人民法院应当作出裁定。中止执行裁定送达相关当事人后即发生法律效力。根据《异议复议规定》第 7 条第 1 款第（1）项，当事人、利害关系人不服中止执行措施的，可以依据《民事诉讼法》第 225 条向执行法院提出执行行为异议。中止执行裁定应写明中止执行的相关事实、理由和法律依据。如果生效法律文书主文的给付内容可分，人民法院只需对部分内容中止执行的，应在裁定主文中写明中止执行执行依据主文的第几项或中止执行的具体内容，生效法律文书主文确定的其他内容应继续执行。如果是对全案中止执行，应写明对据以执行的某某法律文书中止执行。中止执行裁定中，应当告知当事人在中止执行的情形消失后申请恢复执行的权利。

中止执行裁定送达当事人后，人民法院应当停止与裁定相关的强制执行活动，正在实施的执行行为应立即停止，尚未实施的执行行为暂不实施，但中止执行裁定之外的执行行为不受影响，已经依法实施完毕的执行行为仍然有效。为防止被执行人恶意转移财产逃避债务，人民法院可以根据案件情况，对被执行人财产采取控制性执行措施，但处分性执行措施应当停止。对于裁定中止执行的案件，在中止执行的情况消失后，人民法院可以依当事人申请或依职权恢复执行。中止执行的裁定自执行程序恢复时即失去法律效力，人民法院不需要再作出撤销中止执行的裁定。

裁定中止执行时，人民法院应将能够证明存在中止事由的有关证据附卷。执行中止属于执行程序中的重大事项，宜由合议庭讨论决定。根据《最高人民法院关于人民法院执行公开的若干规定》第 13 条，人民法院依职权对案件中止执行的，应当制作裁定书并送达当事人。裁定书应当说明中止执行的理由，并明确援引相应的法律依据。对已经中止执行的案件，人民法院应当告知当事人中止执行案件的管理制度、申请恢复执行或者人民法院依职权恢复执行的条件和程序。另外，根据《最高人民法院关于人民法院办理执行案件若干期限的规定》第 13 条，中止执行的期间不计入办案期限。

三、中止执行事由消失后恢复执行

根据《执行规定》第 104 条，中止执行的情形消失后，执行法院可以根据当事人的申请或依职权恢复执行。恢复执行有两种情况：一是根据当事人申请，由人民法院决定；二是不经当事人申请，由人民法院依职权决定。恢复执行不需要再作撤销中止执行的裁定，但应当书面通知当事人。实践中，有的法院采用作出裁定的方式恢复执行，有的法院采取作出书面通知的方式告知当事人恢复执行，有的法院直接予以恢复执行。

四、裁定中止执行与决定暂缓执行的区别

在执行程序停止的问题上，《民事诉讼法》和相关司法解释还有关于暂缓执行的规定。暂缓执行虽然也是执行程序的暂时停止，但暂缓执行和中止执行属于不同的法律制度。两者的适用条件和采用的法律文书均不相

同。暂缓执行，是指执行程序开始后，人民法院基于法定事由，决定对某一项或者某几项执行措施在规定的期限内暂缓实施。根据《暂缓执行规定》第2条第2款，人民法院决定暂缓执行的，应当制作暂缓执行决定书，并及时送达当事人。这一点与中止执行应当制作裁定书不同。决定暂缓执行和裁定中止执行还有以下区别：

（一）期限问题

决定暂缓执行应当在暂缓执行决定书中写明暂缓执行的期限，中止执行裁定书无须确定中止执行的期限。根据《暂缓执行规定》第10条、第13条，暂缓执行有期限限制，暂缓执行的期间不得超过三个月；因特殊事由需要延长的，可以适当延长；暂缓执行的期限届满后，人民法院应当立即恢复执行。而中止执行后恢复执行则是由于中止执行的事由消失，并无明确的期限限制。因此，暂缓执行决定书应当写明暂缓执行的期限。决定书载明的期限届满后，除特殊情况可以延长暂缓执行期限以外，应立即恢复执行。

（二）执行担保问题

暂缓执行决定书通常要写明执行担保的情况。从《民事诉讼法》《执行规定》《暂缓执行规定》等规范性文件对暂缓执行条件的规定来看，暂缓执行除上级人民法院决定暂缓执行的情形以外，一般会涉及执行担保的问题。例如，根据《暂缓执行规定》第3条、第4条、第7条，暂缓执行可以由当事人或者其他利害关系人提出申请，人民法院决定，也可以由人民法院依职权决定；当事人或者其他利害关系人申请暂缓执行的，如果符合暂缓执行的法定条件，人民法院应当同时责令申请暂缓执行的当事人或者其他利害关系人在指定的期限内提供相应的担保；人民法院依职权决定暂缓执行的，一般应由申请执行人或者被执行人提供相应的担保。因此，暂缓执行决定书通常应写明当事人提供执行担保的情况，而中止执行裁定书则通常不涉及此项问题。

五、关于中止执行其他需要说明的问题

（一）被执行人确无财产可供执行

人民法院对被执行人确无财产可供执行的认定，应当在积极采取法律赋予的调查手段、穷尽对被执行人财产状况的相关调查措施之后作出。如果执行法院对被执行人的财产状况未进行充分审查就认定“被执行人确无财产可供执行”，则是对申请执行人权利的侵害。法院在作出被执行人确无财产可供执行的结论之前，应当对被执行人的财产状况进行调查，并将所采取的各种财产调查措施的材料归入案卷。需要说明的是，虽然《执行规定》第 102 条第（2）项规定被执行人确无财产可供执行的，人民法院应当依照《民事诉讼法》规定裁定中止执行，但是，根据《民事诉讼法解释》第 519 条规定，经过财产调查未发现可供执行的财产，在申请执行人签字确认或者执行法院组成合议庭审查核实并经院长批准后，可以裁定终结本次执行程序。根据后法优于前法的原则，对被执行人确无财产可供执行的案件，应适用《民事诉讼法解释》，裁定终结本次执行程序。《终本规定》也规定被执行人确无财产可供执行的，可以裁定终结本次执行程序。

（二）执行和解与中止执行

执行实践中还有一种涉及停止执行的情况，即当事人达成执行和解协议。执行和解具有阻却执行的效力，当事人达成执行和解协议后，人民法院一般不再对当事人履行执行和解协议的行为进行干预，也不再对被执行人继续采取强制执行措施，而是将和解协议交由当事人自行履行。如果义务人不履行执行和解协议的，人民法院可以根据对方当事人的申请，恢复原生效法律文书的执行。执行和解的达成实际上也能产生中止执行的效果，对此相关执行司法解释已有所规定。例如，《最高人民法院关于执行和解若干问题的规定》第 2 条明确，和解协议达成后，有下列情形之一

的，人民法院可以裁定中止执行：（1）各方当事人共同向人民法院提交书面和解协议的；（2）一方当事人向人民法院提交书面和解协议，其他当事人予以认可的；（3）当事人达成口头和解协议，执行人员将和解协议内容记入笔录，由各方当事人签名或者盖章的。再如，《最高人民法院关于执行和解若干问题的规定》第 19 条第（2）项、第（3）项也规定了因和解协议而中止执行的情形。

（三）人民法院受理第三人撤销之诉后的中止执行

根据《民事诉讼法解释》第 299 条，受理第三人撤销之诉案件后，原告提供相应担保，请求中止执行的，人民法院可以准许。第三人依据《民事诉讼法》第 56 条第 3 款规定提起第三人撤销之诉，在人民法院受理案件且该第三人提供相应担保的前提下请求中止执行的，人民法院可以根据案件具体情况，裁定中止执行。

第二十章　终结执行

终结执行是指在执行过程中，由于发生某些特殊情况，执行程序不可能或没有必要继续进行，从而结束执行程序的制度。终结执行是执行程序的非正常结束。终结执行不同于执行完毕。执行完毕是生效法律文书确定的给付内容通过执行已得到实现，从而正常结束执行程序。终结执行是因为执行中出现某种特殊情况，导致执行程序不能继续进行，执行法院根据法律规定，以裁定的方式结束执行程序。根据《执行规定》第108条第（2）项，裁定终结执行也是执行结案的方式之一。通常情况下，人民法院依法裁定终结执行的，执行程序不再恢复，但司法解释也规定了例外情形。

一、裁定终结执行的法定情形

根据《民事诉讼法》第257条规定，人民法院裁定终结执行的情形有以下几项：

（一）申请执行人撤销申请

申请执行人撤销申请说明其向法院表示放弃权利，如果其撤销执行申请的意思表示真实自愿，又不损害国家、集体或他人的合法权利，人民法院应裁定终结执行。但申请执行人有多方的，一方撤销申请，不影响其他申请执行人参与执行程序。需要说明的是，因申请执行人撤销申请而裁定终结执行的，执行程序仍存在恢复的可能。《民事诉讼法解释》第520条规定，因撤销申请而终结执行后，当事人在《民事诉讼法》第 239 条规定的申请执行时效期间内再次申请执行的，人民法院应当受理。

（二）据以执行的法律文书被撤销

具有执行力的生效法律文书是法院执行的依据。如果该生效法律文书被撤销，执行的前提也就不存在了，执行程序应当终结。例如，《仲裁法》第 64 条第 2 款规定，人民法院裁定撤销仲裁裁决的，应当裁定终结执行。

（三）作为被执行人的公民死亡，无遗产可供执行，又无义务承担人

被执行人是自然人的，如果其在执行过程中死亡，应当以其遗产偿还债务。根据《民事诉讼法解释》第 475 条，被执行人死亡的，如果其有遗产继承人且继承人没有放弃继承的，人民法院可以裁定变更被执行人，由该继承人在其继承遗产的范围内偿还债务。继承人放弃继承的，人民法院可以直接执行被执行人的遗产，执行程序应继续进行。但在被执行人无遗产可供执行，也无义务承担人的情况下，执行程序根本无法进行，再恢复执行的可能性不大，应当终结执行程序。

（四）追索赡养费、扶养费、抚育费案件的权利人死亡

赡养费、扶养费和抚育费与权利主体的特定身份有关，是当事人基于一定的身份关系而享有的权利，只能由权利主体本人行使，不能转让和继承。追索赡养费、扶养费、抚育费案件的权利人死亡后，该项权利即消灭，被执行人无须再继续履行义务，人民法院应裁定终结执行程序。与权利人人身密切相关的护理费等案件的终结执行，也是同样道理。

（五）作为被执行人的公民因生活困难无力偿还借款，无收入来源，又丧失劳动能力

理解该项规定应注意两点：一是该项规定适用于被执行人生活困难无

力偿还借款的案件。如果被执行人因生产经营困难无力偿还借款，或者执行依据要求被执行人履行某项行为，或向申请执行人返还特定物等非金钱执行案件，人民法院不能适用该项规定裁定终结执行。例如，法院生效判决责令被执行人从侵占申请执行人的房屋中退出的，即不属于该项规定的案件范围。二是被执行人无收入来源，又丧失劳动能力。换言之，被执行人已经彻底失去了偿还借款的能力。在这种情况下，法院实际上已无法对被执行人继续执行，只能终结执行程序。

（六）人民法院认为应当终结执行的其他情形

《民事诉讼法》在终结执行问题上也赋予了执行法院一定的裁量权。《民事诉讼法》第 257 条第（6）项属于兜底性规定，适用该项规定的时候，如有其他可引用的法律规范，应当在裁定书主文的法律依据部分一并列明。除了《民事诉讼法》第 257 条规定的终结执行的情形以外，在法律、司法解释另有规定的情况下，人民法院也应当裁定终结执行。例如，根据《民事诉讼法解释》第 515 条规定，被执行人住所地人民法院裁定宣告被执行人破产的，执行法院应当裁定终结对该被执行人的执行。再如，《刑事诉讼法解释》第 444 条第 1 款规定："执行财产刑过程中，具有下列情形之一的，人民法院应当裁定终结执行：（一）据以执行的判决、裁定被撤销的；（二）被执行人死亡或者被执行死刑，且无财产可供执行的；（三）被判处罚金的单位终止，且无财产可供执行的；（四）依照刑法第五十三条规定免除罚金的；（五）应当终结执行的其他情形。"与民事终结执行不同的是，财产刑执行中，人民法院裁定终结执行后，发现被执行人的财产有被隐匿、转移等情形的，应当继续执行。

二、终结执行裁定

终结执行是执行程序中重要的程序性事项，人民法院应当作出裁定。终结执行的裁定送达相关当事人后即发生法律效力，当事人不得上诉，也不能直接向执行法院申请复议。根据《异议复议规定》第 7 条第 1 款第（1）项，当事人、利害关系人不服终结执行措施的，可以依据《民事诉讼法》第 225 条向执行法院提出执行行为异议。终结执行裁定应写明人民法院终结执行程序的相关事实、理由和法律依据。如果生效法律文书的部分内容符合终结执行的条件，人民法院可以对该部分内容裁定终结执行。如果对全案裁定终结执行，应写明终结执行某某法律文书。终结执行裁定生效后，相关的执行程序即告结束。

三、裁定终结执行和裁定终结本次执行程序的区别

裁定终结本次执行程序虽然也是法院一种结案方式，但终结本次执行程序和终结执行属于两种不同性质的结案方式。两者至少存在以下区别：

（一）恢复执行的具体情形不同

裁定终结本次执行程序是执行法院在已穷尽财产调查措施，未发现被执行人有可供执行的财产或者发现的财产不能处置，以及符合相关规范性文件要求的其他条件情况下，对符合规定条件的案件暂时裁定终结本次执行程序以作结案处理，但在发现被执行人有财产可供执行的时候，人民法院可以根据债权人的申请或者依职权恢复执行，案件又能重新进入执行程序。

裁定终结执行通常意味着执行程序彻底结束，依法裁定终结执行的，法院一般情况下不能再恢复执行，只有在法律、司法解释明确规定的例外情况下，执行程序才能恢复，如《民事诉讼法解释》第 520 条规定。

（二）两者的适用条件不同

裁定终结本次执行程序主要适用于被执行人确无财产可供执行或者发现的财产不能处置的案件，并且需要符合《民事诉讼法解释》第 519 条以

及《终本规定》规定的相关条件。根据《终本规定》第1条，人民法院终结本次执行程序，应当同时符合下列条件：（1）已向被执行人发出执行通知，责令被执行人报告财产；（2）已向被执行人发出限制消费令，并将符合条件的被执行人纳入失信被执行人名单；（3）已穷尽财产调查措施，未发现被执行人有可供执行的财产或者发现的财产不能处置；（4）自执行案件立案之日起已超过三个月；（5）被执行人下落不明的，已依法予以查找；被执行人或者其他人妨害执行的，已依法采取罚款、拘留等强制措施，构成犯罪的，已依法启动刑事责任追究程序。

裁定终结执行是《民事诉讼法》规定的执行结案方式，符合《民事诉讼法》第257条规定的内容即可裁定终结执行。两者在适用条件上存在差别。

（三）两者依据的法律规范效力层级不同

裁定终结本次执行程序是《民事诉讼法解释》规定的结案方式，《终本规定》以规范性文件的形式对终结本次执行程序的适用作了细化。终结本次执行程序一直未获《民事诉讼法》的正式认可。而终结执行是《民事诉讼法》规定的执行结案方式，依据的法律规范效力层级更高。

四、裁定终结执行应注意的法律问题

（一）对已经采取的执行措施的处理

终结执行是执行结案的方式，案件裁定终结执行后，人民法院在执行过程中采取的执行措施必须及时解除。例如，据以执行的仲裁裁决被依法撤销的，执行法院对被执行人财产的查封、扣押、冻结措施应立即解除，拟进行的拍卖、变卖行为不再实施。

（二）裁定终结执行的程序问题

裁定终结执行是执行程序的非正常结束。因此，终结执行属于执行程序的重大事项，一般应组成合议庭进行评议后作出裁定。另外，根据《最高人民法院关于人民法院执行公开的若干规定》第 14 条，人民法院依职权对据以执行的生效法律文书终结执行的，应当公开听证，但申请执行人没有异议的除外。终结执行裁定书应当充分说明终结执行的理由，并明确援引相应的法律依据。

（三）裁定终结执行的救济问题

当事人、利害关系人认为法院作出终结执行的裁定有错误，向执行法院提出异议的，此种情况涉及裁定终结执行程序的行为本身是否正当，一概以执行程序已经结束为由将此类异议排除在外，不利于当事人、利害关系人的权利救济。而且，终结执行本身作为一种特殊的执行措施，对当事人和利害关系人的权利会产生重大影响。所以，对终结执行的行为，当事人、利害关系人仍可以提出异议。但是，当事人、利害关系人对终结执行措施的异议也应当在一定期限内提出，不能拖得太久。最高人民法院 2016 年 2 月出台的《关于对人民法院终结执行行为提出执行异议期限问题的批复》规定：当事人、利害关系人依照《民事诉讼法》第 225 条规定对终结执行行为提出异议的，应当自收到终结执行法律文书之日起 60 日内提出；未收到法律文书的，应当自知道或者应当知道人民法院终结执行之日起 60 日内提出。批复发布前终结执行的，自批复发布之日起 60 日内提出。超出该期限提出执行异议的，人民法院不予受理。

（四）执行和解与终结执行

当事人在执行过程中达成执行和解协议并履行完毕的，在某些情况下，也会涉及终结执行的问题。根据《最高人民法院关于执行和解若干问题的规定》第 8 条，执行和解协议履行完毕的，人民法院作执行结案处理。据此，有的法院在当事人的执行和解协议履行完毕后，直接裁定终结执行。也有的法院在当事人的执行和解协议履行完毕后，直接作结案处理，不再制作终结执行裁定。当事人达成执行和解协议并履行完毕，只是执行结案的方式之一，《民事诉讼法》并没有将这种情形明确规定为裁定终结执行的情形。而且，《执行规定》第 108 条将裁定终结执行和当事人之间达成执行和解协议并已履行完毕，并列作为执行结案的方式，说明两者具有平行的法律效力。裁定终结执行和执行和解协议履行完毕，属于两种不同的结案方式。当事人达成和解协议并履行完毕的，人民法院没有必要作出终结执行的裁定，可以根据《执行规定》第 108 条及《最高人民法院关于执行和解若干问题的规定》第 8 条，直接作执行结案处理。需要说明的是，根据《最高人民法院关于执行和解若干问题的规定》第 14 条，申请执行人就履行执行和解协议提起诉讼，执行法院受理后，可以裁定终结原生效法律文书的执行。

第二十一章　执行回转

人民法院据以执行的生效法律文书如果确有错误，可能在审判监督或其他程序中被人民法院或有关部门撤销、变更或不予执行。执行依据一旦被撤销、变更或不予执行，人民法院已经进行的执行行为即丧失法律依据，原申请执行人通过强制执行所获得的财产构成不当得利，应当返还对方当事人，这便产生执行回转的问题。执行回转是指在执行过程中或执行结束后，由于据以执行的法律文书被依法撤销或变更，人民法院根据当事人申请或依职权，将已经执行的财产的一部分或全部返还给被执行人的法律制度。执行回转的目的，在于纠正由于据以执行的法律文书错误而造成的执行失误，保护当事人合法权益。执行回转发生在案件全部执行完毕或部分执行结束之后，属于执行程序的补救制度。执行回转实质上是对案件的再执行。

一、执行回转的条件

（一）据以执行的法律文书被撤销、变更或裁定不予执行

《民事诉讼法》第233条仅提到了原生效法律文书被撤销的情形，《执行规定》第109条增加了法律文书被变更的规定，《仲裁裁决执行规定》第21条第3款规定了仲裁裁决或仲裁调解书被裁定不予执行的情形。法律文书被撤销的情况包括人民法院撤销和其他有关机关撤销。人民法院可以撤销自己的裁判，也可以撤销仲裁裁决、行政非诉法律文书。变更主要指原法律文书被撤销了部分内容，或变更了原有判项的内容，其他内容仍

被保留的情况。需要执行回转的只限于债权人应得财产数额降低的情况，应得数额增加的，应就增加的数额继续执行。具体来讲，据以执行的法律文书被撤销、变更或裁定不予执行的情形主要有：

1. 人民法院制作的据以执行的判决、裁定和调解书依法被撤销或变更。

2. 其他机关制作的依法由人民法院强制执行的法律文书，被人民法院撤销或被其制作机关撤销、变更。

3. 人民法院基于案外人申请裁定不予执行仲裁裁决或者仲裁调解书，案外人据此申请执行回转的（《仲裁裁决执行规定》第21条第3款）。

（二）执行完毕或已经执行了部分财产

《民事诉讼法》第233条只提到执行完毕后才存在执行回转的问题。《执行规定》第109条又增加了“执行中”的情形。这里的“执行中”是指法律文书的内容已经执行了一部分，但尚未执行完毕，其他部分仍在执行过程中。由于审判监督及其他法律文书纠错程序的存在，执行回转是执行程序中必然存在的现象，但并不是据以执行的生效法律文书被撤销或变更，都会引起执行回转。原申请执行人已经取得被执行人的财产才会存在执行回转的问题。如果原申请执行人没有实际取得财产或者尚未取得足够的财产，就不存在返还财产的必要，也无须启动执行回转程序。

二、执行回转程序的启动

执行回转可以由当事人提出申请，也可以由人民法院依职权进行。根据《执行规定》第109条，据以执行的法律文书被人民法院或其他有关机关撤销或变更的，原执行机构应当依当事人申请或依职权，按照新的生效法律文书，作出执行回转的裁定。人民法院作出的法律文书被撤销或变更的，人民法院可以根据当事人申请，或依职权主动进行执行回转，以纠正因法律文书错误而导致的执行工作失误，保障当事人合法权益。对于其他机构制作的法律文书被撤销或变更而引发的执行回转，在启动程序上是否应与前者相同，还有不同意见。《民事诉讼法解释》第476条规定，法律规定由人民法院执行的其他法律文书执行完毕后，该法律文书被有关机关依法撤销的，经当事人申请，适用《民事诉讼法》有关执行回转的规定。从上述规定的内容来看，其他机构制作的法律文书被依法撤销而引起的执行回转，原则上由当事人向人民法院提出申请，人民法院一般不主动提起执行回转。有一种意见认为，《民事诉讼法解释》的上述规定和《执行规定》第109条相冲突。其实从上述两条规定的内容看，其各自适用的情形并不相同。《执行规定》第109条是就整个执行回转程序而言的，《民事诉讼法解释》第476条则仅适用于由人民法院执行的其他机关作出的法律文书。其他机关的法律文书被撤销或变更的，人民法院通常并不知情，往往需要通过当事人申请才能启动执行回转程序。这种情形与人民法院作出的法律文书被撤销或变更引起执行回转的情形有所不同。《民事诉讼法解释》第476条充分考虑到这种差别，该规定的内容和司法实践是相符的。因此，两者并不存在实质内容的冲突。

三、责令返还财产的对象

《执行规定》第109条将返还财产的对象明确界定为“原申请执行人”，不包括其他合法取得财产的人。第三人可以从原申请执行人处受让财产，也可以通过拍卖、变卖程序取得财产。但这些申请执行人以外的主体都不能作为执行回转的对象。据此，《民事诉讼法》第233条所称的“取得财产的人”，只能理解为原申请执行人，而不应是其他事实上已合法取得执行财产的人，但其他人只是替原申请执行人占有该财产，并无所有权的情况除外。

第三人如果是从原申请执行人处通过合法方式受让财产，该民事法律关系应受法律保护，执行回转不得将受让财产的第三人作为返还财产的对象，例如第三人通过买卖从原申请执行人处受让标的物，物权变动已经完成。如果第三人是通过强制拍卖、变卖程序买受的，基于法院执行行为的公法性和公信力，第三人的财产权利应受法律保护，人民法院不能责令已经取得财产的第三人返还财产。在原申请执行人取得财产后，如果第三人通过另外的强制执行程序，从原申请执行人处取得财产的，其财产权利也应予保护。例如，原申请执行人的债权人依据法院生效判决申请强制执行，从原申请执行人处取得财产。

四、返还财产的范围

根据《执行规定》第109条，执行回转的范围包括原申请执行人取得的财产及其孳息，但不包括赔偿损失。如果原被执行人请求原申请执行人赔偿损失，应另诉主张。孳息是指因物或权益而生的收益。孳息可分为天然孳息和法定孳息。孳息应与原物一并返还。因孳息是在申请执行人取得财产后产生的收益，如果当事人对孳息的数额或范围有争议，在执行回转程序中由执行机构进行确定存在事实和法律障碍的，可由当事人就孳息的数额或范围问题另行起诉。另外，根据《迟延履行利息解释》第6条规定，执行回转程序中，原申请执行人迟延履行金钱给付义务的，应当按照该解释的规定承担加倍部分债务利息。

根据《执行规定》第109条，执行回转裁定的内容应当严格按照新的生效法律文书制作。一般情况下，人民法院或其他机关在撤销或变更原生效法律文书的同时，就作出了新的法律文书。新的生效法律文书内容可能完全否定原法律文书，也可能部分修正原法律文书的内容，部分维持原来的内容，所以执行回转的范围应限于被新的法律文书撤销或变更的内容，而不是对所有已执行的财产一律执行回转。执行回转的裁定与执行程序中人民法院作出的其他裁定一样，具有当然的执行力。[①]

---

① 黄金龙：《关于人民法院执行工作若干问题的规定实用解析》，中国法制出版社2000年版，第332页。

五、执行回转的方式

根据《执行规定》第110条，执行回转时，已执行的标的物是特定物且为原申请执行人所有的，应当退还原物。不能退还原物的，可以折价抵偿。需要折价抵偿的，应按评估等程序的要求进行，如双方当事人同意以代替物返还的，执行法院也可以允许。不能返还原物的情况，除了原物毁损、灭失等原因外，还包括申请执行人以合法方式转移了原物的所有权。原申请执行人能够返还原物但拒不返还的，人民法院可强制执行。

执行回转应重新立案，适用执行程序的有关规定。执行回转与先前已执行完毕的案件或正在执行的案件相比，属于新的执行案件，应当重新立案。立案后，人民法院应按照普通执行案件的操作程序办理，遵守执行程序的有关法律和司法解释。

六、执行回转的执行依据问题

关于执行回转程序的执行依据问题，实践中一直存有争议。一种意见认为，执行回转的执行依据是撤销或变更原执行依据的新的生效法律文书。另一种意见认为，新的生效法律文书只是宣告了原执行依据无效，并无要求原申请执行人返还其从原被执行人处取得的财产的给付内容，因而不能作为执行回转的依据；作为执行回转的执行依据是按照新的生效法律文书制作的责令原申请人返还其在原执行程序中取得的财产的执行回转裁定。执行回转裁定以新的生效法律文书为依据，却又独立于该新的生效法律文书。执行回转裁定的内容也不以新的生效法律文书的内容为限。执行回转裁定的内容应是原申请执行人应当返还依原执行依据从原被执行人处取得的财产及其孳息。①

① 江必新主编：《民事强制执行操作规程》，人民法院出版社2010年版，第438页。

实践中，新的生效法律文书并不完全都是简单地撤销或变更原法律文书的内容，而很多新的生效法律文书有明确的给付内容，可以直接据此裁定执行回转。执行回转裁定应当依据新的生效法律文书制作，不能偏离该文书确定的内容，在法律规定的范围以外裁定执行回转。虽然部分新的生效法律文书在给付内容的明确性方面存在差别，但人民法院结合文书内容和《民事诉讼法》及相关司法解释的规定，也可以确定执行回转的范围。认为执行回转的执行依据为执行回转裁定的观点，未能对新的生效法律文书的法律地位，以及其与曾经作为执行依据的原生效法律文书的法律性质究竟有何本质区别等问题作出令人信服的解释。

七、执行回转不能与国家赔偿

如果执行回转不能完全弥补原被执行人的财产损失，原被执行人是否还有其他救济途径？一种意见认为，若原被执行人的财产不能执行回转从而给其造成损失的，应由制作原执行依据的机关负责赔偿，原申请执行人只负有返还不当得利的义务。执行回转是由于法律文书错误，制作错误法律文书的人民法院或其他机关就有过错，理应依法负责赔偿。另一种意见认为，原法律文书错误可能有多种原因，有的错误由客观原因造成，有的则属于对法律规定的认识、理解不同等等。原法律文书被撤销或变更，并不代表作出文书的人民法院或其他机关一定有过错，由制作法律文书的人民法院或其他机关承担赔偿责任，也缺乏法律依据。

根据《国家赔偿法》及相关司法解释的规定，若人民法院已进行的执行活动合法，其后因据以执行的法律文书被撤销或变更而启动执行回转，原被执行人以执行回转不足以弥补其财产损失为由，请求作出原法律文书的人民法院或其他机关承担赔偿责任的，人民法院不予支持。

第九编

刑事裁判涉财产部分执行

第二十二章　论财产刑执行的法律问题

——以财产刑制度性执行难为中心

财产刑是以剥夺被告人财产为内容的一类刑罚的总称。根据《刑法》第34条的规定，财产刑属于附加刑，分为罚金刑和没收财产刑。罚金刑是指法院判处被告人向国家缴纳一定数额金钱的刑罚。没收财产刑是指法院判处没收被告人合法财产的刑罚，包括没收部分财产和全部财产，这种没收在刑法理论上也称为“一般没收”。而《刑法》第64条规定的没收与犯罪有关的违法所得、违禁品、供犯罪所用的财物等涉案财产，在刑法理论上则称为“特别没收”。特别没收在有的国家作为一种财产刑予以规定，有的国家则作为非刑罚处理方法对待。我国未将特别没收作为一种刑罚方法予以规定，而是将其规定为单独的涉案财产处理方法。因此，严格地讲，我国的财产刑执行仅指罚金刑和没收财产刑（一般没收）的执行，而不包括特别没收的执行。由于我国刑法分则对判处财产刑的犯罪主要采取“必并制”的立法模式，实践中法院对被告人判处财产刑的案件数量巨大。但由于财产刑执行程序和相关刑事诉讼程序的各种问题，以及诸如被执行人无财产可供执行等客观情形，财产刑的执行状况不容乐观，大量判处财产刑的案件未进入执行程序，或者进入执行程序后未能执行。执行程序无法克服的外在因素属于程序的外生变量，很难因法律程序本身的发展完善而改变。而刑事诉讼程序和财产刑执行程序自身存在的问题，则是程序的内生变量，可以通过程序的改革完善，在某种程度上得以缓解和克服。笔者拟从刑事诉讼程序和财产刑执行程序存在的问题入手，探讨因程序自身缺陷导致的财产刑制度性执行难的问题。

一、财产刑执行的理论基础

关于财产刑执行的理论基础，学术界主要存在“刑罚权实现说”和“公法债权实现说”两种学说。

（一）刑罚权实现说

“刑罚权实现说”多为刑法和刑事诉讼法学者倡导。该学说认为，财产刑执行属于国家对犯罪人刑罚权的实现。财产刑使犯罪人承受被剥夺财产的痛苦，体现的是刑罚对犯罪人的惩罚，系犯罪人因实施犯罪行为而遭受的报应。财产刑执行首先是国家对犯罪人惩罚权的实现。除了惩罚犯罪人以外，财产刑的目的还在于预防犯罪，具有教育改造犯罪人和威慑潜在犯罪的功能，一般预防和特殊预防都是财产刑预防功能的体现。惩罚和预防犯罪，都是刑罚的目的。“刑罚权实现说”基于刑事法立场和视角，阐释财产刑执行的理论基础，既揭示了财产刑执行程序的惩罚性、威慑性，又体现了财产刑执行程序的教育、改造功能。但是，这种学说在解释我国财产刑执行程序时，也存在一定局限性。

《刑事诉讼法解释》第447条规定：“财产刑和附带民事裁判的执行，本解释没有规定的，参照适用民事执行的有关规定。”《刑事财产执行规定》第16条规定：“人民法院办理刑事裁判涉财产部分执行案件，刑法、刑事诉讼法及有关司法解释没有相应规定的，参照适用民事执行的有关规定。”据此，我国财产刑执行需要借助民事执行规定，才能构成完整的执行程序规范。对于这一现象，“刑罚权实现说”仅从刑事法角度解释财产刑执行，对财产刑执行具体操作程序、权利救济体系准用《民事诉讼法》的规定，缺乏足够关注，甚至有意忽略。另外，“刑罚权实现说”对财产刑执行过程中被执行人财产权属的判断准用民事实体法“责任财产”理论，并借助民事实体法规范确定责任财产范围，缺乏必要的回应。针对“刑罚权实现说”单纯立足于刑事法立场解释财产刑执行存在的不足，另一种从民事法律视角解释财产刑执行的理论学说在我国逐渐流行。

（二）公法债权实现说

“公法债权实现说”基于民法和民事诉讼法的立场，对财产刑执行在理论上进行了重新解读。债权是民法中的基本概念，主要应用于私法领域，是指债权人得请求债务人为给付的权利。[①] 债权的概念被引入公法领域，出现了公法上的债权这一概念。“若债权的观念可解释为要求特定人作行为、不行为或给付的权利，那么，这观念决不仅为私法所独有，而是公法私法所共通的。”[②] “公法债权实现说”认为，就财产刑的主体双方及其所依据的法律来看，财产刑为一种公法上的关系；然而就财产刑的内容来看，均表现为一方当事人有请求对方当事人为一定给付的权利，而对方当事人则有作出一定给付的义务，财产刑可以被视为被告人对国家所负的债务，国家则对于被告人享有公法上的债权。从大陆法系国家的立法来看，公法上债权的执行，广义上属于债权实现的一种，除刑法、刑事诉讼法、行政法另有规定外，准用民事强制执行法的规定。既然财产刑可以定位为公法债权的一种类型，那么基于债权的同质性，公法债权的实现应当遵从私法债权实现即民事强制执行的一般法理，参照适用民事执行的原则、制度和程序。[③] 但也有反对将财产刑归入公法债权的观点认为，如属法院行使司法权所生之公法上金钱给付义务，似不包括在内，如刑事罚金的执行。[④]

“公法债权实现说”是近代以来公法和私法出现融合的产物，对财产刑执行准用民法和民事诉讼法规定具有一定的解释力，引入民法债权的概

---

① 魏振瀛主编：《民法》（第五版），北京大学出版社、高等教育出版社2013年版，第345页。

② ［日］美浓部达吉：《公法与私法》，黄冯明译，中国政法大学出版社2003年版，第128～129页。

③ 参见肖建国：《论财产刑执行的理论基础——基于民法和民事诉讼法的分析》，载《法学家》2007年第2期。

④ 杨与龄编著：《强制执行法论》，中国政法大学出版社2002年版，第613页。

念以及被执行人责任财产理论对财产刑执行进行阐释，解决了财产刑执行中与民事执行相似或相关部分的理论问题。但同时应当注意，财产刑执行和民事执行既存在共通性，也存在差异性。公法之债与私法之债的界分决定了财产刑执行未必完全遵照民事执行原理，法定的公法之债属性导致财产刑执行与民事执行在基本原理与制度设置方面可以甚或应当有所不同。[①]

（三）关于两种学说的思考

“刑罚权实现说”和“公法债权实现说”作为学术界两种并存的竞争性学说，是学者基于刑罚理论和公法上的债权理论对财产刑执行问题作出的不同理论阐释。目前，还没有第三种理论能够挑战和取代上述两种理论的地位。两种理论学说的并存，充分说明财产刑执行属于刑民交叉领域。研究财产刑执行问题，要从刑法、刑事诉讼法、民事实体法、民事诉讼法等不同学科角度入手。财产刑执行本质上属于刑事法律问题，但这一刑事法律问题，需要借助民事实体法、民事诉讼法理论及制度规范才能得以完善，仅仅依靠刑事法自身，不能独立承担起规范财产刑执行的任务。财产刑执行中，刑法、刑事诉讼法、民事实体法、民事诉讼法理论和规范相互影响、相互依存，共同调整财产刑执行法律关系，使财产刑执行具备跨学科贯通刑事法和民事法领域的特性。在具体操作层面上，财产刑执行需要借助民事执行程序才能完成，同时在很多方面又与民事执行存在差异，如何协调不同部门法的关系，其中哪些问题可以参照民事执行程序操作，哪些事项需要与民事执行相区分，还有待财产刑执行理论深入研究。

二、财产刑执行程序的二元构造与检察机关的角色担当

财产刑执行主体，是指财产刑由哪个机关负责执行。根据《刑事诉讼

---

① 参见黄忠顺：《论司法机关在财产刑执行中的角色分担》，载《中国刑事法杂志》2014 年第 1 期。

法》第 271 条、第 272 条的规定，我国目前的财产刑执行主体为人民法院，由人民法院代表国家执行罚金和没收财产。具体负责执行财产刑的机构，应为法院的执行部门。《刑事诉讼法解释》第 438 条规定："财产刑和附带民事裁判由第一审人民法院负责裁判执行的机构执行。"根据《刑事财产执行规定》第 7 条，由人民法院执行机构负责执行的刑事裁判涉财产部分，刑事审判部门应当及时移送立案部门审查立案；人民法院立案部门经审查，认为属于移送范围且移送材料齐全的，应当在七日内立案，并移送执行机构。但司法实践中，由于各种因素影响，我国财产刑移送执行的比例不高，数量有限。很多已判处财产刑的案件，刑事审判庭并未向执行机构移送执行，大量判处财产刑的案件没有进入执行程序。这一现象与财产刑执行程序启动机制和执行监督机制直接相关，同时也与当前财产刑执行程序的构造有密切联系。

（一）财产刑执行程序的二元构造

我国财产刑执行法律关系中，仅存在法院和被执行人两个程序主体，呈现只有两方主体的二元构造特征。根据《刑事财产执行规定》第 7 条，财产刑由人民法院依职权主动执行，执行程序以刑事审判庭移送执行的方式开启，没有申请执行的程序环节，也不存在民事、行政执行中的申请执行人，不具备申请执行人、被执行人和法院三方程序构造。财产刑执行的这种两方程序构造，对执行程序的启动和运行产生深远影响。财产刑执行程序呈现执行主体直接对被执行人的二元构造特征，不论在程序的启动上，还是在程序运行过程中，都以法院与被执行人之间的关系为主要执行法律关系，缺少第三方对执行程序的影响和制约。

这种二元程序构造在实践中也引发了一些执行问题，缺乏有效的解决方案。例如，财产刑不及时移送执行或者移送执行后未予执行也无人问津，涉财产刑执行的民事诉讼（如案外人异议之诉、代位权诉讼、代位析产诉讼等），由于不能形成原告、被告、法院三方诉讼形态而无法提起，等等。这些问题与财产刑执行程序自身构造有关。对此，理论界和实务界均有观点提出，应充分发挥检察院在财产刑执行程序中的作用，通过检察权的介入，对财产刑执行程序进行改良，形成多方主体参与的程序构造。

（二）检察机关在财产刑执行中的角色担当

关于检察院介入财产刑执行程序的具体方式，存在不同看法。笔者拟对现存几类代表性观点进行简要分析。

1. 在现有法律规定框架下，加强财产刑执行检察监督。第一种代表性观点认为，《刑事诉讼法》第276条规定："人民检察院对执行机关执行刑罚的活动是否合法实行监督。如果发现有违法的情况，应当通知执行机关纠正。"现阶段检察监督对于财产刑执行活动的制约作用没有发挥出来。在现行的执行体制下解决财产刑执行的问题，从外部入手加强检察监督，以检察监督机制的突破带动财产刑执行的完善，是一条可行的有效途径。[①]目前，检察院内部负责财产刑执行检察监督的机构为刑罚执行检察部门。检察院当前的工作，也是致力于推动在现行法律框架内细化财产刑执行检察监督事项，明确检察监督程序。监督内容主要集中在如何确定检察监督的范围、保障当事人控告申诉权利、建立与法院执行部门沟通机制等技术性问题，具体细节还在进一步研究探索。这种工作思路立足于当前法律规定，是在现行法律框架下，加强财产刑执行检察监督较为务实的做法，也是在诸多发挥检察院执行监督职能对策研究中，最具现实基础的方案。这种工作思路，不需要过多考虑财产刑由谁执行等基础性问题，而是着重解决如何落实财产刑执行检察监督等法律技术问题，在现有条件下最具可行性。当然，也有观点认为，在现行法律框架内作进一步努力，法律监督的效果已非常有限，必须在国家立法层面作相应的改革。[②]

2. 赋予检察院财产刑申请执行权。第二种代表性观点认为，我国的财

① 张雪妲：《财产刑执行监督问题初探》，载《国家检察官学院学报》2004年第6期。

② 章礼明、容鹉：《论刑事执行程序中检察院的地位与职能》，载《湖南社会科学》2010年第3期。

产刑执行缺乏申请执行人的监督，财产刑执行过分依赖于人民法院，无视检察机关与公安机关在财产刑执行中应有之角色发挥，同时，人民法院也承受了过重的执行压力。更为现实的解决之道是在维持人民法院财产刑执行主体角色的基础上，根据财产刑的公法属性强化其他机关的执行职责。[①]财产刑属于公法上的债权，检察机关作为唯一的国家法律监督机关，由其行使公法债权，符合客观事实和检察机关的角色定位，也是检察机关公诉权能的延伸。赋予检察机关财产刑的申请执行权，能进一步丰富财产刑执行检察监督的方式，扩大检察监督范围，提高检察监督的有效性。赋予检察机关财产刑申请执行人地位，意味着在财产刑的执行中，案外人提出排除执行的异议之诉时需将作为申请执行人的检察机关作为被告。[②] 上述观点对目前的财产刑执行体制作了一定程度的突破，同时又将这种突破限定在一定范围之内，属于相对折中的改革方案，对解决财产刑执行中部分现实问题有一定积极意义，但同时也存在很多问题有待研究。

（1）赋予检察院财产刑申请执行权，是以法院作为财产刑执行主体为前提的，其进步之处在于：

第一，有利于财产刑执行程序顺利启动。由检察院充当申请执行人，在程序启动上，可以改变法院依职权主动移送执行存在的弊端，保障需要强制执行的财产刑案件依法进入执行程序，防止出现目前大量财产刑案件没有进入执行程序的现象。

第二，丰富了公诉权的内涵，有利于加强财产刑执行检察监督。赋予检察院申请执行权，丰富了公诉权的内容，使公诉权不仅包括定罪请求权、量刑建议权，还包括了财产刑申请执行权，属于公诉权在执行程序中的再延伸，符合公诉权追诉犯罪的职能。检察院向法院申请执行，如同在刑事审判中向法院提起公诉一样，属于追究犯罪人刑事责任的重要环节，代表国家促进刑罚权的实现。申请执行主体的存在，对法院执行工作本身

① 黄忠顺：《论司法机关在财产刑执行中的角色分担》，载《中国刑事法杂志》2014 年第 1 期。

② 参见上海市第二中级人民法院课题组、周芝国：《财产刑执行权的优化配置》，载《人民司法·应用》2015 年第 9 期。

具有监督和督促作用。检察院作为申请执行人参与财产刑执行程序，也是一种检察监督形式，并且实现了由程序外监督向程序内监督的转变，为执行检察监督找到了程序突破口。程序内监督较程序外监督，效果更为明显。

第三，有利于改变法院在财产刑执行中单打独斗的局面，合法检之力推动财产刑执行。检察院在财产刑执行中作为国家的代表机关，应当提供可供执行的财产线索，排除执行过程中出现的在检察院职权处置范围内的各种障碍，作为法院执行的协助者开展工作，创造便利条件，帮助法院完成财产刑执行任务。

第四，可以在财产刑执行中形成三方程序构造，便于涉执行有关诉讼的提起和审理。目前，我国财产刑执行由于缺乏明确的申请执行主体，导致案外人异议之诉、申请执行人许可执行之诉等涉执行诉讼无法提起。因此，《刑事财产执行规定》第 14 条规定，财产刑执行过程中，案外人对执行标的主张足以阻止执行的实体权利，向执行法院提出书面异议的，执行法院应当依照《民事诉讼法》第 225 条的规定处理。这一规定明确排除了财产刑执行中案外人异议之诉和申请执行人许可执行之诉的提起。另外，由于申请执行主体缺失，对被执行人的债务人的代位权诉讼、撤销转移被执行人责任财产行为的撤销权诉讼、分割被执行人与他人共有财产的申请执行人代位析产诉讼等涉及执行的有关诉讼，在财产刑执行中都无法提起，导致很多财产刑执行案件因民事法律关系争议无法解决而陷入困境。由检察院充当财产刑申请执行主体，可以在赋予检察院财产刑申请执行权的同时，明确由其代表国家以原告或被告身份参与涉执行诉讼，便于执行中案外人异议之诉、申请执行人许可执行之诉、代位析产诉讼、代位权诉讼、撤销权诉讼等诉讼的提起和审判，有利于相关实体争议的解决，为法院执行清除障碍。

（2）赋予检察院财产刑申请执行权面临的问题。这一设想还面临诸多问题有待进一步研究解决：

第一，法律规范缺失。现行《刑事诉讼法》没有为检察院申请执行财产刑提供任何法律依据。这一改革建议面临的最大现实问题，就是法律依据缺失。赋予检察院财产刑申请执行权，必须由《刑事诉讼法》作出明确规定，否则，检察院便因法律没有授权而不得行使这一“权力”。在没有获得立法支持的情况下，这一改革思路是不可能实现的。

第二，这种改革思路是以法院行使财产刑执行权为前提的，一旦财产刑执行主体发生变化，检察院的申请执行权又将何去何从？假如司法行政机关成为刑罚执行主体，检察院还要向行政机关申请执行吗？

第三，如何规范检察院行为，防止其取代法院成为财产刑执行的第二主体或隐性的执行主体，与法院“分享”执行权，或者出现另一极端，即仅在形式上参与财产刑执行程序，实质上在程序中无所作为？假如法律赋予检察院申请执行权，那么在财产刑执行中，则存在两个国家公权力机关。如何规范检察院行为，使其不至于超越申请执行主体的程序角色，取代法院间接行使强制执行权，进而出现两个执行主体？还缺乏详细的制度设计和论证。抑或是检察院在启动执行程序后无所作为，既不提供可供执行的财产线索，也不协助法院排除执行障碍，使法院仍处于单打独斗的局面，对此也没有充分的应对措施。检察院充当申请执行主体，还缺乏详细的技术性论证。

第四，检察院的态度。检察院对充当申请执行人的程序角色，是积极参与还是消极应对？特别是充当涉执行诉讼的一方当事人，其是否认可这种改革？尚待观察。

第五，是否有必要同时规定刑罚执行时效？刑罚执行时效，也称行刑时效，是指经过一定期限，刑罚执行权即归于消灭的法律制度。行刑时效一旦经过，便免除刑罚的执行。我国《刑法》仅规定了追诉时效，没有规定行刑时效。这与我国刑罚执行制度有关，我国现行刑罚执行程序启动机制，使得《刑法》规定行刑时效的实际意义不大。但是，一旦对现行刑罚执行启动机制作出改变，特别是刑罚申请执行权的出现，便会让建立行刑时效制度成为无法回避的问题，从而约束检察院财产刑申请执行权的行使。

3. 借鉴大陆法系国家通行做法，由检察院负责执行财产刑。第三种代表性观点认为，我国财产刑执行权由检察机关行使较为恰当。主要理由包括：（1）检察机关作为唯一的国家法律监督机关，最有资格和条件代表国家行使公法上的债权。对刑罚执行的监督是检察监督的重要组成部分，检察机关作为财产刑执行主体，是检察监督职能的合理外延。（2）执行财产刑是检察机关公诉权能的自然延伸。（3）检察机关一体化的组织结构符合财产刑执行快速、高效的基本要求，有利于财产刑执行。而且，由检察机关执行财产刑，可避免现行财产刑执行中法院自审自执的状况。检察机关执行过程中如遇到需要裁判的内容，仍由法院进行裁断，这在一定程度上保障了执行程序的公平与正义，有利于司法公正的实现。[①] 上述观点主张完全更换财产刑执行主体，是目前改革方案中对现行体制突破较大的设想。

从域外有关财产刑执行主体的规定来看，大陆法系国家或地区主要以检察机关为财产刑执行主体，而承担具体执行事务的是司法辅助人员，执行法官则承担与刑罚执行相关事项的裁判职责。例如，德国《刑事诉讼法》第451条规定，检察机关为刑罚的执行机关，也负责财产刑的执行。检察机关的刑罚执行事项，原则上均由司法辅助人员处理（德国《司法辅助人员法》第31条第（2）项）。德国《刑法》及《刑事诉讼法》将刑罚执行中许多重要的裁判权保留给法院。[②]《法国刑事诉讼法》第707－1条规定，对征收罚金与进行没收，以共和国检察官的名义执行。[③] 日本的财产刑根据检察官的指挥执行，由检察事务官、司法警察职员或执行刑罚机关的职员具体承担执行的任务。[④] 我国台湾地区的罚金、没收及追征，依检察官的命令执行，准用执行民事裁判的规定。检察官于必要时，可嘱托地方法院民事执行处执行。[⑤] 而在英国，则由法院负责财产刑执行。如果

① 参见朱道华：《财产刑执行机制新探——以执行机制的诉讼化改造为视角》，载《河北法学》2011年第6期。

② 参见［德］克劳思·罗科信：《刑事诉讼法》，吴丽琪译，法律出版社2003年版，第552～553页。

③ 罗结珍译：《法国刑事诉讼法典》，中国法制出版社2006年版，第531页。

④ 参见［日］松尾浩也：《日本刑事诉讼法》（下卷），张凌译，中国人民大学出版社2005年版，第334、343页。

⑤ 参见林钰雄：《刑事诉讼法》（下册各论编），中国人民大学出版社2005年版，第366页。

罚金由治安法院判处，该法院即为执行法院；当罚金是由皇室法院判处时，执行的治安法院在罚金令中被指定，或者是将罪犯移送审判或量刑的治安法院；在任何一种情况下，初始的执行法院都可以将责任转至罪犯居住地区的法院。关于罚金执行的法律规定被包括在《1980 年治安法院法》第 75 ~ 91 条和《1973 年刑事法院权力法》第 32 条中。[①]

笔者认为，域外的经验只是为财产刑执行主体设置提供了可供参考的样本，我国采何种模式，主要应根据本土司法制度的具体情况确定。虽然大陆法系国家主要由检察机关执行财产刑，但借鉴外国法的经验，不是简单照搬国外的做法，而是首先要了解影响外国法律制度设计的深层结构要素，以及本国法律制度的构造特征，再决定引进的必要性和可行性。大陆法系国家检察机关的法律地位和我国检察机关的法律地位，尤其是宪法地位，不可同日而语。我国《宪法》第 134 条规定，中华人民共和国人民检察院是国家的法律监督机关。检察院拥有《宪法》《刑事诉讼法》等赋予的法律监督权，这种宪法地位是任何大陆法系国家的检察机关所不具备的。大陆法系国家的检察机关没有我国宪法和法律赋予的包括监督法院审判、执行在内的法律监督权。如果赋予检察院刑罚执行权，那么刑罚执行权与国家法律监督权将合并由同一主体行使，鉴于法律监督权的特殊地位，一旦和执行权归于同一主体，法律监督权行使的有效性和监督主体的公正性，将备受质疑，故国家法律监督权与刑罚执行权不宜由同一主体兼领。由于我国检察机关行使法律监督权的宪法地位，其不宜再充当财产刑的执行主体。

另外，就公诉权的延伸而言，公诉权行使对应的结果是法院审判权的启动，那么公诉权在执行领域中的延伸，对应的结果也应当是执行权的启动，而不是直接行使执行权。如果说公诉权在执行程序中延伸的结果是检察院直接行使执行权的话，则无异于承认在审判领域中，公诉权可以直接

① 参见［英］约翰·斯普莱克：《英国刑事诉讼程序》，徐美君、杨立涛译，中国人民大学出版社 2006 年版，第 594 页。

代行审判权。因此，对公诉权延伸的解释，更为贴切的结论应是，赋予检察机关启动执行程序的申请执行权。直接行使执行权已经超越了公诉权延伸的范畴，属于完全独立于公诉权之外的国家公权力，而不再是公诉权的延伸。因此，从公诉权延伸的角度，不能得出由检察院行使财产刑执行权的结论，只能是赋予检察院申请执行权。而就执行效率来说，检察机关一体化的组织结构未必一定比法院的执行系统更有效率，在提出充分证据之前，就认为检察院执行财产刑将比法院更加快速、高效，未免过于武断。因此，主张由检察院负责执行财产刑的观点，在我国面临更多法律障碍，特别是检察院法律监督机关的宪法地位，是这一主张无法回避的根本性问题。

三、财产刑执行保全机制

（一）财产刑执行保全机制现状及存在的问题

财产刑执行保全机制是指在刑事诉讼审前和审判程序中，侦查机关、公诉机关、审判机关对犯罪嫌疑人、被告人可能用于执行财产刑的合法财产，依法采取查封、扣押、冻结措施，以保障判决生效后，所处财产刑得以顺利执行的法律制度。大量判处财产刑的案件无法执行，与刑事审前程序和刑事审判程序对犯罪嫌疑人、被告人合法所有财产保全制度缺位有很大关系。特别是审前程序，包括侦查、审查起诉阶段对犯罪嫌疑人合法财产的查控，与财产刑能否顺利执行有直接联系。刑事案件侦查和审查起诉环节，如果对犯罪嫌疑人财产疏于调查和控制，可供执行的财产可能被转移、隐匿或作其他处置，导致财产刑在判决生效后难以执行。仅靠加强判决生效后强制执行的力度来解决财产刑执行难是不够的，财产刑的有效执行离不开刑事审前及审判程序中对犯罪嫌疑人、被告人财产的调查和保全。《最高人民法院关于适用财产刑若干问题的规定》第9条规定：“人民法院认为依法应当判处被告人财产刑的，可以在案件审理过程中，决定扣押或者冻结被告人的财产。”《刑事财产执行规定》第 4 条规定：“人民法院刑事审判中可能判处被告人财产刑、责令退赔的，刑事审判部门应当依法对被告人的财产状况进行调查；发现可能隐匿、转移财产的，应当及时查封、扣押、冻结其相应财产。”司法解释明确了刑事审判程序对被告人合法财产的保全制度，而审前程序则难以为财产刑执行发挥财产保全作用。

目前，《刑事诉讼法》规定的侦查阶段财产查控措施，仅在一定程度上发挥着保障财产刑执行的功能。侦查阶段财产查控措施主要是基于侦查犯罪的需要，并非以保障财产刑执行为主要目的。换言之，现阶段侦查过程中的财产查控措施，是以与犯罪有关的违法所得或者用于犯罪的财物等能够证明犯罪嫌疑人有罪或无罪、罪重或罪轻的财产为主要对象的。例如，《刑事诉讼法》第 141 条规定，在侦查活动中发现的可用以证明犯罪嫌疑人有罪或者无罪的各种财物、文件，应当查封、扣押；与案件无关的财物、文件，不得查封、扣押。第 144 条规定，人民检察院、公安机关根据侦查犯罪的需要，可以依照规定查询、冻结犯罪嫌疑人的存款、汇款、债券、股票、基金份额等财产。第 145 条规定，对查封、扣押的财物、文件、邮件、电报或者冻结的存款、汇款、债券、股票、基金份额等财产，经查明确实与案件无关的，应当在三日内解除查封、扣押、冻结，予以退还。这里的“确实与案件无关”，是指查封、扣押的财物或冻结款项、债券、股票、基金份额等财产并非违法所得，也不具有证明犯罪嫌疑人是否犯罪、罪轻、罪重的作用，不能作为证据使用，与犯罪行为无任何牵连。[①] 从以上规定可以看出，侦查程序的财产查控，主要围绕是否与犯罪有关展开。而财产刑以被执行人合法所有财产为执行标的，这些合法财产与犯罪行为无关，因此，在法律规范层面，我国没有正式建立财产刑审前财产保全机制。

需要说明的是，侦查机关查控的财产中可能有部分财产经刑事审判后，并未被认定为与犯罪有关的涉案财产，而是被告人合法所有的财产。

---

① 参见臧铁伟主编：《中华人民共和国刑事诉讼法解读》，中国法制出版社 2012 年版，第 321 页。

根据《刑事诉讼法解释》第369条第2款的规定，查封、扣押、冻结的财物属于被告人合法所有的，应当在赔偿被害人损失、执行财产刑后及时返还被告人；财物未随案移送的，应当通知查封、扣押、冻结机关将赔偿被害人损失、执行财产刑的部分移送人民法院。但实践中，很少有查封、扣押、冻结机关将相关财产移送法院执行财产刑的情形，上述司法解释规定对财产刑执行而言，往往难以解决无财产可供执行的问题。

（二）关于财产刑审前财产保全机制的反思与探讨

针对财产刑审前财产保全机制不到位的现状，有观点提出：在侦查阶段，赋予侦查机关（包括检察机关自侦部门）对犯罪嫌疑人责任财产进行调查与保全的权力，建立犯罪嫌疑人责任财产调查制度以及财产状况附卷移送制度。[①] 侦查机关从立案之日起，对涉嫌犯罪而按照法律规定可能判处财产刑的犯罪嫌疑人，在查证犯罪事实的同时，调查其财产状况。为实现司法机关对犯罪嫌疑人财产的有效控制，对于有可能转移、隐匿、变卖甚至毁损可供执行财产的犯罪嫌疑人的个人财产，可由侦查机关先行查封、扣押、冻结。[②] 如果公诉机关在审查起诉阶段发现犯罪嫌疑人的责任财产的，应对相关财产予以保全。

目前，我国《刑事诉讼法》没有明确赋予侦查机关在侦查程序中，对可能判处财产刑的犯罪嫌疑人合法财产进行调查、保全的权力。按照刑事诉讼法律保留原则的要求，只有在法律有明确授权的情况下，侦查机关才有权实施相应的侦查行为，在没有法律明确授权的情况下，侦查机关没有调查、保全犯罪嫌疑人合法财产的权力。司法实践中，侦查机关也不承担此项职能。虽然有一部分刑事案件在侦查机关查封、扣押、冻结的财产中，确有部分财产属于被告人合法所有，这些财产可用于赔偿被害人损失

---

① 上海市第二中级人民法院课题组、周芝国：《财产刑执行权的优化配置》，载《人民司法·应用》2015年第9期。

② 参见袁登明：《寻求缓解财产刑执行难之道——在现有法律框架下的制度创建》，载《法律适用》2006年第7期。

和执行财产刑（《刑事诉讼法解释》第369条），但这并不代表侦查机关有权在侦查程序中，为保障将来财产刑顺利执行，而对犯罪嫌疑人合法财产实施保全。因此，《刑事诉讼法》是否有必要明确赋予侦查机关、公诉机关对犯罪嫌疑人合法财产进行保全的权力，建立财产刑审前财产保全机制，成为财产刑执行程序关注的重点。

笔者认为，侦查程序是刑事诉讼中进行财产保全的最佳时机，建立财产刑审前财产保全机制对财产刑执行十分必要，没有审前财产保全机制，仅靠刑事审判程序中的财产保全和判后强制执行，难以从根本上缓解财产刑执行难问题。但是，财产刑审前财产保全机制在我国的建立，还有很多制度性因素制约。如果这些制度性问题不解决，财产刑审前财产保全仍然只能停留在理论探讨阶段。

1. 我国刑事诉讼审前程序的整体构造对财产刑审前财产保全机制的制约。西方各国在刑事侦查程序中，普遍设立了司法授权和审查机制，无论是逮捕、拘留，还是搜查、扣押，凡是涉及限制或剥夺个人人身自由和财产权利的侦查行为，一般都要由法官作出许可与否的决定。即使在紧急情况下，检警机构在单方面决定采取强制措施后，也须在尽可能短的时间内向法官报告，由法官对其行为进行司法审查。这种将侦查行为合法性纳入司法审查的刑事诉讼程序，具有“以裁判为中心”的诉讼构造。而我国的刑事侦查程序基本上是在中立司法机构不参与的情况下进行的，除涉及人身自由的逮捕须由检察院审查批准以外，对财产的查控是不需要经过司法机关授权和审查的。中国的刑事诉讼在纵向上可以说具有一种“流水作业”的构造，公安机关、检察机关和法院在刑事诉讼中各自独立地实施诉讼行为。[①] 假如在这种程序构造之下建立财产刑审前财产保全机制，也只能是由侦查机关自行决定、自行实施，法院没有机会介入侦查程序，侦查机关的财产保全行为则无法纳入司法审查的范围。

---

① 参见陈瑞华：《刑事诉讼的前沿问题》（第三版），中国人民大学出版社2011年版，第259～260页。

随之而来的问题是，既然财产刑以被执行人合法所有的财产为执行标的，那么财产是否属于犯罪嫌疑人合法所有，也只能由侦查机关自行判断，而合法财产的范围、财产权属的认定，恰恰是一个民事实体法问题，与民事执行中被执行人财产权属的判断规则一样，都适用民事实体法“责任财产”的认定规则。换言之，侦查机关为保障财产刑执行实施的财产保全，与民事执行财产保全适用同样的财产权属判断规则。这本质上是一个民事法律问题。而侦查机关实施侦查，是以追究犯罪为目标的，其职责范围只能是从事与追查刑事犯罪有关的行为，其对相关财产的查控也只能限于与犯罪有关的财产，无权适用民事法律规定，判断哪些财产属犯罪嫌疑人合法所有进而实施保全。这也解释了刑事诉讼法侦查程序只规定了侦查机关有权查控与犯罪有关财产的原因。简言之，侦查机关只能处理与追究犯罪相关的刑事法律问题，无权处理涉及合法财产权属判断的民事法律问题。涉及民事法律规范适用的问题，只能由法院审查确定。侦查机关也认为，目前其没有为保障财产刑执行而专门实施财产保全的权力。在我国现阶段法院不介入侦查程序的背景下，财产刑审前财产保全机制很难建立。

2. 侦查阶段很难确定财产刑执行保全的范围。在侦查阶段，尚无法确定犯罪嫌疑人是否构成犯罪，也无法确定其最终是否被判处财产刑，更无法确定可能判处财产刑的具体数额。一般而言，在侦查阶段要想确定财产刑执行保全的范围是非常困难的。除非可以忽略超标的保全问题，或者确立即使超标的保全也可以免责的规则，否则，一旦追究超标的保全的法律责任，将陷财产保全机关于极为不利的境地。

3. 其他权利人的救济问题。财产刑审前财产保全必然涉及犯罪嫌疑人合法财产的权属判断，一旦错误保全其他人财产，相关权利人该如何救济，也是应当考虑的问题。如果相关权利人的主张涉及财产权属的认定，则需要就财产权属问题进行审查并作出处理。侦查机关对财产刑执行标的的保全，属于对犯罪嫌疑人合法所有财产的保全，保全的财产究竟为犯罪嫌疑人合法所有还是案外人财产，属于涉及财产权属的民事法律争议，在法院不介入侦查程序的情况下，侦查机关将如何应对这类适用《物权法》《公司法》等民商事法律才能处理的民事纠纷？

通过上述分析可以看出，财产刑审前财产保全机制与司法权具有天然的密切联系，只要司法权不介入侦查程序，财产刑审前财产保全机制就没有生存的基础。以犯罪人合法所有财产为对象的财产保全，离不开法院的裁决。“流水作业”的刑事诉讼纵向构造，恰恰制约了司法权介入侦查程序的通道，法院无法对侦查活动进行司法审查。在我国刑事诉讼审前程序整体构造不发生根本性变化的前提下，财产刑审前财产保全机制的建立只能是“空中楼阁”，这也揭示了我国长期无法建立完备的财产刑执行保全机制的深层原因。仅靠审判和执行中的财产保全，根本无力克服财产刑执行难问题。即使执行机关再努力执行，也无法改变无财产可供执行的现实。刑事诉讼“流水作业”的纵向构造，以及侦查程序不受司法审查制约，影响财产刑审前财产保全机制的建立，也是财产刑制度性执行难的表现之一。在财产刑审前财产保全机制的建立上，应当改革刑事诉讼审前程序的诉讼构造，改变目前“侦查中心主义”的现状，实现“以审判为中心”。侦查机关应当作为财产刑审前财产保全措施的申请者和执行者，法院应对侦查机关提出的财产保全申请进行审查，对是否准许进行财产保全、保全财产的范围、数量等程序事项作出裁决。在紧急情况下，侦查机关对相关财产采取保全措施后，应当在最短时间内提请法院审查许可。否则，侦查机关的财产保全行为可被宣告无效。案外人对审前财产保全提出异议的，应由作出财产保全裁决的法院审查处理。

四、涉及财产问题的刑事审判程序对财产刑执行的影响

刑事审判中涉及财产问题的裁判事项，对财产刑执行有直接或者间接的影响。审判程序处理有关财产问题的做法，与财产刑执行有制度上的关联性。笔者拟对刑事审判中影响财产刑执行的量刑程序和涉案财产认定程序进行简要分析。

（一）量刑程序对财产刑执行的影响

关于被告人的经济情况是否可以作为量刑根据，刑法理论上存有争议。我国《刑法》第52条并没有将犯罪人的经济能力作为确定罚金数额的考虑因素。但《最高人民法院关于适用财产刑若干问题的规定》体现了法院适用财产刑时，应综合考虑犯罪分子经济状况的基本立场。该司法解释第1条规定，《刑法》规定"可以并处"没收财产或者罚金的犯罪，人民法院应当根据案件具体情况及犯罪分子的财产状况，决定是否适用财产刑。第2条规定，人民法院应当根据犯罪情节，并综合考虑犯罪分子缴纳罚金的能力，依法判处罚金；《刑法》没有明确规定罚金数额标准的，罚金的最低数额不能少于1000元。目前，世界上很多国家或地区均明确财产刑的判处既要考虑犯罪的严重程度，也要考虑被判刑人的经济情况。德国、俄罗斯、法国、瑞士、我国台湾地区等刑法均有规定，法院确定罚金的数额时，要考虑被告人的财产情况。例如，德国《刑法》第40条第2款规定，"在顾及行为人的个人情况和经济情况下"，确定日额金的金额。①我国台湾地区现行"刑法"第58条规定，科处罚金时，应审酌犯人之资力及犯罪所得之利益。美国法院在科处罚金刑之前，应当考察被告人是否有能力支付罚金。在决定对被告人科处罚金的数额以及被告人支付罚金的方法时，被告人的支付能力是一个非常重要的考量因素。这一点也可能具有宪法意义。②

重视行为人经济情况的目的在于，要让富有的被判刑人也要明显感觉到刑罚之痛苦，同时也不要使贫穷的被执行人无法承受。③ 从执行程序的角度来说，量刑时考虑被告人经济状况，有利于使财产刑量刑裁判更贴近

---

① ［德］汉斯·海因里希·耶赛克、托马斯·魏根特：《德国刑法教科书》（总论），徐久生译，中国法制出版社2001年版，第931页。

② ［美］伟恩·R. 拉费弗等：《刑事诉讼法》（下册），卞建林、沙丽金等译，中国政法大学出版社2003年版，第1322页。

③ ［德］李斯特：《德国刑法教科书》，徐久生译，法律出版社2006年版，第467页。

被告人实际财产状况，最大限度地避免所判处的财产刑严重超过被告人经济能力，导致确无财产可供执行。我国虽然在财产刑量刑原则上确立了考虑被告人经济状况的方向，但在具体案件的量刑过程中，这一原则性要求并未充分落实。严重脱离被告人财产状况的财产刑判决仍不同程度地存在。不考虑被告人财产状况的财产刑判决，一旦所判处的财产刑严重超过被告人履行能力，客观上就不具备全部执行到位的条件，执行到位几乎是不可能实现的。而我国《刑法》对罚金刑减免规定了严苛的条件。根据《刑法》第 53 条，只有“由于遭遇不能抗拒的灾祸等原因缴纳确实有困难的”，才可以减免罚金。

除了在刑事实体法上将被告人财产状况作为财产刑量刑因素之外，还需要在程序上为这一量刑情节发挥作用提供制度保障。由于财产刑量刑具有不同于主刑的特殊性，就财产刑量刑程序而言，有必要明确以下几点：

第一，财产刑虽然属于附加刑，但量刑问题也应纳入检察院量刑建议的范围。检察院可以按照《人民检察院刑事诉讼规则》第 364 条规定，向法院提出财产刑量刑建议，对被告人处以财产刑的种类、刑罚幅度、执行方式，以及提出量刑建议的依据和理由，在量刑建议中予以说明。为保障量刑建议的准确性、合理性，检察院对支持财产刑量刑建议的量刑事实，诸如犯罪情节、被告人的财产状况，应当提供证据。将被告人经济状况纳入量刑建议，可以倒逼检察院在审查起诉过程中，对犯罪嫌疑人财产状况进行必要调查，并据以提出科学合理的量刑建议，使被告人财产情况进入法院的审判视野。

第二，在诉讼过程中，当事人和辩护人、诉讼代理人可以依据《刑事诉讼法解释》第 230 条，就财产刑提出量刑意见，提供量刑证据，并说明理由，有权就犯罪所得数额、被告人经济状况等影响财产刑量刑的事实和法律问题，展开充分的质证和辩论。

第三，法院应依照《刑事诉讼法解释》第 225 条的规定，将财产刑量刑纳入审理程序，对与财产刑量刑有关的事实、证据，进行专门调查，权衡犯罪行为严重程度和被告人经济状况，作出与犯罪情节、被告人经济能力相适应的财产刑判决。只有对被告人财产状况进行充分调查审理后作出的刑事判决，才能最大限度地减少因判决确定的财产刑数额与被执行人实际财产情况严重脱节而引起的执行难问题。

（二）涉案财产的认定程序对财产刑执行的影响

刑事审判程序对财产刑执行的影响，还有一个突出问题：刑事裁判对赃款赃物等涉案财产的认定不明确、不具体，也在制约着财产刑执行工作的开展。刑事涉案财产的认定，主要涉及违法所得、犯罪工具、违禁品的没收等与犯罪有关财产的处理，标的的违法性是这类财产的共同法律特征。而财产刑以被执行人合法所有的财产为执行标的。两者财产标的的法律属性区别明显。但在司法实践中，违法所得等涉案财产与被执行人合法所有财产有时会混在一起，难以区分，需要刑事裁判在主文或者所附财产清单中，从法律上明确界分两者的范围。遗憾的是，刑事审判程序在很多案件中，未能完全对应予追缴、没收的涉案财产范围作出清晰、明确的裁判，间接导致被执行人合法财产的确定也存在一定困难，两种财产的混同始终困扰着刑事裁判涉财产部分的执行。

《刑事诉讼法》第 245 条第 3 款规定："人民法院作出的判决，应当对查封、扣押、冻结的财物及其孳息作出处理。"《刑事诉讼法解释》第 364 条第 1 款规定："法庭审理过程中，对查封、扣押、冻结的财物及其孳息，应当调查其权属情况，是否属于违法所得或者依法应当追缴的其他涉案财物。"第 365 条规定："对查封、扣押、冻结的财物及其孳息，应当在判决书中写明名称、金额、数量、存放地点及其处理方式等。涉案财物较多，不宜在判决主文中详细列明的，可以附清单。涉案财物未随案移送的，应当在判决书中写明，并写明由查封、扣押、冻结机关负责处理。"《刑事财产执行规定》第 6 条规定："刑事裁判涉财产部分的裁判内容，应当明确、具体。涉案财物或者被害人人数较多，不宜在判决主文中详细列明的，可以概括叙明并另附清单。判处没收部分财产的，应当明确没收的具体财物或者金额。判处追缴或者责令退赔的，应当明确追缴或者退赔的金额或财物的名称、数量等相关情况。”这些法律、司法解释规定清晰地表明，涉案财产性质的认定也是刑事审判的裁判对象。刑事审判部门应当对涉案财产的法律属性及处理方式作出明确、具体的裁判。涉案财物的定性和处理不仅涉及对被告人的定罪量刑，其最终应返还被害人或者予以没收，也关系到被害人利益和国家利益。所以，涉案财产的认定和处理问题，应当纳入国家公诉权的范围，成为检察院公诉的对象。被告人有权就相关财产是否属于违法所得或者依法应当追缴的其他涉案财物，发表意见，提供证据。根据《刑事诉讼法解释》第364条第2款，案外人也有权就涉案财产提出权属异议，参与刑事诉讼程序，人民法院应当在审判过程中，对案外人提出的异议依法审查处理。

上述有关刑事裁判涉财产部分内容明确性、具体性的规定，在实践中并未得到全面落实，涉财产部分裁判内容笼统、模糊的问题，始终容易引发执行争议。例如，对于不能确定所有权人或涉及第三人利益时的涉案财物的执行，只有通过法院的生效裁判才能确定涉案财物的最终处置原则。①在刑事审判较短的审限内，确定被告人定罪量刑问题尚显不易，对于涉案财产种类、数量较多的案件来说，刑事审判部门也难以对涉案财产逐件认定。如何对刑事涉案财产作出更为清晰、明确的裁判，一直是刑事审判程序未能彻底解决的问题，由此引发的财产刑执行标的与赃款赃物等涉案财产混同难以确定的问题，影响了部分案件财产刑的执行。

五、财产刑执行激励机制

法院判处财产刑的案件中，犯罪人主动缴纳罚金的占一定比例，需要法院强制执行的只是判处财产刑案件的一部分。如果通过制度设计，鼓励被告人向法院主动上缴财产，将大大缓解财产刑强制执行的困难。财产刑

---

① 苏斌、张曼慧等：《涉众型经济犯罪案件财物追缴的判决主文表述》，载《人民司法·应用》2015年第13期。

执行激励机制，是通过鼓励行为人积极履行财产刑缴纳义务，使其从中获得一定法律利益，达到执行财产刑目的的法律制度。关于财产刑执行激励机制，主要有建立罚金刑执行保证金制度，以及将减刑、假释与财产刑履行、执行情况挂钩的讨论。

（一）罚金刑执行保证金制度

司法实践中，很多法院为了解决罚金刑执行难问题，采取要求被告人在判决宣告前预先缴纳罚金的措施，对预先缴纳的，对被告人在量刑上给予从宽考虑。虽然这种预缴罚金的做法具有较强的实用性，但一直无法摆脱“以钱赎刑”“花钱买刑”的质疑，同时这种做法还面临违反无罪推定原则的指责。[①] 对这种“先缴后判”的做法尽管还有争议，但其对罚金刑的执行确实发挥了积极作用，从执行角度衡量，确有存在的合理性。由于这种做法与罚金刑执行保证金制度有相似之处，可以说是建立这种保证金制度的实践基础，因此有学者提出建立罚金刑执行保证金制度。[②]

所谓罚金刑执行保证金制度，是指法院根据被告人犯罪情节确定有可能判处一定数额的罚金时，通知被告人或其家属在判决前向法院缴纳一定数额的金钱，作为法院对其判处罚金的基础和执行罚金的保证，如果被告人或其亲属及时按法院要求缴纳了保证金，法院就可以在判决中确定对其附加适用罚金刑，并可以将缴纳罚金保证金作为从轻处罚的情节之一，在确定主刑时适当考虑。罚金刑执行保证金制度有以下优点：可以确保判决生效后财产刑能够执行到位，克服财产刑执行的被动性；在量刑时酌情考虑从轻处罚，可以调动罪犯履行财产刑的积极性。[③]

罚金刑执行保证金制度存在广泛的实践需求，同时也充满争议。预缴

---

① 袁登明：《寻求缓解财产刑执行难之道——在现有法律框架下的制度创建》，载《法律适用》2006 年第 7 期。

② 刘明祥：《论解决罚金刑执行难题的立法途径》，载《法学家》2009 年第 2 期。

③ 参见上海市第一中级人民法院课题组：《财产刑执行机制之构建——以上海法院财产刑执行情况的实证分析为基础》，载《人民司法》2006 年第 6 期。

罚金的做法，在司法实践中具有很强的生命力，但一直没有获得法律制度的正式认可。笔者认为，对实践中自发产生的经验事实，如果只从价值判断上作出肯定或否定的评判，可能错过理论和制度创新的时机，建立罚金刑执行保证金制度，并对实践中预缴罚金的做法进行规范，对缓解财产刑执行难来说，不失为一条有益途径。

（二）财产刑执行情况对减刑、假释的影响

《刑事诉讼法解释》第451条规定："审理减刑、假释案件，应当审查财产刑和附带民事裁判的执行情况，以及罪犯退赃、退赔情况。罪犯积极履行判决确定的义务的，可以认定有悔改表现，在减刑、假释时从宽掌握；确有履行能力而不履行的，在减刑、假释时从严掌握。"现行司法解释已经将财产刑执行与减刑、假释的适用相挂钩。《最高人民法院关于办理减刑、假释案件具体应用法律若干问题的规定》也将财产刑履行、执行情况作为是否准许减刑、假释的重要考量因素。罪犯积极履行财产刑缴纳义务的，可以在减刑、假释时，获得有利的评价，从而鼓励其主动履行。对于因经济困难而无力履行的罪犯，如果在自由刑执行过程中确有悔改表现，财产刑未获执行系因客观经济条件限制，这种情况下的减刑、假释，不受财产刑未执行的限制。只有在罪犯"确有履行能力而不履行"的情况下，对其减刑、假释才应从严掌握。

实现财产刑履行、执行情况与减刑、假释相衔接，还应加强相关程序保障，使这一裁判要素以看得见的方式，影响被执行人减刑、假释的结果。已经移送执行的财产刑案件，对其执行情况，财产刑执行机构掌握得最清楚。减刑、假释案件的审判机构，可以从财产刑执行机构获得更为全面、准确的财产刑执行信息，公正审理减刑、假释案件。因此，有必要建立减刑、假释案件审判机构与财产刑执行机构之间的信息沟通机制，确保审判机构能够全面、准确地了解财产刑执行情况，使财产刑执行机构参与到减刑、假释程序中，就财产刑执行问题向裁判机构提供信息、发表意见，对减刑、假释的裁判施加相应影响。财产刑进入执行程序的案件，审

判机构在作出是否准许减刑、假释的裁定之前，可以就财产刑执行情况和被执行人履行能力等事实问题，向财产刑执行机构征询意见。

六、财产刑执行替代机制——财产刑易科问题

根据《刑法》第53条、《刑事诉讼法解释》第439条的规定，罚金经强制缴纳仍不能全部缴纳的，在任何时候，包括主刑执行完毕后，发现被执行人有可供执行的财产的，应当追缴。由此可见，我国对罚金刑未获执行案件的处理模式是，由执行程序负责到底，只要发现可供执行的财产，随时可以恢复执行。但司法实践中，人民法院启动罚金刑随时追缴程序的案件极少，绝大多数罚金刑案件都未能做到随时追缴。这种将财产刑执行由执行程序负责到底的思路，能否有效地解决财产刑执行问题，司法实践已经给出了答案：大量财产刑案件穷尽执行手段未获执行，又无其他替代性处理机制，导致所判处的财产刑始终“悬而未执”，最后“不了了之”。鉴于我国财产刑执行现状，理论界和实务界始终存在建立刑罚易科制度的改革建议。

财产刑易科制度是解决财产刑执行难的重要方法，也是民事执行所不具备的极富争议的刑罚转换制度。刑罚的易科，又称为换刑处分，指判决宣告的刑罚，因特殊事由不能执行或不宜执行，而选择其他刑罚为执行的代替。① 刑罚易科制度适用的前提是，存在执行不能或不宜执行的情况。国外的财产刑易科制度，主要包括将财产刑易科为自由刑、劳役、公益性劳动等。意大利、德国、俄罗斯、法国、瑞士、韩国等国家都采取了财产刑易科的方法。② 例如，根据德国《刑法》第43条，财产刑未缴纳或未追收的，则以自由刑代替。罚金刑还可以“公益劳动”的方式清偿。③ 在英国，如果治安法官认为拖欠罚金者对未能支付负有责任且其他执行方式无

---

① 陈兴良：《本体刑法学》（第二版），中国人民大学出版社2011年版，第658页。

② 参见王启江：《论我国罚金刑的执行》，山东大学2010年博士学位论文，第123～126页。

③ ［德］汉斯·海因里希·耶赛克、托马斯·魏根特：《德国刑法教科书》（总论），徐久生译，中国法制出版社2001年版，第935、937、940页。

法奏效时，他们可以发布令状将其移送至监狱，在为皇室法院罚金的情况下，刑期由皇室法院法官在拖欠时确定。[①] 我国目前并未建立刑罚易科制度，也不存在财产刑易科自由刑、公益劳动的做法。理论上对是否引入财产刑易科制度争议很大，存在否定说与肯定说之争。

就解决财产刑执行难而言，建立财产刑易科制度是十分必要的。财产刑易科是在财产刑无法执行的情况下，法律最后的处置手段，也是一种变通性的刑罚执行方式。被判处财产刑的犯罪人财产状况千差万别，财产刑不能执行的原因也很复杂，财产刑全部执行到位只是一种理想状态，现实中根本无法完全实现。如果只在财产刑执行程序内寻找解决途径，缺乏不能执行时的替代解决机制，仍然无力改变被执行人无财产可供执行的问题，这部分财产刑执行案件依然悬而未决。罚金刑随时追缴制度在实践中基本落空就是例证。单纯依靠国家强制力推进财产刑执行，只能解决一部分有条件执行的案件，对受到程序外因素影响而未能执行的案件，财产刑执行程序自身始终无能为力。这部分难以执行的案件，成为财产刑执行的包袱，缺少相应的退出机制和替代机制予以消解，最终损害财产刑的法律权威和制裁效果。

财产刑易科制度，通过将财产刑执行转换为自由刑、强制劳动等其他刑罚与非刑罚方法，进行变通执行，基本解决了财产刑执行程序自身难以克服的问题，也使犯罪人摆脱了财产惩罚的负担，通过另外一种方式变相实现了刑罚。特别是为难以执行的财产刑案件创设了一条法律出路，畅通案件退出机制，保障财产刑执行程序正常运行。从财产刑执行的制度需求来看，财产刑易科制度应成为我国刑罚制度发展的大势所趋。但是，由于刑罚易科制度在价值层面存在很大争议，许多重要的理论问题在我国尚未形成共识，加之财产刑易科为自由刑还是公益劳动，在符合哪些条件下、通过何种程序实现财产刑易科，以及财产刑数额与其他刑罚或非刑罚处置

---

① ［英］约翰·斯普莱克：《英国刑事诉讼程序》，徐美君、杨立涛译，中国人民大学出版社2006年版，第595页。

方式期限如何折算等制度性问题和技术性问题，在我国都是空白，财产刑易科制度在我国未来的命运，仍然充满变数。财产刑执行难问题短期内不太可能依靠刑罚易科制度得以解决。

七、结语：财产刑的制度性执行难

财产刑在执行中遇到的问题，有的是被执行人确无财产可供执行等程序外原因造成的，并非执行程序本身所能解决的，但也有相当一部分是刑罚制度设计、刑事诉讼程序和财产刑执行程序自身构造等制度性因素造成的。笔者仅以刑事诉讼和财产刑执行内在程序构造为线索，探讨了引发财产刑执行难的制度性因素：在财产刑执行程序主体方面，执行法院与被执行人一对一的构造，导致程序内监督机制不完备和涉执行诉讼形态无法形成等问题；审前财产保全机制无法建立，给判决生效后的执行工作造成难以克服的困难；刑事审判中涉及财产问题的程序保障不到位，使本应由审判程序处理的问题遗留给执行程序，导致执行程序承担了很多自身职能无法解决的难题；实践中有些行之有效的财产刑执行激励机制，因无法获得刑事诉讼程序的认可与规范，难以充分发挥作用；财产刑易科制度一直未能建立，致使执行案件缺乏有效的退出机制，对于确实难以执行的案件，在制度上没有应对之策。当然，上述内容仅仅是财产刑执行程序构造层面具有代表性的问题，影响财产刑执行的制度性因素还有其他方面，由于篇幅所限，暂未涉及。这些程序性、制度性问题，是制约我国财产刑执行的基础性问题，笔者将上述因制度设计、程序构造因素导致的执行难，总结为财产刑的制度性执行难。财产刑的制度性执行难，是我国刑事司法制度存在的诸多问题在执行这一最后程序环节的集中表现。这些刑事司法制度缺陷既存在于实体法，也存在于程序法，财产刑执行程序成为这些制度问题最后的释放途径，财产刑制度性执行难，是刑事审前、审判、执行程序多项不合理的司法制度综合作用的结果。只要影响执行的程序结构不改变、制度性制约因素不革除，无论财产刑交给哪个机关执行，都会面临同样的困局。

第二十三章　刑事财产责任与民事责任的执行竞合

被执行人应当承担的退赔、罚金、没收财产等刑事财产责任与民事责任在执行程序中出现竞合时如何确定执行顺位，长期以来一直困扰着人民法院执行工作。《刑事财产执行规定》第 13 条专门对这一问题作了规定。但该条司法解释只解决了一部分问题，还有很多问题有待进一步研究规范。

一、适用《刑事财产执行规定》第 13 条的前提条件

适用《刑事财产执行规定》第 13 条，应同时满足两个前提条件：一是被执行人同时承担刑事财产责任和民事责任；二是被执行人财产不足以支付其承担的法律责任。

（一）被执行人同时承担刑事财产责任和民事责任

被执行人同时承担的应是刑事财产责任和民事责任两类不同性质的法律责任。如果被执行人只承担刑事财产责任，不承担民事责任；或者只承担民事责任，不承担刑事财产责任的，均不符合《刑事财产执行规定》第 13 条的适用条件。刑事附带民事责任在本质上属于民事责任的范畴，虽然在程序上附属于刑事诉讼，但被执行人的责任性质仍为民事责任。被执行人在执行中同时承担刑事财产责任和民事责任的，有观点认为，这种现象属于责任竞合，即行为人实施的某一违法行为符合两个或两个以上责任构成要

件，并且数个责任之间相互冲突，不能同时并存。[①] 这种观点对责任竞合的解释是正确的，但是在执行程序中，被执行人刑事财产责任和民事责任并存的现象是否属于责任竞合，则不无疑问。这里有必要对责任竞合、多种责任并存以及强制执行程序竞合的区别作一简要说明。

法律责任的竞合，是指由于行为人的同一行为，同时符合不同法律责任的构成要件，从而导致两种或两种以上的法律责任产生，而这些不同责任之间相互冲突，不能相互吸收，也不能同时并存的现象。换言之，这些责任不能同时被追究，只能追究其一，这种情况即法律责任竞合。法律责任竞合，既可以发生在同一部门法内，如民法上侵权责任和违约责任的竞合，也可以发生在不同部门法之间，如民事责任、行政责任和刑事责任等之间的竞合。之所以会发生法律责任的竞合，是因为不同的法律规范从不同角度对社会关系加以调整，而由于法律规范的抽象性以及社会关系的复杂性，不同的法律规范在调整社会关系时可能会产生一定的重合，使得一个行为同时触犯了不同的法律规范，面临数种法律责任，从而引起法律责任的竞合。法律责任的竞合有以下特点：

第一，数个法律责任的主体为同一法律主体。

第二，责任主体实施了一个行为。如果是数个行为分别触犯不同的法律规定，并且符合不同的法律责任构成要件，则应针对各行为追究不同的法律责任，而不能按照责任竞合处理。

第三，该行为同时符合两个或两个以上法律责任构成要件。

第四，数个法律责任之间相互冲突，不能同时承担。如果数个法律责任可以被其中之一所吸收，如某犯罪行为的刑事责任吸收了其行政责任；或可以并存，如某犯罪行为的刑事责任与附带民事赔偿责任被同时追究，则不存在责任竞合的问题。但责任主体的数个法律责任既不能被其中之一所吸收，也不能并存，而如果同时追究，显然有悖法律原则与精神时，就发生法律责任之间的冲突，产生责任竞合。

---

① 王志祥主编：《财产刑适用的理论与实务》，中国人民公安大学出版社2012年版，第188页。

执行程序中，被执行人同时承担刑事财产责任和民事责任的，并不完全符合责任竞合的情形，在被执行人因多项不同的民事行为、刑事违法行为而被多个不同的执行依据确定承担民事责任、刑事责任的情况下，就不属于责任竞合，而是多种刑事、民事责任并存。例如，被执行人构成犯罪，被判处财产刑，同时因欠某债权人借款未清偿，人民法院判决其清偿债务，该被执行人又以其名下不动产为他人债务设定抵押担保，人民法院另案判决被执行人以其抵押财产承担担保责任，这种情况系因被执行人多个行为引起，民事责任、刑事责任同时并存，被执行人须对其不同行为的法律后果承担各自不同的责任。这就不属于责任竞合的情形，而是多种性质的责任同时承担的问题。所以，从责任竞合角度理解《刑事财产执行规定》第 13 条规定，在理论上是不妥当的。认为被执行人同时承担民事责任和刑事责任属于责任竞合的观点，混淆了责任竞合和多种责任并存的情形。

《刑事财产执行规定》第 13 条规定的情形，在强制执行法理论上属于“执行程序竞合”，简称执行竞合。广义上的执行竞合，是指对于已经开始实施强制执行的被执行人财产，其他权利主体再申请强制执行或参与分配；狭义上的执行竞合，是指对于被执行人的同一财产，依内容不同的执行依据，同时或者先后申请或进入强制执行。《刑事财产执行规定》第 13 条的适用，既可能出现广义上执行竞合的情形，也可能出现狭义上执行竞合的情形。另外，《刑事财产执行规定》第 13 条还与被执行人财产分配程序有关，《刑事财产执行规定》第 13 条只是对财产支付顺位的规定，具体落实离不开财产分配程序。

（二）被执行人财产不足以支付

《刑事财产执行规定》第 13 条的适用须以被执行人财产不足以支付为前提。如果被执行人财产足以承担全部刑事财产责任和民事责任，区分各种责任的先后顺位则无实际意义。只有在被执行人财产不足以承担所有责任的情况下，才有必要确定哪些责任先行承担，哪些责任顺位劣后，从而划定不同性质法律责任的先后顺序。《刑事财产执行规定》第 13 条在执行实践中的操作，需要借助被执行人财产分配程序。财产分配程序的相关规定，是保障《刑事财产执行规定》第 13 条得以落实的程序条件。

被执行人为企业法人的，如果进入破产程序，其资产显然已不足以清偿全部民事债务，根据相关法律规定及《刑事财产执行规定》第 13 条确定的责任顺序，财产刑基本已无执行的可能。虽然符合财产不足以支付的条件，但案件已经进入破产程序，如何确定责任顺序，应由破产程序解决，对此不作详述。

二、刑事财产责任与民事责任执行竞合时的财产执行顺位

根据《刑事财产执行规定》第 13 条，刑事财产责任与民事责任执行竞合时，按照以下顺序执行：

（一）人身损害赔偿中的医疗费用

人身损害赔偿中的医疗费用处于第一顺位。根据《刑事财产执行规定》第 13 条第 2 款的规定，医疗费用优先于债权人对执行标的依法享有的优先受偿权。之所以将人身损害赔偿中的医疗费用单独提出，并赋予其第一清偿顺位，是因为该费用系用于被害人抢救、治疗而支付的费用，属于挽救被害人生命、恢复被害人健康的“救命钱”“保命钱”，而且该费用在被害人生命健康受到现实威胁的情况下已经支出。为了体现对被害人生命权、健康权这些最基本人权的尊重和保护，《刑事财产执行规定》第 13 条将人身损害赔偿中的医疗费用列为最优先实现的对象。医疗费用是保障被害人基本权利必须支付的费用，其实现的紧迫性和必要性，是司法解释对其优先考虑的重要因素。另外，医疗费用在被执行人赔偿责任中所占比重往往并不太大，最先清偿医疗费用，对其他权利的影响通常处于一定范围之内，一般情况下不会对其他权利的实现造成根本性冲击。在损害赔偿中，只有人身损害赔偿的医疗费用处于最先受偿的顺位，《刑事财产执行

规定》第13条只对医疗费用作了特殊规定，其他赔偿事项均不具备医疗费用这种优先性。

（二）债权人对执行标的依法享有的优先受偿权

根据《刑事财产执行规定》第13条第2款的规定，债权人对执行标的依法享有的优先受偿权，于人身损害赔偿中的医疗费用之后受偿，其受偿顺位优先于退赔被害人的损失。《刑事财产执行规定》第13条第2款所称优先受偿权，既包括抵押权、质权、留置权等依据《担保法》《物权法》成立的担保物权，也包括《合同法》第286条规定的建设工程价款优先受偿权，还包括根据《海商法》成立的船舶优先权等具有优先受偿性质的权利。《刑事财产执行规定》第13条第2款不仅明确了优先受偿权先于其他民事债权和财产刑受偿，更重要的是，赋予优先受偿权先于退赔被害人损失的顺位，解决了司法实践中长期争议的问题。一般而言，在执行标的上依法成立的优先受偿权构成对标的所有权的限制，对执行标的享有优先受偿权的债权人可以对抗所有权人，即使被执行人对该财产的所有权有瑕疵，可能构成无权处分，但根据法律、司法解释的规定，优先受偿权如果是依法设立的（例如符合抵押权善意取得的条件），通常情况下，其效力可以对抗原权利人的所有权，但法律、司法解释另有规定的除外。《刑事财产执行规定》第13条确立优先受偿权先于退赔被害人损失的原则，也是出于保护优先受偿权制度所维护的交易安全、债权人的信赖利益等考虑。当然，《刑事财产执行规定》第13条只是原则性规定，不排除司法实践中的例外情况。

需要说明的是，优先受偿权是债权人对特定执行标的交换价值，而非对被执行人其他财产优先受偿的权利。优先受偿的顺位仅限于特定财产的价值，对于被执行人其他财产的变现价值，优先受偿权人不能一并主张优先受偿。另外，债权人对执行标的的优先受偿权，应是依法成立的权利。优先受偿权的成立不以被生效法律文书确定为前提，人民法院在执行中可直接予以保护，这一点与普通民事债权不同。在民事执行中，优先受偿权人可以直接申请对被执行人财产参与分配，并不一定取得执行依据。根据《民事诉讼法解释》第508条第2款的规定，对人民法院查封、扣押、冻结的财产有优先权、担保物权的债权人，可以直接申请参与分配，主张优先受偿权。而普通民事债权申请参与分配，则要求取得执行依据。人民法院在执行过程中，可以依法认定债权人是否享有优先受偿权，并保障其优先受偿的顺位。其他权利人有异议的，可以依据《民事诉讼法解释》第511条、第512条的规定，通过向执行法院提出书面异议、提起分配方案异议之诉救济。

（三）退赔被害人的损失

《刑事财产执行规定》第13条第1款第（2）项赋予退赔被害人损失优先于其他民事债务的执行顺位。退赔是指将违法所得的财物退还或赔偿原主。违法所得的财物，是指实施犯罪行为所获得的财物及其非法收益。责令退赔与处置赃款赃物有一定的重合关系。“退”是指原物存在的，将原物退还；“赔”是指原物不存在或者已被处分的，按其价值状况折价赔偿。退赔被害人，有主动退赔和责令退赔两种。前者是行为人主动将违法所得财物退回或赔偿被害人；后者是司法机关强制行为人将违法所得退还或赔偿被害人。《刑法》第64条规定：“犯罪分子违法所得的一切财物，应当予以追缴或者责令退赔；对被害人的合法财产，应当及时返还；违禁品和供犯罪所用的本人财物，应当予以没收。没收的财物和罚金，一律上缴国库，不得挪用和自行处理。”据此，犯罪分子违法所得的财物有追缴和责令退赔两种处理方式，责令退赔的权利主体是被害人，这一点是明确的。而对于追缴和责令退赔的适用，理论上和司法实践中则较为混乱。有的观点认为，追缴只适用于应当上缴国库的财产，对于应当退还被害人的，直接适用责令退赔。有的观点则认为，追缴是责令退赔的一个程序环节，责令退赔包括追缴的行为。还有的观点认为，追缴适用于原物存在的情况，责令退赔适用于原物已被挥霍、毁坏、消耗、处置等不存在的情形。《刑事诉讼法解释》第139条对被害人财产也采用了“追缴或者责令退赔”的表述，将追缴和责令退赔同时作为被害人财产权保护的途径。但这一规定也没有说明两者有何区别。《刑事财产执行规定》第13条第1款第（2）项仅规定了应当退赔被害人的情况，对于应当上缴国库的违法所得，则未明确提及。

责令退赔的财产，应当是犯罪分子违法所得的财产，即与犯罪有关的财产，对此《刑法》第64条规定得很明确：犯罪分子违法所得的一切财物，应当予以追缴或者责令退赔。实践中，很多犯罪分子违法所得的财产在形式上表现为合法所有，实则与犯罪相关，属于赃款赃物。这些财产不是真正意义上的被执行人合法财产，一旦被生效刑事裁判认定为违法所得，就应当依法予以没收或责令退赔被害人。

责令退赔与财产刑执行虽然都指向财产，但两者的区别明显。责令退赔不是一种刑罚方法，刑法并没有将责令退赔规定在刑罚体系当中，退赔的财产属于犯罪人违法所得，应当归还被害人，具有救济被害人的制度功能。财产刑是《刑法》规定的附加刑，系对犯罪分子在物质上的刑罚惩罚与制裁，执行标的是与犯罪行为无关的被执行人合法自有财产，执行财产刑所得的财产应上缴国库。

责令退赔也不同于刑事附带民事赔偿。刑事附带民事赔偿的权利主体虽然也是被害人或其近亲属，但执行标的是被执行人的合法自有财产，不能以犯罪人的违法所得承担刑事附带民事赔偿责任。《刑事诉讼法解释》第139条规定：“被告人非法占有、处置被害人财产的，应当依法予以追缴或者责令退赔。被害人提起附带民事诉讼的，人民法院不予受理。追缴、退赔的情况，可以作为量刑情节考虑。”《最高人民法院关于适用刑法第六十四条有关问题的批复》也指出，被告人非法占有、处置被害人财产的，应当依法予以追缴或者责令退赔；被害人提起附带民事诉讼，或者另行提起民事诉讼请求返还被非法占有、处置的财产的，人民法院不予受理。

刑事案件的被害人，对于遭受犯罪侵害大多都无法预测和避免，被害人对犯罪人非法占有、处置其财产的权利主张，只能通过刑事追缴或者责令退赔程序解决，无法通过刑事附带民事诉讼或者提起普通民事诉讼予以救济。应当退赔被害人的财产，系犯罪人违法所得，在法律评价上，这些财产并不被认为是犯罪人合法所有，仍然应当归属被害人。这部分财产的特殊性在于，其可能具有被执行人财产的外观，但由于系犯罪人基于犯罪行为所得，在法律上仍将其界定为应当退赔被害人的特殊财产。退赔被害人的损失先于普通民事债务执行，不能从犯罪行为给被害人造成的损害程度更严重的角度解释，因为刑事附带民事损害赔偿也是由被害人受到犯罪行为侵害引起的，但刑事附带民事赔偿与普通民事债务仍处于同一受偿顺位。刑事退赔优先于普通民事债权执行的原理在于，退赔的这部分财产属于犯罪人违法所得，在刑法上仍将应当退赔的财产视为被害人的财产（尽管在表现形式上可能属于被执行人的合法自有财产），不属于被执行人在民法上的责任财产，自然不能用于清偿被执行人的民事债务，而应将这部分财产“物归原主”，交还财产的合法所有者，即被害人。被害人要求退赔的权利，属于物权请求权或者类似于物权请求权性质的权利，刑法、刑事诉讼法司法解释对退赔被害人损失，赋予了一种“物权化”的效力，退赔被害人的损失先于清偿普通民事债务。

民法上，权利人对财产损失的损害赔偿请求权属于债权请求权，而非物权请求权。但刑法上的责令退赔与民法中的损害赔偿并不完全相同。从《刑事诉讼法解释》第 139 条规定就可以看出，责令退赔与刑事附带民事财产损害赔偿完全是两种救济制度。刑事附带民事财产损害赔偿请求权属于债权请求权，无法与退赔被害人损失相提并论。根据《刑事诉讼法解释》第 138 条，刑事附带民事诉讼中的财产损害赔偿，是指被害人财物被犯罪分子毁坏而遭受物质损失的情形，而不包括财产被犯罪分子非法占有、处置而遭受的损害。对于后者，应根据《刑事诉讼法解释》第 139 条，予以追缴或者责令退赔。可见，责令退赔与刑事附带民事诉讼中的财产损害赔偿，在刑事法律上是作为两种权利救济方式设置的，这一点与民法上财产损害赔偿请求权的内容迥异。如果从民法上的财产损害赔偿请求权的角度理解刑法上的退赔被害人损失，则结论必然是退赔被害人损失应纳入刑事附带民事诉讼的范畴，而《刑事诉讼法解释》第 138 条、第 139 条明确将责令退赔排除在刑事附带民事诉讼范围之外，只把“财物被犯罪分子毁坏而遭受物质损失”纳入刑事附带民事诉讼范围，足见刑事责令退赔与民事财产损害赔偿的差别所在。因此，刑事退赔不能完全从民法财产损害赔偿请求权（债权请求权）的角度看待，其在刑法上的评价，是作为犯罪人违法所得处理的，更类似于被害人的“物权请求权”，不能用这部分财产清偿犯罪人的普通民事债务，也不能用这部分财产执行财产刑。

根据《刑事财产执行规定》第 13 条第 2 款的规定，债权人对执行标的依法享有优先受偿权的，在医疗费用受偿后、退赔被害人损失前受偿。对于退赔被害人损失的财产，如果负担债权人的优先受偿权，那么债权人优先受偿权先于退赔被害人损失受偿。这样规定的目的，主要是保障优先受偿权制度所体现的保护交易安全等法律价值的实现。即使相关财产应当退赔被害人，如果该财产上已经依法设定了担保物权等优先受偿权，对于优先受偿权人来说，该财产已经被纳入了被执行人“责任财产”的范围，在保护所有权的价值之上，又加入了交易安全、债权人信赖利益、权利公示公信等更高的价值选择，对执行标的的优先受偿权可以对抗所有权。被害人的财产权利受到限制物权等优先权的压制，司法解释确立了优先受偿权先于被害人财产权利实现的原则。

需要说明的是，根据《最高人民法院关于适用刑法第六十四条有关问题的批复》的要求，追缴或者责令退赔的具体内容，应当在判决主文中写明；其中，判决前已经发还被害人的财产，应当注明。因此，《刑事财产执行规定》第 13 条第 1 款第（2）项规定的退赔被害人损失，应当为生效刑事裁判所确定，并已经在裁判文书中列明。另外，根据《刑事诉讼法解释》第 360 条的规定，对被害人的合法财产，权属明确的，应当依法及时返还，但须经拍照、鉴定、估价，并在案卷中注明返还的理由，将原物照片、清单和被害人的领取手续附卷备查；权属不明的，应当在人民法院判决、裁定生效后，按比例返还被害人，但已获退赔的部分应予扣除。

（四）其他民事债务

其他民事债务，是指普通民事债务，也包括刑事附带民事赔偿。《刑事财产执行规定》第 13 条再次确认了刑法及相关司法解释已经确立的民事优先原则。所谓民事优先原则，是指在财产刑执行过程中，被判处财产刑的犯罪分子应当承担对被害人的民事赔偿责任，或对其他债权人负有应当偿还的民事债务时，如果民事责任经人民法院生效法律文书确定，犯罪分子合法所有的财产应当优先承担民事责任，在清偿民事债务后，如果还有剩余财产，再执行财产刑。

财产刑执行劣后于私法债权的执行，具有法律上的正当性和实践中的正义性。[①]《刑法》第 36 条第 2 款规定："承担民事赔偿责任的犯罪分子，同时被判处罚金，其财产不足以全部支付的，或者被判处没收财产的，应当先承担对被害人的民事赔偿责任。"第 60 条规定："没收财产以前犯罪分子所负的正当债务，需要以没收的财产偿还的，经债权人请求，应当偿还。"《刑事诉讼法解释》第 441 条规定："被判处财产刑，同时又承担附带民事赔偿责任的被执行人，应当先履行民事赔偿责任。判处财产刑之前被执行人所负正当债务，需要以被执行的财产偿还的，经债权人请求，应当偿还。"上述法律、司法解释确立了民事优先原则，《刑事财产执行规定》第 13 条延续了我国在这一问题上的一贯立场，明确规定其他民事债务先于罚金和没收财产受偿。民事优先原则，体现了国家在财产刑执行上"不与民争利"的立场。

关于《刑事财产执行规定》第 13 条第 1 款第（3）项规定，有以下问题需要说明：

第一，刑事附带民事诉讼，是在刑事诉讼程序中附带解决民事赔偿问题，与其他民事诉讼案件无本质区别。被执行人的刑事附带民事赔偿责任，

---

① 肖建国：《论财产刑执行的理论基础——基于民法和民事诉讼法的分析》，载《法学家》2007 年第 2 期。

与普通民事责任没有先后之分，应为同一执行顺位。但在民事债权人对执行标的依法享有优先受偿权的情况下，应优先于刑事附带民事案件受偿。

第二，普通民事债务的权利人应取得执行依据，才能参与财产分配程序，主张先于财产刑受偿，没有取得执行依据的债权人不享有此项权利。根据《民事诉讼法解释》第 508 条，普通债权人向人民法院申请参与分配，应当取得执行依据；对人民法院查封、扣押、冻结的财产有优先权、担保物权的债权人，可以直接申请参与分配，主张优先受偿权，不以取得执行依据为必要条件。在被执行人同时承担刑事财产责任和民事责任的情况下，普通债权人要求从执行财产中受偿的，也应如此。未经生效法律文书确定的普通民事债权，执行机构无法认定其是否属于被执行人所负“正当债务”，其中不排除被执行人与案外人串通虚构债权债务关系，对抗执行的情形，不仅在民事执行中无权申请参与分配，在财产刑执行中，“债权人”也无权直接参与财产分配，但债权人对执行标的依法享有优先受偿权的除外。刑事附带民事诉讼权利人与普通民事债权人居于同一顺位，只有取得刑事附带民事诉讼生效法律文书，才能从执行财产中受偿。

（五）罚金、没收财产的执行

《刑法修正案（八）》对《刑法》第 69 条作了修改。修改后的《刑法》第 69 条第 3 款规定：“数罪中有判处附加刑的，附加刑仍须执行，其中附加刑种类相同的，合并执行，种类不同的，分别执行。”罚金和没收财产是两种不同类型的财产刑。《刑事财产执行规定》第 13 条对罚金和没收财产也确定了不同的执行顺位。从国家角度来看，罚金和没收财产都应上缴国库。对国家刑罚权的实现来说，区分罚金和没收财产的执行顺序可能无实际意义。而且，罚金和没收财产在财产分配中处于最后顺位，对被害人和其他民事债权人也没有影响。但是，从被执行人的角度来说，区分罚金和没收财产的执行顺位，对其财产利益则有切实影响。

罚金和没收财产在是否采用随时追缴制度上有所不同。根据《刑法》第 53 条的规定，对于不能全部缴纳罚金的，人民法院在任何时候发现被执行人有可以执行的财产，应当随时追缴。根据《刑事诉讼法解释》第439条的规定，罚金经强制缴纳仍不能全部缴纳的，在任何时候，包括主刑执行完毕后，发现被执行人有可供执行的财产的，应当追缴。据此，我国罚金刑的执行不存在行刑时效，而是实行随时追缴制度，被执行人未全部缴纳罚金的，在任何时候，人民法院都可以追缴。而对于没收财产刑，《刑法》和《刑事诉讼法》并没有规定随时追缴制度。《刑事诉讼法解释》第439条第3款规定："判处没收财产的，判决生效后，应当立即执行。"《刑事财产执行规定》第9条第1款规定："判处没收财产的，应当执行刑事裁判生效时被执行人合法所有的财产。"据此，没收财产的执行，仅以刑事裁判生效时被执行人合法所有的财产为限。司法解释对被执行人责任财产的范围从时间上作出限定，排除了没收财产刑对被执行人未来取得的财产，特别是服刑期间和刑满释放后合法取得的财产予以没收的可能，对于被执行人日后的改造和刑满释放后顺利回归社会，具有积极意义。

因此，在被执行人财产不足以承担全部财产刑的情况下，罚金刑和没收财产刑的执行顺序，对被执行人财产利益的影响是有区别的。假如没收财产刑先于罚金刑执行，那么在被执行人财产不足的情况下，其最终将承担罚金刑随时追缴的负担，直到罚金刑全部执行完毕为止。特别是判处没收全部财产的情况下，被执行人的全部财产都应没收，其基本丧失再缴纳罚金的能力，罚金刑的执行也会遥遥无期，被执行人将长期背负被追缴罚金的刑罚制裁。[①] 这种情况属于在已经剥夺被执行人全部财产的制裁方式

---

① 关于没收全部财产与罚金并存的情况下，应当分别执行还是合并执行，理论上有不同观点。一种观点认为，数罪分别被判处罚金与没收全部财产时，也应分别执行。参见张明楷：《刑法学》（第四版），法律出版社2011年版，第531页。相反观点认为，罚金刑与没收财产刑虽然属于两种刑罚，但由于它们在性质上均是财产刑，因此可将它们看作同一性质的刑罚；对罚金刑、没收部分财产刑和没收全部财产刑的，其合并执行采取的是吸收原则，即没收全部财产刑吸收罚金刑和没收部分财产刑，对犯罪人只需执行没收全部财产刑即可。参见赵秉志主编：《刑法修正案（八）理解与适用》，中国法制出版社2011年版，第107~108页。《刑事财产执行规定》第13条将罚金和没收财产作为两种刑罚，规定了不同的执行顺位，而且因罚金与没收财产是否适用随时追缴的不同对被执行人财产利益也有不同影响，《刑事财产执行规定》第13条实际上采纳了第一种观点。但司法实践中，罚金与没收全部财产并存的情况下，通常只能将被执行人现有全部财产强制执行，很难再启动罚金刑的随时追缴程序，其实际执行结果与只执行没收全部财产并无二致。

之外，又增加了科以罚金的经济制裁，加剧了财产刑的严酷性，对被执行人日后的改造和刑满释放后顺利回归社会，易造成不利影响。另外，由于没收财产刑的严酷性和对犯罪人改造及回归社会生活的消极影响，发达国家大多已废止没收财产刑（一般没收），并越来越重视发挥罚金刑的作用，不断完善罚金刑的裁判与执行制度。我国是为数不多的仍然保留没收财产刑（一般没收）的国家。[①] 如果将没收财产刑置于罚金刑之前执行，则与法治国家财产刑的发展趋势背道而驰。

基于上述考虑，《刑事财产执行规定》第 13 条规定罚金刑先于没收财产刑执行。一方面，在被执行人现有财产范围内，尽可能全面解决财产刑的执行问题，以利今后对被执行人的改造和回归正常社会生活；另一方面，避免财产刑执行过于严苛，使被执行人在被没收财产后无其他财产可供执行的情况下，还要承担随时追缴罚金的刑罚负担。人民法院执行罚金刑之后，如果被执行人确无财产可供执行，则没收财产刑的执行标的实际已不存在。

三、税收、行政罚没等公法债权与民事债权、刑事裁判涉财产部分执行竞合的执行顺位问题

对于税收、行政罚没等行政法责任与民事责任、刑事责任并存的情况，由于各方分歧意见较大，实践中的问题也需进一步调查研究，《刑事财产执行规定》暂未作规定。对于法律明确规定具有优先受偿顺位的公法债权，应根据相关规定，确定该公法债权在被执行人刑事财产责任和民事责任中的顺位。例如，关于税收优先权，《税收征收管理法》第 45 条第 1 款规定："税务机关征收税款，税收优先于无担保债权，法律另有规定的除外；纳税人欠缴的税款发生在纳税人以其财产设定抵押、质押或者纳税人的财产被留置之前的，税收应当先于抵押权、质权、留置权执行。"据

① 世界上规定一般没收的国家十分有限，目前主要是我国、保加利亚、越南、蒙古等国家。姚贝：《没收财产刑研究》，中国政法大学出版社 2011 年版，第 12 页。

此，税收优先权具有优先于普通民事债权的法律地位，但对于抵押权、质权、留置权等担保物权，法律规定按照权利（力）产生的时间先后顺序受偿。《税收征收管理法》的这一规定，解决了实践中很多税收优先权与民事债权的冲突问题，但对于这一规定，有观点认为与《物权法》关于担保物权实现顺序的规定相冲突。《物权法》第239条规定："同一动产上已设立抵押权或者质权，该动产又被留置的，留置权人优先受偿。"根据上述规定，设定抵押权或质权后发生的留置权能够优先于抵押权和质权，那么，发生于动产被留置之前、抵押权或质权设定之后的征税权可优先于留置权行使，这必然导致征税权优先于设定于征税权发生之前的抵押权和质权，显然违反了《税收征收管理法》关于税收优先权规定的初衷。[1] 这种法律规定相互冲突的现象，也给司法实践带来了一些困惑。

另外，关于建设工程价款优先受偿权、船舶优先权等优先受偿权与税收优先权的受偿顺位问题，法律没有明确规定。《税收征收管理法》第45条也没有提到这些优先受偿权的问题。法律规定的缺失，使司法实践处理优先权问题缺乏明确的依据。

四、优先受偿权与追缴赃款赃物、没收供犯罪所用价值较大的本人财物的执行顺位问题

《刑事财产执行规定》第13条没有提及追缴赃款赃物和没收供犯罪所用本人财物在被执行人刑事财产责任、民事责任并存情况下，居于何种执行顺位。追缴的赃款赃物如果属于应当退赔被害人的财产，应按照退赔被害人损失的顺位处理；如果属于应当上缴国库的财产，则不能归入被执行人合法自有财产的范围，当然不能用于清偿被执行人的普通民事债务和承担刑事附带民事赔偿责任。供犯罪所用本人财物，属于应当依法没收或者销毁的财产，也不能作为被执行人合法所有的责任财产，只能没收上缴国库或

① 张学博：《税收优先权的位次不能定得过高》，载《中国税务报》2010年6月2日。

依法销毁，不能用于清偿普通民事债务和承担刑事附带民事赔偿责任。实践中争议较大的问题是，这些应当上缴国库的赃款赃物和供犯罪所用本人财物，如果设定了抵押权、质权、留置权等担保物权或其他优先受偿权，该财产是先用于实现优先受偿权还是优先上缴国库?《刑事财产执行规定》第13条对此也没有明确规定。《刑事财产执行规定》第11条规定了涉案财物的善意取得制度。该条第1款规定，被执行人将刑事裁判认定为赃款赃物的涉案财物用于清偿债务、转让或者设置其他权利负担，具有司法解释规定情形的，人民法院应予追缴。这里的“设置其他权利负担”包括设定担保物权等优先受偿权的情形。同时该条第2款规定，第三人善意取得涉案财物的，执行程序中不予追缴，肯定了涉案财物可以适用善意取得制度。参照这一规定，第三人对涉案财物优先受偿权的“善意取得”，似也应予认可。如果第三人对涉案财物的优先受偿权依法成立（包括优先受偿权的善意取得和事先取得），优先受偿权的实现应先于追缴赃款赃物、没收供犯罪所用财物执行。

五、部分特殊刑事案件退赔被害人损失与普通民事债务能否平等受偿的问题

实践中，很多法院认为，对于非法吸收公众存款、集资诈骗等非法集资犯罪，以及其他一部分破坏市场经济秩序、金融管理秩序的犯罪，退赔被害人损失应与其他普通民事债务处于同一顺位，按比例受偿。例如，被执行人犯挪用资金罪时所挪用的资金和向他人的借款混同时，法院在执行中，对侦查机关追回的款项应按比例分配给被害单位和民间借贷的申请人，即按比例平等清偿，不应按照先刑后民或先民后刑的原则处分混同财产。[①] 关于非法集资犯罪，司法实践对退赔被害人损失和普通民事债权按比例平等受偿的呼声很高。但是，根据《最高人民法院 最高人民检察院

① 罗伟:《财产刑的退赔和民事债务混同时的处置原则》，载《人民司法·案例》2013年第20期。

公安部关于办理非法集资刑事案件若干问题的意见》第九部分，非法集资刑事案件退赔集资参与人的损失一般优先于其他民事债务以及罚金、没收财产的执行。故在非法吸收公众存款、集资诈骗等非法集资刑事案件中，通常情况下，退赔被害人损失优先于普通民事债务执行。从现行司法解释规定看，退赔被害人损失优先于被执行人普通民事债务执行的规则仍然难以撼动。

第二十四章　以案说法：责令退赔与民事执行内容重合的处理

——兼论刑民交叉领域几个理论问题

一、案件基本情况

（一）民间借贷纠纷执行案基本案情

申请执行人：周某

被执行人：葛某忠，现在监狱服刑

周某诉葛某忠民间借贷纠纷案，山东省莱芜市莱城区人民法院（以下简称莱城法院）于2012年10月17日作出（2012）莱城民初字第2633号民事调解书：（1）葛某忠分别于2012年11月17日偿还周某现金50万元，2012年11月25日偿还周某现金27万元，2012年12月17日偿还周某现金50万元，2013年1月17日偿还周某现金50万元，2013年4月17日偿还周某现金50万元，2013年5月17日偿还周某现金50万元（共计277万元）；（2）本案一次性处理完毕，其他事宜互不追究。因葛某忠未履行，经周某申请，莱城法院于2012年12月19日立案执行。

案件审理期间，莱城法院诉讼保全了被执行人名下车辆和房产。进入执行程序后，根据周某的申请，莱城法院对查封的被执行人名下部分房产进行评估拍卖。2013年7月12日，对评估房产进行第一次拍卖，竞拍人以215万元竞拍成交，但竞拍人未在指定的2013年7月24日前支付竞拍款。在第二次拍卖过程中，莱芜市公安局、莱芜市检察院分别函告莱城法院“关于葛某忠、王某因涉嫌集资诈骗犯罪”的情况，2013年10月31日，经莱城法院审判委员会讨论，裁定对该案中止执行。

（二）刑事判决涉财产部分执行案件基本情况

2015年3月19日，山东省莱芜市中级人民法院（以下简称莱芜中院）作出（2014）莱中刑二初字第1号刑事判决，判决内容如下：葛某忠犯集资诈骗罪被判处无期徒刑，剥夺政治权利终身，并处没收个人全部财产；王某犯集资诈骗罪，判处有期徒刑15年，并处罚金人民币50万元；责令葛某忠、王某将违法所得退赔给被害人。该案退赔清单共涉及41名被害人，退赔总金额86 122 415元，包含周某的277万元。因葛某忠、王某未退赔，莱芜中院刑二庭移送执行二庭执行。2015年5月8日，莱芜中院立案执行，轮候查封被执行人名下车辆及房产。

二、案件争议焦点及执行法院处理意见

2014年11月12日，周某向莱城法院申请恢复执行民事调解书，要求处理涉案房产。莱芜中院向其释明应参加刑事裁判涉财产部分的执行，周某不同意。莱城法院认为，本案争议的焦点是：该民事案件是恢复执行还是撤销执行依据后终结执行？

（一）莱城法院处理意见

莱城法院审判委员会多数意见认为，民事案件不能恢复执行。理由包括：（1）本案当事人的犯罪事实已经被莱芜中院刑事判决书确认，被执行人已被判决没收个人全部财产，并退赔被害人损失，周某案件的款项也在该判决书中被认定为诈骗款，周某被确认为被害人之一，应该在退赔程序中解决诈骗款项问题。（2）民事调解书确认的欠款系葛某忠集资诈骗犯罪

的诈骗款，调解书认定为普通民间借贷款不当，应启动审判监督程序，依法撤销民事调解书，终结本案执行。

少数意见认为，民事案件可以恢复执行，撤销民事调解书、终结执行没有依据。

（二）莱芜中院处理意见

莱城法院就本案如何处理向莱芜中院请示，莱芜中院经审判委员会讨论，形成两种意见。

多数意见认为，民事案件不能恢复执行，莱城法院应按审判监督程序撤销民事调解书，驳回周某的起诉，并裁定终结执行。理由包括：（1）葛某忠以借贷的名义向他人非法集资，虽然民事调解书生效在先，但因被执行人同时构成犯罪，属于应当追究刑事责任的行为，且最终葛某忠因犯集资诈骗被判有罪，这就导致民事调解书确定的基础事实、适用法律、处理结果有错误，应认定借贷合同无效；（2）刑事判决责令被告人葛某忠将违法所得退赔给被害人周某 277 万元，民事调解书的内容和刑事判决部分内容重合。刑事判决为唯一合法有效的执行依据，应当通过审判监督程序撤销民事调解书，驳回周某的起诉，该案终结执行。

少数意见认为，民事案件应当恢复执行。理由包括：民间借贷合同一方当事人被追究刑事责任的，并不当然影响合同的效力。《最高人民法院关于办理非法集资刑事案件适用法律若干问题的意见》第 7 条并没有规定民事案件办结进入执行程序之后刑事案件案发，民事案件应作如何处理。葛某忠虽已因同一事实被生效刑事判决认定为犯罪，但民事调解书生效在先，应当维护生效民事调解书效力。作为执行依据的民事调解书合法有效，应当恢复执行，其他被害人可向莱城法院申请参与分配。

莱芜中院就本案如何处理，向山东省高级人民法院（以下简称山东高院）请示。

三、山东高院处理意见

山东高院认为，人民法院在执行过程中，发现有非法集资犯罪嫌疑的，应当裁定中止执行，并及时将有关材料移送公安机关或者检察机关。中止执行后，刑事判决确认原民事执行依据所审理的借款人构成犯罪的，原来的执行程序是否应当终结，原民事执行依据是否应当撤销，没有明确的规定。

（一）民事案件是否终结执行的问题

山东高院审判委员会一致认为，民事调解书应当终结执行。理由包括：（1）莱芜中院的刑事判决书要求被告人退赔被害人财产，周某民事案件的借款也在该判决书中被认定为集资诈骗款，周某被确认为被害人之一，民事调解书指向的债务包含在了刑事判决的财产部分，应该在退赔程序中解决集资诈骗款项问题，民事调解书案件应当终结执行。（2）根据前述中止执行的规定，按照举轻明重的法律解释原则，可以引申、推导出终结执行的结论，如果因涉嫌犯罪而中止执行，确认犯罪后再恢复执行，则不符合中止执行的目的，终结执行的法律依据为民事诉讼法关于终结执行的“其他”情形。（3）在被告人财产不足以退赔被害人的情况下，民事调解书案件的首查封没有实际意义，即使不终结执行，各个债权人也可以通过参与分配程序平等分配。《刑事财产执行规定》第13条规定，被执行人在执行中同时承担刑事责任、民事责任，其财产不足以支付的，按照下列顺序执行：医疗费用；退赔被害人的损失；其他民事债务；罚金；没收财产。据此，民事调解书的债权人如果要求执行调解书，也会在退赔之后受偿，对其不利。

（二）民事调解书是否撤销问题

山东高院审判委员会形成两种意见。多数意见认为，民事调解书应当撤销。两个生效的法律文书对同一事实认定发生冲突，仅仅终结民事调解书的执行不能解决问题，可以新的事实认定原民事调解书内容不合法，依照人民法院院长发现调解书确有错误的规定启动再审，撤销民事调解书。至于刑事裁判的涉财产部分如何执行，是公法调整的范畴，不能由当事人选择。如果民事调解书不撤销，犯罪人的集资诈骗数额就该减掉这部分，就会影响定罪量刑。

少数意见认为，民事调解书作出的时候是合法的，不能因为事后刑事判决书而撤销民事调解书。

山东高院审判委员会认为，同类案件有增加的态势，法律和司法解释没有明确规定，此案的处理对于同类案件具有指导性，特向最高人民法院请示。

四、最高人民法院处理意见

最高人民法院认为，民事调解书的权利义务主体、给付内容与刑事判决书责令退赔一致，案涉款项属于违法所得，应责令退赔被害人，民事调解书符合终结执行的条件。依据《民事诉讼法》第 257 条第（6）项的规定，民事调解书应当终结执行。该民事调解书终结执行后，对刑事案件的执行已无实质影响，执行责令退赔即可保护被害人财产权利，民事调解书可不予撤销。

五、评析意见

本案请示的问题有二：一是民事调解书是否终结执行？二是民事调解书是否撤销？

（一）民事调解书是否终结执行

本案民事调解书确定的债务已被刑事判决明确判定责令被执行人退

赔，民事调解书和刑事判决均对被执行人应支付申请执行人 277 万元款项作出认定。两者认定的事实和内容是完全一致的。这一点对本案最终的处理结论至关重要。如果民事调解书与刑事判决依据的事实或者内容并不完全一致的话，则可能导致另外的处理结果。根据《最高人民法院、最高人民检察院、公安部关于办理非法集资刑事案件适用法律若干问题的意见》第 7 条[①]、《最高人民法院关于审理民间借贷案件适用法律若干问题的规定》第 5 条[②]的规定，当非法集资的刑事案件已经进入侦查、起诉、审判程序时，与非法集资所涉同一事实相关的民事诉讼、民事执行程序应当让位于刑事诉讼程序，民事诉讼和执行程序应当作出不予受理、驳回起诉、中止执行等处理，由刑事诉讼程序解决被害人财产返还或者责令退赔问题。

刑法具有区别于其他部门法的特有属性，一般部门法都只调整和保护某一方面的社会关系，而刑法所调整和保护的社会关系相当广泛。刑法是规定犯罪及其法律后果的法律规范，是其他法律的保障法，只要行为违法的严重程度构成犯罪，就脱离了一般部门法的调整范围，应由刑法调整。刑法具有补充性和谦抑性，只有其他一般部门法不足以抑制和调整某种危害行为的，才能适用刑法。本案被执行人在客观上实施了虚构事实、隐瞒真相的行为，主观上对案涉款项具有非法占有的目的，其行为已经超出民事法律关系调整的范畴而构成集资诈骗罪，其应当承担的法律后果也应依据刑法确定，不能单纯由民法调整。在法律程序方面，应当适用刑事诉讼

① 《最高人民法院、最高人民检察院、公安部关于办理非法集资刑事案件适用法律若干问题的意见》第 7 条：对于公安机关、人民检察院、人民法院正在侦查、起诉、审理的非法集资刑事案件，有关单位或者个人就同一事实向人民法院提起民事诉讼或者申请执行涉案财物的，人民法院应当不予受理，并将有关材料移送公安机关或者检察机关。人民法院在审理民事案件或者执行过程中，发现有非法集资犯罪嫌疑的，应当裁定驳回起诉或者中止执行，并及时将有关材料移送公安机关或者检察机关。公安机关、人民检察院、人民法院在侦查、起诉、审理非法集资刑事案件中，发现与人民法院正在审理的民事案件属同一事实，或者被申请执行的财物属于涉案财物的，应当及时通报相关人民法院。人民法院经审查认为确属涉嫌犯罪的，依照前款规定处理。

② 《最高人民法院关于审理民间借贷案件适用法律若干问题的规定》第 5 条第 1 款：人民法院立案后，发现民间借贷行为本身涉嫌非法集资犯罪的，应当裁定驳回起诉，并将涉嫌非法集资犯罪的线索、材料移送公安或者检察机关。

法及相关司法解释的规定处理涉案财产问题。

在本案民事调解书和刑事判决均对被执行人支付申请执行人 277 万元款项作出处理的情况下，民事调解书确定的借款事实已经构成集资诈骗罪的一部分。刑事判决也对财产处置问题作出责令退赔的裁判，该 277 万元款项因成为犯罪构成要件事实的组成部分，而被纳入刑法的调整范围。被执行人对此应当承担的法律责任亦为刑事责任，属于刑事法调整对象，应由刑事诉讼程序处理，即通过责令退赔支付被害人 277 万元。刑事退赔和民事调解书确定的内容、主体都是一致的，两者不可能同时执行，否则被执行人将因同一行为重复承担法律责任。既然本案属于刑事诉讼的范畴，民事调解书的执行已无继续进行的必要，符合终结执行的条件，可以根据《民事诉讼法》第 257 条第（6）项的规定，裁定民事调解书终结执行。

（二）民事调解书是否撤销

首先，裁定终结执行并不意味着必须要撤销执行依据。《民事诉讼法》第 257 条关于终结执行的条款，并没有规定裁定终结执行的同时还要撤销执行依据，裁定终结执行和撤销执行依据属于两个不同的法律问题，二者并无本质联系。本案刑事判决在民事调解书生效之后作出，民事调解书不撤销也没有影响刑事案件的定罪量刑，被执行人的集资诈骗数额并没有核减，民事调解书的存在没有影响刑事判决的作出。对民事调解书裁定终结执行后，法院只需责令退赔即可保障刑事被害人（民事申请执行人）的财产权利，即使该民事调解书不撤销，也不影响刑事退赔的执行。

其次，本案民事调解书在刑事诉讼程序启动前就已经作出，当时刑事诉讼程序并未启动，而是在民事调解书生效并进入执行程序后才启动刑事诉讼程序的。在刑事诉讼有确定结论前，民事调解书已经对被执行人应支付申请执行人 277 万元款项作出处理，而且刑事判决责令退赔的内容也是责令被执行人向申请执行人退还该 277 万元款项。对于这种情况，《最高人民法院、最高人民检察院、公安部关于办理非法集资刑事案件适用法律若干问题的意见》《最高人民法院关于审理民间借贷案件适用法律若干问题的规定》并未对已经生效的民事执行依据如何处理作出明确规定。撤销民事调解书并没有明确的法律依据。况且，《最高人民法院关于审理民间借贷案件适用法律若干问题的规定》第 13 条第 1 款规定："借款人或者出借人的借贷行为涉嫌犯罪，或者已经生效的判决认定构成犯罪，当事人提起民事诉讼的，民间借贷合同并不当然无效。人民法院应当根据合同法第五十二条、本规定第十四条之规定，认定民间借贷合同的效力。"因此，民间借贷合同的法律效力未必当然就被否定。撤销民事调解书目前还缺乏明确的法律规定。

最后，民事调解书是否撤销，不属于执行程序的处理范围，应通过审判监督程序解决，适用审判监督的法律规定。执行程序不能对执行依据本身是否正确进行评判，评判乃至撤销作为执行依据的民事调解书超出执行权范围。不论本案民事调解书是否正确，都不能由执行机构在执行程序中予以撤销。就本案而言，裁定终结执行民事调解书，通过责令退赔保护被害人财产权，就可以解决执行程序的问题。裁定终结执行即可使民事调解书丧失执行力，最终不影响案件整体处理。至于民事调解书本身是否正确合法，应当根据《民事诉讼法》有关调解书再审的规定处理，行为构成犯罪并不当然成为启动审判监督程序撤销民事调解书的依据。

六、刑民交叉领域需要讨论的几个理论问题

刑民交叉案件，是指在法律主体、法律事实、法律关系、法律责任等方面存在适用刑事法律与民事法律的交叉或重合，刑事诉讼程序与民事诉讼程序之间相互渗透的案件。刑民交叉领域有很多法律问题存在争议，本案就属于刑民交叉案件，在案件处理过程中，有部分意见涉及刑民交叉领域的几个法律问题。这些问题在理论上尚有不同认识，在此一并提出并作初步讨论。

（一）责令退赔的法律属性

责令退赔的法律属性是对被害人民事财产权利的救济措施，虽然立法将其规定在《刑法》第 64 条中，但其依然属于对民事财产权利的保护。犯罪人实施犯罪行为将被害人财产非法占有、处置，构成对被害人民事财产权利的损害，但由于这种行为达到情节严重的程度，具有较大社会危害性，从而触犯刑律构成犯罪，成为刑法的调整对象，法律责任也在刑法中规定，行为人据此承担的是一种刑事责任。

从西方法治国家法律发展的过程来看，最初侵权行为和犯罪并不存在明确区分，犯罪是作为侵权行为处理的[①]，犯罪与侵权行为具有同源性。侵权行为的构成要件与犯罪构成要件具有很多相似之处，犯罪亦具有侵权行为的某些后果。犯罪造成的危害后果未必能与侵权行为截然分开。侵权行为与犯罪行为不是非此即彼的相互排斥关系，甚至可以说，许多犯罪行为本身就是严重的侵权行为。犯罪行为与侵权行为之间并没有不可逾越的鸿沟，而只存在法益侵害程度的差别。[②] 犯罪人通过非法手段侵害被害人财产，本质上是对被害人民事权利的侵犯，只是因为这种“民事侵权行为”达到构成犯罪的严重程度，而由刑法调整。责令退赔实际上是以刑法规范“面目”出现的对被害人民事财产权利的救济措施。既然责令退赔属于对被害人民事财产权利的救济方式，那么责令退赔与刑事附带民事诉讼和普通民事诉讼有何区别呢？

---

① 在西方古代社会，刑法不是“犯罪法”，而是“侵权行为法”或称“不法行为法”。我们在习惯上认为专属于犯罪的罪行完全被认为是不法行为，不法行为产生了“债”或是法锁，并都可以用金钱支付作为补偿。被认为受到损害的是个人而不是“国家”，公民赖以保护其不受强暴或欺诈的，不是“犯罪法”而是“侵权行为法”。后来，犯罪作为一种涉及重要结果的行为，国家不交给民事法院或宗教法院审判，而专对犯罪者制定一个特别法律加以处理。“不法行为”改变为“犯罪”经历了一个过程。参见［英］梅因：《古代法》，沈景一译，商务印书馆 1959 年版，第 236、237、238、252 页。

② 何帆：《刑民交叉案件审理的基本思路》，中国法制出版社 2007 年版，第 126 页。

（二）责令退赔与刑事附带民事诉讼、普通民事诉讼的区别

责令退赔与刑事附带民事诉讼、普通民事诉讼的区别主要体现在以下方面：

1. 适用范围和制度功能方面。《刑事诉讼法解释》第139条规定："被告人非法占有、处置被害人财产的，应当依法予以追缴或者责令退赔。被害人提起附带民事诉讼的，人民法院不予受理。追缴、退赔的情况，可以作为量刑情节考虑。"《最高人民法院关于适用刑法第六十四条有关问题的批复》也指出："被告人非法占有、处置被害人财产的，应当依法予以追缴或者责令退赔；被害人提起附带民事诉讼，或者另行提起民事诉讼请求返还被非法占有、处置的财产的，人民法院不予受理。"关于刑事附带民事诉讼的受案范围，《刑事诉讼法解释》第138条规定，被害人因人身权利受到犯罪侵犯或者财物被犯罪分子毁坏而遭受物质损失的，有权在刑事诉讼过程中提起附带民事诉讼。《全国法院维护农村稳定刑事审判工作座谈会纪要》也提出："人民法院审理附带民事诉讼案件的受案范围，应只限于被害人因人身权利受到犯罪行为侵犯和财物被犯罪行为损毁而遭受的物质损失，不包括因犯罪分子非法占有、处置被害人财产而使其遭受的物质损失。对因犯罪分子非法占有、处置被害人财产而使其遭受的物质损失，应当根据《刑法》第64条的规定处理，即应通过追缴赃款赃物、责令退赔的途径解决。"

据此，责令退赔和刑事附带民事诉讼的处理范围是完全不同的：责令退赔适用于犯罪分子非法占有、处置被害人财产而使其遭受物质损失的情形；刑事附带民事诉讼不处理对违法所得责令退赔的问题，而仅限于被害人因人身权利受到犯罪行为侵犯和财物被犯罪行为损毁而遭受的物质损失。刑事被告人非法占有、处置被害人财产，被害人也不能另行提起普通民事诉讼请求返还被非法占有、处置的财产，而应通过刑事追缴或者责令退赔程序寻求救济。

需要说明的是，《最高人民法院关于刑事附带民事诉讼范围问题的规

定》第5条第2款规定："经过追缴或者退赔仍不能弥补损失，被害人向人民法院民事审判庭另行提起民事诉讼的，人民法院可以受理。"但该司法解释已于2015年1月被《最高人民法院关于废止部分司法解释和司法解释性质文件（第十一批）的决定》废止，现已失效。上述规定不能再作为界分追缴、责令退赔与民事诉讼受案范围的依据。追缴或者责令退赔后仍不能弥补损失，被害人向人民法院民事审判庭另行提起民事诉讼的，人民法院是否受理，现仍有分歧意见。[①] 从实践情况来看，如果经过追缴或者责令退赔后仍不能弥补被害人损失的，被执行人基本处于无财产可供执行的状态，而且很多被执行人被判处自由刑，即使被害人可以再提起民事诉讼救济，也难以在执行阶段发现可供执行的财产。

2. 适用的财产标的方面。根据上述司法解释规定，被害人对犯罪人非法占有、处置其财产的权利主张，只能通过刑事追缴或者责令退赔程序解决，无法通过刑事附带民事诉讼或者提起普通民事诉讼予以救济。被告人承担刑事附带民事责任或者普通民事责任的财产，系被告人合法所有的财产，即民法上的"责任财产"。而应当退赔被害人的财产，则是犯罪人违法所得的财产，对此《刑法》第64条已有明确规定[②]，在法律评价上，这些财产并不属于犯罪人合法所有，具有违法性，应当返还被害人。至于返还的具体方式，如果原物仍然存在的，应当"原物返还"，在原物毁损、灭失等已不存在的情况下，还可以做"价值返还"。应予退赔的财产可能具有被执行人财产的权利外观，但因其属于被执行人违法所得，不能归入被执行人合法所有的财产范围，而是在犯罪人"责任财产"之外，应当退赔被害人的特定财产。被害人请求退赔的权利，属于物权请求权或者类似于物权请求权性质的权利，刑法、刑事诉讼法司法解释对退赔

---

① 参见黄应生：《〈关于适用刑法第六十四条有关问题的批复〉的解读》，载《人民司法·应用》2014年第5期。

② 《刑法》第64条："犯罪分子违法所得的一切财物，应当予以追缴或者责令退赔；对被害人的合法财产，应当及时返还；违禁品和供犯罪所用的本人财物，应当予以没收。没收的财物和罚金，一律上缴国库，不得挪用和自行处理。"

被害人损失，赋予了一种“物权化”的效力。责令退赔不能完全从民法财产损害赔偿请求权（债权请求权）的角度看待，在刑法上是作为犯罪人违法所得处置措施加以规定的。判决责令退赔的财产，与用于承担刑事附带民事赔偿责任、普通民事赔偿责任的财产，在法律性质上存在区别。

（三）责任竞合与执行竞合的区别

法律责任的竞合，是指由于行为人的同一行为，同时符合不同法律责任的构成要件，从而导致两种或两种以上的法律责任产生，而这些不同责任之间相互冲突，不能相互吸收，也不能同时并存的现象。换言之，这些责任不能同时都予追究，只能追究其一，这种情况即法律责任竞合。法律责任竞合，既可以发生在同一部门法内，如民法上侵权责任和违约责任的竞合，也可以发生在不同部门法之间，如民事责任、行政责任和刑事责任等之间的竞合。之所以会发生法律责任的竞合，是因为不同的法律规范从不同角度对社会关系加以调整，而由于法律规范的抽象性以及社会关系的复杂性，不同的法律规范在调整社会关系时可能会产生一定的重合，使得一个行为同时触犯了不同的法律规范，面临数种法律责任，从而引起法律责任的竞合。法律责任的竞合有以下特点：

第一，数个法律责任的主体为同一法律主体。

第二，责任主体实施了一个行为。如果是数个行为分别触犯不同的法律规定，并且符合不同的法律责任构成要件，则应针对各行为追究不同的法律责任，而不能按照责任竞合处理。

第三，该行为同时符合两个或两个以上法律责任构成要件。

第四，数个法律责任之间相互冲突、不能同时承担。如果数个法律责任可以被其中之一所吸收，如某犯罪行为的刑事责任吸收了其行政责任；或可以并存，如某犯罪行为的刑事责任与附带民事赔偿责任被同时追究，则不存在责任竞合的问题。但责任主体的数个法律责任既不能被其中之一所吸收，也不能并存，而如果同时追究，显然有悖法律原则与精神时，就发生法律责任之间的冲突，产生责任竞合。

刑事裁判涉财产部分执行中，被执行人同时承担刑事责任和民事责任的，并不完全符合责任竞合的情形。在被执行人因多项不同的民事行为、刑事违法行为，而被多个不同的执行依据确定承担民事责任、刑事责任的情况下，就不属于责任竞合，而是多种刑事责任、民事责任并存。例如，被执行人因构成盗窃罪被判处财产刑，同时因欠某债权人借款未清偿，人民法院判决其清偿民事债务，该被执行人又以其名下不动产为他人债务设定抵押担保，人民法院另案判决被执行人以其抵押财产承担担保责任，这种情况系因被执行人多个行为引起，民事责任、刑事责任同时并存，被执行人须对其不同行为的法律后果承担各自不同的责任。这就不属于责任竞合的情形，而是多种性质的责任同时承担的问题。被执行人承担多种性质的法律责任，在强制执行过程中可能会产生执行竞合的问题。

执行程序的竞合，简称执行竞合，广义上的执行竞合，是指对于已经开始实施强制执行的被执行人财产，其他权利主体再申请强制执行或参与分配；狭义上的执行竞合，是指对于被执行人的同一财产，依内容不同的执行依据，同时或者先后申请或进入强制执行。[①]《刑事财产执行规定》第13条实质上属于执行竞合的情形，涉及刑事、民事多种法律责任并存时执行的先后顺位，并非法律责任的竞合。

本案的情形既非执行竞合，与法律责任竞合的特点也不完全相符。本案系因被执行人同一行为而分别产生民事调解书和刑事判决书两份执行依据，与行为人因实施多个行为分别承担民事责任、刑事责任，进而产生多份执行依据的情形不同，不符合执行竞合的条件。本案在形式上出现因被执行人同一行为导致民事责任、刑事责任并存的表象，但经过上文分析，该行为实质属于刑事法律的调整范围，“民间借贷行为”成为犯罪构成要件事实的一部分，民事调解书的执行力被责令退赔所“吸收”。因此，笔

① 参见杨与龄编著：《强制执行法论》，中国政法大学出版社2002年版，第270页。

者认为，本案的情况类似于刑事责任吸收“民事责任”的法律后果，被执行人最终承担的是一种刑事责任，通过执行责令退赔即可保障被害人财产权利，并不符合责任竞合所要求的“两种法律责任并存且相互排斥只能择一承担”的条件。

（四）“先刑后民”“先民后刑”与“刑民并行”之争

在处理刑民交叉案件时，脱离具体案情空泛地讨论“先刑后民”“先民后刑”还是“刑民并行”都是不可取的。换言之，笼统地说“先刑后民”“先民后刑”或者“刑民并行”都是伪命题。不同部门法之间并不存在优先劣后之分，只有调整对象、调整范围、调整方法的差别。但在具体案件的处理上，刑民两者会有程序先后之分，也会出现责任承担顺位的不同。这种先后顺序如何确定，需要结合具体案件事实分析。

例如，在处理罚金刑、没收财产刑执行与民事债务执行的关系上，奉行民事优先原则。所谓民事优先原则，是指在执行过程中，被判处财产刑的犯罪分子应当承担对被害人的民事赔偿责任，或对其他债权人负有应当偿还的民事债务时，如果民事责任经人民法院生效法律文书确定，犯罪分子合法所有的财产应当优先承担民事责任，在执行民事债务后，如果还有剩余财产，再执行财产刑。《刑法》第 36 条第 2 款规定：“承担民事赔偿责任的犯罪分子，同时被判处罚金，其财产不足以全部支付的，或者被判处没收财产的，应当先承担对被害人的民事赔偿责任。”第 60 条规定：“没收财产以前犯罪分子所负的正当债务，需要以没收的财产偿还的，经债权人请求，应当偿还。”《刑事诉讼法解释》第 441 条规定：“被判处财产刑，同时又承担附带民事赔偿责任的被执行人，应当先履行民事赔偿责任。判处财产刑之前被执行人所负正当债务，需要以被执行的财产偿还的，经债权人请求，应当偿还。”上述规定均在该问题上确立了民事优先原则。民事优先原则体现了国家在财产刑执行上“不与民争利”的立场。

再如，《刑事财产执行规定》第 13 条规定，在被执行人的财产不足以支付其同时承担的刑事责任和民事责任时，退赔被害人的损失先于其他民事债务执行，但人身损害赔偿中的医疗费用，以及债权人对执行标的依法享有并主张优先受偿权的情形除外。这一规定又体现了责令退赔先于部分民事债务执行的立场。如果严格按照《刑事财产执行规定》第 13 条确定的顺位，本案执行责令退赔将使被害人财产权获得先于其他普通民事债权的优先顺位，对被害人财产权利保护更为有利。

第二十五章　以案说法

——执行程序中利害关系人对刑事涉案财物主张权利的处理

一、案件基本情况

申诉人（利害关系人）：莱芜市庚辰经贸有限公司（以下简称庚辰公司）

被执行人：尹某新、王某香

尹某新、王某香系夫妻关系，二人因经营不善，欠下大量银行贷款和民间高息借款，无力偿还，遂预谋骗取徐州矿务集团有限公司（以下简称徐矿集团）大额资金来偿还欠款。为取得该公司信任，尹某新、王某香于2009年4月至8月间，盗用莱芜钢铁股份有限公司的名义或以虚构的莱芜钢铁集团股份有限公司的名义，先后与徐矿集团开展了三次钢材购销业务，合同标的依次为900余万元、2700余万元、3800余万元。在此三笔业务均无实际货物经营发生的情况下，尹某新、王某香将三笔合同资金从徐矿集团转到北京安泰瑞惠科贸有限公司（以下简称安泰瑞惠公司），后又通过庚辰公司回到徐矿集团，使徐矿集团能够如约赚取差价。

2009年12月，尹某新、王某香再次以虚构的莱芜钢铁集团股份有限公司的名义，向徐矿集团提出购买设备，价格为9496万元，并签订购销合同。同日，尹某新、王某香又以安泰瑞惠公司的名义向徐矿集团销售该设备，价格为9216万元，亦与徐矿集团签订购销合同。后徐矿集团依约于2009年12月17日、2010年1月15日先后两次向安泰瑞惠公司付清

9216 万元全部货款。尹某新、王某香在收到该款后，将全部款项用于偿还欠款和用于购房、购车等。2010 年 4 月下旬，因徐矿集团多次催要货款，尹某新、王某香恐事情败露，遂逃匿。2010 年 5 月 11 日，尹某新、王某香在山东省莱芜市被公安机关抓获归案。2010 年 5 月 26 日，徐州市公安局根据赃款流向，冻结庚辰公司银行存款 300 万元整，并于 2011 年 5 月 4 日续冻。

后江苏省徐州市人民检察院指控尹某新、王某香犯合同诈骗罪、行贿罪，江苏省徐州市中级人民法院（以下简称徐州中院）于 2011 年 5 月 19 日作出（2011）徐刑二初字第 2 号刑事判决，判决主文第三项为：对已查封、扣押、冻结的涉案财物依照法律规定予以追缴和处理，其余涉案赃款继续予以追缴。上述判决生效后，徐矿集团向徐州中院申请发还涉案财物。2011 年 10 月 26 日，徐州中院向莱商银行北苑支行送达（2011）徐执字第 236 号协助冻结存款通知书，要求继续冻结庚辰公司银行存款 300 万元整（该款项于 2013 年 10 月 10 日被扣划）。

庚辰公司向徐州中院提出异议称：2009 年 12 月 7 日，尹某新经熟人介绍并担保，向庚辰公司借款 300 万元。因庚辰公司当时没有现金，因此借给尹某新 300 万元承兑汇票一张。2009 年 12 月 18 日，尹某新偿还了该借款。2010 年 5 月 26 日，徐州市公安局以尹某新偿还庚辰公司借款所用资金涉嫌诈骗所得赃款为由，冻结了庚辰公司在莱芜市莱商银行北苑支行 300 万元资金。现尹某新的诈骗案件已经审结，徐州中院对庚辰公司的上述账户存款继续冻结。根据（2011）徐刑二初字第 2 号刑事判决书判决内容第三项，对已查封、扣押、冻结的涉案财物依照法律规定予以追缴和处理，其余涉案赃款继续予以追缴，徐州中院至今未解除庚辰公司资金的冻结不当。根据《最高人民法院关于审理诈骗案件具体应用法律的若干问题的解释》第 11 条“行为人将诈骗财物已用于归还个人欠款、货款或者其他经济活动的，如果对方明知是诈骗财物而收取，属恶意取得，应当一律予以追缴；如确属善意取得，则不再追缴”及《最高人民法院、最高人民检察院关于办理诈骗刑事案件具体应用法律若干问题的解释》第 10 条

“行为人已将诈骗财物用于清偿债务或者转让给他人，具有下列情形之一的，应当依法追缴：（一）对方明知是诈骗财物而收取的；（二）对方无偿取得诈骗财物的；（三）对方以明显低于市场的价格取得诈骗财物的；（四）对方取得诈骗财物系源于非法债务或者违法犯罪活动的。他人善意取得诈骗财物的，不予追缴”的规定，庚辰公司取得尹某新的300万元系善意取得，庚辰公司与尹某新之间有合法的债权债务关系，庚辰公司并不知道尹某新偿还借款的300万元系赃款。另，庚辰公司被冻结的300万元资金系贷款，不但自己不能使用，而且要照常支付银行利息，损失惨重。因此，请求立即解除（2011）徐刑二初字第2号案件中对庚辰公司在莱商银行北苑支行存款300万元的冻结。

二、徐州中院异议审查情况

徐州中院对庚辰公司提出的异议进行了审查，于2012年12月17日作出（2012）徐执异字第0022号民事裁定认为：第一，庚辰公司提供承兑汇票会计账目及承兑汇票复印件证明2009年12月7日庚辰公司以承兑汇票方式借给尹某新300万元，该承兑汇票显示出票人系山东百达威进出口有限公司，收款人为莱芜市茂鑫物资有限公司，无法显示出庚辰公司系该承兑汇票的当事人，且无法显示出票据背书的情况。第二，该承兑汇票系复印件，且只显示出票据一面的情况，复印件无法与原件进行核对。根据《最高人民法院关于民事诉讼证据的若干规定》之规定，无法就该承兑汇票与本案之间的关联性作出认定。第三，就该笔300万元借款而言，庚辰公司与尹某新之间是否存在真实的债权债务关系，庚辰公司亦未提供诸如借款合同、借条等充分证据证明。因此，对庚辰公司的异议请求，不予支持。据此，依照《民事诉讼法》第202条之规定，裁定驳回庚辰公司的异议。

庚辰公司不服徐州中院（2012）徐执异字第0022号民事裁定，向江苏高院申请复议。

三、江苏高院复议审查情况

江苏高院对庚辰公司提出的复议申请进行审查，于 2013 年 7 月 16 日作出（2013）苏执复字第 0017 号执行裁定认为：人民法院作出的刑事判决，应当对查封、扣押、冻结的财物作出处理，刑事判决生效以后，有关机关应当根据刑事判决对查封、扣押、冻结的财物进行处理，除依法返还被害人的以外，一律上缴国库。本案的执行依据是已发生法律效力的徐州中院（2011）徐刑二初字第 2 号刑事判决，该判决主文第（3）项“对已查封、扣押、冻结的涉案财物依照法律规定予以追缴和处理”中的已查封、扣押、冻结的涉案财物，包括在侦查阶段已被徐州市公安局冻结的庚辰公司银行存款 300 万元，徐州中院有权据此执行。徐州中院在本案执行过程中对上述款项采取冻结措施并无不当。关于庚辰公司主张被冻结的银行存款系善意取得不应予以追缴的问题，属于刑事案件裁判审查范畴，而不属于本案执行程序审查范围，故不予理涉。据此，驳回庚辰公司的复议申请。

四、申诉人申诉请求及理由

庚辰公司不服江苏高院（2013）苏执复字第 0017 号执行裁定，向最高人民法院申诉，理由如下：

1. 江苏高院执行裁定认定事实错误。该裁定故意回避案件争议事实，是一个与复议内容毫无关系的新裁定。裁定书确认徐州中院冻结申诉人存款依据的徐州中院（2011）徐刑二初字第 2 号刑事判决的内容不明确，依法不能作为冻结申诉人存款的依据。江苏高院执行裁定认定徐州中院冻结申诉人存款所依据的法律文书，与徐州中院冻结申诉人存款所依据的法律文书不是同一文书，却得出了维持冻结行为的结果。申诉人的存款首先认定为申诉人合法所有，如果要认定为追缴的范畴，应当经过公安机关侦查、检察院公诉、法院刑事审判，没有经过上述程序直接让执行法院采取执行措施显然违法，让申诉人在异议、复议过程中证明是否善意取得更于法无据。

2. 江苏高院执行裁定适用法律错误。根据《最高人民法院关于财产刑执行问题的若干规定》，徐州中院应当执行的是“没收财产”，而不是“对已查封、扣押、冻结的涉案财物依照法律规定予以追缴和处理”。徐州中院（2011）徐刑二初字第2号刑事判决书中判决对被告人适用的财产刑是没收个人全部财产，但同时判决“对已查封、扣押、冻结的涉案财物依照法律规定予以追缴和处理”内容并不明确。徐州中院以不明确的判决内容为依据，是无权冻结、扣划申诉人存款的。法院应当查明事实，适用《最高人民法院关于审理诈骗案件具体应用法律的若干问题的解释》和《最高人民法院、最高人民检察院关于办理诈骗刑事案件具体应用法律若干问题的解释》，支持申诉人的异议请求。

五、需要说明的情况

最高人民法院2015年曾对本案的一起关联案件作出处理。莱芜市利群物资有限公司（以下简称利群公司）因江苏省徐州市人民检察院指控尹某新、王某香犯合同诈骗罪、行贿罪一案，不服江苏高院（2013）苏执复字第0019号民事裁定，向最高人民法院申诉。在该案中，徐州中院依据（2011）徐刑二初字第2号刑事判决主文第（3）项“对已查封、扣押、冻结的涉案财物依照法律规定予以追缴和处理，其余涉案赃款继续予以追缴”，向莱商银行钢花支行送达（2011）徐执字第236号协助冻结存款通知书，要求冻结利群公司银行存款368.88万元。利群公司向徐州中院提出执行异议，主张对该存款善意取得，被徐州中院以认定善意取得证据不足为由驳回异议。利群公司不服，向江苏高院申请复议。江苏高院审查后，作出（2013）苏执复字第0019号执行裁定，驳回利群公司复议申请，理由与本案的复议裁定理由完全相同。利群公司不服，向最高人民法院申诉。最高人民法院经审判委员会讨论，于2015年9月29日作出（2014）执申字第30号执行裁定，驳回利群公司的申诉请求。

六、最高人民法院处理意见

最高人民法院认为，《刑事诉讼法》第234条规定，人民法院作出的判决，应当对查封、扣押、冻结的财物及其孳息作出处理。判决生效后，有关机关应当根据判决对查封、扣押、冻结的财物及其孳息进行处理。对查封、扣押、冻结的赃款赃物及其孳息，除依法返还被害人的以外，一律上缴国库。本案中，徐州中院（2011）徐刑二初字第2号刑事判决虽然没有具体写明应当追缴庚辰公司300万元存款，但其第三判项已明确：对已查封、扣押、冻结的涉案财物依照法律规定予以追缴和处理，其余涉案赃款继续予以追缴。而庚辰公司的300万元存款系徐州市公安局冻结款项，直至刑事审判阶段一直处于续冻状态，显然属于该刑事判决所称“已查封、扣押、冻结的涉案财物”。徐州中院根据刑事判决对冻结的庚辰公司300万元依法予以追缴和处理，并无不当。庚辰公司主张该300万元系其善意取得而非应当追缴的涉案财物，实质上并不是对执行过程中有关执行行为提出异议，而是对执行依据，即徐州中院（2011）徐刑二初字第2号刑事判决的相关判项提出异议，不属于执行程序应当审查的范围，江苏高院（2013）苏执复字第0017号执行裁定对此不予审查，并无不当。自2014年11月6日起施行的《刑事财产执行规定》第15条规定，执行程序中案外人认为刑事裁判对涉案财物是否属于赃款认定错误提出异议，应通过审判监督程序处理或者由执行机构将异议材料移送刑事审判部门裁定补正。按照这一规定，庚辰公司如果认为徐州中院（2011）徐刑二初字第2号刑事判决存在赃款认定错误，可对该判决申请再审，通过审判监督程序予以解决。庚辰公司的申诉理由不能成立，该院不予支持。参照《民事诉讼法》第204条之规定，根据《执行规定》第129条之规定，裁定驳回庚辰公司的申诉请求。

七、评析意见

本案的处理主要涉及以下法律问题：

（一）利害关系人对刑事涉案财物主张权利是否属于审判事项

根据《刑法》第64条规定，刑事涉案财物包括违法所得、违禁物和供犯罪所用之物。刑事涉案财物的认定和处置，与定罪量刑问题同属法院刑事审判的裁判对象。法院在刑事判决中，应对刑事涉案财物问题作出明确的裁判结论。刑事涉案财物裁判是以确定违法所得、违禁物、供犯罪所用之物等涉案财物的认定和处理问题为目标的司法裁判。刑事涉案财物裁判与定罪裁判、量刑裁判、程序性裁判[①]一并作为刑事审判一项独立的裁判内容。刑事诉讼在解决被告人定罪量刑问题以及程序争议的同时，还需要对刑事涉案财物的处理作出裁决。长期以来，我国刑事司法实践也将涉案财物问题作为法院裁判内容之一，在刑事判决、裁定中有所涉及。2012年《刑事诉讼法》修改，在第234条第3款中明确规定，人民法院作出的判决，应当对查封、扣押、冻结的财物及其孳息作出处理。这一规定既是对实践中已经存在的法院审理刑事涉案财物做法的确认，同时也对刑事涉案财物判决内容提出了明确的要求。这一规定包含以下内容：第一，只有法院有权对权属不明确的涉案财物进行认定和处理，对于公诉机关提起明确指控的，法院必须进行审查并作出处理结论，不得因涉案财物权属不明或者情况复杂而不作处理；第二，法院对涉案财物的处理决定要体现在判决书中，无论是何种处理结果，必须在判决书中予以明确；第三，需要法院处理的不仅是涉案财物本身，也包括这些财物的孳息；第四，法院对涉案财物的处理内容应当明确具体，根据涉案财物的性

---

① 关于定罪裁判、量刑裁判和程序性裁判的内容，参见陈瑞华：《刑事司法裁判的三种形态》，载《中外法学》2012年第6期。

质分别作出不同的处理，如经认定不属于违法所得或者依法应当追缴的其他涉案财物的，应当作出发还物品持有人的决定，对于无法认定是否属于违法所得或者依法应当追缴的其他涉案财物，也应当作出返还物品持有人的决定。[①]

案外第三人对刑事涉案财物主张权利的，属于涉案财物问题的法律争议，也应纳入刑事审判的范围，由审判部门对其权利诉求一并审理并作出裁判。对此，《刑事诉讼法解释》第364条规定，法庭审理过程中，对查封、扣押、冻结的财物及其孳息，应当调查其权属情况，是否属于违法所得或者依法应当追缴的其他涉案财物；案外人对查封、扣押、冻结的财物及其孳息提出权属异议的，人民法院应当审查并依法处理。需要指出的是，上述司法解释规定用“案外人”指称当事人以外对涉案财物提出权利主张的第三人，存在与《刑事诉讼法》用语不一致的问题。《刑事诉讼法》第5编特别程序第4章“犯罪嫌疑人、被告人逃匿、死亡案件违法所得的没收程序”中，对案外第三人的指称采用的是“利害关系人”。该特别程序中对涉案财物主张权利的利害关系人，与被告人到案情况下普通刑事诉讼程序中对涉案财物主张权利的第三人，在法律地位、参与程序、抗辩理由方面并无本质区别。笔者认为，不论是在被告人到案情况下的普通刑事诉讼程序，还是在犯罪嫌疑人、被告人不到案情况下的特别刑事诉讼程序中，均应采刑事诉讼法的表述，用“利害关系人”这一概念指称对涉案财物主张权利的案外第三人。故笔者采用“利害关系人”这一概念，而非“案外人”，以与《刑事诉讼法》保持一致。

刑事涉案财物的利害关系人在涉案财物审判中，其诉讼立场独立于控辩双方，属于刑事诉讼中的“第三人”。利害关系人参与刑事涉案财物审判，既不是接受被告人的委托代其行使辩护权，也不是作为证人针对案件事实提供证据，而是针对涉案财物提出自己的权利主张及相关证据。[②] 利

---

① 参见胡红军、王彪：《刑事案件涉案财物的审理问题研究》，载《人民司法·应用》2014年第1期。

② 黄风：《我国特别刑事没收程序若干问题探讨》，载《人民检察》2013年第13期。

害关系人系对涉案财物主张独立的财产请求权，其诉讼地位既不同于被追诉人，也不同于其他诉讼参与人，而是与涉案财物有法律上利害关系的第三人，更确切地说，是对涉案财物享有独立请求权的第三人。根据现行法律规定，刑事诉讼当事人只有被告人、被害人，在附带民事诉讼中还有民事诉讼双方当事人，并没有刑事诉讼第三人。但在利害关系人参与刑事诉讼，对刑事涉案财物主张财产权利的情况下，其拥有独立的诉讼地位，刑事诉讼必须对利害关系人参与程序作出回应，这就要求刑事诉讼法立法必须扩大当事人的范围，将与刑事涉案财物具有利害关系的第三人作为当事人对待。[①] 刑事涉案财物的所有人、共有人[②]、受让人[③]、用益物权人、担保物权人、承租人[④]等对涉案财物享有排他性权利的主体，均可以作为利害关系人参与刑事涉案财物审判。

在刑事被告人到案的情况下，法治发达国家利害关系人参与涉案财物

---

① 福建省厦门市中级人民法院刑二庭课题组：《刑事涉案财物处理程序问题研究》，载《法律适用》2014年第9期。

② 对涉案财物主张共有权的人，既可能是犯罪嫌疑人、被告人的近亲属，也可能是其他利害关系人。近亲属往往会基于共同生活的事实，主张对涉案财物共同共有，如实践中最为常见的被告人配偶对涉案财物主张共同共有权。其他共有权人也可以作为利害关系人对涉案财物主张共有权。共有人在主张权利时仅出具共有权证据是不够的，还必须向法院证明自己对涉案财物的权利是合法取得的。如果属于按份共有，应当证明其通过合法途径取得共有份额，如果属于共同共有，则应证明其对共有物的出资或投入是有合法来源的。只有当共有人证明其出资的财产不是直接或间接因非法行为而获取的，或者说不在可追缴范围，并且是不应追缴的财产时，追缴的范围才应限制在“因混合所产生财产中可予以没收的财产份额或者相应价值”。否则，共有物整体都可能被追缴。除了要求共有人证明自己在共有财产中有合法出资部分以外，有些国家法律还要求共有人证明其不知晓，并且不可能合理地认为其知晓某共有人的财产或权益是因非法行为获取的。

③ 我国现阶段在立法层面并未确立涉案财物的善意取得制度。在制定《物权法》的过程中，由于涉案财物是否适用善意取得存在很大争议，《物权法》暂未作明确规定。《最高人民法院关于刑事裁判涉财产部分执行的若干规定》第11条在司法解释层面明确肯定了对涉案财物可以适用善意取得。善意取得抗辩事由的成立应当符合以下四个条件：第一，利害关系人获得该财产时，不知道或在当时的情况下不可能知道该财产属于应当追缴、没收的涉案财物；第二，利害关系人已经支付合理对价；第三，利害关系人以法律许可的方式，或者通过合法有效的形式完成交易，即获得财产的行为合法有效，不存在效力瑕疵；第四，动产已完成交付，需要登记的不动产及其他财产已完成相关登记手续。

④ 对于可追缴的财产，可能存在着属于第三人的其他权利，如被告人使用犯罪所得购买房产后将该房产抵押给银行，或者将该房产出租给他人，等等。涉案财物的抵押权人属于担保物权人，承租人的租赁权也具有准物权性质的效力，两者均对涉案财物享有排他性权利，可以作为利害关系人参与诉讼。

审判的方式，总体上可以分为两种模式：相对分离模式与合并模式①。所谓相对分离模式，就是通过相对独立于定罪没收程序的其他程序解决利害关系人的财产权保障问题。采取这种模式的是美国联邦。所谓合并模式，是指在定罪量刑程序中，允许利害关系人通过直接参与涉案财物审判程序来保障自己的财产权。采用这种模式的主要是德国、日本、英国、澳大利亚等国家。合并模式又可进一步分为相对合并模式和完全合并模式。②《刑事诉讼法解释》第 364 条第 2 款规定，案外人有权对涉案财物提出权属异议，法院对于案外人的异议应当审查，并根据不同的情况依法处理。由此可见，我国利害关系人参与刑事诉讼的模式是完全合并模式，法院对利害关系人权利主张的审理与追究被告人刑事责任的诉讼程序，以及刑事涉案财物审判程序是相结合的。虽然《刑事诉讼法解释》第 364 条设置了案外人通过提出异议参与刑事诉讼的程序，但是对于案外人提出异议的渠道、方式、期限，对案外人异议的处理，在法庭中如何举证、质证、认证等，

---

① 相对分离模式的优点在于维持了刑事诉讼控、辩、裁三方结构，避免刑事诉讼结构过于复杂而影响诉讼效率。因为利害关系人一旦参与涉案财物审判程序，控诉方在是否应当没收涉案财物的问题上就会面临被追诉人与利害关系人两方面不同性质的抗辩，就会导致在同一个问题上适用不同的证据规则、传统的刑事诉讼三方结构受到冲击等问题。采取相对分离模式则可避免此类问题。但相对分离模式的缺点在于程序具有滞后性，不利于及时保障利害关系人的财产权。合并模式则相反，在解决被追诉人刑事责任问题的同时，又解决涉案财物是否应当追缴、没收的问题。合并模式虽然有利于及时保障利害关系人的财产权，却容易导致诉讼结构的复杂化，进而影响刑事审判的及时进行。参见吴光升：《案外第三人定罪没收参与模式：比较、反思与重构》，载《中国刑事法杂志》2015 年第 4 期。

② 在合并模式中，根据刑事涉案财物追缴、没收程序与被追诉人刑事责任追究程序的关系，又可以分为两种情形：一种是涉案财物追缴、没收程序与被追诉人刑事责任追究程序同处一个程序的完全合并模式。在这种模式中，如果利害关系人针对涉案财物追缴、没收提出了异议，法院实际是在同一程序解决被追诉人的刑事责任问题、是否需要没收被追诉人的涉案财物问题与利害关系人异议是否成立的问题，因而诉讼结构比较复杂。采取这种模式的主要是德国与日本。在这些国家中，利害关系人可直接通过参与刑事诉讼来保障自己的财产权，只是在参与程度上有所限制。另一种是涉案财物追缴、没收程序与被追诉人刑事责任追究程序可相对分离的相对合并模式。在这种模式中，由于决定有关涉案财物是否应当追缴、没收的程序可相对独立于被追诉人的刑事责任追究程序，即使利害关系人针对涉案财物没收提出异议，涉案财物追缴、没收程序实际也只解决涉案财物是否应当没收与利害关系人异议是否成立这两个问题，因而诉讼结构相对要简单一些。采用这种模式的代表性国家主要是英国与澳大利亚。参见吴光升：《案外第三人定罪没收参与模式：比较、反思与重构》，载《中国刑事法杂志》2015 年第 4 期。

司法解释都没有具体规定,[①] 远不能满足司法实践需要，需要进一步完善利害关系人的参与程序。

在刑事审判程序中，控辩双方及刑事涉案财物利害关系人可就涉案财物的种类、性质、范围、是否具有阻却追缴或没收的事由等进行举证、质证及辩论。法院应在控辩双方及利害关系人所提证据和发表意见的基础上，对涉案财物的认定和处理作出明确的裁判结论。但司法实践中，《刑事诉讼法》的上述规定并未得到充分落实，很多案件的刑事审判程序并未将涉案财物问题作为独立的裁判对象予以对待，也未保障刑事涉案财物利害关系人参与诉讼的权利，裁判结论没有充分考虑利害关系人利益。法庭对涉案财物的认定和处理缺乏明确的裁判结论，从而影响刑事裁判生效后执行主体对涉案财物的执行。

（二）执行依据关于刑事涉案财物的判项是否明确

对于本案执行依据中关于刑事涉案财物的判项是否明确的问题，在案件处理过程中曾经存在不同意见。徐州中院（2011）徐刑二初字第 2 号刑事判决主文第（3）项对涉案财物的处理作了裁判，即“对已查封、扣押、冻结的涉案财物依照法律规定予以追缴和处理，其余涉案赃款继续予以追缴”。虽然该判项没有具体列明哪些财物需要处理，但“已查封、扣押、冻结的涉案财物”的表述，已经将需要处理的涉案财物限定为被公安司法机关采取查封、扣押、冻结措施的财物。而本案所涉 300 万元款项已经被徐州市公安局冻结，属于“已查封、扣押、冻结的涉案财物”，当然包括在执行依据判决主文第（3）项效力范围之内，徐州中院据此对冻结的 300 万元款项采取执行措施有法律依据。本案执行依据主文的表述，与那些刑事涉案财物裁判内容模糊、笼统的案件仍有所不同。

---

① 参见张军、江必新主编:《新刑事诉讼法及司法解释适用解答》，人民法院出版社 2013 年版，第 348 页。

（三）利害关系人对刑事涉案财物的判项内容能否申请再审

有些主体虽然不是当事人或者当事人的法定代理人、近亲属，但案件的处理结果与其存在一定的利害关系，即已经发生法律效力的判决、裁定侵害了其合法权益，对于这样的主体能否提出申诉的问题，《刑事诉讼法》没有明确规定，司法实践中此类情形也并不少见。例如，被告人某甲系某公司聘任的总经理（法定代表人），他代表单位为另一公司向银行的借款合同提供担保，后因该公司未能清偿借款本息而由某甲所在单位承担连带清偿责任，某甲同意用单位的某一财产来清偿，执行完毕后，某甲以挪用资金罪被追究刑事责任。因刑期不长，某甲在上诉被驳回后便不再申诉。因某甲被以挪用资金罪判刑，银行因某甲同意获得的其所在单位承担担保责任的财产便被作为赃款而要求执行回转。在这种情况下，不允许银行申诉显然是不公平的。所以，《刑事诉讼法解释》第 371 条第 2 款规定，案外人可以作为申诉主体，对生效刑事判决、裁定申请再审。[①] 根据该条第 2 款，案外人认为已经发生法律效力的判决、裁定侵害其合法权益，提出申诉的，人民法院应当审查处理。据此，案外人（利害关系人）可以作为申诉主体对刑事判决、裁定提出再审申请。

另外，根据《刑事财产执行规定》第 15 条的规定，执行过程中，案外人认为刑事裁判对涉案财物是否属于赃款赃物认定错误，向执行法院提出书面异议，可以通过裁定补正的，执行机构应当将异议材料移送刑事审判部门处理；无法通过裁定补正的，应当通过审判监督程序处理。该条规定进一步明确了执行程序中，案外人（利害关系人）对刑事裁判已经作出裁决结论的涉案财物提出异议，认为刑事裁判的处理结论错误且无法通过裁定补正的，应通过审判监督程序处理。

本案中，庚辰公司主张案涉 300 万元款项系其善意取得而非应当追缴

---

① 参见江必新主编，最高人民法院研究室编著：《〈最高人民法院关于适用《中华人民共和国刑事诉讼法》的解释〉理解与适用》，中国法制出版社 2013 年版，第 331 页。

的涉案财物，实质上是对执行依据，即徐州中院（2011）徐刑二初字第2号刑事判决第（3）项内容提出异议，涉及该判项对刑事涉案财物的认定和处理是否正确合法的问题，系不服执行依据判项内容，对执行依据本身的法律效力提出挑战，属于刑事审判监督程序应当处理的问题，不属于执行程序应当审查的范围。故最高人民法院对庚辰公司的申诉请求不予支持，并在裁定中明确告知其应通过审判监督程序处理。

第十编

他山之石

第二十六章　我国香港、澳门特别行政区强制执行法律制度简介

一、我国香港特别行政区（以下简称香港特区）强制执行制度

（一）我国香港特区的法院架构及执行机构设置

我国香港特区的司法机构负责香港特区的司法工作，聆讯一切检控案件和民事诉讼，其中包括个人与政府之间的民事诉讼。香港特区的法律制度建立于司法独立的基础上，司法人员在执行司法职责时完全不受政府的行政机关和立法机关的影响。司法机构的首长是终审法院首席法官，在执行行政职务时，由司法机构政务长予以协助。

香港特区的法院分为终审法院（Court of Final Appeal）、高等法院（High Court，设有上诉法庭和原讼法庭）、区域法院（District Court，包括家事法庭）、裁判法院（Magistrates' Court，包括少年法庭）、死因裁判法庭（Coroner's Court）以及竞争事务审裁处（Competition Tribunal）、土地审裁处（Lands Tribunal）、劳资审裁处（Labour Tribunal）、小额钱债审裁处（Small Claims Tribunal）、淫亵物品审裁处（Obscene Articles Tribunal）等各类审裁处。另外，在高等法院内设有遗产承办处（Probate Registry），协助高等法院司法常务官处理遗嘱认证及遗产管理申请等工作。香港特区法院根据《中华人民共和国香港特别行政区基本法》的规定，推行双语法庭制度，法院可以中英文并用或使用其中一种法定语言处理案件。

香港特区法院的上诉机制比较复杂。终审法院是香港特区最高的上诉法院，处理针对高等法院（上诉法庭及原讼法庭）的民事及刑事判决而作出的上诉及有关事项。高等法院上诉法庭负责处理来自原讼法庭和区域法院民事、刑事案件的上诉，同时亦处理来自竞争事务审裁处、土地审裁处等审裁处及其他法定裁判组织的上诉。高等法院原讼法庭对民事和刑事案件均有不受限制的司法管辖权。在刑事审判中，原讼法庭法官与7人陪审团一起审理案件，在法官的特别指令下，陪审团的成员数目可以增至9人。高等法院原讼法庭还处理来自裁判法院、小额钱债审裁处、淫亵物品审裁处、劳资审裁处及小额薪酬索偿仲裁处的上诉。区域法院负责处理涉及款项5万元以上但不超过100万元的民事诉讼，在刑事案件中，区域法院法官判刑的上限是7年监禁。香港特区共有7所裁判法院，香港特区所有刑事案件的法律程序都是在裁判法院开始的，其中大部分在裁判法院完成处理。裁判法院的刑事司法管辖权非常广泛，负责审理多种可公诉罪行及简易程序罪行，裁判法院法官判刑的上限一般为2年监禁和10万元罚款，但是当法庭同时处理两项或两项以上的可公诉罪刑时，法官可判处最高3年的刑期，就某些条例规定而言，有的单一罪行，裁判法院法官可判3年监禁和500万元罚款。较严重的可公诉罪行会移交区域法院或高等法院原讼法庭审理。

香港特区负责执行法院裁判工作的机构设在法院，统称执达事务组（Bailiff Section）。执达事务组为司法机构的一部分，由执达主任（Bailiff）负责开展相关工作。司法机构政务长是执行机构的总负责人。执达主任属于公务员，不参与审判，也不是司法辅助人员。高等法院的总执达主任、执达主任总数40多个。执达主任的薪酬待遇根据公务员的职级架构、薪金水平调整。执达事务组主要负责两类工作：一是执达主任及执达主任助理须按照法院、审裁处或诉讼当事人的要求送达传票以及其他重要的法律文件。实践中，主要由执达主任助理负责派送传票工作。二是有效执行法院、审裁处的判决或命令，促使当事人完全遵从及履行法院或审裁处的判决或命令。执达主任或执达主任助理也会就法律诉讼和执行法庭判决的事宜，与香港特区司法管辖区以外的司法机构合作，执行司法及司法以外的事务。执达主任亦有权执行涉及海事诉讼的船舶。执行过程中，执达主任必须遵循法院命令履职，其忠实履职的行为是免责的，但如果其私自做出与法院命令无关的行为，应承担法律责任。

（二）申请人在执行程序中须注意的事项及承担的责任

1. 执达事务组会依法尽力协助申请人，但在某些情况下，如被执行人无财产或不知所踪时，判决无法执行。执达事务组不承担因被执行人无财产可供执行和下落不明时不能执行的责任。

2. 执达主任只能按申请人的指示执行法庭的判决及命令，没有责任替申请人追寻债务人的下落，或者确保申请人能够取回款项。

3. 执达主任未必能替申请人成功取得任何款项或扣押任何有价值的财物。在这些情况下，申请人（判定债权人）仍需负担执行费用。

4. 申请人向执达主任发出指示时必须小心谨慎，如果因为弄错对象，错误扣押他人财产而导致任何损害，须由申请人而非执达主任承担责任。

（三）申请执行判决/命令的法律程序

1. 申请执行令状。债权人取得法庭或审裁处判处对方付款的命令、判决或裁决后，若对方没有自行履行，债权人便可申请由执达主任强制执行。申请人可以根据案件性质申请执行令状。执行令状的种类主要包括扣押债务人财产令状、财物扣押令、管有令状（收楼令）等。令状的有效期为12个月。申请人应向下达有关命令、判决、裁决的法庭或土地/小额钱债审裁处申请执行令状。如果属于劳资审裁处的裁判，申请人应向审裁处领取一份证明书，然后往区域法院登记处登记，申请发出执行令状。申请人应在裁判发出后12个月内登记该证明书。法院登记处的职员会将一份申请表（也称为便签）及一张令状表格发给申请人，申请人需填写被执行人的资料和追讨的金额。为确保令状可以顺利执行，申请人必须填上被执行人的正确地址。法庭将会审核签发令状。申请人还需缴付“按金”，以支付执达主任的交通开支和私人护卫员的费用。

具体签发何种类型的令状，完全取决于债权人的申请。执行令状的适用，由当事人自己选择并提出申请，当事人的律师会提供相关的法律意见，符合条件的当事人还可以申请法律援助，向法律援助律师进行咨询。律师在执行程序中的工作主要是向法院申请命令，解决执行中的有关法律争议。法官保持消极中立的立场，不可能给当事人提供任何法律意见，仅对当事人申请进行裁决。如果法庭认为债权人申请签发的令状不合适，适合签发另一种令状的，法官也不能直接签发另一种令状，只能对当事人申请成立与否作出裁判。法官在签发令状的过程中，根据不同的案件类型，可以在对申请进行审查后直接签发令状，或者传召对方或其他相关主体到庭进行聆讯。

对于强制执行条件尚未成就的案件，法庭将不予受理。债权人应在判决确定后 12 个月内申请执行令状，否则判决将不能获得执行，除非符合法律规定的延长条件，经法官批准后可以延长期限。被执行人可以就申请已过上述期限的问题，向法庭提出抗辩。

2. 取得执行令状后的处理。如果申请执行的是高等法院的案件，申请人须将取得的执行令状及按金收条，送交海事及高等法院执达主任办事处。至于其他的申请执行案件，申请执行人须将执行令状直接送交有关法庭登记处。需要说明的是，执行有关令状的日期和时间将按照申请的先后次序编排。所有执行令状均按收到令状时的先后次序执行。除非高等法院或区域法院司法常务官批准优先执行个别申请人的令状，否则有关要求将不被考虑。法院不主持对执行到的被执行人财产进行分配，而是遵循“优先主义”原则，按申请的先后顺序执行，如果被执行人财产不足以清偿所有债务，相关当事人应申请被执行人破产或清盘。

（四）被执行人财产调查

申请人对被执行人的资产状况可能所知甚少，根据高等法院规则及区域法院规则的有关规定，被执行人可以被传召到庭，就其资产状况回答问题。申请人可以自行对被执行人财产状况进行了解，如向公司注册处、土地注册处进行查册，查阅被执行人财产情况的相关文件，并向法庭提供被执行人财产状况的有关证据。实践中，有的债权人通过聘请私家侦探调查债务人财产，这些私家侦探一般是退休的警察。法院不干预债权人自行进行的调查行为，但如果债权人采用非法手段调查，则应承担法律责任。需要说明的是，香港特区对私人存款信息保护严格，个人一般无权直接通过银行等金融机构查询他人存款，律师也不能直接调查债务人的存款，需要申请法院命令才能冻结债务人的银行账户。如果申请人向法庭提出证明被执行人财产状况的证据，法庭可以根据有关规定传讯被执行人，命令被执行人披露关于其资产的文件，在法官面前进行宣誓并回答问题，债务人对其向法庭的陈述要承担法律责任。这种调查程序属于诉讼案件，由法官主持。如果被执行人有能力全部或部分履行判决，但以逃避履行判定债务为目的对其资产作出处置，或者被执行人故意没有对自己的资产作出完整披露，经查证属实的，法庭可以判定债务人最多3个月的监禁。一旦判定债务人监禁，申请人须支付被执行人监禁期间的生活费。但实践中，法院很少判被执行人监禁。香港特区的被执行人财产调查制度也存在一些问题：债权人如果没有有效手段得知被执行人财产信息，不能向法庭提供有力证据，往往也未必能通过法庭聆讯被执行人而获得有用的财产信息。

（五）执行的一般程序

在可行的情况下，申请人应当陪同执达主任前往执行，以便当场向执达主任作出指示。如有需要，执达事务组可以安排私人护卫员陪同执达主任执行有关令状，以便在成功执行令状后看管被扣押的财产。申请人须缴付执行令状的存档费用、执达主任交通费按金（港岛、九龙为400元港币，新界为800元港币）以及护卫员费用按金（以8天为上限）。无论执行令状是否成功，每次所耗费的执达主任开支和护卫员费用，均从上述按金中扣除。执行次数越多，所耗费用越大。如有需要，申请人可能会再次缴付按金。如果成功执行令状，被执行人所偿还的金额或拍卖财产所得款项足以支付债权及所需费用的话，申请人就可以收回有关开支。在任何执行阶段，如果申请人决定不再执行令状，都可取回剩余按金。执行程序的进行可以通知被执行人，执行一般采用公开方式进行，但在有些情况下也不会事先通知被执行人。通知被执行人的方式有邮寄、张贴公告、向其送达通知书等。

1. 执行扣押债务人财产令状（Writ of Fieri Facias）或财物扣押令（Warrant of Distress）。扣押债务人财产令状在债权人未能取回判定债项时适用。财物扣押令，在胜诉一方已向区域法院提交财物扣押申请时适用。财物扣押令可用来扣押及出售租用物业内的财物以清偿欠租，这种执行令通常用于一些涉及仍然在租用物业经营业务的租客的执行案件。执行财物扣押令的方式，与执行扣押债务人财产令状相似。在执行扣押债务人财产令状或财物扣押令的当天，一名执达主任会协同一名护卫员前往被执行人处所。申请人应尽可能与执达主任一起前往。如果被执行人处所内有足够的财产可供扣押，执达主任便会扣押与令状所载金额及执行令状所需费用相当价值的财产。可扣押的物品包括土地、货物、金钱、支票、政府债券、公司股份以及所有属于被执行人的任何其他财产。不可扣押的物品包括非上市公司的股票、被执行人的生财工具、被执行人本人及受其供养而又与其同住的家人所需生活衣物及寝具（总值以不超过1万元港币为限）、在被执行人处所内但不属于被执行人的财物。申请人须承诺支付执行扣押工作所需的费用，否则执达主任将不会扣押任何物品，令状不能成功执行。如果被执行人当场以现金或银行本票偿还欠款（包括执行费用在内），执达主任便不会进行扣押。银行本票须以“香港特别行政区政府”为抬头。被执行人会获得正式收据。

扣押债务人财产令状与财物扣押令主要不同之处为：执行扣押债务人财产令状时，执达主任可以搜查被执行人的处所，但不可破门而入。执达主任执行财物扣押令时，如果两次于不同时间尝试进入被执行人处所均告失败，执达主任便可申请破门令（Break Open Order）进入该处所。如果申请人决定取消执行扣押，应书面通知执达事务组。执达事务组将应申请人的要求，向申请人退还剩余按金。

进行扣押时，执达主任将列出一份被扣押物品的清单，并会将一份清单副本交予负责看管物品的护卫员，以确保有关物品不会被擅动或被非法移走。如果被扣押财产被债务人或其他人擅自转移、毁损，执达主任或者护卫员可以向警方报案，要求警方调查处理，申请人也可以提起民事诉讼救济。执行扣押后，被执行人有 5 个工作日（扣押当日与拍卖日不计算在内）的期限清偿债务，以及支付执行费用。如果被执行人过期仍然不支付债款，被扣押的物品将于期限过后的首个工作日公开拍卖。拍卖所得款项，在扣除所需执行费用后，用来清偿被执行人债务。如果没有财产或者没有足够的财产可供扣押，申请人又在现场的话，可以当即向执达主任作出提示，申请人不在现场的，执达主任会书面通知申请人有关结果，申请人应在 14 天内向执达事务组作出进一步指示。

香港特区法院通常采用拍卖的方式处理扣押财产。申请人应向法院提出拍卖财产的申请，由法官审查批准，执达主任没有决定拍卖的权力。强制拍卖需委托拍卖机构进行。香港特区法院的评估、拍卖通常只有一家指定的拍卖行负责，拍卖行的地位是独立的，不隶属于法院和政府。拍卖行可以收取 5% 的佣金和交通费。委托拍卖后，由拍卖行负责处理，执达事务组通常不会再参与拍卖事务。拍卖一般会在指定拍卖行的拍卖室进行。申请人应抽空出席拍卖会，并可以在拍卖中随时出价参与竞投。即使只有一人参与竞投，如果出价高于底价的，拍卖也可以成交。如果拍卖中最高出价没有达到底价，执达主任会通知申请人，听取申请人的指示。如果申请人对拍卖结果不满意并且希望就有关出售事宜作出其他安排的，申请人必须申请进一步的法庭命令。如果被执行人向法院缴付款项，或者拍卖成交的，申请人可以于债务人缴付款项当日起或者拍卖日起 14 个工作日后，到法院会计部领取款项。如果相关当事人对拍卖行为提出争议，应向法院提起诉讼并提供证据，由法官依法处理。如果有证据证实拍卖存在串谋，则取消交易；对于真实有效的拍卖，则不能取消。

2. 执行管有令状（收楼令，Writ of Possession）。管有令状，也称收楼令，在判决作出后，胜诉一方仍未能收回有关土地或房产时适用。这种令状最常用于租客没有向业主缴付租金或者按揭人没有向承按人偿还按揭贷款的情况。执行管有令状一般包括以下步骤：

（1）送达“迁出通知书”。执达主任将会同申请人前往有关土地或房产，把“迁出通知书”送达占用人，通知有关人士于7天内迁离该土地或房产，如果通知时遇到大门锁上的情况，则将通知张贴在门外。

（2）复核情况。在送达“迁出通知书”7天后，执达主任会按申请人要求安排复核及收楼。如果占用人已经离开，就将空置地方的管有权移交申请人。如果有关地方仍被占用，执达主任便会通知占用人已定的交还日期。

（3）交还土地或房产。在执行的第三个阶段，执达主任前往该土地或房产的目的是为申请人收回土地或房产。如有需要，随行的锁匠会破门入内。如果有其他财产，执达主任会列出一份清单，并为清单所列各项物品拍照，以证明物品的状况。每宗案件照片的收费为40元港币。申请人须安排搬运工人及交通工具，把该处的财产搬走。届时，申请人将取得空置土地或房屋的管有权。申请人有责任看管被执行人的财产，并在被执行人要求取回时予以退还。如果在执行过程中被执行人财产遭受损失，被执行人可以申请人为被告提起民事诉讼。

如果申请人有权收回土地、房产并讨回法院判定的债款，可以同时执行管有令状及扣押债务人财产令状。两个令状同时执行时，会有一名护卫员随行，扣押的财产须由护卫员看守最少8天后才可以拍卖。

3. 执行第三债务人的命令（Garnishee Order）。如果债权人知道有其他第三方欠被执行人债务，可以考虑向法院申请执行第三债务人的命令。通过这一程序，可以把该第三债务人向被执行人付款的法律责任，变成直接向申请人付款的法律责任，类似于内地的执行第三人到期债权程序。执行第三债务人的法律程序最常用于执行被执行人在银行账户的存款，申请人应当提供证据证明被执行人在哪一家银行有户头，如可以向法庭提出支票的副本证明被执行人的银行账户。适用第三债务人命令有两个限制条件：一是判决金额最少达1000元港币；二是债权人需要提出具体的证据证明第三债务人身处香港特区境内并且欠被执行人债务。法院根据债权人申请，首先向第三债务人发出“着令提出反对因由（Order to Show Cause)”的命令，该命令必须直接面交第三债务人，送达工作可以由债权人的律师完成，但应保留已经完成送达的证据。第三债务人可以在规定期限内提出异议。第三债务人如果不出庭或者对所欠债务无异议，法庭将对第三债务人发出要求其付款的命令，对第三债务人强制执行。如果第三债务人对债权债务关系提出异议，法庭可以根据案件情况处理。

4. 押记令（Charging Order)。如果被执行人拥有土地物业、证券或存于法院的储存金，债权人可以针对该类财产向法院申请押记令。押记相当于对财产权益的冻结或扣押，并用财产权益清偿债务，有些类似于对相关财产设定担保。申请人需要向法庭提出具体证据，证明被执行人拥有某个土地物业、证券或存于法院的储存金等实际权益。押记令和按揭一样，其持有人不能取得有关财产的管有权。如果被押记的财产为土地物业，债权人可以采取进一步行动，向法庭申请另一项命令去接管及强制出售有关土地物业。如果有关土地物业已经有第一按揭，该押记令会变成第二按揭。换言之，在出售有关土地物业后，会优先偿还第一按揭的欠款，有余额才会用来偿还押记令的欠款。如果被押记的财产为证券或存于法院的储存金，则被执行人在押记令作出后，就押记令所涉及的任何权益作出的任何处置，对债权人来说均属无效。

5. 委任接管人（Appointment of Receiver)。当一般执行方法不合适时，债权人可以考虑向法庭申请委任接管人，将被执行人的财产接管及出售，提取该接管财产产生的收益，用以偿还判定欠款。例如，对于被执行的公司，可以委任接管人接管公司资产，由接管人负责经营，用公司资产的运作收益清偿债务。董事局对公司的经营要让位于接管人。委任的接管人一般是会计师，接管人的委任可以由债权人共同协商选定，同时要尊重债权数额较大债权人的意见，债权人也可以请求法庭确定接管人。

6. 交付羁押（Committal）。当法庭判决要求被告作出或不得作出特定的行为时，如果被告不遵从，原告可以向法庭申请将对方交付羁押，法庭可判被告监禁。

7. 暂时扣押令状（Writ of Sequestration）。这种执行方式适用于要求被告在特定时限内作出或不得作出特定行为的判决。例如，判决要求债务人在特定时间交付指定的货物，而该判决明确债务人不可以以金钱赔偿，只可在特定时间交付货物给债权人。这一执行方法一般不适用于有关钱债的判令。

（六）执行程序中相关法律问题的处理

执行中，当事人之间产生争议，需由法庭裁决的，一般由聆案官或司法常务官处理。

1. 申请执行主体和被执行主体的变更。变更申请执行主体和被执行主体，必须由相关当事人向法庭提出申请，经聆案官批准后才能变更，法院不能依职权进行变更。例如，判决生效后发生债权转让，必须由相关当事人向法庭提出申请，如果对债权转让发生争议，相关当事人应另行诉讼。再如，法庭判决生效后，如果涉及对被执行人配偶的执行，必须由债权人向法庭提起诉讼，将被执行人配偶作为被告，通过诉讼途径判明被执行人配偶责任。通过重新诉讼后，法庭可以更改判决原本。执达主任无权处理申请执行主体和被执行主体变更问题。

2. 判决内容不明确。香港特区法官在作出裁判时，必须考虑裁判的可执行性问题，并且要保障判决是可以执行的。这是一个原则性问题。如果判决内容不明确，当事人可以通过上诉救济。如果出现因判决内容不明确、不具体导致执行无法推进的，相关当事人可以向法院提出，由原先审理本案的主审法官来处理，可以再作出一个判决。需要说明的是，对于此类情形，聆案官没有权力作出后续判决，须由原审法官处理。

3. 债务人提出债权债务关系变动的异议。判决生效后，如果债务人主张债务已经履行或基于其他原因减少或消灭的，应向法庭提出诉讼，法庭需要再作出一个判决，对债务人的主张作出处理。

4. 被执行人唯一住房的执行。如果被执行的房屋为被执行人及其家人唯一住所，亦可用于执行。被执行人因遭受强制执行丧失住所的，由政府住房部门安排临时居所供被执行人及其家人居住，不因被执行人房屋是其唯一住所而阻碍执行。

5. 执行和解。执行过程中，申请人与被执行人可以自行协商和解，执达主任和法官不参与当事人和解。达成和解后，申请人应向法院书面申请停止执行。

6. 扣押财产权属的判断和相关争议的处理。执达主任可以根据债权人指示和财产具体情况判断是否属于被执行人的财产。如果执达主任有理由相信财产不属于被执行人，可以不对该财产进行扣押。在执行过程中，如果第三人对执达主任扣押的财产提出权属争议，或者认为执行该财产侵害其权益的，可以向法庭提起诉讼，由法庭作出判定。如果债务人认为扣押的财产不属于其所有，也可以向法庭提出，请求法庭处理。

7. 关于执行行为违法或失当的争议。对执行行为违法或失当的争议，相关当事人可以诉诸法院，请求停止侵害、损害赔偿等。如果执达主任在履行职务过程中出现失误，可能由政府承担相应的责任。但在实践中，没有出现执达主任失误而被追责的案件。

二、我国香港特区破产制度

香港特区根据债务主体的不同，将通常所说的破产划分为“破产”（Bankruptcy）和“清盘”（Winding－up）。债务人为自然人、合伙的，称为破产；债务人为公司的，则称为清盘。清盘又分为自动清盘和强制清盘。

（一）破产管理署（Official Receiver’s Office）

香港特区具体的破产/清盘管理工作由香港特别行政区政府破产管理署负责。截至 2015 年 12 月 31 日，破产管理署共有员工人数 271 人。其中，律师21人，破产管理主任80人，库务会计师/会计主任18人，行政主任/程序编制主任/系统分析/系统经理等7人，文书/秘书及其他职员145人。破产管理署共有5个部门，分别为法律事务部1、法律事务部2、个案处理部、财务部、行政部。破产管理署署长的主要职责包括变现资产、调查、派发债款、刑事检控、申请取消董事资格、监察私营机构的清盘人和受托人。

法院根据香港特区“公司（清盘及杂项条文）条例”颁令公司清盘，以及根据香港特区现行“破产条例”宣布个人或合伙人破产后，即进入破产/清盘程序。债务人的资产将由破产管理署署长在获得法院或债权人委任后，负责进行妥善管理。破产管理署署长可以根据我国香港特区现行“破产条例”第6章的规定，担任暂行受托人或受托人，或者根据我国香港特区现行“公司（清盘及杂项条文）条例”第32章规定，担任临时清盘人或清盘人，也可以另外再聘请其他受托人管理资产，此时破产管理署署长将对其他受托人充当监管人。破产管理署监管外间受托人/清盘人的法定责任由财务部负责，具体包括：有权调查受托人/清盘人的行为，并会因其行为不当而向法庭申请将其免任；有权审核受托人/清盘人提交的账目和检查有关记录；在清盘案中，所有款项均须存入由破产管理署持有的清盘账户；检视受托人/清盘人提交的定期法律程序记录。

破产管理署还会就检控及取消董事资格进行会计调查，具体内容包括：清盘公司在清盘前是否备存妥善的会计账簿；公司董事是否向清盘人提交妥善的公司资产负债表；公司在清盘之前或之后签订的交易是否应被法庭宣告无效。

除此以外，破产管理署还承担破产/清盘的法律咨询和相关法庭工作，包括作为“法庭之友”为法庭处理案件提供帮助。具体包括：负责就破产/清盘案中有关破产/清盘财产的管理事宜提供法律意见；出席破产/清盘呈请的法庭聆讯；当法庭在处理对公众具有普遍重要意义的清盘/破产案件时，如果需要征询破产管理署署长意见，破产管理署署长会担任“法庭之友”提供意见；就破产/清盘个案中的有关问题向法庭提出申请。例如，在破产个案中，对破产人因欺诈行为被判有罪、在资产管理方面不与受托人合作、行为操守不令人满意、仍继续经商、没有呈交收入及取得财产的周年报告等行为，向法庭申请暂缓自动解除破产。再如，在破产个案中，因破产人已经偿还全部债务及破产费用，或者在经法院许可的情况下做出抵押，而向法庭申请废止破产令。又如，在清盘个案中，就委任临时清盘人/清盘人、搁置清盘、将清盘人免任等问题向法庭提出申请，等等。

（二）破产/清盘制度

1. 破产/强制清盘案件的主要程序。破产/公司强制清盘案件的一般流程为：呈请破产/清盘的主体先须缴存一部分款项，其中强制清盘案须缴存11 250元港币，债权人呈请的破产案须缴存11 250元港币，债务人呈请的破产案须缴存8000元港币。缴存上述款项后，相关主体向法庭提交呈请书，并须再缴付法庭费用1045元港币。法庭就破产/清盘案进行聆讯后，颁布破产令或清盘令，并委任清盘案的临时清盘人或破产案的暂行受托人，继而委任清盘案的清盘人或破产案的受托人。受托人/清盘人须对资产进行调查和变现。破产财产在扣除费用和开支后，仍有剩余资金的，受托人/清盘人负责把该笔款项分发给已经登记的债权人。如果最后的账目符合规定的，法庭发出免除受托人/清盘人职务的命令，免去其职务。

2. 破产令的效力。法院颁布破产令后，破产人须遵从香港特区“破产条例”的规定，并与破产受托人合作。如果不合作，将被延长破产期限。破产延长期不会超过4年。在1998年以前，香港特区的个人破产期限是终身的。1998年以后，随着政策的调整，将个人破产的期限限制为4年，给破产人以“重生”的机会。如果没有延长期限的事由，破产令自颁布日期起4年后，破产人可以自动解除破产。解除破产后，仍保存破产记录。个人被宣告破产没有次数限制。有破产记录的个人再次被宣告破产后，破产期限可以为5年。宣告破产后，破产人所有资产均归属破产受托人管理，并从其收入中扣除合理的家庭开支后，向债权人清偿，破产人需要提交在破产期间获得财产的说明。破产人在破产期间不得从事或出任若干职业及公职，如律师、地产代理、公司董事等，不能参与公司的管理，除非获得法院的许可。

3. 破产/清盘刑事检控。破产管理署署长在由律政司司长授权后，可以对破产/清盘案件中的刑事犯罪进行检控。检控必须具有可采纳、可靠的实质性证据证明犯罪，并衡量相关情况，决定是否须就公众利益提出检控。香港特区“公司（清盘及杂项条文）条例”及香港特区“公司条例”中有关无力偿债情况下的常见罪行包括：没有拟备公司财务报表；没有呈交公司资产负债状况说明书；没有备存妥善的公司账目。常见的破产罪行包括：没有呈交周年收入及财产说明书；没有披露财产并有欺诈意图；未解除破产的破产人在没有透露自己破产人身份的情况下，获取100元或以上的信贷。

4. 申请取消董事资格。由某人作为董事的行为操守观之，该董事如果不适宜涉及任何公司的管理，法庭将裁定取消其董事资格。这些行为操守包括：挪用公司的金钱或财产；没有拟备公司财务报表或备存妥善的公司账目；拒绝与清盘人合作。法庭作出取消董事资格命令的效力为，未经法庭许可不能出任公司董事、公司清盘人或接管人、公司的管理职位。取消董事资格的最长期限为15年。

三、澳门特别行政区（以下简称澳门特区）法院及强制执行法律制度

（一）澳门特区法院制度

澳门特区的司法机关包括法院和检察院。澳门特区法院独立行使审判权，只服从法律，不受任何干涉。澳门特区法官依法进行审判，不听从任何命令或指示。法官履行审判职责的行为不受法律追究。

1. 法院的组织架构。根据《中华人民共和国澳门特别行政区基本法》和《澳门特别行政区司法组织纲要法》的规定，澳门特别行政区的法院分

为第一审法院、中级法院和终审法院。

（1）第一审法院。第一审法院包括初级法院和行政法院，刑事起诉法庭制度仍继续保留。初级法院以专门法庭的方式运作，有 3 个民事法庭、4 个刑事法庭、1 个轻微民事案件法庭、2 个刑事起诉法庭、1 个劳动法庭，以及 1 个家庭及未成年人法庭。初级法院在审理案件时，以合议庭或独任庭的方式运作，主要负责审理没有划分到行政法院的纠纷，包括民事、经济、商业、刑事、劳动及未成年人案件等。行政法院主要审理行政、税务及海关方面的法律关系所产生的争议。初级法院各专门法庭的分工如下：

①民事法庭。民事法庭负责审判不归其他法庭管辖的民事案件，以及不归其他法庭或法院管辖的其他性质案件，包括处理这些案件的所有附随事项和问题。

②刑事法庭。刑事法庭负责审判不归其他法庭或法院管辖的刑事案件和轻微违法案件，包括审判这类案件的所有附随事项和问题。

③轻微民事案件法庭。轻微民事案件法庭专门审理标的额为 5 万元澳币以下的金钱债务纠纷，以及消费权益方面的诉讼。这些案件的特点是，当事人可以不必委托律师及缴付预付金，只要填妥有关表格，向初级法院提交起诉状便可。

④刑事起诉法庭。刑事起诉法庭主要负责在刑事侦查程序中行使审判职能、进行预审、就是否起诉作出裁判、执行徒刑，以及收容保安处分方面的司法工作。

⑤劳动法庭。劳动法庭负责审判适用澳门特区“劳动诉讼法典”并且是因劳动法律关系而产生的民事诉讼、轻微违法的诉讼，以及附随事项和问题。

⑥家庭及未成年人法庭。家庭及未成年人法庭主要负责处理有关夫妻关系的非讼事件，经法院裁定的离婚、分产诉讼及以此为由申请财产清册和保全的案件，宣告婚姻不成立或撤销婚姻的诉讼，有关被撤销婚姻效力的诉讼，扶养配偶、前配偶、子女的诉讼和执行案件，对母亲身份及推定

父亲身份提出争议的诉讼，以及相关的附随事项和问题。

（2）中级法院。中级法院由一个审判刑事案件的“刑事诉讼案件分庭”和一个审判其他案件的“其他诉讼案件分庭”组成。在审判案件时，采用评议会和听证会的方式运作。中级法院管辖的案件主要包括：审判对第一审法院裁判提起的上诉案件，以及对自愿仲裁裁决提起的上诉案件；作为第一审级，审判针对廉政专员、审计长、警察总局局长、海关关长、行政会委员、立法会议员、第一审法院法官及检察官履行职务行为提起的诉讼，审判上述前6类人员在担任职务时的犯罪及轻微违法案件，审判上述法官、检察官的犯罪及轻微违法案件；作为第一审级，审判特区官员、行政当局中级别高于局长的其他机构所做的行政行为，或属于行政事宜的行为；审查确认澳门特区以外的法院或仲裁员所作的裁判；审理第一审法院间的管辖权冲突，审理行政法院与行政、税务或海关之间的管辖权冲突；等等。

（3）终审法院。终审法院审判案件时，采用评议会和听证会的方式运作。终审法院是法院等级中的最高机关，管辖的案件主要包括：统一司法见解；审判对中级法院合议庭裁判提起的上诉案件；审判针对行政长官、立法会主席、司长、终审法院法官、检察长、中级法院法官及助理检察长履行职务行为提起的诉讼，审判上述前3类人员在担任职务时的犯罪及轻微违法案件，以及上述法官、检察官的犯罪及轻微违法案件；就人身保护令事宜行使审判权；审理中级法院与第一审法院之间的管辖权冲突案件，以及中级法院与行政、税务、海关之间的管辖权冲突案件；等等。

需要说明的是，“统一司法见解”是一种特殊的上诉方式，主要针对不能再提起平常上诉的裁判。根据澳门特区“司法组织纲要法”第44条第2款第（1）项规定，统一司法见解归终审法院处理。统一司法见解的上诉，是指在同一法律范围内（即适用同一法律），如果终审法院就同一法律问题，或中级法院就同一法律问题，抑或是终审法院与中级法院就同一法律问题，作出了两个相互对立的合议庭裁判，则由检察院、嫌犯、辅助人或民事当事人对最后作出的合议庭裁判，向终审法院提起的请求确定统一司法见解的上诉。统一司法见解的合议庭裁判作出后，必须在《澳门特别行政区公报》上公布，并由终审法院院长把裁判转送特别行政区行政长官。统一司法见解的合议庭裁判对澳门特区所有法院具有约束力，各级法院、法官在适用相关法律时，必须遵循该合议庭裁判所作的解释。终审法院在审理统一司法见解的上诉时，除所有终审法院法官参与评议会之外，无须回避的中级法院院长，以及在中级法院年资最长且无须回避的法官，也应当参与评议会。如果该法官需要回避，则由年资顺序排在其后的法官参与。澳门特区法院在审理案件过程中，如果合议庭有不同意见的，裁判文书也会将不同意见一并公开。

2. 法院的人员组成。法院的人员主要由法官、司法辅助人员和行政人员三部分组成。截至2016年1月，澳门特区三级法院共有45名法官、228名司法辅助人员、227名行政人员，三部分人员总数为500人。每名法官平均有5名司法辅助人员和5名行政人员辅助其工作。司法辅助人员主要包括书记员（如初级书记员、助理书记员、首席书记员、特级书记员、主任书记员等）、书记长（如助理书记长、书记长等）。

各级法院法官的任用，是由行政长官根据法官、律师和知名人士组成的独立委员会推荐，进行任命。法官的选任以专业资格为标准，符合标准的外籍法官也可以聘用。目前，有数名资深的葡萄牙籍法官在各级法院工作。

各级法院院长由行政长官从法官中选任。终审法院院长由澳门特区永久性居民中的中国公民担任。法院院长也可以参与审判工作，和其他法官平等审理案件，在合议庭中享有1票表决权。

3. 司法辅助机构。

（1）推荐法官的独立委员会。推荐法官的独立委员会由行政长官任命的7名澳门特区当地人士组成。其中，澳门特区法官1名、律师1名、其他知名人士5名。所有委员均以个人身份参加委员会，并以个人身份履行职责。

推荐法官的独立委员会按其内部规章运作。委员会设主席1名，由委员互选产生。主席可以行使“推荐法官的独立委员会内部规章”所规定的一切权力。委员会设秘书1名，协助处理一切事务。

（2）法官委员会。法官委员会是法院法官和司法辅助人员的管理及纪律机构。法官委员会的组成人员包括终审法院院长（担任主席）、由推荐法官的独立委员会推荐并由行政长官委任的2名社会人士及由法院选出的2名法官。委员的任期为3年，可以连任。主席可以行使“司法官通则”及“法官委员会内部规章”规定的一切权力。法官委员会下设一个办事处，协助处理委员会日常事务。法官委员会负责安排法官的工作。法官如果有违规情况，法官委员会会任命1个法官进行调查，法官纪律处分程序按照公务员的纪律处分程序进行。如果法官对纪律处分结果不服的，可以向中级法院提起行政诉讼，如果对中级法院一审结果不服，可以向终审法院提起司法上诉。法官委员会对司法辅助人员也有相同的管理和纪律处分职能。

（3）终审法院院长办公室。终审法院院长办公室是一个具有独立职能，行政、财政实行自治的机构，负责统筹各级法院的事务，向各级法院提供技术、行政、财政辅助，并由终审法院院长领导。终审法院院长办公室下设3个厅，分别是司法暨技术辅助厅、翻译辅助厅、行政暨财政厅。其中，司法暨技术辅助厅下设司法事务处和组织资讯处；行政暨财政厅下设人力资源处、财政财产处、总务处。

（二）澳门特区民事执行法律制度

澳门特区“民事诉讼法典”将执行程序作为一种诉加以规定，即执行之诉（Acção Executiva）。通过审判程序判定当事人之间实体权利义务关系的诉讼，称为宣告之诉（Acção Declarativa）。澳门特区法院的民事执行案件基本由初级法院执行。初级法院每年处理600多宗民事执行案件。如果执行依据是法院生效裁判，那么执行案件将作为原审判案件（主案）的附随事项对待，一般由原审判该案的法官继续办理，执行卷宗会作为附件连到主案卷宗之后。法院没有专门负责执行的机构。承办法官签发各类执行文书后，由司法辅助人员（书记员）负责具体实施。我国澳门特区现行“民事诉讼法典”对执行程序作了详细规定。澳门特区民事执行程序规定较为复杂，在此仅简要介绍其中的几项主要问题。

1. 执行依据。根据我国澳门特区现行“民事诉讼法典”第677条的规定，可以作为执行依据的法律文书主要包括：给付判决；经公证员作成或认证确认债务的法律文件；经债务人签名，载明支付一定金钱义务或交付动产、为事实给付义务的私文书（私文书作为执行依据的案件约占执行案件80%以上）；按照特别规定被赋予执行力的文件。

2. 财产调查。申请人需向法院提出被执行人有哪些财产可供执行，如果被执行人没有主动提出财产用于清偿债务，债权人也可以向法院申请出具公函，向有关部门查询被执行人财产。例如，申请法院向金融管理局发函，要求提供被执行人银行存款、有价证券、保险权益等财产情况；或者向物业登记局、商业登记局等部门发函，查询被执行人不动产、开立公司的情况。由于澳门特区财产登记和公示制度完善，各类财产登记局会将被执行人财产情况很快回复执行法院。法院的财产调查须由当事人申请才能启动，法院并不主动调查被执行人财产，在财产调查方面，法院仍处于被动状态。如果当事人不提出申请，执行程序就会暂时搁置，直到当事人提出申请，法院才会继续执行。在某些情况下，检察院也会要求法院执行，如当事人没有交纳诉讼费用的，检察院如果知情，也会要求法院执行该诉讼费用。

3. 通常执行程序和简易执行程序。根据澳门特区“民事诉讼法典”第374条、第375条规定，按照普通程序进行的执行，可以采用通常形式和简易形式。执行依据是法院判决的案件，可以采用简易形式执行。例如，法院可以先行查封被执行人财产后再传唤被执行人。

执行依据是判决以外的法律文书，或者需要进行结算的判决，以通常形式执行。例如，法院执行时需要先传唤被执行人，要求其提出相应的财产交给法院变现，被执行人可以提出反对执行的异议。常见的异议理由包括已经偿还债务、在执行依据上的债务人签名是假的、双方没有真正的债权债务关系等。如果被执行人没有提出异议，则可以要求其履行债务或者指定供执行的财产。如果被执行人没有提供财产，或者指定的财产不足以清偿债务的，债权人可以指定查封被执行人财产。

4. 被执行人反对执行的方法——执行异议（异议之诉）。澳门特区“民事诉讼法典”第 696 条规定，被执行人可以提出异议反对执行，异议须于传唤或通知被执行人时起二十日内提出。被执行人可以对执行提出反驳或要求撤销执行依据的执行力。被执行人一旦提出异议，法院应按照宣告之诉的程序处理，并将宣告之诉的卷宗作为执行程序的附卷。在反对执行的异议中，被执行人可以作出新的陈述，证明新的事实，提出新的法律问题，以阻止执行程序继续进行。澳门特区“民事诉讼法典”第 697 条、第 698 条、第 699 条对被执行人提出反驳执行异议的依据作了详细规定。法院审理异议期间，一般不会中止执行，但异议人提供担保的除外。

5. 查封。根据澳门特区“民事诉讼法典”第 704 条的规定，债务人财产中凡是可以查封，并且依据实体法规定属于可以清偿债务的财产，均可查封；在法律特别规定的情况下，只要执行程序系针对第三人提起，亦可查封第三人的财产。具体查封被执行人何种财产形式，须由申请执行人向法院提出申请。我国澳门特区现行“民事诉讼法典”将不可查封的财产分为绝对不可查封、相对不可查封和部分不可查封（第 705 条、第 706 条、第 707 条），如被执行人薪俸或工资的 2/3 为不可查封的财产。

查封要实现法院对被执行人财产的控制，如果被执行人有可供执行的财产，法院会要求将该财产置于法院可以支配之处，例如，要求银行把一定金额的款项存到法院可以支配的账户上。对动产的查封，应通过实际扣押实现，查封的动产须交予受寄人保管，并可将该动产搬往办事处或存于公共寄存的地方。受寄人由执行法院指定。被扣押的现金、债权文件、宝石及贵重金属，须寄存于政府库房，由法院处置。对机动车的查封，可以要求交通部门或警察局扣押车辆并存到特定地点。查封须制作笔录，笔录中须记录查封的时间，以编号分项的方式列出查封的财产，并尽可能指明各项财产的大约价值。对不动产的查封，要制作查封笔录，在物业登记局进行登记，说明该不动产已被法院查封，并依法委托受寄人保管（如果该不动产已经被出租，则承租人为该不动产的受寄人，如果同一不动产由多人承租，则于承租人中选任受寄人）。被执行人财产被查封后，其转移财产的行为不能对抗债权人。

如果查封财产属于被执行人，被执行人可以基于不可查封的规定、以补充方式清偿债务、查封的财产依据实体法规定不能用于清偿本案债务等理由，对查封行为提出反对（我国澳门特区现行“民事诉讼法典”第753条）。第三人对查封财产主张权利的，可以提出第三人异议。第三人异议的提出时间应在法院命令采取查封措施后，相关财产变现之前。第三人异议属于执行中具有宣告之诉性质的诉讼程序，法院应按照宣告之诉的程序处理，并将宣告之诉的卷宗作为执行程序的附卷。第三人异议应针对指定查封该争议财产的人提起，并按普通程序或简易诉讼程序进行审理。除此之外，权利受到侵害的第三人还可以提起返还所有物之诉寻求救济。返还所有物之诉完全独立于执行程序，可以在任何时候提出。第三人可以选择提起第三人异议或返还所有物之诉。

值得一提的是，澳门特区法院对夫妻共有财产的执行方法对内地法院处理此类问题，具有借鉴和启发意义。澳门特区“民事诉讼法典”第709条规定，在仅针对配偶一方的执行程序中，可以查封属于被执行人夫妻共有的财产，但申请执行人必须在指定该财产为查封对象时，请求传唤被执行人的配偶，以便其申请分产。配偶一方应于15日内申请分产，或出具已经提起分产诉讼且法院正在审理的证明，否则法院将执行被查封的财产。配偶申请分产或提出分产诉讼正在进行中的证明的，执行程序应中止，直到财产分割完毕为止。如果财产分割后，被查封的财产并不归属被执行人的，申请执行人需指定执行被执行人的其他财产。

6. 债权受偿的顺序。查封的顺序决定相关申请人就该财产最后受偿的顺序。换言之，在澳门特区的执行程序中，各债权人是按照查封财产的先后顺序受偿的。在具体操作过程中，如果查封财产的价值轻微，仅能清偿本案债权人债权的话，执行法院可以免除对其他债权人的传唤。如果财产价值较大，可供多个债权人受偿的话，执行法院需要传唤其他债权人、优先权人，向法院主张权利，法院将按照实体法规定和查封的先后顺序，确定提出权利主张的债权人的受偿顺序。如果相关债权人经合法传唤后没有在规定的时间（15 日）内主张权利，其本轮受偿的权利将会丧失，只能以后对被执行人继续追讨。法院须对提出清偿请求的债权进行审查，对其作出司法确认或不予确认；对于经过审查确认的债权，须按优先顺序排列。法院审查和排列债权清偿的先后顺序，须以判决形式作出。

7. 变卖（变现）。财产被查封后，如果查封的财产是金钱，且其数额足以满足申请执行人的金钱债权和执行费用的，可以通过交付金钱的方式直接支付申请执行人。如果被查封的财产有收益可以满足申请执行人的债权，法院可以仅将收益指定给申请执行人，指定收益的查封财产须为不动产、登记的动产或记名的债权证券。

变卖是查封财产的主要变现手段。变卖的启动和变卖方式的选择，须由债权人向执行法院提出申请。查封财产的变卖分为司法变卖和非司法变卖。司法变卖以密封标书的方式进行，经过公告、投标、开标等程序，由出价最高者取得标的物。非司法变卖以下列方式进行：直接变卖给有权取得某些财产的主体；以私人磋商的方式变卖；进行拍卖；等等。澳门特区法院执行实践中采用较多的是密封标书或拍卖的方式进行变卖。

关于变卖的底价，法院须经听取申请执行人、被执行人以及以变卖财产作担保的债权人意见后，由法官在命令变卖的批示中确定。如果相关各方对变卖的底价不能达成一致，法院会向财政部门征询意见。财政部门有评估相关财产价值的机构。法官决定变卖财产的命令中，须载明变卖的方式、确定的底价等内容。变卖的底价一般比市场价值低一些，通常按 70% 的比例确定。变卖时，即使只有一人出价，如果该出价高于底价，变卖也可以成交。如果首次变卖不成，会将底价降低至 50% 。如果二次变卖仍不成功，法院可以采取无底价变卖，但即使采用无底价变卖，财产的最终成交价格，也应保持基本的合理性，法院会衡量最终的变卖价格，再确定是否成交。变卖不成时，法院在例外情况下，可以考虑将财产交给管理人管理，再另行变卖的做法。另外，申请执行人或其他请求清偿的债权人在符合法律规定的情况下，还可以申请法院采用向其判给财产的方式抵偿其债权。

变卖所得价款应当用于清偿被执行人债务和支付执行费用。如变卖财产所得已经足以支付执行开支、申请执行人的债权以及其他债权人的债权的，则应中止变卖查封的其他财产。

8. 交付特定物和作出事实给付的执行。我国澳门特区现行“民事诉讼法典”对交付特定物的执行和事实给付（为一定行为或不作为）的执行，分别于第 821 ~825 条、第 826 ~836 条作了规定，在此不再详细介绍。

四、几点体会和思考

我国香港特区和澳门特区的法律制度分别继受了普通法系和大陆法系的传统，体现了两大法系的不同特色，分属不同的法域。两地的法律制度对我国内地强制执行法律规范的发展完善具有重要参考意义，是我们了解西方法律传统的窗口。在法院强制执行方面，有很多做法、经验值得我们思考和借鉴。

（一）法官在执行程序中的地位和作用

我国港澳地区强制执行程序中，法官实际上处于指挥者和发令者的地位，没有法官的参与和指挥，仅仅依靠执行实施人员，执行工作不可能完成。在香港特区，申请人必须取得法官签发的执行令状才能开启强制执行程序，执达主任必须按照法官令状的要求实施执行行为，不能逾越令状范围采取执行措施。法官签发的令状既是强制执行的依据，也是对执行行为的限制。采取哪种执行方法，由法官根据当事人申请决定，执达主任无权决定采取何种执行措施的种类。在澳门特区，法官在执行程序中亦居于核心地位，采取何种执行措施，须由法官作出批示、签署函件，司法辅助人员才能据此实施执行行为。司法辅助人员无权决定采取执行措施，只能根据法官的命令实施执行。澳门特区法院没有设立专门的执行机构，案件的审判和执行均由法庭的法官负责，执行程序中，司法辅助人员只是负责落实法官的执行指令。

执行措施的选择由当事人向法院提出申请，而是否实施该执行措施，属于程序进行的重要事项，涉及被执行人的财产或人身权利，甚至其他相关主体的权益，均须由法官作出决定。有的案件中，决定采取相关执行措施之前，为保障执行措施的正当性、合法性，还需要传召当事人出庭接受聆讯。在港澳地区的强制执行程序中，法官居于核心地位，执行实施程序需由法官进行判断并作出决定，签发令状、批示等法律文书。这一点对内地执行改革的参考意义在于，不能忽视法官在执行实施程序中的地位和作用，对于执行程序进行的重大事项，如查封、扣押、冻结措施的采取，涉及对被执行人、案外人财产权利的限制，需要由法官作出判断，不能由司法辅助人员自行决定、自行实施。在执行实施程序中，应当重视法官的程序地位，不能忽视甚至取消法官对执行实施过程的指挥和参与。

从澳门特区“执行之诉”的概念和执行制度的设计来看，其仍把执行程序看成一种广义的诉，并与“宣告之诉”等诉讼程序一同作为我国澳门特区现行“民事诉讼法典”的调整对象。执行过程中，仍然有双方当事人和其他利益相关方参与，法院须对程序进行中的重要事项进行审查裁判，具备“两造对抗，法院居中裁判”的诉讼形态。香港特区强制执行程序的进行也离不开债权人对执行方法进行选择，以及法官对当事人执行申请的审查并签发执行令状，司法审查也一直贯穿香港特区民事执行程序的始终。也许正是因为民事执行程序表现为一种诉的形式，才使民事执行与法院和法官密不可分。

（二）执行程序中的司法救济

我国港澳地区的强制执行程序给当事人、案外人（利害关系人）提供了较为充分的权利救济渠道。执行过程中产生的争议能够进入司法程序，由法官进行裁判，保障相关各方当事人得到救济。例如，香港特区的强制执行程序中，当事人、案外人与执行相关的实体权利和程序权利受损，均可就争议问题向法庭提出申请，请求法庭（聆案官、司法常务官、原主审法官等）裁决，包括执行依据的明确性问题、被执行人就其与申请人债权债务关系发生变化、案外人对执行财产主张权利、相关当事人或利害关系人对拍卖行为提出异议等，都能纳入法庭司法救济的范围。再如，澳门特区以通常形式进行的执行程序，在执行查封被执行人财产前会传唤被执行人到庭，被执行人可以依据债权债务关系不成立、债务已经消灭等事由，提出反对执行的异议，法庭将通过诉讼程序对被执行人的异议依法审查处理；在多名债权人申请清偿的程序中，执行法院亦会传唤其他债权人主张债权，在对债权人的申请进行审查，通知其他利益相关方提出抗辩后，对债权进行确认并排列清偿顺序，最后以判决形式作出结论。

与港澳地区相比，内地强制执行程序主要存在涉执行的诉讼形式范围过窄，当事人直接通过诉讼解决争议的途径不畅等问题，具体表现为：一是涉执行的诉讼形态尚未全面建立。内地至今未全面建立债务人执行异议之诉制度，仅在极小范围内以司法解释的形式规定了债务人异议之诉，导致被执行人大量实体法层面的争议无法通过相应的诉讼途径处理。二是对部分争议设置了执行异议前置程序，相关主体无法直接提起诉讼救济。三是有的争议是由执行机构在执行程序中审查，还是由当事人通过诉讼程序解决，尚无明确界限，给当事人寻求司法救济造成一定障碍。港澳地区执行救济程序的设计，为当事人解决争议提供了充分的司法救济渠道，当事人的各类争议均可纳入相关诉讼程序解决，内地执行救济机制的完善，可以从拓宽涉执行的诉讼形态角度入手。

（三）执行法院的角色定位

在我国港澳地区，对被执行人财产的调查，是两地法院共同面临的问题。受隐私保护、查找手段、调查程序的限制，两地被执行人财产调查情况，也不尽如人意。但在被执行人无财产或不知去向导致无法执行时，法院并不承担执行不能的责任。换言之，法院只按申请人的指示和法官的命令行事，并不确保申请人的权利能够实现，也不保证达到申请执行的目的。执行不能的风险由当事人自行承担。另外，执行方法的选择和具体执行措施的采取，均由当事人向法院提出申请，由法官审查决定后，才会付诸实施。法院不会主动为当事人选择执行方法并予以落实。执行程序的推进，依赖于当事人不断向法院提出申请，在不同的执行环节，需由当事人申请法院采取相应的执行措施。否则，执行程序将暂时搁置。

内地法院的执行模式与此不同。当事人向法院申请执行后，法院不仅要负责调查被执行人财产，而且可以对已经查明的可供执行财产，主动采取查封、扣押、冻结以及评估、拍卖、变卖措施。当事人可以向法院提出可供执行的财产线索，也可以向法院提出采取上述措施的申请，但即使当事人没有提出上述申请，执行法院也可以根据案件执行的需要，主动决定向前推进执行。这种执行模式的优点是，为申请执行人实现权利提供了制度便利，但同时也导致执行法院承担了过多的职能，背负着较大的责任和风险，不仅要替当事人主张权利、选择执行方法，还要负责将其落实，给执行法院带来较大压力，加剧了法院案多人少的矛盾。借鉴港澳地区的执行理念，将本应由当事人承担的责任和风险从执行法院剥离，适当向当事人分配，改变当前这种“超职权主义”的执行模式，是值得深入思考的问题。对于因当事人未及时主张权利造成的损失，以及被执行人无财产可供执行导致的执行不能，应由当事人自行承担后果。同时，考虑到当事人可能存在生活困难、居住困难等实际情况，有必要发展完善社会保障体系，通过社会救助制度，由政府相关部门及社会各界共同参与，保障当事人能够维持基本生活，避免因为强制执行问题使当事人陷入生活困境。

（四）律师对执行程序的参与

我国港澳地区的执行程序也离不开律师参与，特别是当事人、案外人提出执行异议，或者相关主体对涉及执行的法律问题产生争议时，律师的介入就显得尤为必要。在香港特区，律师对执行程序的参与，体现为向法庭申请执行令状、向对方送达法律文书、在法律允许的范围内对债务人财产进行调查并向法庭提供证据、出庭参加聆讯等。香港特区最近5年的司法改革，体现了英国近年来司法改革的一些理念，在法官与律师的关系方面，更提倡律师有义务协助法官达成有效的判例，律师和法官应当是一个团队，法官是这个团队中比较重要的成员，团队中的每一个主体都有责任协助法官处理案件，法官在案件处理过程中对律师的案件管理权进一步收紧，节制律师利用自己掌握的法律知识人为制造大量诉讼。这一司法改革的理念也影响着执行程序中律师和法官的关系。

香港特区近年司法改革体现的上述理念，对更好地发挥律师在内地执行程序中的作用来说，极具参考价值。在内地法院办理执行案件过程中，也应充分发挥律师对法官的辅助作用，使律师成为法官的助手，而非对立面。一方面，可以考虑适当扩大律师参与的范围，探索律师在法官的指挥和监督下，协助法院完成一部分执行事项；另一方面，对执行程序中律师不妥当的代理行为，有必要赋予执行法官节制律师的权力。

（五）执行依据的明确性和可执行性

在我国港澳地区，执行依据不明确、不具体的问题并不突出。即使执行依据的可执行性出现争议，也有相应的法律程序予以解决。为保障法院生效裁判的可执行性，两地均有相应的事先预防和事后补救机制。例如，香港特区法院的法官在作出判决时，应当保障判决是可以执行的。判决的准确性、专业性，是法院赢得律师和社会各界尊重的前提。如果出现因判决内容不明确、不具体导致无法执行的情况，会对法院的形象造成不利影响。相关当事人可以将该问题向法院提出，由原先审理本案的主审法官处理。再如，我国澳门特区现行“民事诉讼法典”设置了判决的结算程序，对生效裁判的一些未尽事宜作出进一步明确。

内地司法实践中经常遇到执行依据不明确的问题，导致执行程序无所适从。而且，对于这类问题，尚未建立专门的法律程序进行处理。港澳地区确保生效裁判明确性、可执行性的做法，值得我们借鉴。首先，审判法官在制作裁判时，应当考虑执行的问题，避免作出模棱两可、执行内容不明确的裁判，并将裁判的明确性、可执行性，作为评价生效裁判是否妥当的重要指标。其次，对于生效裁判不明确的争议，应当设置补正裁判程序，由审判部门继续处理，防止本应由审判部门处理的未尽事项，遗留给执行机构解决，同时确保处理程序的公正性。

（六）完善的财产登记制度

我国港澳地区的财产登记制度较为完备，为查找被执行人财产，以及判断财产权属，提供了便利条件。执行法院可以从各种财产的登记机构获得相对完备的被执行人财产信息。我国内地的财产登记制度离全面、准确、及时的目标要求尚存一定差距。例如，在不动产登记方面，还没有全面实现登记信息的完整、准确，有的不动产没有办理登记，有的登记信息与不动产实际情况出入较大且未及时更正，这些都对执行法院查找被执行人的不动产、判断不动产权属和处置不动产等工作带来一些困难。完善的财产登记制度是法院有效查控被执行人财产的前提，与社会管理的发展阶段密切相关，既非法院所能实现，亦非短期内就能建立，需要有关部门的长期努力。

（七）财产变现的多种方式

香港特区的押记令、委任接管人等执行方法，澳门特区通过询价方式确定底价、密封标书等执行方法，对于内地扩大财产变现方式，实现财产变现手段多样化也有一定参考价值。

（八）政府部门对法院执行的参与和协助

法院实施强制执行离不开相关政府部门的配合与协助，在港澳地区也是如此。即使法院采取执行措施，也需要政府部门支持。例如，在香港特区，执达主任实施扣押后，在护卫员看护财产过程中，如果被扣押财产被债务人或其他人擅自转移、毁损，执达主任或者护卫员可以向警方报案，要求警方调查处理。再如，在澳门特区，对于被执行人财产价值各方不能达成一致的，执行法院需征询财政部门的意见，财政部门应对相关财产价值给出意见。另外，对查封车辆实施扣押后的存放，也需要交通部门或警察局的帮助。

（九）政府对法院生效裁判的尊重

法院生效裁判确定政府履行一定义务的，政府会按照法院生效裁判要求履行相关义务，基本上不需要强制执行。

（十）完备的破产制度对执行程序的积极意义

我国港澳地区完备的破产程序，为被执行人不能清偿债务的执行案件，确立了退出机制。香港特区对于公司清盘和个人破产均有详细的制度规范，澳门特区的破产制度也涵盖了两者。港澳地区执行和破产程序的衔接较为顺畅，一方面两地都按照查封、扣押财产的先后顺序清偿普通债权，如果被执行人财产不足以清偿债务，查封、扣押顺位在后的债权人将难以就该财产的价值获得清偿，因此申请被执行人破产/清盘，在破产/清盘程序中平等受偿，是查封、扣押顺位在后债权人的最优选择，其可以通过进入破产/清盘程序尽可能获得受偿机会；另一方面两地破产/清盘程序的启动相对顺畅，债权人、债务人的破产/清盘申请只要符合法律规定的条件，即会启动程序，基本不存在其他法律因素之外的障碍。

值得一提的是，香港特区设立了专门的政府机构——破产管理署，负责具体处理破产/清盘案件，法院主要对破产/清盘案件中的法律争议进行裁判。这种由政府机构处理破产事务性工作，法院承担破产纠纷裁决的模式，将大量的破产事务性工作从法院分离交给政府部门，减少了事务性工作对法院裁判职能的影响，保障法院专门对纠纷进行裁判。“政府机构主持+法院裁判”的破产/清盘模式，在香港特区取得了较好的实施效果。

内地法院执行与破产程序衔接不畅，与以下几个因素有关：一是参与分配制度的设立及其在实践中被扩大适用，导致相当一部分被执行人资不抵债的案件，通过执行中的参与分配使相关债权人得到了一定程度清偿，其没有必要也没有动力再通过费时、费力、费钱的破产程序受偿；二是内地至今不存在个人破产制度，被执行人为自然人的，只能通过执行参与分配制度处理，无财产可供执行的，只能裁定终结本次执行，这部分案件难以彻底退出执行程序；三是企业破产程序的启动存在各种现实障碍，执行中大量符合破产条件的企业，基于各种原因（包括法律层面和非法律层面）难以进入破产程序，也无法从执行程序中退出；四是破产案件处理难度大且主要由法院主持审理，耗费法院大量时间、精力，投入的司法成本高昂，成为法院的沉重负担。

我国港澳地区的破产/清盘制度为改革内地破产制度，理顺执行与破产的衔接机制，提供了多种思路：一是可以考虑扩大破产适用的主体，将自然人纳入破产范围，建立自然人为被执行人的执行案件退出机制；二是可以考虑分担法院处理破产案件的工作量，将破产中的事务性工作从法院剥离，交由其他部门或成立专门性机构承担，使法院专注于破产纠纷的裁判；三是畅通破产程序的启动机制，破产申请符合法律规定受理条件的，应进入破产程序，符合法律规定宣告破产条件的，应宣告破产，使案件得以退出执行程序；四是根据实际情况，适时扩大“优先主义”分配原则在执行程序中的适用范围，促使查封、扣押、冻结顺位在后的债权人通过启动破产程序解决债权受偿问题。

参考文献

一、中文著作

1. 江必新主编：《民事强制执行操作规程》，人民法院出版社 2010 年版。

2. 江必新主编：《新民事诉讼法理解适用与实务指南》，法律出版社 2012 年版。

3. 江必新主编：《新民事诉讼法执行程序讲座》，法律出版社 2012 年版。

4. 江必新主编，最高人民法院研究室编著：《〈最高人民法院关于适用《中华人民共和国刑事诉讼法》的解释〉理解与适用》，中国法制出版社 2013 年版。

5. 张军、江必新主编：《新刑事诉讼法及司法解释适用解答》，人民法院出版社 2013 年版。

6. 陈瑞华：《论法学研究方法》，北京大学出版社 2009 年版。

7. 陈瑞华：《程序正义理论》，中国法制出版社 2010 年版。

8. 陈瑞华：《程序性制裁理论》（第二版），中国法制出版社 2010 年版。

9. 陈瑞华：《刑事诉讼的前沿问题》（第三版），中国人民大学出版社 2011 年版。

10. 陈瑞华：《刑事证据法学》，北京大学出版社 2012 年版。

11. 陈兴良：《本体刑法学》（第二版），中国人民大学出版社 2011 年版。

12. 陈刚：《证明责任法研究》，中国人民大学出版社2000年版。

13. 陈荣宗：《强制执行法》，三民书局1999年版。

14. 曹士兵：《中国担保制度与担保方法》（第三版），中国法制出版社2015年版。

15. 何帆：《刑民交叉案件审理的基本思路》，中国法制出版社2007年版。

16. 黄金龙：《关于人民法院执行工作若干问题的规定实用解析》，中国法制出版社2000年版。

17. 江伟主编：《中国民事诉讼法教程》（第二版），中国政法大学出版社2008年版。

18. 赖来焜：《强制执行法总论》，台湾元照出版公司2007年版。

19. 梁慧星主编：《中国民法典草案建议稿附理由（物权编）》，法律出版社2004年版。

20. 林钰雄：《刑事诉讼法》（下册各论编），中国人民大学出版社2005年版。

21. 刘璐：《民事执行重大疑难问题研究》，人民法院出版社2010年版。

22. 马俊驹、余延满：《民法原论》（第三版），法律出版社2007年版。

23. 王胜明主编，全国人大常委会法制工作委员会民法室编著：《中华人民共和国物权法解读》，中国法制出版社2007年版。

24. 邵明：《民事诉讼法学》，中国人民大学出版社2007年版。

25. 孙宪忠：《中国物权法总论》（第三版），法律出版社2014年版。

26. 王利明：《物权法研究》（第三版上卷），中国人民大学出版社2013年版。

27. 王利明、杨立新等：《民法学》（第三版），法律出版社2011年版。

28. 王泽鉴：《民法学说与判例研究》（第1册），北京大学出版社2009年版。

29. 王泽鉴:《民法总则》,北京大学出版社 2009 年版。

30. 王志祥主编:《财产刑适用的理论与实务》,中国人民公安大学出版社 2012 年版。

31. 魏振瀛主编:《民法》(第五版),北京大学出版社、高等教育出版社 2013 年版。

32. 肖建国、包建华:《证明责任:事实判断的辅助方法》,北京大学出版社 2012 年版。

33. 杨与龄编著:《强制执行法论》,中国政法大学出版社 2002 年版。

34. 姚贝:《没收财产刑研究》,中国政法大学出版社 2011 年版。

35. 臧铁伟主编:《中华人民共和国刑事诉讼法解读》,中国法制出版社 2012 年版。

36. 张登科:《强制执行法》,三民书局 2007 年版。

37. 张明楷:《刑法学》(第四版),法律出版社 2011 年版。

38. 张卫平:《民事诉讼:关键词展开》,中国人民大学出版社 2005 年版。

39. 张永红:《英国强制执行法》,复旦大学出版社 2014 年版。

40. 赵秉志主编:《刑法修正案(八)理解与适用》,中国法制出版社 2011 年版。

41. 中国证券业协会编:《证券交易》,中国财政经济出版社 2011 年版。

42. 杜万华主编,最高人民法院民事审判第一庭编著:《最高人民法院物权法司法解释(一)理解与适用》,人民法院出版社 2016 年版。

43. 最高人民法院民事审判第二庭编著:《最高人民法院关于公司法解释(三)、清算纪要理解与适用》,人民法院出版社 2011 年版。

44. 江必新、贺荣主编,最高人民法院执行局编:《最高人民法院执行案例精选》,中国法制出版社 2014 年版。

45. 最高人民法院物权法研究小组编著:《〈中华人民共和国物权法〉条文理解与适用》,人民法院出版社 2007 年版。

二、中文译著

1. ［英］梅因：《古代法》，沈景一译，商务印书馆 1959 年版。

2. ［英］约翰·斯普莱克：《英国刑事诉讼程序》，徐美君、杨立涛译，中国人民大学出版社 2006 年版。

3. ［美］伟恩·R. 拉费弗等：《刑事诉讼法》（下册），卞建林、沙丽金等译，中国政法大学出版社 2003 年版。

4. ［德］汉斯·海因里希·耶赛克、托马斯·魏根特：《德国刑法教科书（总论）》，徐久生译，中国法制出版社 2001 年版。

5. ［德］莱奥·罗森贝克：《证明责任论——以德国民法典和民事诉讼法典为基础撰写》，庄敬华译，中国法制出版社 2002 年版。

6. ［德］卡尔·拉伦茨：《德国民法通论》（上册），王晓晔等译，法律出版社 2003 年版。

7. ［德］克劳思·罗科信：《刑事诉讼法》，吴丽琪译，法律出版社 2003 年版。

8. ［德］汉斯－约阿希姆·穆泽拉克：《德国民事诉讼法基础教程》，周翠译，中国政法大学出版社 2005 年版。

9. ［德］普维庭：《现代证明责任问题》，吴越译，法律出版社 2006 年版。

10. ［德］李斯特：《德国刑法教科书》，徐久生译，法律出版社 2006 年版。

11. ［德］迪特尔·梅迪库斯：《德国债法分论》，杜景林、卢谌译，法律出版社 2007 年版。

12. ［法］弗朗索瓦·泰雷、菲利普·森勒尔：《法国财产法》（下册），罗结珍译，中国法制出版社 2008 年版。

13. 《法国刑事诉讼法典》，罗结珍译，中国法制出版社 2006 年版。

14. ［日］美浓部达吉：《公法与私法》，黄冯明译，中国政法大学出版社 2003 年版。

15. ［日］松尾浩也：《日本刑事诉讼法》（下卷），张凌译，中国人民大学出版社2005年版。

16. ［日］新堂幸司：《新民事诉讼法》，林剑锋译，法律出版社2008年版。

17. ［韩］姜大成：《韩国民事执行法》，朴宗根译，法律出版社2010年版。

三、中文论文

1. 刘贵祥：《诉讼时效若干理论与实务问题研究》，载《法律适用》2004年第2期。

2. 刘贵祥：《执行程序中租赁权的认定与处理》，载《人民法院报》2014年5月28日，第8版。

3. 杜万华、冯小光、关丽：《〈关于审理房屋租赁合同纠纷案件具体应用法律若干问题的解释〉的理解与适用》，载《人民司法·应用》2009年第21期。

4. 陈瑞华：《刑事司法裁判的三种形态》，载《中外法学》2012年第6期。

5. 陈桂明、侍东波：《民事执行法中拍卖制度之理论基石——强制拍卖性质之法律分析》，载《政法论坛》2002年第5期。

6. 陈卉灵：《分析与构建：迟延履行金的立法规制与应用》，载江必新主编，最高人民法院执行局编：《执行工作指导》（总第43辑），人民法院出版社2012年版。

7. 陈娴灵：《许可执行之诉：强制执行程序中当事人适格之救济》，载《法学评论》2010年第6期。

8. 曹士兵：《物权法关于物权善意取得的规定与检讨——以抵押权的善意取得为核心》，载《法律适用》2014年第8期。

9. 福建省厦门市中级人民法院刑二庭课题组：《刑事涉案财物处理程序问题研究》，载《法律适用》2014年第9期。

10. 高桂林、吴国刚：《我国林权制度构建之研究》，载《法学杂志》2005年第5期。

11. 何家弘:《论司法证明中的推定》，载《国家检察官学院学报》2001年第2期。

12. 胡红军、王彪:《刑事案件涉案财物的审理问题研究》，载《人民司法·应用》2014年第1期。

13. 黄风:《我国特别刑事没收程序若干问题探讨》，载《人民检察》2013年第13期。

14. 黄金龙、葛洪涛:《上海枫丹丽舍房地产开发有限公司申请执行判决确定的继续履行合同义务监督案》，载江必新主编，最高人民法院执行局编:《执行工作指导》(总第37辑)，人民法院出版社2011年版。

15. 黄奕新:《我国许可执行之诉研究——以执行力争议诉讼化解决机制为中心》，载《福建法学》2007年第2期。

16. 黄忠顺:《论司法机关在财产刑执行中的角色分担》，载《中国刑事法杂志》2014年第1期。

17. 蒋大兴:《股东优先购买权行使中被忽略的价格形成机制》，载《法学》2012年第6期。

18. 李明君:《扣押财产案件中迟延履行期间债务利息的计算》，载《人民法院报》2009年7月10日。

19. 李延荣:《浅谈林权制度改革中的“林权”》，载《法学杂志》2009年第1期。

20. 李永军:《论优先购买权的性质和效力——对我国〈合同法〉第230条及最高法院关于租赁的司法解释的评述》，载《中国政法大学学报》2014年第6期。

21. 刘明祥:《论解决罚金刑执行难题的立法途径》，载《法学家》2009年第2期。

22. 刘宁元:《拍卖法关于瑕疵担保责任免除质疑》，载《法学》2000年第1期。

23. 刘宁元:《论构建我国拍卖法律制度的若干问题》，载《法学》2007年第6期。

24. 刘小涛:《农村房产执行面临的困惑及其出路》，载江必新主编，最高人民法院执行局编:《执行工作指导》(总第 31 辑)，人民法院出版社 2010 年版。

25. 刘卓江:《执行程序中迟延履行期间利息计算的要点》，载《人民司法·案例》2013 年第 2 期。

26. 卢君、袁列彬、肖瑶:《基数、标准、期间：迟延履行期间利息计算的三个维度》，载《人民司法·案例》2013 年第 2 期。

27. 罗伟:《财产刑的退赔和民事债务混同时的处置原则》，载《人民司法·案例》2013 年第 20 期。

28. 马登科:《初创与完善：对民事许可执行之诉的解读》，载《中南民族大学学报》(人文社会科学版) 2010 年第 5 期。

29. 裴苍龄:《再论推定》，载《法学研究》2006 年第 3 期。

30. 任泰山、何文强:《房屋租赁关系中承租人、次承租人优先购买权顺位探讨》，载《当代法学》2003 年第 7 期。

31. 上海市第一中级人民法院课题组:《财产刑执行机制之构建——以上海法院财产刑执行情况的实证分析为基础》，载《人民司法》2006 年第 6 期。

32. 上海市第二中级人民法院课题组、周芝国:《财产刑执行权的优化配置》，载《人民司法·应用》2015 年第 9 期。

33. 史浩明、张鹏:《优先购买权制度的法律技术分析》，载《法学》2008 年第 9 期。

34. 苏斌、张曼慧等:《涉众型经济犯罪案件财物追缴的判决主文表述》，载《人民司法·应用》2015 年第 13 期。

35. 孙加瑞:《执行拍卖制度检讨》，载最高人民法院执行工作办公室编:《执行工作指导》(总第 1 辑)，人民法院出版社 2004 年版。

36. 孙宪忠:《不动产登记基本范畴解析》，载《法学家》2014 年第 6 期。

37. 谭秋桂:《论民事执行当事人变化的程序构建》，载《法学家》2011

年第2期。

38. 王启江:《论我国罚金刑的执行》,山东大学2010年博士学位论文。

39. 王喜军:《迟延履行期间债务利息相关问题的探讨》,载最高人民法院执行局编:《执行工作指导》(总第46辑),人民法院出版社2013年版。

40. 王中伟、王伯文:《论宅基地使用权流转的法律适用》,载《人民司法·应用》2011年第5期。

41. 温世扬:《“林权”的物权法解读》,载《江西社会科学》2008年第4期。

42. 吴光荣:《规范冲突与规范选择:后物权法时代的担保法律制度及其适用》,载《法律适用》2014年第8期。

43. 吴光升:《案外第三人定罪没收参与模式:比较、反思与重构》,载《中国刑事法杂志》2015年第4期。

44. 吴勇:《林权法律问题探究》,载《中国林业》2003年第10期。

45. 肖建国:《论民事诉讼中强制拍卖的性质和效力》,载《北京科技大学学报》(社会科学版)2004年第4期。

46. 肖建国:《论财产刑执行的理论基础——基于民法和民事诉讼法的分析》,载《法学家》2007年第2期。

47. 许尚豪、单明:《优先购买权竞存问题研究》,载《政法论丛》2007年第2期。

48. 袁登明:《寻求缓解财产刑执行难之道——在现有法律框架下的制度创建》,载《法律适用》2006年第7期。

49. 俞灵雨、赵晋山:《对执行程序中若干法律问题的理解》,载《人民司法·应用》2010年第5期。

50. 占善刚:《对我国民事申请执行期间制度的初步检讨——以〈民事诉讼法〉第219条的修改为对象的分析》,载《南京师大学报》(社会科学版)2011年第1期。

51. 章礼明、容鹉：《论刑事执行程序中检察院的地位与职能》，载《湖南社会科学》2010 年第 3 期。

52. 张驰：《权利优先行使辨析》，载《法学》1996 年第 4 期。

53. 张礼洪：《按份共有人优先购买权之实现——〈物权法〉第 101 条的法解释和适用》，载《法学》2009 年第 5 期。

54. 张太亮、蒋佳委：《执行迟延履行责任的司法困境及实践完善》，载《人民司法·案例》2013 年第 4 期。

55. 张卫平：《证明标准建构的乌托邦》，载《法学研究》2003 年第 4 期。

56. 张卫平：《“执行中的举证责任”——一种对举证责任的误读》，载《人民法院报》2005 年 4 月 27 日。

57. 张学博：《税收优先权的位次不能定得过高》，载《中国税务报》2010 年 6 月 2 日。

58. 张雪妲：《财产刑执行监督问题初探》，载《国家检察官学院学报》2004 年第 6 期。

59. 郑彧：《股东优先购买权“穿透效力”的适用与限制》，载《中国法学》2015 年第 5 期。

60. 朱道华：《财产刑执行机制新探——以执行机制的诉讼化改造为视角》，载《河北法学》2011 年第 6 期。

61. ［日］竹下守夫：《日本民事执行制度概况》，白绿铉译，载《人民司法》2001 年第 6 期。

62. 朱新林：《许可执行之诉探析》，载《人民司法·应用》2015 年第 1 期。

图书在版编目（CIP）数据

强制执行前沿与热点问题／乔宇著．—北京：中国法制出版社，2020.3

ISBN 978－7－5093－9558－5

Ⅰ.①强… Ⅱ.①乔… Ⅲ.①强制执行－研究－中国 Ⅳ.①D925.04

中国版本图书馆CIP数据核字（2018）第139749号

策划/责任编辑 陈 兴（cx_legal@163.com） 封面设计 蒋 怡

强制执行前沿与热点问题

QIANGZHI ZHIXING QIANYAN YU REDIAN WENTI

著者/乔宇

经销/新华书店

印刷/三河市紫恒印装有限公司

开本/730毫米×1030毫米 16开 印张/27.25 字数/317千

版次/2020年3月第1版 2020年3月第1次印刷

中国法制出版社出版

书号 ISBN 978－7－5093－9558－5 定价：97.00元

北京西单横二条2号

邮政编码 100031 传真：010－66031119

网址：http：//www.zgfzs.com **编辑部电话：010－66010405**

市场营销部电话：010－66033393 **邮购部电话：010－66033288**

（如有印装质量问题，请与本社印务部联系调换。电话：010－66032926）